I0040237

F
57

NOTES ET DOCUMENTS

CONCERNANT

LA LÉGISLATION DOUANIÈRE

DES PÉTROLES

EN FRANCE

1891-1892

PARIS

IMPRIMERIE ET LIBRAIRIE CENTRALES DES CHEMINS DE FER

IMPRIMERIE CHAIX

SOCIÉTÉ ANONYME AU CAPITAL DE CINQ MILLIONS

Rue Bergère, 20

1892

NOTES ET DOCUMENTS

CONCERNANT

LA LÉGISLATION DOUANIÈRE

DES PÉTROLES

EN FRANCE

1891-1892

PARIS

IMPRIMERIE ET LIBRAIRIE CENTRALES DES CHEMINS DE FER

IMPRIMERIE CHAIX

SOCIÉTÉ ANONYME AU CAPITAL DE CINQ MILLIONS

Rue Bergère, 20

1892

PIÈCES OFFICIELLES

CHAMBRE DES DÉPUTÉS ET SÉNAT

CHAMBRE DES DÉPUTÉS

Séance du 15 juillet 1891.

Discussion du projet de loi relatif à l'établissement du Tarif général des Douanes.

M. le Président. L'ordre du jour appelle la suite de la discussion du projet de loi relatif à l'établissement du tarif général des douanes.

Nous allons aborder, Messieurs, les numéros 197, 198, 199 relatifs aux huiles de schiste, de pétrole et huiles lourdes.

La Commission propose 18 francs aux deux tarifs pour les huiles brutes et 24 francs pour les huiles raffinées.

Le Gouvernement est-il d'accord avec la Commission ?

M. Jules Roche, *ministre du Commerce et des Colonies.* Non, monsieur le Président. Le Gouvernement propose 20 francs pour les huiles brutes, 25 francs pour les huiles raffinées. La différence entre la Commission et le Gouvernement consiste dans l'écart entre les deux droits qui serait de 5 francs d'après le Gouvernement et de 6 francs d'après la commission.

M. le Président. M. Prevet recevrait satisfaction par le chiffre de 18 francs.

M. Charles Prevet. Je n'ai pas reçu satisfaction, monsieur le Président. Ce que je demande, c'est un écart de 7 francs par la fixation des droits respectifs à 18 francs et à 25 francs.

M. le Président. Vous auriez satisfaction quant aux huiles brutes.

M. Charles Prevet. Je crois, monsieur le Président, que vous ne pouvez pas mettre aux voix les numéros 197 et 198 avant qu'on ait discuté la question d'écart. L'amendement que je dois défendre porte sur l'écart entre les huiles brutes et les huiles raffinées.

M. le Président. Vous proposez 18 francs pour les huiles brutes et 25 francs pour les huiles raffinées. Si vous le désiriez, nous pourrions discuter tout de suite votre amendement.

M. Charles Prevet. Messieurs, les chiffres proposés par la Commission, par le Gouvernement, par divers amendements, notamment par celui que je viens défendre ici, ne doivent pas être comparés au point de vue de leur différence absolue. Il faut distinguer dans les droits sur les pétroles bruts ou raffinés deux parts. Une de ces parts est la taxe payée par la matière brute à son entrée en France. Cette part pourrait être réduite à zéro si le pétrole entrait en franchise, c'est-à-dire ne payant pas de droit fiscal.

Par conséquent, la taxe établie sur le produit brut, qui est de 18 francs dans le système de la commission, de 20 francs dans le système du Gouvernement, est absolument de la compétence de la Commission du budget qui décidera s'il convient de maintenir sur cet article « pétrole » un impôt plus ou moins élevé dont elle fixera la quotité.

Le pétrole est entré autrefois en franchise; au lendemain de la guerre et de la Commune il a subi des droits extrêmement élevés, puis ces droits sont descendus pour être fixés aujourd'hui à 18 francs pour le produit brut.

Ce qui préoccupe la commission des douanes et ce qui, à mon avis, doit faire uniquement l'objet de la discussion actuelle, c'est l'écart entre la taxe sur le produit brut et la taxe sur le produit raffiné. Le Gouvernement fixe le droit sur le pétrole brut à 20 francs au lieu de 18 francs. En s'arrêtant à ce chiffre il veut simplement dire que l'impôt, la taxe fiscale sur le pétrole sera élevée de 18 francs à 20 francs.

Mais ceci ne touche pas la question douanière, car la Commission des douanes pourrait aussi bien prendre pour base de la discussion le chiffre de 20 francs que le chiffre de 18 francs.

Par conséquent, je demande à écarter du débat la taxe du produit brut, qui dépendra de ce que le Gouvernement demandera, la Commission du budget approuvera et la Chambre votera.

Ce qui nous touche, c'est l'écart entre le droit sur le produit brut et le droit sur le produit raffiné.

Le Gouvernement demande un écart de 5 francs en établissant au chiffre de 20 francs le droit sur le brut et à 25 francs le droit sur le raffiné. La Commission demande un écart de 6 francs en portant ces chiffres à 18 et à 24 francs. Les auteurs des amendements que je défends en ce moment demandent un écart de 7 francs en portant le droit du brut à 18 francs et du raffiné à 25 francs. Ce chiffre de 7 francs est le chiffre actuel, car en ce moment, sous l'empire du régime douanier qui nous régit, le droit sur le pétrole brut est de 18 francs et de 25 francs sur le raffiné; par conséquent les auteurs de l'amendement dont je suis signataire demandent simplement le maintien du *statu quo*.

A une époque où on réclame pour une foule d'industries des relèvements des chiffres de protection, le Gouvernement, au contraire, et la Commission de son côté demandent : la Commission, que l'industrie du raffinage du pétrole, qui est actuellement protégée par 7 francs, ne le soit plus que par 6 francs ; le Gouvernement, qu'elle ne le soit plus que par 5 francs. Je demande à prouver en quelques mots que le chiffre actuel de 7 francs qui protège la raffinerie du pétrole n'a rien d'exagéré et qu'il doit être maintenu.

Sur quoi le Gouvernement se base-t-il pour abaisser à 5 francs l'écart de 7 francs qui protège en ce moment le raffinage du pétrole? Sur ceci : c'est qu'à l'époque où on a discuté les tarifs de 1880 et établi cet écart de 7 francs, on estimait — ce sont les calculs faits par M. Tirard et M. Rouvier — que la richesse lampante du pétrole brut que l'on faisait venir d'Amérique pour être raffiné en France pouvait varier de 83 à 90 francs 0/0. On disait : Si la richesse moyenne du pétrole est de 85 0/0, il faut 117 kilogrammes de produit brut pour former 100 kilogrammes de produit raffiné, on perd donc 17 kilogrammes ; ces 17 kilogrammes de déchet à 18 francs représentent 3 fr. 60 c. La protection sous l'empire de laquelle l'industrie du raffinage a pris naissance est de 3 fr. 60 c. C'est le chiffre que M. Rouvier appelait à cette époque la protection de droit divin.

On ajoutait à ces 3 fr. 60 c. les 3 fr. 06 c. représentant le déchet de fabrication, plus 34 centimes pour arrondir la somme et représenter les intérêts du capital, et on obtenait ainsi le chiffre de 7 francs.

Pourquoi le chiffre de 7 francs qui était reconnu équitable à cette époque ne paraît-il plus l'être aujourd'hui? Parce que le comité des arts et manufactures que le Ministre du Commerce a réuni et qui a été appelé à délibérer sur la richesse que devait avoir le pétrole brut a été d'avis que cette richesse moyenne n'était pas de 85 0/0, mais bien de 90 0/0 en réalité et que, alors, au calcul que je viens de faire devant la Chambre on devait substituer un nouveau calcul d'après lequel le déchet ne représentait plus 3 fr. 06 c., mais une somme moindre. En effet si la richesse est de 90 0/0 ce n'était plus 117 kilogrammes de marchandise brute qui étaient nécessaires pour fabriquer 100 kilogrammes de marchandise raffinée, c'était seulement 111 kilogrammes et alors le déchet n'était plus de 17 kilogrammes mais de 11 kilogrammes seulement; 11 kilogrammes à raison d'un droit de 18 francs par 100 kilogrammes représentaient une somme de 1 fr. 98 c., on portait toujours comme pour la protection ancienne 3 fr. 60 c. et un chiffre de 42 centimes pour arrondir la somme, ce qui donnait au total 6 francs au lieu de 7 francs.

Ainsi, d'après les conclusions de la Commission et du Gouvernement l'écart doit être réduit de 7 à 6 francs parce qu'il est prouvé par l'enquête faite par le comité des arts et manufactures, que la richesse du pétrole brut n'est pas de 85, mais de 90 0/0.

Sur quoi ce raisonnement repose-t-il? La nature du pétrole s'est-elle modifiée pendant ces dernières années? Les découvertes faites, les puits forés donnent-ils des marchandises différentes? Pas du tout. Le pétrole reçu à cette époque était semblable à celui d'aujourd'hui.

Qu'est-ce que le comité des arts et manufactures a établi par son enquête, en établissant la richesse du produit brut? Elle est arrivée à cette seule conclusion, que dans le chiffre qui protège l'industrie actuelle il n'y a pas 3 fr. 06 c. de déchet, mais seulement 1 fr. 98 c. à 2 francs, et que, par conséquent, ce n'est pas 3 francs pour les déchets qu'il faut déduire du chiffre de 7 francs pour se rendre compte de la protection effective qui est accordée aujourd'hui à la raffinerie du pétrole, mais bien 2 francs seulement. Ce qui prouve que la protection effective dont jouissent les pétroliers n'est pas de 7 francs moins 3 francs, c'est-à-dire 4 francs, mais bien de 7 francs moins 2 francs, c'est-à-dire 5 francs.

C'est là une discussion théorique. Actuellement, nous avons à rechercher si le chiffre de 7 francs, qu'il comprenne un déchet de 3 francs ou de 2 francs, est excessif, comme le pense le Gouvernement, ou simplement juste, comme un certain nombre l'estiment, même s'il n'est pas insuffisant, comme les intéressés l'assurent.

Pour reconnaître si ce chiffre de 7 francs est suffisant, il faut examiner comment se sont comportés les industriels jusqu'à ce jour.

Il est bien certain, — et c'est le grand argument que l'on fait valoir — que, parmi ces industriels, il en est qui possèdent des fortunes considérables et qui ont réalisé des bénéfices importants. On en conclut que si certains industriels ont pu faire de tels bénéfices, c'est assurément parce que la protection accordée à cette industrie est trop large.

Voyons d'abord si la fortune de l'industriel, que l'on a surtout en vue, fortune qui effarouche un peu, provient de l'industrie elle-même ou si elle n'est pas due à des causes accessoires. Si elle provient de l'industrie même du raffinage du pétrole, si cette industrie est tellement avantageuse et si cet écart de 7 francs entre le brut et le raffiné permet de réaliser des gains considérables, naturellement tous ceux qui se livrent à cette industrie doivent, dans une mesure plus ou moins étendue, gagner de l'argent.

Or, l'événement prouve absolument le contraire. Nous remarquons que, depuis 1881 jusqu'à 1891, non seulement le nombre des raffineurs de pétrole, qui était alors de 26, n'a pas augmenté, non seulement aucun autre industriel n'a tenté de se livrer à ce métier si avantageux ; mais nous constatons, au contraire, que 6 industriels sur 26 ont dû renoncer à cette industrie qui devait les enrichir si rapidement.

Il faut ramener les choses à leur véritable situation...

M. Francis Laur. Les petits raffineurs ont disparu, mais pas les gros.

M. Charles Prevet. Je répète que les bénéfices réalisés par quelques industriels importants ne proviennent pas de l'industrie proprement dite du raffinage, mais de spéculations heureuses.

Et pour parler du plus important de ces industriels, ne savez-vous pas qu'il exerce l'industrie du raffinage, non seulement en France, mais aussi à l'étranger, notamment en Espagne et en Autriche, et qu'il se livre à des extractions de pétrole en Russie ? Or, en Espagne et en Autriche, cette industrie est protégée par des droits bien autrement considérables que ceux qui existent en France : l'écart entre le brut et le raffiné est de 12 francs en Espagne et de 9 francs en Autriche. Quand un industriel possède de nombreux capitaux, il peut se livrer à des spéculations et vous savez que celui qui nous occupe a entrepris sur les tonneaux, notamment, des opérations qui lui ont procuré des bénéfices importants ? Un industriel placé dans ces conditions dispose de mille moyens pour faire fructifier ses capitaux, en dehors même de l'industrie qu'il exerce. L'industriel auquel je fais allusion a gagné sa fortune, pour la plus grande part, en Espagne et en Autriche d'abord et aussi en se lançant dans des spéculations commerciales qui ne sont pas celles que nous entendons protéger. Sa situation est tout à fait particulière et ce qui le prouve c'est que la plupart des autres raffineurs de pétrole disparaissent les uns après les autres. Certaines maisons abandonnent le raffinage, par exemple cette maison de Marseille qui a préféré fermer ses usines pour se consacrer à l'importation du pétrole raffiné. Admettez-vous que si l'industrie du raffinage était si avantageuse qu'on le prétend, cette maison aurait ainsi, de gaieté de cœur, abandonné le raffinage pour se faire importatrice de pétrole raffiné ?

L'exemple de cette usine de Marseille montre surabondamment à la Chambre que le métier d'importateur est préférable à celui d'industriel.

Or, que cherchons-nous à faire, nous, représentants des industries françaises ? Nous voulons favoriser l'importation du produit brut et non pas du produit raffiné.

Nous avons tout intérêt à ce que le pétrole nous arrive à l'état brut, parce que nous procurons ainsi de la main-d'œuvre à nos ouvriers. Nous devons donc nous opposer à l'introduction du produit tout manufacturé qui ne donne rien au travail national.

Je pourrais vous citer d'autres usines qui ont imité l'exemple de l'usine de Marseille, à Roubaix et ailleurs. Six sur vingt-six n'ont pas pu résister ; mais les autres se sont-elles enrichies ? Il en existe une, très puissante, à Paris, qui, depuis dix ans, n'a pu servir aucun dividende à ses actionnaires, sauf 5 0/0 une seule année. Peut-on assurer qu'une industrie est prospère quand six usines sur vingt-six ont dû fermer leurs portes et quand d'autres ont dû se transformer en importateurs de pétrole raffiné afin de vivre et de pouvoir rémunérer leur capital ?

Ces exemples démontrent parfaitement que le droit actuel qui protège les pétroles est à peine suffisant. On veut le changer, le restreindre, parce que certains industriels ont réalisé des bénéfices excessifs ; mais il a été question d'un projet que la Commission trouvait très rationnel : il consistait à établir l'exercice chez les raffineurs de pétrole. Au lieu de se livrer à des discussions sur la richesse plus ou moins grande du pétrole brut, il était un moyen de n'avoir ni dupés ni dupeurs : c'était d'exercer les raffineries de pétrole et de prendre la taxe sur le pétrole raffiné sortant des usines. Le pétrole brut entrerait à un degré de richesse quelconque : le Gouvernement n'aurait pas à se préoccuper de ce point ; il n'aurait à considérer que le pétrole raffiné sortant de l'usine.

Ce système présentait cet autre avantage, considérable, de mettre en présence le pétrole américain et le pétrole russe.

Vous savez, messieurs, que les pétroles russes ne peuvent pas être exportés à l'état absolument bruts : ils subissent toujours une première rectification, et comme la douane française n'admet aucune différence en ce qui concerne le degré de rectification, elle taxe tous les pétroles russes comme des pétroles raffinés. Il en résulte qu'il est impossible, actuellement, d'importer les pétroles russes en concurrence avec les pétroles américains.

La situation qui est faite en Amérique à l'industrie pétrolière est cependant de nature à nous donner à réfléchir à tous. L'industrie des pétroles est syndiquée dans toute l'Amérique ; une puissante Compagnie est détentrice de tous les pétroles raffinés, la *Standard Oil Company* ; elle a racheté toutes les usines ; s'il s'en crée une nouvelle, elle l'absorbe encore ; elle est le seul vendeur de pétrole en Amérique et elle est maîtresse du marché dans le monde entier, du moins chez toutes les nations où il n'existe pas un droit protecteur suffisant pour faire vivre une industrie nationale. Les trois nations d'Europe où la *Standard Oil Company* ne soit pas maîtresse des cours et de l'importation sont : l'Espagne, où il existe un droit de 12 francs ; l'Autriche, où le droit est de 9 francs ; et enfin la France, où le pétrole raffiné est défendu par un droit de 7 francs. Partout ailleurs la *Standard Oil Company* est maîtresse du marché ; et si, comme le demande le Gouvernement, vous abaissez l'écart de 7 francs à 5 francs, vous apercevez le résultat auquel vous arriverez immédiatement.

En frappant cette industrie, ce sont nos petits raffineurs seuls que vous atteindriez. Chaque fois qu'on porte atteinte à une industrie, ne vous imaginez pas que ce soit la plus puissante maison de cette industrie qui pâtisse ; celle-là, vous l'atteignez dans une certaine mesure, mais d'un autre côté vous la favorisez. En effet, quand dans une industrie quelconque, il existe dix, vingt ou trente concurrents, le résultat d'une taxe qui rend cette industrie plus difficile est de faire disparaître d'abord les petites maisons, et le jour où les concurrents sont réduits à deux ou à trois, pensez-vous que l'intérêt du consommateur y trouve son compte ? L'intérêt du consommateur n'est pas de mettre la production aux mains de quelques-uns : c'est, au contraire, de rendre la production abordable à un grand nombre d'industriels. Quand il ne reste plus que quelques maisons, elles dominent le marché et s'entendent plus facilement que quand elles sont nombreuses.

L'intérêt du consommateur concorde avec la concurrence intérieure qui résulte de la création de nouvelles usines, ce qui détermine une lutte plus active entre les usines existantes. Vous ne pouvez donc mieux défendre cet intérêt qu'en adoptant un chiffre qui permette à l'industrie du raffinage de subsister et de se développer. Or, si la Chambre adopte le chiffre du Gouvernement, qui ne comporte qu'un écart de 5 francs, elle amènera la ruine d'un grand nombre de raffineries ; puisque déjà un écart de 7 francs a causé la disparition de nombreuses maisons.

Quelques puissantes maisons seulement pourraient subsister, mais elles ne tarderaient peut-être même pas à suivre l'exemple de l'usine de Marseille : elles préféreront s'entendre avec la *Standard Oil Company* et à se faire importatrices, en renonçant à l'industrie du raffinage. Vous aurez travaillé, en apparence, en faveur de l'abaissement du prix du pétrole en France et, en réalité, vous aurez fait du consommateur le tributaire de ces quelques maisons, qui seront maîtresses du marché. Au lieu d'obtenir la baisse, vous aurez la hausse, et le marché intérieur et national sera entièrement livré aux mains du marché étranger.

C'est là le danger que nous voulons éviter. Nous croyons que la situation de la France, de l'Espagne et de l'Autriche est de beaucoup supérieure à celles des autres nations où l'industrie nationale n'existe plus, et l'exemple de ces dernières montre bien comment les choses se passeraient chez nous.

On nous objecte que l'industrie du raffinage du pétrole s'est créée à une époque où un droit de 3 fr. 60 c. seulement protégeait les produits raffinés contre les produits bruts. On en conclut que si, sous ce régime, l'industrie de la raffinerie du pétrole a prospéré, c'est que ce chiffre de 3 fr. 60 c. était parfaitement suffisant.

Il n'en est rien. Ce n'est pas le chiffre de 3 fr. 60 c. qu'il faut examiner, mais l'écart qui existait, à cette époque, entre les prix de vente du produit raffiné et du produit brut.

En effet, quand il s'agit de créer une industrie pour transformer une matière, on considère l'écart entre le prix de la matière qu'on veut transformer et le prix que pourra atteindre la même matière une fois transformée. Or, à cette époque, quel était cet écart ? Il variait de 15 à 20 francs. C'est donc sous l'empire d'une protection, non pas douanière, mais commerciale, de 15 à 30 francs que les usines se sont créées.

Je puis citer une raffinerie fort importante, qui avait été fondée à Anvers avant la guerre. Pour assurer son existence, rémunérer les capitaux qui lui étaient confiés et payer à la main-d'œuvre un prix convenable, elle comptait sur cet écart de 15 à 20 francs qui existait entre les prix du produit brut et du produit raffiné. Cet écart est tombé en France au-dessous de 12 francs et notre législation douanière l'a fixé à ce chiffre après la guerre. A l'étranger, au contraire, où les législations douanières ne protégeaient pas cette industrie, le prix de vente du produit raffiné s'est rapproché de plus en plus du prix de vente du produit brut, c'est-à-dire que l'écart de 12 francs qui protégeait cette industrie a peu à peu disparu. L'usine d'Anvers a transporté alors tout son matériel à Lille, c'est-à-dire que cette industrie belge est venue se mettre à l'abri des lois douanières françaises.

Donc, si on réduit l'écart, il se passera le même phénomène en France, c'est-à-dire que notre industrie insuffisamment protégée se transportera à l'étranger, là où la législation douanière lui permettra d'exister. Cet exemple, que je viens de citer, du transport d'une usine d'Anvers à Lille avec les risques nombreux que cela comporte, puisqu'il faut reconstruire, transporter le matériel et le développer au moyen de capitaux importants, cet exemple doit nous éclairer, et nous devons en profiter. Ce qui s'est passé en Belgique, par suite de l'absence d'un régime douanier qui protège l'industrie dont nous nous occupons, ce qui s'est passé successivement dans d'autres nations, ne se passe pas fort heureusement dans trois pays d'Europe : l'Espagne, l'Autriche et la France. Mais craignez, messieurs, de voir ce phénomène se produire chez nous, si vous réduisez trop l'écart.

En somme, et pour me résumer, je vous demande de retenir ce fait, que si le comité des arts et manufactures a trouvé que la richesse moyenne du pétrole brut n'était pas de 85, mais de 90 0/0, il a simplement démontré que dans le chiffre de 7 francs qui protège la raffinerie, il n'y a pas 3 francs de déchet, mais 2 francs. Il n'a pas changé l'état actuel des choses, qui est un fait contre lequel personne ne peut s'élever, à savoir que la raffinerie jouit d'un écart réel de 7 francs. Messieurs, si vous voulez diminuer cet écart, vous ne pouvez le faire qu'en prétendant qu'il y a eu pour cette industrie une protection exagérée, puisque six usines sur vingt-six ont dû fermer, puisque plusieurs industriels en sont réduits à faire l'importation du pétrole raffiné de l'étranger.

Dans ces conditions, je demande à la Chambre non pas d'élever le droit protecteur, comme cela s'est fait pour plusieurs industries, mais de tenir compte de la hausse des matières premières, de la hausse des produits manufacturés qu'on vient de protéger par les droits votés en ces derniers temps et de mettre le pétrole en corrélation avec ce qui a été fait au cours de la discussion du tarif douanier. Je demande qu'au lieu d'élever le droit comme on l'a fait pour les autres industries, on maintienne le chiffre actuel de 7 francs, et qu'on repousse les chiffres de 5 à 6 francs proposés par la Commission et le Gouvernement, qui constituent des abaissements sous le régime desquels l'industrie, loin de pouvoir prospérer, a été gravement atteinte. (*Très bien ! très bien ! sur divers bancs.*)

M. Georges Graux, *rapporteur*. La Commission n'accepte pas l'amendement.

M. le Président. L'amendement de M. Prevet est repoussé par la Commission.

Il y a un autre amendement de M. Barodet.

M. Barodet. Mon amendement soulève une assez grosse difficulté. En présence de l'accord existant entre la Commission et le Gouvernement, je déclare, à l'exemple de mon collègue M. Viette, que je le retire pour le reproduire lors de la discussion du budget,

M. le Président. L'amendement est retiré.

La parole est à M. Laur.

M. Francis Laur. Messieurs, mon amendement tend à faire admettre la franchise à peu près complète pour les pétroles. Comme l'honorable orateur qui m'a précédé à la tribune, j'envisagerai d'abord le point de vue fiscal, c'est-à-dire le droit en lui-même de 18 francs sur les pétroles bruts ; puis nous examinerons l'écart de 7 francs entre le brut et le raffiné à 25 francs.

Devons-nous aujourd'hui, avons-nous, pour ainsi dire, qualité pour modifier le chiffre de 18 francs ? M. Prevet, et après lui M. Barodet, viennent nous dire qu'ils renvoient l'étude de l'amendement du dégrèvement de ces 18 francs à la Commission du budget. Je ne comprends plus.

Il s'agit là d'un droit de douane par excellence, d'une matière qui n'a pas son analogue en France, qui n'est presque pas soumise à des droits de consommation intérieure, comme l'alcool.

Le droit constitue une recette pour le Trésor, cela va sans dire ; mais tous les droits de douane en sont là, ou à peu près. Je ne vois pas ce que présente d'exceptionnel la taxe de 18 francs pour qu'on en remette son examen à plus tard. Il y a là quelque chose qui m'échappe. J'affirme, au contraire, que c'est, suivant moi, dans la discussion qui a lieu aujourd'hui que doit être fixé le droit de douane.

N'est-ce pas, en effet, le seul chiffre qui intéresse la consommation ? Que l'écart entre le brut et le raffiné, qui est de 18 à 25 francs, soit augmenté ou diminué de 1 franc ou 2 francs, évidemment la consommation n'en sera point impressionnée ; le pétrole restera au même prix.

L'huile minérale coûtera-t-elle toujours en France trois fois plus cher qu'elle ne vaut dans les pays voisins? Voilà la vraie question, et vous l'écartez au moment de la discussion solennelle qui se poursuit sur les douanes françaises!

Enfin, même en entrant dans l'idée de ceux qui veulent ajourner la question, je persiste à soutenir qu'il n'y a aucun intérêt fiscal en jeu, que l'État fera toujours la même recette. En effet, si je considère les nations qui nous environnent, la Belgique et l'Angleterre notamment, où les huiles minérales entrent en franchise, je constate qu'en Angleterre — veuillez retenir ces chiffres, messieurs, — la consommation atteint 13 kilogr. 430 gr. par habitant, et qu'en Belgique, elle atteint de 16 à 18 kilogrammes par tête. Dans ces deux pays, je le répète, il y a franchise des droits sur les pétroles. Quel enseignement!

En Suisse, la consommation atteint 15 ou 16 kilogrammes par habitant; les droits fédéraux ne sont que de 1 fr. 25 c. les 100 kilogrammes, c'est dire qu'ils sont insignifiants.

Bref, dans les pays où il n'y a pas de protection, la consommation atteint en moyenne 17 kilogrammes par tête. Dans les pays protégés modérément, comme en Allemagne, où le droit tombe à 7 fr. 30 c., on consomme encore 14 kilogrammes par tête.

En France, pays franchement protégé, vous constatez, messieurs, un effondrement de la consommation : 4 kilogr. 500 gr. En Espagne, pays protégé par 32 francs, on tombe à 3 kilogrammes par habitant. Est-ce clair et n'y a-t-il pas là une indication irréfutable?

Voilà une réponse topique immédiate à ceux de nos honorables collègues qui nous demandent de ne pas toucher au droit de 18 francs en France.

Eh bien, moi, je dirai au contraire : « Touchons au droit de 18 francs, et cela, dans l'intérêt du Trésor, dans un intérêt purement fiscal. Diminuons d'abord le droit de moitié, si vous le voulez, et je vous affirme que vous ne verrez pas fléchir les recettes. Vous verrez la consommation arriver à 9 kilogrammes par habitant, au grand bénéfice de l'industrie et du travail national. Et si vous vouliez être rationnels jusqu'au bout, si vous voulez mettre la nation au niveau des pays que je viens de citer : Belgique, Suisse et Angleterre, tout en conservant vos recettes, vous tableriez sur une consommation quadruple de pétrole par tête d'habitant, ce qui vous amènerait à diminuer du quart le droit actuel, sans faire perdre un sou au Trésor. Voilà la vérité.

Il suffirait donc d'un droit de 4 à 5 francs sur les 100 kilogrammes d'huile minérale brute pour amener une consommation par tête d'habitant analogue à celle de l'Angleterre ou de la Belgique, tout en maintenant l'intégralité du bénéfice de l'État.

Par conséquent, ne faites point intervenir, messieurs, le point de vue fiscal. Il n'existe pas. C'est l'histoire des timbres-poste. *(Mouvements divers.)*

Ce n'est donc pas à la Commission du budget qu'il faut s'adresser, puisque la consommation augmentera immédiatement : c'est à vous, messieurs, de résoudre *hic et nunc* la difficulté sans atermoiement nouveau.

Telles sont, sur le premier point, les observations que j'avais à présenter.

Reste la seconde question, celle qui touche à ce qu'on a appelé l'écart, c'est-à-dire le droit qui sépare les pétroles bruts des pétroles raffinés.

Le pétrole brut, je le répète, paye 18 francs; le raffiné, 25 francs. Il y a donc un écart de 7 francs.

L'honorable M. Prevet est venu ici défendre l'écart de 7 francs. Le Gouvernement demandera un écart de 5 francs, et nous, nous demanderons purement et simplement le retour à la législation primitive de 1864 qui a fondé l'industrie du pétrole; nous estimons que le droit de 3 fr. 60 c. est amplement suffisant, et nous allons démontrer par quelques chiffres que vous pourriez même vous passer tout à fait de ce droit de 3 fr. 60 c., au grand bénéfice de la consommation.

Messieurs, quand on compare l'industrie du pétrole en 1864 avec l'industrie du pétrole à l'heure où je parle, c'est absolument comme si l'on comparait le jour et la nuit, ou l'industrie du gaz à cette époque et actuellement.

Les progrès faits par cette industrie sont immenses.

En 1864, on se bornait purement et simplement à distiller le pétrole dans de petits appareils contenant quelques mètres cubes de pétrole, 3 à 4.000 litres, ce qui exigeait des ouvriers distillateurs. On poussait la distillation très peu loin, on obtenait des résidus qui, à cette époque, étaient presque sans valeur. Aujourd'hui, que voyons-nous? Une industrie, qui opère presque sans main-d'œuvre, qui traite le pétrole par 100.000 et 150.000 kilogrammes à la fois, dans d'immenses appareils américains. Résultat : suppression des quatre cinquièmes des ouvriers distillateurs, économie prodigieuse de combustible, avec fort peu d'acide sulfurique et avec fort peu de soude. De simples jets de vapeur, une simple agitation pour l'émulsion, et l'épuration du pétrole brut est faite.

Par conséquent, au point de vue technique, au point de vue des moyens d'action, aucune comparaison entre l'ère de 1864 et l'ère actuelle. Maintenant, si nous considérons le prix même des produits chimiques, nous voyons que l'acide sulfurique est tombé au plus bas prix possible, ainsi que la soude ; tandis que l'emploi dans le raffinage dudit acide sulfurique et de la soude elle-même est tombé au minimum, à quelques kilogrammes pour cent.

Aucune comparaison n'est donc possible au point de vue de la quantité consommée, ni au point de vue de produits chimiques de leurs prix.

Mais, messieurs, ce qui différencie encore d'une façon bien plus considérable l'industrie du pétrole en 1864 et l'industrie actuelle, c'est l'utilisation des sous-produits. Il suffit, messieurs, de vous rappeler ce qu'était l'industrie du gaz à cette époque et ce qu'elle est actuellement. Les prix de fabrication sont presque entièrement couverts par les sous-produits dont on ne parlait pas jadis.

Dans l'industrie du pétrole c'est la même chose : les gazolines, les essences, la benzine, la paraffine, des produits de toutes sortes sont maintenant extraits du pétrole et ont une grande plus-value.

De sorte que, si vous faites entrer dans le prix de revient la diminution de la main-d'œuvre, la grandeur des appareils, la diminution du prix des matières premières de l'épuration, la plus grande valeur des sous-produits, vous arriverez à cette constatation que le raffinage du pétrole ne coûte presque plus rien.

M. Georges Berger. Et l'amortissement des grands appareils ? Est-ce que ces grands appareils ne coûtent rien ?

M. Francis Laur. Je vais vous prouver que même avec cet amortissement l'opération du raffinage se fait avec bénéfice. La preuve de ce que j'avance là est bien simple à faire : il suffit d'invoquer l'exemple des États-Unis. Pourquoi le prix du pétrole brut, aux États-Unis, est-il le même que celui du pétrole raffiné ?

M. Georges Graux, *rapporteur.* Mais c'est une erreur !

M. Francis Laur. L'écart n'a été que de 1 franc les 100 kilogrammes pendant dix ans et aujourd'hui vous pouvez acheter sur la place de New-York du pétrole raffiné à peu près au même prix que le pétrole brut.

M. Charles Prevet. Ce n'est pas une question d'industrie, mais bien une question de spéculation.

M. Francis Laur. Qu'en savez-vous ? Comment se fait-il que la nation productive du pétrole par excellence, celle qui inonde le monde entier de son pétrole, donne sur son marché le pétrole raffiné à peu près au même prix que le pétrole brut, si ce n'est parce que le raffinage ne coûte plus rien à ceux qui le pratiquent ? Là, sont les grands appareils-types ; là sont les raffineurs les plus compétents, et cet état de choses dure depuis plus de dix ans. Vous voyez bien que l'argument est sans réplique.

Oui, j'affirme que le raffinage ne coûte rien, qu'il est payé par les sous-produits, par la plus-value des essences, des gazolines, etc., que l'on vend plus cher que le pétrole lampant, notamment en France.

M. Julien Goujon. Vous feriez bien de vulgariser la recette !

M. Francis Laur. Quand vous voudrez ! Je vais vous répondre par un passage du rapport de M. Graux lui-même. A Bakou, dit-il, en Russie, dans le pays même de production du pétrole, là où il sort du sol à 0 franc pour ainsi dire, où on l'achète quelques kopecks le poud, les frais de raffinage sont officiellement de 80 centimes à 1 fr. 20 c. les 100 kilogrammes, suivant l'importance des usines !

M. Georges Graux, *rapporteur.* Monsieur Laur, en ce moment vous faites une citation de mon rapport qui n'est pas l'affirmation de la doctrine que je soutiens. C'est une objection que je reproduis, et non un argument que j'invoque.

M. Francis Laur. Je cite un chiffre qui est dans votre rapport...

M. Georges Graux, *rapporteur.* A titre d'objection.

M. Francis Laur. ... et qui est officiel en Russie. J'ajoute que si le raffinage de pétrole coûte 80 centimes à Bakou, les matières employées pour ce raffinage sont beaucoup plus chères en Russie qu'en France : l'acide sulfurique à 50 degrés vaut en Russie 85 kopecks le poud, soit 19 francs les 100 kilogrammes, alors qu'il ne vaut en France que 4 francs à 4 fr. 50 c. au maximum ; en Russie, la soude caustique vaut de 54 à 55 francs, tandis qu'en France elle ne vaut que 30 francs. Par conséquent, si, en Russie, pays de production, on raffine du pétrole brut à 80 centimes, alors que l'acide sulfurique coûte trois à quatre fois et la soude deux fois plus cher qu'en France, alors que les sous-produits ont moins de valeur, j'ai bien le droit de dire que si vous voulez vous placer dans des conditions de parité avec la fabrication du Caucase, ce n'est pas 80 centimes qu'il faudrait enregistrer comme prix de revient de raffinage, c'est 40 centimes.

Mais j'ai un exemple peut-être plus topique. Je m'adresserai ici à M. le Ministre des Finances ou à M. le Ministre du Commerce.

N'est-il pas vrai que le Gouvernement fait faire en ce moment une enquête en Belgique ? Voyez, Messieurs, de quel poids sera la démonstration !

Il y a, quoi qu'on en dise, des raffineries de pétrole en Belgique, c'est-à-dire à deux pas de nous. La personne chargée de faire le rapport démontre au Ministre qu'en Belgique des industriels travaillant non plus le pétrole brut, mais le pétrole déjà raffiné, en extraient encore de nouveau des sous-produits, gazoline,

2

benzine, essence à détacher, paraffine, qui payent le prix de la distillation. Ainsi, dans du pétrole déjà raffiné, ils trouvent des éléments qui leur permettent d'amortir leur outillage et de réaliser des bénéfices, alors qu'en France on peut extraire, non pas une partie, mais la totalité des sous-produits, et qu'on demande malgré cela 7, 8 et même 12 francs de protection !

Je dis que cet exemple, à nos portes, avec la parité des prix de revient et de la situation topographique, est à mon avis absolument topique ; on ne peut pas y répondre.

Et quel est enfin le prix de revient actuel de cette opération de raffinage dans les usines françaises ? Est-il de 5 francs, 6 francs, 12 francs par 100 kilogrammes, comme on le dit ?

Non, Messieurs. Il a été établi par des personnes autorisées, par l'honorable M. Coignet, expert au ministère du commerce et de l'industrie, de la manière suivante :

Charbon . . . . Fr.	» 75
Main-d'œuvre	» 50
Usure d'appareils et amortissement	» 25
Produits chimiques	1 »
TOTAL . . . . . . Fr.	2 50

Et on vous demande 7 francs !...

Serrons encore de plus près ce prix de revient. Je tiens ce renseignement d'une personne qui a dirigé une raffinerie de pétrole dans les environs de Paris, M. Guérin, l'ancien directeur de l'usine de Colombes :

Charbon aux deux appareils pour distillation de 100 kilogrammes de brut. . . . . Fr.	» 25
Acide, 2 kilog. 200 à 10 francs rendu	» 22
Soude, 120 grammes à 32 francs.	» 04
3 kilogrammes de produits perdus en fabrication à 35 francs (moyenne).	1 05
Main-d'œuvre et frais divers.	» 70
TOTAL . . . . . . Fr.	2 26

A déduire :

2 kilogrammes de brai sec et huile lourde . . . . Fr.	» 20	
Goudrons, acides, 3 kilogrammes	» 09	
Lessive de soude, 2 kilog. 500.	» 05	
Fr.	» 34	» 34

De sorte que le coût net de la fabrication serait de. . . . . . . Fr. 1 92
les 100 kilogrammes.

Le coulage n'existe pas comme on l'a dit ; au contraire, les différences entre le gallon et le litre donnent un bénéfice au raffineur.

Si nous examinons la moyenne des produits de vente tirés du pétrole à leur valeur actuelle, nous voyons sur 100 kilogrammes :

Gazoline, 2 kilogrammes à 1 fr. 10 c. . . . . Fr.	2 20
Benzine légère, 2 kilogrammes à 0 fr. 70 c.	1 40
Essence d'éclairage, 8 kilogrammes à 0 fr. 65 c.	5 20
Benzine lourde, 5 kilogrammes à 0 fr. 63 c.	3 15
Pétrole d'éclairage, 78 kilogrammes à 0 fr. 52 c.	40 56
TOTAL . . . . . Fr.	52 51

Contre une dépense totale de 100 kilogrammes brut. . . Fr.	17 »	
Douane (sans fraude supposée)	18 »	
Coût de fabrication.	2 25	
Frais généraux divers	2 50	
Fr.	39 75	39 75
D'où bénéfice minimum. . . Fr.		12 76

Sans compter les profits par les mélanges, la fraude, les cours plus élevés dans certaines régions, etc.

Voilà, Messieurs, l'industrie que vous voulez continuer à protéger d'une prime de 7 francs, alors qu'à sa naissance elle a prospéré avec un écart de 3 fr. 60 c. seulement !

Il y a enfin, en dehors de tout cela, la question des transports, dont vous vous êtes bien gardé de parler, monsieur le Rapporteur. Or, les transports ont diminué de moitié. Le pétrole brut, logé en fût, coûtait, il y a quelques années, de 50 à 60 francs la tonne de transport ; il ne paye plus aujourd'hui que 30 ou 35 francs, parce qu'on a utilisé un procédé nouveau, le transport en vrac, par bateaux-citernes.

M. Georges Berger. Il faut tenir compte de l'amortissement des bateaux.

M. Francis Laur. Vous parlez de l'amortissement des bateaux, mais l'immobilisation en fûts dépassait bien l'amortissement des bâtiments actuels, car les fûts se détérioraient et étaient cause de grands accidents, d'une augmentation d'assurances, etc. Donc ces transports en vrac par bateaux-citernes réalisent une économie sur les frais de transport et procurent un avantage total qu'on a évalué à 15 0/0, alors que l'intérêt et l'amortissement du capital engagé pour ce mode de transport ne dépasse pas 10 0/0.

Il résulte donc de ce fait, pour les raffineries, un bénéfice qu'on peut évaluer sans crainte à 50 0/0, déduction faite de l'amortissement et de l'intérêt.

Je m'étonne, en résumé, que lorsque nous constatons d'une façon aussi irréfutable de pareils progrès dans une industrie, on ose demander le maintien de droits que la politique seule, la peur de la Commune, et non des conditions industrielles quelconques, a contribué à établir.

Je crois avoir suffisamment démontré qu'un écart de 3 fr. 60 c., c'est-à-dire le retour à la législation initiale de 1864, est largement suffisant pour l'industrie du pétrole; c'est plus qu'elle ne devrait avoir et je prétends — c'est un point de vue personnel — qu'elle n'a besoin de rien du tout pour prospérer comme en Amérique et en Russie.

J'arrive, Messieurs, à une question peut-être un peu nouvelle, mais dont j'ai trouvé l'origine dans le tarif allemand, qui contient un paragraphe très intéressant pour nous. Après avoir institué un droit de 6 marks sur le pétrole brut, c'est-à-dire un droit de 7 fr. 50 c., au lieu de celui de 18 francs que nous payons, le conseil fédéral a décrété :

« Le conseil fédéral est autorisé à admettre en franchise de droits, sans contrôle de l'emploi qui en sera fait, l'huile minérale destinée à d'autres usages industriels que la fabrication de l'huile à graisser ou de l'huile d'éclairage. »

Messieurs, je viens vous demander la même chose que le gouvernement allemand.

M. Muller. C'est une question fiscale! Ce n'est plus une question de protection industrielle!

M. Francis Laur. Comment! mais c'est au contraire une question de protection industrielle, puisque le produit est admis en franchise pour des emplois purement industriels, c'est-à-dire pour abaisser le prix de revient d'une infinité d'articles fabriqués.

En effet, je vais vous montrer tout de suite ce que cela vise.

La franchise du pétrole, abstraction faite des droits, met en jeu quelque chose de bien plus important qu'une question fiscale ou une question de raffineur : elle touche à la question sociale.

Vous n'ignorez pas qu'il y a des moteurs à pétrole absolument comme il y a des moteurs à gaz. Ces moteurs ont ceci de caractéristique qu'ils sont employés exclusivement dans la petite industrie, pour les forces de un à quatre chevaux. Ils se multiplient en France d'une façon extraordinaire et intéressent tout spécialement l'agriculture, car le gaz en France est mis toujours difficilement à la portée des campagnes. Par conséquent, si l'on pouvait avoir un agent moteur d'un transport facile, que l'on trouverait chez l'épicier comme on le trouve déjà dans les moindres bourgades; si l'on mettait à la disposition de toute l'agriculture et de la petite industrie un agent suffisamment transportable, suffisamment puissant, donnant un équivalent dynamique supérieur, vous auriez, Messieurs, provoqué une transformation considérable de l'industrie en France. Vous verriez se restreindre la grande industrie centralisée qui n'a d'autre raison que l'économie réalisée par la grande machine à vapeur de 5 à 600 chevaux. Au lieu de grandes usines vous auriez de petits ateliers d'ouvriers. Oui, si vous parveniez à donner à bon marché les petits moteurs de un à quatre chevaux, vous auriez résolu un immense problème, qui est posé depuis longtemps par une infinité d'économistes et de personnes compétentes.

Je regrette que mon honorable collègue, M. Viette, ne soit pas là en ce moment. Il me disait encore ces jours-ci : Dans nos départements du sud-est, c'est là une question essentielle, vitale pour la petite industrie en chambre; le moteur à pétrole permettrait aux ouvriers de quitter les villes et d'aller à la campagne chercher des conditions de vie économique, de santé et d'hygiène, qui leur sont indispensables et leur font actuellement défaut.

Pour vous donner une idée de l'état de la question, je dirai qu'à Paris le moteur à pétrole ne peut pas lutter contre le moteur à gaz, par la simple raison que le droit d'octroi est de 22 centimes par litre de pétrole.

La consommation par cheval-vapeur et par heure, pour le moteur à pétrole, à 65 centimes le litre, est de 39 centimes, tandis qu'elle n'est que de 25 centimes et demi pour le moteur à gaz, qui coûte 30 centimes le mètre cube. Le seul droit d'octroi enlevé sur le pétrole permettrait au moteur à gaz d'être immédiatement concurrencé dans la capitale même.

En province, où le gaz est moins à la portée de tous, dans les villes où le droit d'octroi sur le pétrole n'est pas de 22 centimes par litre, vous arrivez déjà à une situation excellente, à un prix de 20 centimes par cheval et par heure. Avec les droits actuels, le moteur à pétrole lutte avantageusement contre le moteur à gaz. Et alors là où il n'y a pas de gaz, dans les campagnes, l'avantage est manifeste. Mais jugez de la révolution accompli si vous admettez la franchise du pétrole. Vous auriez en France une quantité innombrable de petits moteurs de quelques chevaux, partout, dans les villes, dans les hameaux, dans les campagnes, dans la ferme. Le pétrole deviendrait en réalité le roi de la petite industrie.

Voilà ce que vous pouvez faire, Messieurs.

Je crois qu'il suffira de vous dire que la question est posée pour que vous cherchiez à la résoudre.

Il n'y a qu'un point qui pourrait peut-être soulever les objections du Gouvernement: c'est la question de dénaturation de ce pétrole de façon qu'on ne puisse pas faire servir le pétrole industriel à l'éclairage et au graissage. Comment arriverons-nous, ainsi qu'on le fait en Allemagne, à donner à la petite industrie le « pétrole moteur » en franchise? Nous avons suffisamment confiance dans les lumières des chimistes du Gouvernement pour savoir que la question de dénaturation ne les arrêtera pas. Pour les alcools, par exemple, la dénaturation a été longtemps un problème déclaré très délicat, il a été cependant résolu et par le gouvernement français et par le gouvernement suisse, qui va revenir au procédé français. Il en sera de même pour la dénaturation des huiles et du pétrole raffiné, car il s'agit du pétrole raffiné et même des essences très volatiles; elle ne saurait être un empêchement à un progrès démocratique.

Je pourrais même donner à M. le Commissaire du Gouvernement et à M. le Ministre du Commerce une indication.

La pyridine notamment sert à la dénaturation des alcools en Suisse. C'est un dérivé de la distillation des matières cornées dont on vient maintenant de réaliser la synthèse organique. Cette pyridine a une odeur tellement désagréable, que 1 0/0 seulement — j'en ai fait l'expérience dernièrement dans un laboratoire — mélangé à l'huile de pétrole lui communique une odeur tellement insoutenable qu'il serait impossible, dans une chambre, dans un salon, dans un appartement, quelque aéré qu'il fût, de supporter la présence du pétrole ainsi dénaturé. Au contraire, pour le moteur, on pourra facilement évacuer les produits de la combustion par des tuyaux spéciaux.

Il existe beaucoup d'autres moyens; je ne veux que vous soumettre celui-ci de façon à prouver à la Chambre qu'il n'y a pas là un problème technique insoluble. Du reste, il n'y a pas de problème technique insoluble aujourd'hui.

M. Peytral. En Allemagne que fait-on?

M. Francis Laur. En Allemagne, on dénature, je crois, par la pyridine obtenue par synthèse chimique.

M. Peytral. Par quelle distillation l'obtient-on?

M. Francis Laur. Par la distillation des matières cornées, des cornes de chevaux, de bœufs, etc., mais on peut l'obtenir aussi par synthèse, comme je vous l'ai dit.

Messieurs, en terminant, je vous prierai tout d'abord de vouloir bien *hic et nunc* diminuer le droit de 18 francs sur les huiles brutes, conformément à l'amendement de M. Viette que je reprends pour mon compte personnel; je ne réclame pas pour aujourd'hui la franchise, car j'ai voulu qu'on ne puisse m'opposer l'objection fiscale.

Avec un droit de 5 francs et une consommation de 16 kilogrammes par habitant que vous obtiendrez très facilement comme en Belgique, comme en Suisse et comme en Angleterre, le produit budgétaire restera le même.

Je vous demande, en outre, de porter l'écart entre le brut et le raffiné simplement à 3 fr. 60 c., chiffre de la législation de 1884, et enfin, en troisième lieu, de vouloir bien adopter la rédaction du conseil fédéral allemand, c'est-à-dire d'autoriser l'entrée en franchise, sous contrôle de l'emploi qui en sera fait, des huiles minérales destinées à d'autres usages industriels que la fabrication des huiles à graisser ou de l'huile d'éclairage. Je fais remarquer, en passant, que non seulement vous favoriserez ainsi la création de moteurs à bon marché, mais encore celle d'une foule d'industries qui auront besoin de pétrole et d'essences pour mettre en solution des parfums ou corps gras quelconques.

Ainsi donc, 5 francs sur le pétrole brut, 3 fr. 60 c. d'écart entre le pétrole brut et le pétrole raffiné, et la franchise sur le pétrole destiné aux moteurs, telles sont mes conclusions. J'espère que la Chambre voudra bien reconnaître que je me suis maintenu exclusivement sur le terrain démocratique et me faire l'honneur d'admettre mes conclusions que je ne développe pas autrement sûr de l'excellence de ma thèse.

M. le Président. La parole est à M. le Rapporteur.

M. Georges Graux, *rapporteur.* Messieurs, la Commission a le regret de ne pouvoir donner satisfaction à l'honorable M. Laur sur aucun des trois points visés dans son amendement. Elle espère que notre collègue lui pardonnera ce désaccord, puisque sur un quatrième point dont il n'a pas été parlé, les huiles lourdes, M. Laur a reçu satisfaction dans le projet de la Commission.

J'aborde très rapidement les trois questions qui font l'objet de l'amendement de M. Laur.

Notre honorable collègue demande d'abord la franchise sur le pétrole brut, puis un écart de 3 fr. 60 c.

entre le pétrole brut et le pétrole raffiné, et enfin l'exemption pour une catégorie spéciale de pétrole et d'huiles minérales, destinés aux moteurs.

En ce qui concerne la première et la troisième question, l'entrée en franchise du pétrole brut et l'exemption du pétrole raffiné servant aux moteurs, la réponse que j'ai à faire, M. Laur l'a en quelque sorte indiquée : c'est que les droits sur le pétrole brut ne sont pas exclusivement des droits de douane, mais ont un caractère fiscal. Comme la Chambre le sait, le droit sur le pétrole, comme le droit sur le café, a un côté budgétaire; par conséquent, c'est lorsque le budget viendra en discussion devant la Chambre qu'il y aura lieu de discuter le droit afférent au pétrole brut. Pour le pétrole qui sert aux moteurs, à côté de l'argument fiscal qui peut également être invoqué, il y a un autre motif qui doit faire ajourner son entrée en franchise.

M. Laur devance un peu les événements en proposant l'exemption. En effet, l'emploi du pétrole pour les moteurs est une question scientifique très intéressante, digne d'appeler l'attention de la science, mais qui ne doit pas en ce moment arrêter celle de la Chambre, parce qu'elle n'est pas résolue scientifiquement. Il y a donc lieu d'ajourner l'exemption du pétrole destiné aux moteurs.

J'arrive à la troisième question, qui comporte une solution immédiate, celle de l'écart de 3 fr. 60 c. entre le pétrole brut et le pétrole raffiné.

L'honorable M. Laur prétend que cet écart de 3 fr. 60 c. ne portera aucun préjudice au Trésor, parce que, dit-il, on consommera une plus grande quantité de pétrole quand il coûtera moins cher, et l'augmentation de la consommation compensera l'abaissement du droit.

Je crois que c'est un peu escompter l'avenir que de prétendre que, du jour au lendemain, par ce fait seul que vous aurez abaissé le droit, vous décuplerez la consommation. Le Trésor doit avant tout se préoccuper du lendemain et ne pas abandonner aux espérances d'une consommation problématique des recettes qui lui sont indispensables. Par conséquent, dès aujourd'hui, vous ne pouvez pas affirmer que le Trésor ne sera pas en déficit et que l'augmentation de la consommation compensera la diminution du droit.

Sur la question de l'écart entre le brut et le raffiné, M. Laur donne comme argument en faveur de l'écart de 3 fr. 60 c., d'une part, le progrès de l'industrie et, d'autre part, la différence de prix qui existe entre les pétroles bruts et les pétroles raffinés aux États-Unis.

Sur le premier point, relatif aux progrès de l'industrie, je ferai remarquer à M. Laur que son argument se retourne contre sa thèse. En effet, il est évident que la raffinerie française, depuis 1864, a fait des progrès considérables. Mais M. Laur n'ignore pas que si ces progrès ont été réalisés en France, ils l'ont été également aux États-Unis, avec des facilités incomparables et dans des proportions colossales. Vous savez tous, Messieurs, qu'il existe aux États-Unis une seule société, dont M. Prevet vous a parlé, la *Standard Oil-company*, qui, à elle seule, en un jour, fabrique plus de pétrole que toutes les raffineries de France en une année.

N'est-il pas évident que les frais généraux de cette société, qui raffine 80 0/0 de la consommation du pétrole aux États-Unis, sont très inférieurs aux frais généraux de nos raffineries françaises?

Je pourrais multiplier les causes d'infériorité de nos usines. Ce seul exemple suffit pour réfuter l'argument de M. Laur.

J'arrive à la seconde raison que donne notre collègue en faveur de l'écart de 3 fr. 60 c. : le prix des pétroles bruts et raffinés aux États-Unis et en France et l'écart entre ce prix. Sur ce point, j'ai le regret de le dire, mais notre honorable collègue a commis une erreur de chiffres.

En effet, quel est l'écart entre les bruts et les raffinés?

Si nous nous reportons précisément à la période pendant laquelle le droit était de **3 fr. 60 c.** en France, où les pétroles bruts entraient en franchise et où les raffineries jouissaient par conséquent de la plénitude du droit, l'écart entre les bruts et les raffinés aux États-Unis variait de 10 à 20 francs. En 1873, il était de 19 fr. 50 c.; en 1876, il était de 16 francs. C'était une protection efficace pour la raffinerie française. Cet écart n'existe plus aujourd'hui; la protection qui en résultait a disparu. Et M. Laur vient dire qu'il existe aujourd'hui, dans cette industrie, des progrès qui n'existaient pas autrefois.

Il y a un autre facteur qu'il faut faire intervenir dans le débat et qui a une grande importance, c'est l'écart de prix entre les raffinés d'exportation et les raffinés de consommation aux États-Unis.

Cet écart suffirait pour justifier la protection de 6 francs que vous propose votre Commission. J'ajoute que cette proposition est faite à titre de transaction, car la Commission aurait préféré l'établissement d'un droit de 7 francs; mais elle a voulu, dans l'espoir d'arriver à une entente avec M. le Ministre du Commerce, accorder une concession au Gouvernement, qui demandait 5 francs.

Actuellement, les raffinés d'exportation aux États-Unis se vendent 4 fr. 80 c. de moins que les raffinés qui servent au commerce intérieur. Voilà la protection dont jouissent, aux États-Unis, les pétroles raffinés importés en France. L'importateur américain, avant de faire partir en vrac ou en barils son pétrole, a déjà réalisé un bénéfice net de 4 fr. 80 c. par 100 kilogrammes. J'ai là deux numéros de l'*Oil paint and drug reporter*, journal américain spécial, portant les dates du 22 octobre 1890 et du 21 janvier 1891, et j'y trouve que l'écart entre le raffiné d'exportation et le raffiné du commerce intérieur à New-York est de 2 cents 60 par gallon, c'est-à-dire 4 fr. 80 c. les 100 kilogrammes. Cet écart de 4 fr. 80 c. entre le raffiné d'exportation et le raffiné de consommation intérieure aux États-Unis assure un bénéfice considérable à l'exportateur et place le raffineur français dans une situation bien difficile.

Voilà ce que j'ai à répondre à l'honorable M. Laur, et je vais examiner très brièvement les éléments constitutifs de l'écart entre les bruts et les raffinés.

Permettez-moi, Messieurs, de vous rappeler ce qu'a dit l'honorable M. Rouvier en 1880, lorsque l'honorable Ministre des Finances était rapporteur de la Commission des douanes. Il a fait remarquer à cette époque que le droit sur le pétrole comprend deux éléments : un élément fixe, le droit de 3 fr. 60 c., à l'aide duquel les raffineries se sont créées, puis un élément variable. Quel est ce dernier élément ?

C'est l'écart entre la quantité de pétrole brut qu'il faut importer pour produire une même quantité de pétrole raffiné et celle qui sort de l'usine. C'est le droit payé par la raffinerie sur la matière première qui disparaît dans la fabrication.

Il est loin de ma pensée d'instituer à cette tribune une discussion scientifique ; je prends les évaluations du comité consultatif des arts et manufactures, le rapport de M. Debray. Que trouvons-nous dans ce rapport ? Qu'il faut 111 kilogrammes de pétrole brut pour obtenir 100 kilogrammes de pétrole raffiné. Par conséquent, lorsque le raffineur produit 100 kilogrammes de pétrole, il a déjà payé les droits sur 11 kilogrammes de brut qui ne figureront plus dans son produit.

Ces 11 kilogrammes ont payé 1 fr. 98 c. de droits ; 2 francs en chiffres ronds.

Ce sont ces 2 francs qui sont payés par le raffineur, sans qu'il en tire aucun profit, aucun bénéfice, qui constituent l'élément variable du droit qu'il faut ajouter à l'élément fixe.

Et c'est ainsi que nous en sommes arrivés à vous demander le chiffre de 6 francs, qui se compose du droit fixe de 3 fr. 60 c. et du droit variable de 2 francs ; je répète que ce droit vous est proposé par la Commission comme un chiffre de transaction, comme un minimum indispensable pour laisser subsister l'industrie de la raffinerie de pétrole en France. *(Très bien ! très bien !)*

M. le Président. La parole est à M. le Ministre du Commerce.

M. Jules Roche, *ministre du Commerce, de l'Industrie et des Colonies.* Messieurs, si nous devions trancher la question du pétrole tout entière et entrer dans l'examen approfondi des différents aperçus présentés à cette tribune par l'honorable M. Prevet, par l'honorable M. Laur et par M. le Rapporteur de la Commission des douanes, ce serait un très long débat qui retiendrait la Chambre, non seulement pendant cette séance, mais pendant plusieurs autres.

Aussi bien, je restreindrai mes observations au point très précis et très simple qui doit être examiné par vous. Je ne considérerai donc que le tarif des douanes et la décision que vous avez à prendre en ce moment, sans rien préjuger sur le régime général du pétrole et sur le dégrèvement que vous pourriez accorder dans le sens des propositions de l'honorable M. Barodet, soit de l'honorable M. Viette ; ces questions, Messieurs, viendront à leur heure d'une façon plus utile et plus opportune, lorsque vous discuterez le budget.

En ce moment nous avons uniquement à examiner quel est le droit qu'il faut inscrire au tarif des douanes pour le pétrole brut et pour le pétrole raffiné.

M. Prevet vous demande de maintenir le droit actuel ou, pour mieux dire, les droits actuels, qui sont de 25 francs sur le pétrole raffiné et de 18 francs sur le pétrole brut.

La Commission des douanes vous propose 24 francs et 18 francs, avec un écart de 6 francs.

Le Gouvernement propose un droit de 25 francs, qui est le droit actuel sur le raffiné, et un droit de 20 francs sur le pétrole brut.

Voici les raisons très simples pour lesquelles je crois qu'il est préférable d'adopter un écart de 5 francs que nous vous proposons.

Comme vous le savez, l'écart entre les deux pétroles est de 7 francs. Il en résulte, — et j'appelle tout de suite votre attention sur ce point, car c'est un de ceux qui doivent dominer le débat, — il en résulte que le Trésor subit de ce chef une perte que vous pouvez évaluer à 8 millions de francs si vous considérez la recette effectuée par le Trésor dans le cas où le pétrole consommé par le pays entrerait sous forme de pétrole raffiné au lieu d'entrer sous forme de pétrole brut. Remarquez bien, en effet, qu'en ce qui concerne le consommateur, la situation actuelle est absolument la même s'il n'entrait pas de pétrole brut ; c'est le droit de 25 francs qui joue en ce qui le concerne. Et, par conséquent, que la raffinerie fasse des affaires plus ou moins considérables, la situation du consommateur est identiquement la même, étant donné que le droit sur le pétrole raffiné est de 25 francs. C'est, en effet, cette somme de 25 francs qui règle le marché.

Si la quantité de pétrole consommée par le pays entrait directement sous forme de pétrole raffiné, au lieu d'entrer sous forme de pétrole brut, qui est transformé en pétrole raffiné par les raffineurs français, le droit perçu à l'entrée serait de 25 francs au lieu de 18 francs. Par conséquent, étant donné qu'il entre 178 millions de kilogrammes de pétrole brut, qui produisent, à 18 francs le droit de douane, une recette pour le Trésor de 32 millions, étant donné qu'on peut compter sur un déchet moyen de 10 0/0, soit, sur un produit de pétrole raffiné, de 90 0/0, par rapport aux quantités en pétrole brut, il faut considérer qu'il s'agit d'un chiffre de 160 millions seulement.

Eh bien, 160 millions de kilogrammes de pétrole raffiné au droit de 25 francs doivent produire pour le Trésor une recette de 40 millions.

Donc, c'est là un point important, la collectivité française renonce à une recette de 8 millions de francs qui viendrait accroître les ressources générales du pays et qui dégrèverait pour autant les sommes qu'on est obligé de demander d'autre part au contribuable. De ce seul fait, de cet écart entre le droit sur le pétrole brut et le droit sur le pétrole raffiné, le Trésor subit une non-recette, une perte de 8 millions pour protéger, pour permettre l'exercice de cette industrie qui s'appelle la raffinerie du pétrole. *(Très bien ! sur divers bancs.)*

Vous voyez donc tout de suite quel grand intérêt se présente ici — je ne veux pas discuter...

Un membre à gauche. Vous avez tort !

M. le Ministre du Commerce et de l'Industrie... Ce n'est pas le moment. — Je le répète, vous voyez, Messieurs, tout de suite la question. Voilà une industrie... *(Bruit de conversations à gauche)...* Si la Chambre croit qu'elle peut voter immédiatement, je n'insiste pas. *(Parlez ! parlez !)*

Voilà une industrie qui en définitive reçoit du Trésor, qui représente l'intérêt général de tous les Français, une protection qu'on peut évaluer à une somme de 8 millions ; il y aurait donc lieu de se demander si cette industrie, protégée d'une façon aussi puissante, vaut cette protection ; si elle rend à l'ensemble du pays des services tels qu'ils ne soient pas payés trop chers par ce sacrifice de 8 millions par an consenti par le Trésor ; cette question, je ne l'examine pas, je vous l'indique ; elle viendra en discussion plus tard, au moment du budget, puisqu'on s'est donné rendez-vous de toutes parts pour ce moment-là.

M. Burdeau. Les deux questions sont liées.

M. le Ministre. Voilà la première question. En voici une seconde. L'honorable M. Prevet nous a dit, s'adressant au Gouvernement plus particulièrement : Si vous proposez la diminution de l'écart entre les pétroles bruts et les pétroles raffinés, c'est que dans une certaine mesure vous obéissez à cette préoccupation des gros bénéfices que l'on attribue à l'industrie du pétrole. Vous dites : Voilà une industrie qui fait fortune peut-être trop rapidement ; il y a là des bénéfices qu'il faut réduire.

Ce n'est pas ma pensée : je me réjouis de voir des industries françaises prospérer.

M. Burdeau. A la condition que ce soit d'une façon naturelle...

M. le Ministre. Sans doute, avec leurs propres ressources, et non pas en réalisant leurs bénéfices sur le budget, c'est-à-dire sur l'ensemble des contribuables, par un mécanisme fiscal. Mais plus les industries prospèrent, plus elles réalisent un ensemble de bénéfices considérables, plus c'est au profit, non seulement de ces industries mais du pays lui-même, des consommateurs que ces bénéfices s'effectuent. Par conséquent, je ne fais pas un reproche à l'industrie du pétrole de réaliser des bénéfices, loin de là. Mais je viens de montrer quel est le mécanisme à l'aide duquel elle réalise une très grosse partie de ces bénéfices. Ajoutez les autres opérations accessoires qu'indiquait tout à l'heure M. Prevet et vous aurez l'ensemble des coefficients qui lui permettent de prospérer — si tant est qu'elle prospère tout entière.

Car il en est vrai qu'un certain nombre d'usines n'ont pas réussi. Mais la raison en est bien simple. C'est que les usines de cette nature ont besoin d'être établies dans des conditions particulières. Il faut qu'elles soient placées à proximité d'un port, et surtout, étant donnée la manière dont le pétrole brut est transporté et dont il est manipulé, il faut que le navire qui apporte le pétrole puisse être vidé directement, à l'aide de pompes, dans de grandes cuves, de manière à épargner ainsi des frais de manutention et des frais de transport très considérables. Si vous voulez établir une raffinerie de pétrole au centre de la France, comme dans des départements, dans des pays montagneux où il y a des frais de transport élevés, il est clair qu'elle sera dans des conditions d'infériorité telles qu'il lui sera bien difficile de réaliser des bénéfices.

M. Charles Prevet. Ce n'est pas douteux ; mais l'usine de Marseille, placée dans les meilleures conditions, n'a pas non plus pu se maintenir.

M. le Ministre. Cela est vrai ; mais les principales causes de l'insuccès de beaucoup d'usines de pétrole n'en sont pas moins celles que j'indique.

Il s'agit maintenant d'examiner très rapidement si l'écart de 5 francs que nous proposons d'établir est suffisant.

Je ne crois pas que l'hésitation soit possible sur la réponse à faire à cette question, et en voici les raisons bien simples :

Je me permets d'abord de vous rappeler quelles sont les conclusions qui ont été présentées par le Comité consultatif des arts et manufactures, lorsqu'il a été saisi de cette question du rendement des pétroles bruts en pétroles raffinés.

Le Comité en a confié l'examen aux chimistes les plus distingués, à ceux dont les noms ont ici, comme partout d'ailleurs, une autorité reconnue, MM. Aimé Girard, Trost, Mascart, de l'Institut; Riche et de Luynes ; le rapport qu'ils en ont fait est absolument concluant.

Je ne veux en citer que le dernier paragraphe :

« Dans leur raisonnement, les fabricants de pétrole tiennent comme maintenu intégralement le droit protecteur de 3 fr. 60 c., accordé à l'origine pour encourager une industrie naissante. Mais le Comité estime que ce droit n'est pas aujourd'hui aussi complètement justifié qu'à l'origine.

» Le Comité estime que ce droit pourrait être diminué. »

Il s'agit, entendons-nous bien, du droit protecteur :

« ... De façon que l'écart entre l'impôt du pétrole brut et du pétrole raffiné soit réduit à 5 francs. »

C'est la réponse à l'observation que faisait tout à l'heure l'honorable M. Georges Graux lorsqu'il calculait sur le rendement de 90 0/0 et qu'il arrivait à un chiffre de 5 fr. 30 c. Le raisonnement de M. Georges Graux impliquait le maintien du droit primitif de 3 fr. 60 c. sur le pétrole brut. Mais c'est ici précisément que je me sépare de lui et que je considère que, raisonnant sur le pied d'un rendement de 90 0/0, on peut réduire l'écart à 5 francs, parce que nous pouvons estimer aujourd'hui que le droit primitif sur le brut, qui avait été fixé en 1864 à 3 fr. 60 c., est devenu trop élevé, qu'il n'est pas du tout nécessaire de le maintenir à ce taux, qu'on peut très bien l'abaisser à 3 francs, et qu'ainsi, avec un droit protecteur de 3 francs et un écart de 2 francs pour le déchet, on a un droit de 5 francs qui est suffisant pour que l'industrie du pétrole puisse continuer, jusqu'à ce qu'on ait examiné le fond même de la question, à vivre dans des conditions sensiblement égales à celles d'aujourd'hui.

Je ne veux plus faire qu'une observation, c'est qu'il ne faut pas toujours accorder une créance aveugle aux réclamations qui sont faites au nom de la raffinerie du pétrole, et je me contente de vous rappeler le fait que voici, qui est connu de tous ceux d'entre vous qui faisaient partie de la Chambre en 1881 :

Lorsqu'on a discuté à cette époque le droit à établir, les représentants de l'industrie du pétrole ont apporté leurs réclamations devant la Commission, elles ont été résumées dans cette observation de l'un d'entre eux :

« Avec les droits proposés de 35 et de 42 francs, dit M. Mathei, c'est-à-dire avec l'écart de 7 francs, — l'écart qui a été voté et établi, — il n'est pas possible qu'une seule des 26 ou 29 raffineries existantes soit encore debout dans un an.

» Sans doute la différence portée à 10 francs ne les sauvera pas toutes, mais les grands fabricants pourront subsister. »

Ainsi, en 1881, l'industrie du pétrole faisait entendre cette prophétie : Avec un écart de 7 francs, nous périrons tous avant un an, et même il nous faut au moins 10 francs d'écart, et même avec ces 10 francs d'écart, les plus faibles périront quand même, les plus forts pourront survivre.

M. Prevet. Ils ne sont pas morts tous, mais il en est mort 6 sur 26.

M. le Ministre. On n'a pas voté le droit de 10 francs, mais seulement le droit de 7 francs. Dix ans se sont écoulés, et non seulement toutes les industries du pétrole ne sont pas mortes...

M. Prevet. Je répète qu'il en est mort 6 sur 26.

M. le Ministre... mais l'industrie du raffinage s'est développée dans les proportions suivantes :

En 1882, la quantité de pétrole brut introduit avait été de 72 millions de kilogrammes ; depuis lors les quantités n'ont cessé d'augmenter, c'est-à-dire que l'industrie du raffinage du pétrole, prise en général, en ne considérant bien entendu que les établissements qui sont placés dans de bonnes conditions matérielles et qui possèdent les ressources nécessaires pour fonctionner, s'est développée dans des proportions tellement rapides que les chiffres n'ont cessé de s'élever, d'année en année, passant de 72 millions à 93, à 106, à 122, à 123, à 129, à 155, à 164 et enfin à 178 millions de kilogrammes.

Voilà donc une industrie pour laquelle un écart de 7 francs devait être mortel, dont toutes les usines, dans l'espace d'un an, devaient se fermer, et qui s'est développée dans une proportion qu'aucune autre industrie française n'a atteinte depuis dix ans.

Nous avons la conviction, étant donné l'ensemble des circonstances matérielles dans lesquelles fonctionne aujourd'hui la raffinerie du pétrole, que l'écart de 5 francs sera largement suffisant pour permettre à cette industrie de continuer. C'est le droit que nous vous demandons de voter, en attendant le moment où nous discuterons toutes les questions si intéressantes, soit au point de vue fiscal, soit au point de vue industriel, soit même au point de vue social, qui se rattachent à la question même du pétrole. (*Très bien ! très bien !*)

M. le Président. La parole est à M. le Rapporteur.

M. Georges Graux, *rapporteur.* Messieurs, M. le Ministre du Commerce vous demande de voter un écart de 5 francs entre les pétroles bruts et les pétroles raffinés. En faveur de sa proposition, il invoque d'abord l'intérêt du Trésor. Il ajoute ensuite que l'intérêt de la raffinerie n'est pas assez menacé pour qu'un écart de 5 francs ne soit pas suffisant.

Je tiens à dégager tout d'abord l'argument tiré des intérêts du Trésor.

M. le Ministre du Commerce dit que si on percevait le droit uniquement sur le pétrole raffiné et s'il n'entrait plus en France un seul kilogramme de pétrole brut, le Trésor gagnerait 8 millions.

Si cette doctrine était généralisée, le travail de la Commission des douanes serait très simplifié ; elle n'aurait plus à évaluer les droits nécessaires sur 700 articles. Il suffirait en effet de rechercher les produits qui paient les droits les plus élevés et de supprimer du tarif tous les produits payant des droits inférieurs. Je m'explique.

Les tissus de lin, par exemple, paient un droit beaucoup plus élevé que les filés de lin ; dans le système de l'honorable M. Jules Roche, il faudrait supprimer les droits sur les filés de lin. Les filatures disparaîtraient ; il n'entrerait plus que des tissus de lin et le Trésor percevrait des droits d'autant plus considérables qu'aucun tissu ne serait plus fabriqué en France.

Telle est la doctrine de M. le Ministre du Commerce, qui se résume en deux mots : monopole des produits qui paient une taxe élevée et suppression des produits qui acquittent une taxe minime.

Mais je serre de plus près l'argument et je constate que ce n'est pas un bénéfice de 8 millions que le Trésor réaliserait dans le système qui est soutenu par M. le Ministre du Commerce, qui consiste à laisser un écart de 5 francs entre les bruts et les raffinés.

Quelle serait la perte que subirait le Trésor avec l'écart de 5 francs que le Gouvernement propose ? Cette perte serait de 1.400.000 francs.

Monsieur le Ministre, si nous vous enlevons 1.400.000 francs nous vous donnons d'autre part 3 millions, et il reste encore, il me semble, un bénéfice très considérable à votre actif.

M. le Ministre du Commerce. Nous perdons 3 millions et demi avec un écart de 2 francs.

M. Georges Graux, *rapporteur.* L'écart qui nous sépare est de 1 franc. Vous demandez 5 francs, et nous demandons 6 francs.

M. le Ministre du Commerce. Parfaitement.

M. Georges Graux, *rapporteur.* Je parle uniquement de la difficulté qui nous sépare : elle représente un chiffre de 1.400.000 francs. Permettez-moi de vous le dire, si vous adoptez la proposition de la Commission, elle vous apporte, par l'augmentation du droit sur les huiles lourdes, une somme qui peut varier entre 2.160.000 francs et 4 millions, suivant la proportion d'huiles lourdes ou raffinées qui entrera en France.

M. le Ministre du Commerce. Nous ne les acceptons pas du tout.

M. Georges Graux, *rapporteur.* Alors, monsieur le Ministre, ne vous plaignez pas du déficit que vous pouvez éprouver dans vos recettes, puisque, quand nous vous offrons une augmentation, vous la refusez.

M. le Ministre du Commerce. Vous offrez un impôt nouveau de 3 millions et demi sur les machines employées dans cette industrie.

M. Georges Graux, *rapporteur.* Monsieur le Ministre, en ce moment je ne discute pas la question des huiles lourdes...

M. le Ministre du Commerce. Mais si !

M. Georges Graux, *rapporteur.* Si vous le voulez bien, nous la discuterons tout à l'heure ; pour le moment, je constate que le système de la Commission des douanes aboutit à un excédent de recettes.

Vous dites que nos propositions menacent les intérêts des industries qui se servent d'huiles de graissage. Il m'est très facile de vous répondre qu'auparavant ces industries se servaient d'huile de colza, d'olive, de pied de bœuf, qui avaient une valeur de 80 à 200 francs. Par conséquent, ces industries ne seront pas très menacées en employant une matière qui vaut aujourd'hui 17 francs, c'est-à-dire le quart de la valeur de la matière qu'ils utilisaient précédemment.

M. Maurice Rouvier, *ministre des Finances.* Quand l'industrie française employait ces huiles, à l'étranger on ne connaissait également que celles-là !

M. Georges Graux, *rapporteur.* Je réserve la question des huiles lourdes ; en ce moment je ne parle que de la question qui est en discussion, c'est-à-dire de l'écart à maintenir entre les pétroles bruts et les pétroles raffinés.

En ce qui concerne cet écart, je l'ai démontré, l'intérêt du Trésor disparaît, et c'est le seul qui ait été invoqué par M. le Ministre du Commerce.

Je demande maintenant à M. le Ministre du Commerce de vouloir bien m'indiquer une Chambre de commerce, un syndicat quelconque, une association quelle qu'elle soit, qui ait jamais réclamé une réduction de l'écart entre le brut et le raffiné.

Je comprends cette réduction de la part d'un partisan de l'entrée en franchise de la matière première :

c'est la doctrine du libre-échange. Mais la doctrine de M. le Ministre du Commerce n'est pas celle du libre-échange, puisqu'il demande sur la matière première un chiffre plus élevé que celui de la Commission. Ce n'est donc pas la doctrine du libre-échange, et c'est encore moins celle de la protection, puisque, quand il s'agit de la matière fabriquée, la doctrine ministérielle enlève à cette industrie tout moyen de vivre.

Il y a donc là une question très confuse et il importe de rechercher quels sont les intérêts véritables qui sont engagés.

Le Gouvernement n'indique pas les motifs qui le déterminent à porter atteinte à l'existence des raffineries. Quant à nous, nous invoquons les vœux des Chambres de Commerce, et non des moins importantes.

Ce sont les Chambres de Commerce de Marseille, de Bordeaux, de Rouen, de Nîmes, d'Orléans, de Nantes et tant d'autres qui réclament l'écart de 7 francs entre les pétroles bruts et raffinés.

Toutes sont unanimes pour demander cet écart. Pourquoi ? C'est que toutes ces Chambres de Commerce ont le souci des intérêts des industries qui existent auprès d'elles. Elles comprennent que l'industrie de la raffinerie, qui dépense 13 millions par an, n'est pas une industrie isolée ; elles comprennent que l'industrie des produits chimiques, de la chaudronnerie, des charbonnages, que toutes ces industries qui pivotent autour de la raffinerie sont intéressées dans la question. C'est pour ces raisons que l'unanimité des Chambres de Commerce réclament un écart minimum de 6 à 7 francs.

J'ajoute que c'est également l'intérêt de la navigation. Lorsque les raffineurs travaillent des pétroles bruts, ils les font venir par des navires français ; tandis que, quand les Américains nous enverront des pétroles raffinés, ces pétroles nous arriveront d'Amérique sur des navires américains.

Donc, d'un côté, l'intérêt du travail national, l'intérêt de la navigation, et, en ce qui concerne les huiles lourdes, l'intérêt de l'agriculture, qui réclame la protection des huiles végétales. De l'autre côté, rien, rien, que de vagues préjugés et de pures allégations.

M. le Ministre a parlé de l'intérêt du Trésor ; j'ai montré que cet intérêt n'existait pas.

Le Gouvernement est impuissant à nous dire au nom de quel intérêt il vient combattre les propositions de la Commission.

J'ajoute qu'il existe un danger considérable, dont la menace doit décider la Chambre à accepter les propositions de la Commission. Ce danger ne peut être méconnu par personne de vous et il doit vous être signalé ; il importe de le mettre en lumière. Ce n'est pas un péril imaginaire, c'est un fait acquis : je veux parler de l'existence du monopole de la *Standard oil Company*.

Que s'est-il passé en Europe depuis quelques années ? Vous avez vu successivement l'Angleterre, l'Allemagne, les Pays-Bas, la Belgique et l'Italie en dernier lieu tomber sous le monopole de la *Standard oil Company*. Peut-il subsister un doute à ce sujet ? Prenez la peine de vous reporter aux documents que j'ai produits et vous constaterez dans tous les pays où l'on a admis la doctrine que soutient aujourd'hui M. le Ministre du Commerce, où l'on n'a pas maintenu un écart suffisant entre le droit sur les pétroles raffinés, la grande Compagnie américaine s'est emparée complètement du marché. Ce ne sont pas seulement les raffineurs qui sont en liquidation dans les pays que je viens de citer, ce sont même les établissements d'importation ; là, il n'existe plus ni importateurs, ni raffineurs, ni courtiers : c'est le monopole de la *Standard oil Company* qui a tout remplacé.

Tels sont les faits qui se passent sous nos yeux, et l'exemple tout récent de l'Italie est bien significatif.

En Italie, il y a quelques mois, un écart de 8 francs subsistait entre le droit sur le brut et le droit sur le raffiné : la législation a été modifiée et l'écart entre les droits a disparu. Qu'est-il arrivé ? Le cataclysme ne s'est pas fait attendre. Un mois après, les raffineries liquidaient, les importateurs cessaient leur commerce, et le monopole de la *Standard oil Company* d'Amérique s'établissait triomphalement en Italie.

Ces faits ont provoqué une grande émotion et il faut lire les journaux étrangers pour connaître le sentiment d'inquiétude qui s'est manifesté en Allemagne, en Angleterre et en Belgique. Si je n'avais pas à cœur d'abréger ce débat, je vous lirais des passages du *Journal de Francfort* du 30 juillet 1891, de la *Gazette de Bruxelles* du 5 juillet 1891, du *New-York Herald* du 25 octobre 1890.

Vous reconnaîtriez que l'Angleterre, l'Allemagne et la Belgique sont fort émues en présence de ce monopole de l'Amérique.

Il importe d'éviter le danger qui nous menace et le seul moyen de le conjurer, c'est de permettre, dans l'intérêt du consommateur — et c'est sur ce point que j'appelle en terminant votre attention — la concurrence entre les importateurs et les raffineurs. Le jour où la raffinerie disparaîtra pour faire place au monopole américain, le consommateur sera à la merci du détenteur du monopole. Son intérêt veut donc que vous rendiez la concurrence possible entre les raffineurs et les importateurs. Pour que cette concurrence subsiste, il faut que les raffineurs restent debout.

Nous vous demandons, messieurs, de ne pas livrer le marché français et de ne pas remplacer les grandes usines par un comptoir américain. *(Très bien ! très bien ! sur divers bancs.)*

M. le Président. La parole est à M. Prevet. *(Aux voix !)*

M. Charles Prevet. Je vous demande, messieurs, la permission d'ajouter quelques mots, bien que le débat n'ait déjà que trop duré. *(Parlez ! parlez !)*

Vous avez entendu les explications données par le Gouvernement et par M. le Rapporteur. Tout le monde est d'accord sur la nécessité de ne pas rendre le marché intérieur tributaire de la grande corporation américaine, qui est déjà maîtresse des autres nations européennes. Dans ce but, on se déclare disposé à protéger l'industrie du raffinage du pétrole en France.

Tout le monde est également d'accord pour reculer jusqu'à la discussion du budget le droit d'entrée sur le pétrole brut.

MM. Peytral et **Laur.** Qui est d'accord ?

M. Charles Prevet. Tous les orateurs qui ont parlé.

MM. Peytral et **Laur.** Mais pas du tout !

M. Charles Prevet. Monsieur Laur, vous n'avez parlé que de la nécessité d'abaisser la taxe sur le pétrole. Vous avez admis, et le Gouvernement a admis avec vous, qu'il y avait là une question fiscale, et que quelque intérêt qu'il puisse y avoir pour le développement économique de ce pays d'abaisser le droit sur le pétrole, cette question fiscale était du domaine de la discussion budgétaire, mais qu'elle n'était pas une question douanière, la question douanière reposant simplement sur l'écart entre le pétrole brut et le pétrole raffiné. Eh bien, je ramène la discussion à ce seul point.

Je disais que le Gouvernement et que la Commission acceptaient que l'industrie du raffinage du pétrole pût vivre dans ce pays et prospérer. La Commission ramène l'écart à 6 francs et le Gouvernement à 5 francs. Pourquoi ces deux chiffres ? Aucun argument ne nous a été donné ; le Gouvernement s'est borné à dire : la Commission des arts et manufactures estime que... juge que... apprécie que... mais en somme il ne nous a donné aucun argument pour justifier le chiffre qu'il propose.

La Commission accepte le chiffre de 6 francs par une transaction sans raison ; 7 francs sont demandés par les intéressés, 5 francs sont demandés par le Gouvernement ; on transige à 6 francs. Mais une transaction n'est utile que lorsque les deux parties y consentent, et ici, suivant moi, il n'y a pas motif à transaction ; je vois bien la Commission faisant un pas, mais je ne vois pas le Gouvernement en faire un pour se rapprocher d'elle.

Si vous le permettez, messieurs, nous reprendrons la question tout entière. Le chiffre de 6 francs est réclamé par la Commission, celui de 5 francs par le Gouvernement. Eh bien ! avec un écart de 6 francs, l'industrie dont nous nous occupons pourrait-elle vivre ? Je ne relève qu'un seul fait que personne n'a nié : c'est que sous le régime actuel, avec le droit de 7 francs, non seulement l'industrie n'a pas prospéré, mais encore que six usines sur vingt-six ont dû fermer, et qu'une usine importante a dû cesser le raffinage pour se faire importatrice. Donc, le chiffre de 7 francs n'est pas excessif ; donc, vous n'avez aucune raison de penser, puisqu'elle peut à peine vivre avec le chiffre de 7 francs, que l'industrie du raffinage pourra vivre avec un écart de 5 ou 6 francs ; tandis que moi j'ai des raisons de croire qu'en réduisant l'écart actuel elle ne vivra pas.

M. le Ministre disait : « En 1881 on nous affirmait que si nous descendions au chiffre de 7 francs, l'industrie du raffinage allait mourir ; cette prophétie malheureuse ne s'est pas complètement réalisée. »

Oui, il existe encore des raffineries, mais six usines sur vingt-six ont péri.

Vous tirez argument de la quantité de pétrole qui se consomme ; mais ce n'est pas un argument : cela prouve uniquement que la consommation s'est développée.

De ce que les usines produisent aujourd'hui 178 millions de kilogrammes au lieu de 100 millions de kilogrammes, vous pouvez en tirer argument pour démontrer l'accroissement de la consommation en France des huiles minérales par opposition à celle des huiles végétales, et pour faire ressortir la diminution de la consommation de la houille, mais non pour établir le profits réalisés par les distillateurs.

Du fait que nos usines travaillent 178 millions au lieu de 100 millions, les frais généraux auraient dû diminuer, et les bénéfices augmenter. Eh bien, ils n'ont pas augmenté, puisque six usines sur vingt-six ont dû fermer et que les autres ne donnent pas de dividende. Votre argument se retourne donc contre vous.

Puisque la consommation du pétrole a augmenté, puisque, malgré ces conditions économiques, l'industrie n'est pas prospère, qu'elle est au contraire malheureuse, pourquoi changer l'état de choses actuel ?

Je demande donc, laissant à la Commission du budget le soin de discuter le régime du pétrole dans son entier, de laisser purement et simplement aujourd'hui la question dans le *statu quo ante* et de maintenir l'écart de 7 francs, c'est-à-dire les droits de 18 et de 25 francs. Je fais observer à la Chambre que la

Commission des Douanes s'est rangée à ce chiffre de 7 francs, acceptant avec moi de le maintenir ; si elle a fait un pas vers le gouvernement, c'est parce qu'elle espérait que le Gouvernement ferait de son côté un pas vers elle.

Le Gouvernement maintient l'écart de 5 francs. Il n'y a dès lors aucune raison pour que la Commission ne maintienne pas le droit ancien, c'est-à-dire l'écart de 7 francs qui est réclamé par les intéressés. *(Marques d'approbation sur divers bancs.)*

M. le Président. La parole est à M. Burdeau.

M. Burdeau. Messieurs, je consentirais volontiers, en ce qui me concerne, à me mettre d'accord avec l'honorable M. Prevet sur un point, à savoir qu'il y a deux questions dans le problème dont nous nous occupons aujourd'hui : la question fiscale et la question douanière. Il est possible, il est peut-être utile de les séparer, si la Chambre le juge nécessaire.

Mais je demande à présenter quelques observations en ce qui concerne le sort de la raffinerie française. Il s'agit de savoir si cette industrie périclite, comme le dit l'honorable M. Prevet.

J'admets, pour ma part, que le droit sur les pétroles se compose de deux éléments. Il y a d'abord un droit fiscal qui a été institué afin d'assurer des ressources au Trésor. Ce droit, plusieurs de nos collègues proposent de le réduire. Je pense qu'ils ont raison : il s'agit là d'un impôt créé au lendemain de la guerre, qui ne peut pas être maintenu dans une période comme celle que nous traversons, et qui, le jour où on le réduira, se régénérera par lui-même *(Très bien !)* ; nous ne ferons que rendre par avance au consommateur ce qu'il nous donnera ultérieurement. *(C'est cela !)* Je suis donc partisan de la réduction des droits, et lorsqu'il sera possible d'établir quel est le détriment auquel le Trésor s'exposera lorsqu'on aura devant soi le coût et le résultat probable de l'opération, alors je serai l'un des défenseurs de cette réduction.

C'est à la Commission du budget, je crois, qu'il convient de renvoyer les amendements présentés en ce sens ; elle pourra vous apporter un travail étudié, d'après lequel vous verrez si vous pouvez faire état de l'accroissement de recette procuré au Trésor par le tarif des douanes, pour un ensemble d'opérations parmi lesquelles prendrait place la réduction des droits sur les pétroles.

Cette question étant réservée, il en résultera que la question douanière elle-même le sera dans une certaine mesure. En effet, le droit que vous allez voter sur le pétrole, quel qu'il soit, ne pourra pas être modifié ultérieurement sans que l'écart même entre le droit sur le raffiné et le droit sur le brut ne se trouve lui-même modifié.

Vous pourriez penser, en effet, d'après les explications qui ont été apportées tout à l'heure à la tribune, que vous pouvez au moins aujourd'hui fixer, d'une manière définitive, l'écart entre le pétrole raffiné et le pétrole brut...

M. Peytral. Ce n'est pas possible.

M. Burdeau... c'est-à-dire la question douanière proprement dite, la mesure de protection qu'il y aurait lieu d'accorder à la raffinerie. Eh bien, cela n'est pas possible !

M. Peytral. Très bien !

M. Burdeau. Vous ne pouvez pas séparer les deux questions.

Si vous deviez trancher l'une de ces deux questions aujourd'hui, je vous dirai tout à l'heure dans quelle mesure ce pourra être et sous quelles réserves.

Mais vous ne le pouvez pas, et voici pourquoi :

L'écart, la protection de 7 francs, selon la proposition de M. Prevet, de 6 francs, selon la Commission, de 5 francs selon le Gouvernement, de moins encore, selon un certain nombre de mes collègues, avec qui je me rangerais volontiers, cet écart de quoi se compose-t-il ?

Il se compose de deux éléments :

En premier lieu, nous trouvons l'élément qu'on appelle « protecteur » : c'est un droit de 3 fr. 60 c. à l'abri duquel, primitivement, s'est constituée la raffinerie en France et qui, je tiens à le rappeler à la Chambre en passant, le jour où il fut établi, fut considéré comme provisoire. Ce droit avait pour objet de permettre aux raffineries de s'outiller, et il était entendu que le jour où l'outillage serait amorti, il devrait être diminué.

Voilà le premier élément, vous pouvez le considérer comme fixe, si vous voulez.

Il y en a un second qui, lui, n'est pas fixe, dans tous les cas. Ce second élément, c'est celui qui correspond à la perte que le raffineur fait sur le pétrole brut lorsqu'il le raffine.

Quand le raffineur importe 100 kilogrammes de pétrole brut, il paie le droit sur 100 kilogrammes, mais il ne régénère pas 100 kilogrammes de pétrole, il en régénérait autrefois 85, aujourd'hui, étant donné le choix qui se fait en Amérique, assez habilement, des pétroles les plus riches, on régénère 90 0/0 de pétrole brut. Il en résulte qu'il y a à peu près 10 0/0 de droits que le raffineur de pétrole a à payer et qu'il faut lui réserver. C'est là le second élément de l'écart entre les pétroles bruts et les raffinés.

Si vous admettez un droit de 18 ou de 20 francs sur le pétrole brut, ces 10 0/0 représenteront 1 fr. 80 c.

ou 2 francs. Si, au contraire, vous admettez le chiffre de 10 francs comme le proposent quelques-uns de nos collègues, ou de 6 francs, quel serait l'écart ? 1 franc ou 60 centimes. Donc vous pourriez dès mainte nant discuter la première base, celle de 3 fr. 60 c., et voir si vous voulez maintenir à la raffinerie la protection grâce à laquelle cette industrie s'est constituée et a pu amortir son outillage.

Mais le second élément, la quotité des droits sur le pétrole brut, vous ne pouvez le régler aujourd'hui, si vous ne réglez pas la question fiscale en même temps que la question douanière. Si, conformément à ce que je demande, vous réservez la question fiscale, vous allez réserver du même coup la question douanière. Il est donc entendu que, réservant la question fiscale et devant renvoyer à la Commission du budget les amendements qui modifient l'état des droits sur les pétroles bruts, vous aurez par là même laissé à la Commission des Douanes une partie de son œuvre à refaire.

On devra vous apporter un projet modifiant à la fois les droits sur les pétroles bruts et l'écart entre le pétrole brut et le pétrole raffiné. Par conséquent, ce que vous pouvez traiter aujourd'hui, c'est et ce ne peut être qu'une indication générale de la direction de votre esprit. Si vous votez aujourd'hui les droits de 20 francs et de 25 francs, c'est-à-dire l'écart de 5 francs que vous propose le Gouvernement, votre vote signifiera seulement que vous trouvez qu'elle est excessive aujourd'hui et que vous voulez à la fois la voir maintenir et la réduire.

Devez-vous voter les droits que vous propose le Gouvernement, des droits plus forts, ou des droits moins forts ?

Le Gouvernement propose 20 francs sur le pétrole brut ; la Commission 18 francs. Eh bien, je crois qu'il y a là, de la part du Gouvernement, une erreur. Le Gouvernement vous propose de relever le droit sur les pétroles bruts ; j'entends que M. le Ministre dit que le Trésor y est intéressé : je crois, moi, qu'il n'y est pas intéressé et je vais dire pourquoi. L'an dernier, la Commission du budget vous proposait de relever précisément le droit dont il est question, le tarif du pétrole brut. Mais quel était son but ? Elle voulait procurer au Trésor des recettes qu'elle avait chiffrées à 6.800.000 francs. Ce relèvement de droit de 2 francs eût donc procuré une recette d'environ 7 millions au Trésor. Assurément ce n'est pas là ce que vous voulez faire en ce moment. Car j'ai vu des orateurs défendre la raffinerie, d'autres l'abaissement des droits ; mais je n'en ai vu aucun demander que les droits déjà si exorbitants votés après la guerre sur les pétroles fussent encore augmentés.

Quel peut être le droit que vous prendrez aujourd'hui comme base ? Ce ne peut être plus de 18 francs.

M. le Ministre du Commerce. Cela m'est égal.

M. Burdeau. Je recueille la déclaration du Gouvernement ; je crois qu'il ne faudrait pas soulever la question du relèvement du droit, j'estime qu'il serait très utile de maintenir au moins provisoirement la base des 18 francs.

Reste le second point, c'est-à-dire l'écart entre le droit de 18 francs sur les bruts et le droit sur les raffinés. Cet écart doit-il être de 7 francs ou de 5 francs ? Le rapporteur de la Commission, M. Craux, réclame un écart de 6 francs ; M. Prevet réclame un écart de 7 francs, et il donne comme argument que la raffinerie périclite, que ce droit est à peine suffisant. Je m'étonne même qu'il n'en ait pas proposé le relèvement : si cette industrie est en souffrance, ce relèvement serait logique...

M. Charles Prevet. Les intéressés le demandent !

M. Burdeau... Mais il ne l'a pas fait et je crois qu'il a eu raison. Voici d'ailleurs des chiffres qui sont de nature à rassurer la Chambre sur le sort de l'industrie de la raffinerie des pétroles. Ce sont les chiffres des quantités importées en France et livrées à la consommation depuis 1880 jusqu'à 1890.

Au point de départ, nous trouvons que la quantité de pétrole brut importée est de 72 millions de kilo-grammes, tandis que pour les raffinés elle est de 22 millions et demi de kilogrammes. Au contraire, en 1890, l'importation du pétrole brut, de celui qui sert à la raffinerie, a passé de 72 à 178 millions de kilo-grammes, soit une augmentation de 130 0/0. Et quant à l'importation du pétrole raffiné, que l'on dit funeste aux intérêts de la raffinerie, de 22 millions et demi de kilogrammes, elle est tombée à 20 millions. Voilà le fait inscrit dans les chiffres des douanes : la raffinerie s'est développée, au cours des dix dernières années, dans la proportion de 130 0/0, tandis que l'importation du pétrole raffiné a reculé, au contraire, de 10 à 12 0/0.

Je crois, messieurs, que, dans ces conditions, vous pouvez considérer le droit protecteur actuel comme largement suffisant.

Quant à moi, je demanderai d'abord qu'il soit bien entendu que ce que nous décidons en ce moment ne peut constituer qu'un vote de principe, et que la quotité, la base du droit sur le brut pourra être examinée à nouveau par la Commission du budget, d'accord avec la Commission des douanes, dans le sens où me paraît s'être manifesté le sentiment de la Chambre, c'est-à-dire d'une réduction de ce droit vérita-blement exorbitant. J'ajoute, d'autre part, qu'il convient à l'heure présente, non de relever la base, qui est le droit sur le brut, mais seulement de réduire l'écart dont bénéficie le raffineur. Je propose les chiffres de 18 francs sur le brut et de 23 francs sur le raffiné. *(Très bien ! très bien !)*

M. Jules Roche, *ministre du Commerce, de l'Industrie et des Colonies.* Messieurs, c'était uniquement par des considérations budgétaires que nous avions proposé les chiffres de 20 et 25 francs, c'est-à-dire, au fond, le maintien du droit de 25 francs sur le raffiné, qui est le régulateur en la matière.

Les chiffres nouveaux de 23 francs et de 18 francs, l'écart restant de 5 francs, mais avec un abaissement de tarif, conduisent exactement au résultat que j'ai fait envisager à la Chambre. Au point de vue budgétaire, il n'y a qu'une petite différence : une diminution de recette d'environ 3 millions et demi sur le pétrole brut et de 400 à 500.000 francs sur le raffiné, soit au total, pour le Trésor, une perte de 4 millions.

M. le Ministre des Finances accepte cette situation. Dans ces conditions, je n'ai aucune objection à faire ; j'accepte les chiffres de 23 et 18 francs, qui maintiennent l'écart de 5 francs, et je prie la Chambre de les voter. *(Très bien ! très bien ! — Aux voix !)*

M. Georges Graux, *rapporteur.* Je demande la parole.

M. le Président. La parole est à M. le Rapporteur.

M. Georges Graux, *rapporteur.* Il me semble qu'il ne faut pas laisser d'équivoque après les explications qui viennent d'être données par M. Burdeau.

On peut faire des réserves sur la question fiscale ; mais il importe de déterminer l'écart nécessaire entre le brut et le raffiné.

Je tiens à affirmer, d'accord avec l'honorable M. Rouvier, rapporteur de la Commission des douanes en 1881, que le droit de 3 fr. 60 c. doit rester comme un droit fixe, servant de base au droit sur les pétroles. L'honorable M. Burdeau a dit qu'à l'origine on avait considéré ce droit comme provisoire. Quant à moi, je me réfère aux paroles de l'honorable M. Rouvier, et j'en conclus que, si le droit a été provisoire à son origine, il a été consolidé en 1880. A cette époque, M. Rouvier parlant au nom de la Commission des douanes, disait à la Chambre : « Quels que soient les droits que vous adopterez sur le pétrole brut, il faudra toujours tenir compte aux raffineurs — personne ne le conteste — de cet écart de 3 fr. 60 c. »

Telle est encore aujourd'hui la doctrine de la Commission des douanes.

M. Maurice Rouvier, *ministre des Finances.* Je n'ai pas énoncé cette proposition comme une vérité éternelle. Je demandais le maintien du droit de 3 fr. 60 c., parce qu'on était encore très près de l'époque où l'industrie de la raffinerie du pétrole était née, à l'abri précisément de ce droit de 3 fr. 60 c.

Il ne s'ensuit pas, je le répète, que ce soit là une vérité qu'il faille respecter jusqu'à la fin des siècles. *(Très bien ! très bien !)*

M. Georges Graux, *rapporteur.* Je ne commente pas les paroles de l'honorable M. Rouvier ; je les cite textuellement. Je constate que l'opinion de M. le rapporteur de la Commission des douanes de 1880 est encore l'opinion de la Commission des douanes de 1891.

Nous persistons à croire, et nous disons avec M. Rouvier, que cette vérité est incontestable : nous persistons à croire que ce chiffre de 3 fr. 60 c. doit être considéré comme un chiffre fixe, et que, par conséquent, dans les remaniements ultérieurs du tarif, vous n'aurez à tenir compte que de l'élément variable, l'élément fixe devant subsister.

C'est la réserve que je croyais utile de formuler. *(Aux voix ! Aux voix !)*

M. le Président. Je mets aux voix la clôture de la discussion.

(La clôture est prononcée.)

M. le Président. La Chambre est en présence de plusieurs propositions ; je vais les mettre aux voix successivement en commençant par celle qui comporte la plus grande différence entre le droit sur le pétrole brut et le droit sur le pétrole raffiné.

M. Prevet propose un écart de 7 francs entre les deux droits...

M. Charles Prevet. C'est le maintien du *statu quo.*

M. le Président... qui seraient, aux deux tarifs, de 18 francs pour le pétrole brut et de 25 francs pour le pétrole raffiné.

La Commission ne se rallie pas à ces chiffres ?

M. Georges Graux, *rapporteur.* Non, Monsieur le Président.

M. le Président. La Commission propose un écart de 6 francs et le Gouvernement une différence de 5 francs en acceptant les chiffres de M. Burdeau, qui sont : 18 francs pour le pétrole brut et 23 francs pour le pétrole raffiné.

Enfin, M. Laur propose un écart de 3 fr. 60 c.

L'écart le plus grand résulte donc de l'amendement de M. Prevet.

Je mets aux voix cet amendement, dont je rappelle les chiffres : 18 francs aux deux tarifs pour les pétroles bruts et 25 francs aux deux tarifs pour les pétroles raffinés.

(L'amendement de M. Prevet est mis aux voix et n'est pas adopté.)

M. le Président. Nous passons maintenant à la proposition de la commission : 18 francs aux deux tarifs pour les pétroles bruts et 24 francs aux deux tarifs pour les pétroles raffinés.

Le Gouvernement s'oppose à cette proposition.

Je la mets aux voix.

Il y a deux demandes de scrutin :

La première est signée de MM. de Colombet, de Bernis, de Kermenguy, de Plazanet, Fairé, de Montéty, Balsan, Grousset, Renard, Boucher, de La Rochejaquelein, Paulmier, de Solages, Roques, Taillandier, Bergerot, etc.

La deuxième est signée de MM. F. Mathé, Pajot, Maurice-Faure, Lasbaysses, Cousset, Gacon, Lacroix, Herbet, Vian, Terrier, Moreau, Delpeuch, Bony-Cisternes, Dubois, Dumas, Lagnel, Rey, Hervieu, Bézine, etc.

Le scrutin est ouvert.

(Les votes sont recueillis. — MM. les secrétaires en font le dépouillement.)

M. le Président. Voici le résultat du dépouillement du scrutin :

Nombre des votants.	514
Majorité absolue	258
Pour l'adoption	207
Contre	307

La Chambre des députés n'a pas adopté.

En conséquence, je mets aux voix la proposition du Gouvernement et de M. Burdeau, ainsi conçue :

« N° 197. — Huiles de pétrole, de schiste et autres huiles minérales propres à l'éclairage :

» Brutes, les 100 kilogrammes : 18 francs aux deux tarifs.

» Raffinées et essences, les 100 kilogrammes : 23 francs aux deux tarifs.

» La distinction entre le brut et le raffiné sera fixée par un règlement d'administration publique après avis du Comité consultatif des arts et manufactures.

» Dans le cas où les déclarants, contestant les essais faits dans les laboratoires des douanes, réclameraient l'expertise légale, celle-ci serait faite par des chimistes inscrits sur la liste générale prévue par l'article 5 de la présente loi, et statuant dans les conditions fixées par l'article 4 de la loi du 7 mai 1881. »

M. Francis Laur. Le Gouvernement demande 20 francs et 25 francs.

M. le Président. Je vous demande pardon ; le Gouvernement est monté à la tribune pour se rallier aux chiffres de M. Burdeau.

Je mets aux voix la proposition dont je viens de donner lecture.

(Cette proposition est adoptée.)

« N° 198. — Huiles lourdes et résidus de pétrole et d'autres huiles minérales, les 100 kilogrammes : 12 francs, aux deux tarifs. »

La parole est à M. le Ministre du Commerce.

M. Jules Roche, *ministre du Commerce et de l'Industrie.* Messieurs, les huiles de graissage dont il s'agit payent actuellement, indistinctement, 12 francs. Elles ne sont pas classées, au tarif, en huiles raffinées et huiles brutes ; toutes ensemble payent 12 francs. La Commission propose d'en faire deux catégories, suivant qu'elles sont brutes ou raffinées, et d'élever les droits jusqu'à 18 francs pour les brutes et 24 francs pour les autres. C'est donc une majoration considérable.

La quantité d'huile de graissage actuellement employée par l'industrie française pour les machines, soit par les chemins de fer, soit par les usines de tout genre, soit même par les metteurs en œuvre de petits mécanismes, est de 30 millions de kilogrammes. Par conséquent, la majoration qui vous est proposée par la Commission pouvant être considérée comme étant en moyenne une majoration de 10 francs, est un impôt nouveau de 3 millions. Le Gouvernement vous propose de ne pas adopter les conclusions de la Commission des douanes. Pourquoi ? Pour deux raisons. La première, c'est qu'en vérité, avec les charges nouvelles que nous avons imposées à l'industrie, charges qu'on ne peut nier, même en tenant compte de la protection accordée, et qui résultent, pour certaines industries, de l'ensemble de nos votes, il est bien clair qu'une charge nouvelle de 3 millions serait beaucoup trop considérable.

D'autre part, la distinction proposée entre les huiles lourdes, brutes et raffinées est inacceptable dans la pratique. Le Comité consultatif des arts et manufactures déclare, en effet, qu'il n'est pas possible de distinguer, à l'entrée, entre les unes et les autres, et qu'une nomenclature douanière qui reposerait sur cette distinction serait purement et simplement impraticable. Pour ces deux raisons, et sans les développer, je prie la Chambre de ne pas accepter les propositions nouvelles de la commission des douanes, et de maintenir le *statu quo*, c'est-à-dire la nomenclature unique au droit de 12 francs. *(Très bien ! très bien !)*

M. le Président. La parole est à M. le rapporteur.

M. Georges Graux, *rapporteur.* Messieurs, il y a deux raisons pour lesquelles la Commission des douanes vous propose l'augmentation du droit sur les huiles lourdes. Ce sont les suivantes : d'abord l'administration des douanes et particulièrement le comité consultatif des arts et manufactures, dont on cite sans cesse l'autorité...

M. le Ministre du Commerce. C'en est une.

M. Pallain, *directeur général des douanes, commissaire du Gouvernement.* Son autorité est considérable et à juste titre.

M. Georges Graux, *rapporteur.* Je suis d'accord avec vous. C'est pourquoi je l'invoque, et c'est parce que c'est une autorité considérable que j'espère que le Gouvernement lui accordera sa confiance et acceptera la proposition de la Commission. Nous ne pensons pas, en effet, qu'il suffise que la Commission ait la bonne fortune d'être d'accord avec le Comité consultatif des arts et manufactures pour que le Gouvernement cesse d'être d'accord avec ce Comité.

Ce Comité n'a cessé de signaler les fraudes qui consistent à mélanger les huiles lourdes, qui ne payent qu'un droit de 12 francs, avec des huiles lampantes payant 25 francs. C'est cette fraude signalée par le Comité consultatif des arts et manufactures que la Commission des douanes veut empêcher, en augmentant le droit sur les huiles lourdes. Je ne comprends pas que nous ne soyons pas d'accord avec le Gouvernement et que, quand nous voulons arrêter une fraude signalée par le Gouvernement, celui-ci nous refuse les moyens de la réprimer.

Voici ce qu'a dit le Comité consultatif des arts et manufactures :

« Pour les résidus de pétroles, qui devaient être la matière première d'huile de graissage, il a été également établi qu'ils ont servi, depuis deux ans, à d'autres usages, au grand détriment du Trésor.

» Aussi le Ministre des Finances demande-t-il de tarifer à 18 francs tout ce qui n'est pas essence ou huile lampante. »

Eh bien, ce que demandait le Ministre des Finances, c'est ce que la Commission des douanes vous propose, et c'est ce que le Gouvernement refuse aujourd'hui.

La répression des fraudes est la première raison pour laquelle nous demandons d'élever à 18 francs le droit sur les huiles lourdes.

La seconde raison, c'est que les huiles lourdes font une concurrence directe aux huiles végétales. Vous avez élevé de 6 francs le droit sur les huiles végétales, de colza. Si vous ne faites payer que le même droit aux huiles minérales, qui ont une valeur de 60 0/0 inférieure, vous allez évidemment sacrifier l'industrie des huiles végétales et achever la ruine de cette industrie déjà si menacée.

Il y a donc, dans cette question, divers intérêts engagés : un intérêt de moralité, la fraude qu'il faut réprimer ; et un intérêt agricole : la protection des huiles végétales.

Voilà pourquoi nous demandons le droit de 18 francs. *(Très bien ! très bien ! sur divers bancs.)*

M. le Président. La parole est à M. le Ministre du Commerce.

M. Jules Roche, *ministre du Commerce, de l'Industrie et des Colonies.* Messieurs, je ne puis laisser passer sans protestations les paroles que vient de prononcer M. le Rapporteur.

Il n'y a nullement contradiction entre la demande faite par M. le Ministre des Finances et celle qu'exprime actuellement le Gouvernement.

L'honorable M. Graux s'est trompé de date ; il a parlé d'un rapport ancien auquel il a été donné satisfaction. Il est parfaitement exact que le Comité des arts et manufactures a signalé, à une époque antérieure, les fraudes qui se produisaient par suite des raisons qui vous ont été rappelées. C'est pour donner satisfaction à ce rapport que le droit sur les huiles de graissage a été porté de 6 francs à 12 francs, c'est-à-dire doublé. Étant donnée cette augmentation, la fraude qui se pratiquait autrefois ne peut plus être pratiquée aujourd'hui ; par conséquent, on ne peut pas apporter ici, pour éclairer la Chambre sur la portée des propositions nouvelles qui lui sont soumises, un rapport qui a été fait dans d'autres conditions et auquel il a été donné satisfaction.

Le Comité des arts et manufactures a examiné la question actuelle, et, dans son rapport du 25 février 1891, bien fait pour ce cas particulier, il s'exprime de la façon suivante — ce qui n'a rien de semblable avec les explications que l'honorable M. Graux apportait tout à l'heure à la tribune :

« Les huiles lourdes sont également imposées, qu'elles soient brutes ou raffinées, et cette assimilation est parfaitement justifiée, car les huiles lourdes brutes sont aussi recherchées par certaines industries que les huiles lourdes raffinées (exemple le mazout, résidu brut du raffinage des huiles du Caucase et qui est employé pour le graissage du matériel roulant des chemins de fer). D'ailleurs, certaines huiles noires d'Amérique, qui seraient présentées comme brutes, à cause de leur couleur, sont vendues plus cher que d'autres huiles claires évidemment raffinées (telle est l'huile noire N. pour cylindres qui se paye 31 francs les 100 kilogrammes, tandis que les huiles claires pour machines ne se vendent que 22 francs les 100 kilogrammes). Établir un écart d'impôt qui n'a aucune raison d'être entre l'huile lourde brute et l'huile lourde raffinée, occasionnerait des contestations continuelles. »

Par conséquent, vous voyez que j'ai renseigné la Chambre d'une façon bien exacte, et je la prie de voter dans le sens des observations que je lui ai présentées. *(Très bien ! Très bien !)*

M. Georges Graux, *rapporteur.* Dans votre lettre du 14 mars 1891, vous constatez que la fraude continue.

M. Julien Goujon. Je demande la parole.

M. le Président. Sur quoi demandez-vous la parole ?...

M. Julien Goujon. Je la demande parce que le Gouvernement et la Commission ne sont pas d'accord en ce moment-ci.

M. le Président. Permettez-moi d'abord de préciser la question. Voici la rédaction du Gouvernement :

« Huiles lourdes et résidus de pétrole et d'autres huiles minérales : les 100 kilogrammes : 12 francs aux deux tarifs. »

La Commission propose une rédaction ainsi conçue :

« Résidus et goudrons de pétrole, de schiste et d'autres huiles minérales (les goudrons de houille et les huiles de houille exceptés) ayant une densité supérieure à 930. »

La Commission propose 12 francs aux deux tarifs.

M. Georges Graux, *rapporteur.* Voulez-vous me permettre de faire observer que dans le numéro qui précède, il y a : « Huiles lourdes, 18 et 24 francs. »

M. le Président. Mais cette disposition vient d'être repoussée par la Chambre.

M. Georges Graux, *rapporteur.* Pardon ! elle n'a pas été mise aux voix. On n'a mis aux voix que les huiles minérales de pétrole et de schiste ; la Commission avait assimilé les huiles lourdes aux huiles minérales de schiste et de pétrole, assimilation qui n'a pas été faite par le Gouvernement.

M. le Président. Il m'est impossible de trouver des indications dans votre tableau.

M. Julien Goujon. Les chiffres sont les mêmes ; c'est la rubrique qui diffère, et de là la confusion.

M. Georges Graux, *rapporteur.* Il est très facile d'expliquer à la Chambre les causes de la confusion qui existe en ce moment dans certains esprits.

En effet, le Gouvernement avait jusqu'ici fait figurer au tarif, d'une part, les huiles de schiste et de pétrole pour lesquelles il proposait des droits de 18 et 24 francs, et, d'autre part, il faisait une catégorie spéciale pour les huiles lourdes.

La Commission, au contraire, a modifié la rédaction et, de deux articles différents, elle ne fait qu'un seul article ainsi rédigé : « Huiles de schiste, de pétrole et huiles lourdes. »

M. Julien Goujon. On ne peut pas dire qu'il y a accord entre la commission et le Gouvernement.

M. le Président. Permettez-moi de vous dire que la première partie de la rédaction a été repoussée et que, au contraire, la rédaction du Gouvernement a été adoptée.

Pour que la Chambre puisse être appelée à voter sur les propositions que la Commission veut maintenir, il y aurait lieu, ce me semble, de modifier sa rédaction ainsi qu'il suit. Vous me rectifierez si je me trompe :

« Résidus et goudrons de pétrole, de schiste et d'autres huiles minérales (les goudrons de houille et les huiles de houille exceptés) ayant une densité inférieure à 930 : 12 francs aux deux tarifs. »

Puis un second paragraphe contenant les mêmes objets et se terminant par ces mots :

« Ayant une densité inférieure à 930 : 18 francs aux deux tarifs. »

M. Georges Graux, *rapporteur.* Parfaitement.

M. Julien Goujon. Dans ces conditions, je me rallie aux propositions du Gouvernement.

M. le Président. Je mets aux voix la rédaction de la Commission.

Le Gouvernement s'oppose à cette rédaction.

(Cette rédaction, mise aux voix, n'est pas adoptée.)

M. le Président. Je mets aux voix la rédaction du Gouvernement :

« N° 198. — Huiles lourdes et résidus de pétrole et d'autres huiles minérales, les 100 kilogrammes : 12 francs aux deux tarifs. »

(Le numéro ainsi rédigé est mis aux voix et adopté.)

M. le Président. Il y a ici une addition proposée par M. Laur, qui consisterait à introduire dans le tarif une note ainsi conçue :

« Le Gouvernement est autorisé à admettre en franchise de droits, sous contrôle de l'emploi qui en sera fait, l'huile minérale destinée à d'autres usages industriels que la fabrication de l'huile à graisser ou de l'huile d'éclairage. »

M. Laur a la parole.

M. Francis Laur. Je n'ai pas d'autres considérations à faire valoir que celles que j'ai exposées précédemment. C'est une question sociale que celle de l'emploi du pétrole comme moteur : je n'ai rien à ajouter et j'ai confiance dans les sentiments de la Chambre.

M. Pallain, *directeur général des douanes, commissaire du Gouvernement.* L'application de cette prescription serait assez difficile!

M. Francis Laur. Mais pas impossible. Comme vous êtes laissés juges de la question d'application, je crois que vous pouvez l'accepter sans crainte.

M. Pallain, *directeur général des douanes, commissaire du Gouvernement.* Messieurs, je ne vois pas comment la disposition proposée par M. Laur pourrait être introduite dans le projet de tarif sous la forme d'une recommandation.

Le législateur procède par voie de disposition impérative ; il ne procède pas par voie de recommandation. S'il s'agit de prendre l'engagement de mettre la question à l'étude, le Gouvernement le prend très volontiers. L'administration des douanes n'ignore pas que l'Allemagne et l'Angleterre concèdent en franchise, à charge de dénaturation, sous réserve des mesures de contrôle propres à réprimer tout abus, l'alcool destiné à la fabrication des produits chimiques, ce qui constitue pour l'industriel de produits chimiques à l'étranger un très sensible avantage. *(Très bien! très bien!)*

M. Francis Laur. La rédaction que j'ai présentée n'est pas impérative.

M. le Président. Je mets aux voix la proposition de M. Laur.

Il y a une demande de scrutin public. *(Exclamations.)*

Voix nombreuses. Retirez-la.

M. Francis Laur. Messieurs, sous le bénéfice de l'observation que vient de faire le Gouvernement, — observation qu'au fond je trouve juste, parce qu'il faut procéder à une étude sur le mode de dénaturation à employer, — et moyennant l'espèce d'engagement moral qu'il a bien voulu prendre à cette tribune d'étudier la question en rendre l'application possible, je retire ma proposition, sauf à la reproduire lors de la discussion du budget.

M. le Président. La proposition est retirée sous le bénéfice des observations du Gouvernement.

« N° 199. — Paraffine, les 100 kilogrammes : 35 francs au tarif général ; 30 francs au tarif minimum.

» Vaseline, les 100 kilogrammes : 32 francs au tarif général ; 28 francs au tarif minimum. »

(Le numéro 199 est adopté.)

SÉNAT

Séance du 8 décembre 1891.

M. le Président. Le Sénat reprend l'ordre des numéros qui avait été interrompu :

« N° 196. — Succin, les 100 kilogrammes : exempt aux deux tarifs. » — (Adopté.)

« N° 197. — Huiles de pétrole, de schiste et autres huiles minérales propres à l'éclairage, avec la note A, ainsi conçue :

« La distinction entre le brut et le raffiné sera fixée par un règlement d'administration publique après avis du Comité consultatif des arts et manufactures.

« Dans le cas où les déclarants, contestant les essais faits dans les laboratoires des douanes, réclameraient l'expertise légale, celle-ci serait faite par des chimistes inscrits sur la liste générale prévue par l'article 5 de la présente loi et statuant dans les conditions fixées par l'article 4 de la loi du 7 mai 1881. »

« Brutes, les 100 kilogrammes, tarif général : 18 francs. » — (Adopté.)

« Tarif minimum : 18 francs. » — (Adopté.)

« Raffinées et essences, les 100 kilogrammes, tarif général : 24 francs; tarif minimum : 24 francs. »

Ici se placent deux amendements, l'un de MM. Merlin, Maxime Lecomte, Alfred Girard, Scrépel, Camescasse, Achille Bouilliez ; l'autre de MM. Richard Waddington, Lesouëf, Alphonse Cordier, qui proposent de porter le droit à 25 francs.

La parole est à M. Waddington, pour soutenir son amendement.

A ce moment, M. le vice-président Demôle est remplacé au bureau par M. le président Le Royer.)

M. Richard Waddington. Messieurs, l'amendement que mes amis de la Seine-Inférieure et moi avons l'honneur de vous soumettre et qui se confond avec un amendement signé par un grand nombre de nos collègues, représentant les départements du Nord et du Pas-de-Calais, a pour but de maintenir pour les huiles de pétrole raffinées le *statu quo*.

Nous avons été tous d'accord, pour ne pas soulever la question fiscale et pour voter le droit de 18 francs sur les pétroles bruts. Mais ce même accord ne se retrouve pas quand il s'agit d'arrêter la protection due aux raffineurs, en d'autres termes, de fixer le droit sur le brut et le droit sur le raffiné.

La législation actuelle comporte un écart de 7 francs. Votre Commission en propose un de 6 francs, et le Gouvernement, conformément au vote de la Chambre des députés, propose un écart de 5 francs. Tel est l'état de la question.

Je dirai deux mots tout d'abord sur la législation antérieure. Les pétroles étaient à peu près inconnus avant 1860, et pendant les quelques années qui ont précédé la grande réforme de 1864, les pétroles raffinés avaient le sort commun des huiles extraites de la houille : ils supportaient un droit de 15 francs. En 1864, ce droit a été brusquement ramené à un droit de 3 fr. 60 c.

En 1871, la législation fut complètement modifiée ; l'Assemblée nationale vota des droits très élevés sur les pétroles bruts et établit un écart de 12 francs entre le brut et le raffiné. En 1873, nouvelle législation, nouveau changement de l'écart entre le brut et le raffiné : l'écart est de 13 fr. 60 c. Enfin, en 1881, lors de l'examen et du vote du nouveau tarif général des douanes, après une longue enquête, après une longue discussion, le Parlement fixa à 7 francs l'écart entre le brut et le raffiné. C'est cet écart qui est appliqué aujourd'hui, et c'est la législation actuelle, à laquelle nos raffineries se trouvent soumises depuis 1881, c'est-à-dire depuis dix ans, dont, je le répète, nous demandons le maintien.

Dans les calculs qui ont été faits, soit en vue de la réduction du droit, soit en vue de son maintien, on a dû baser les calculs sur deux facteurs.

Le premier est le droit protecteur proprement dit, l'écart entre les frais de fabrication et de raffinage du pétrole en France et en Amérique ; l'autre élément de calcul est celui qui résulte du rendement.

Vous savez, en effet, qu'il y a des différences sérieuses entre le pétrole brut et le pétrole raffiné. Pour produire 100 kilogrammes de pétrole raffiné, il faut employer plus de 100 kilogrammes de pétrole brut. Tout le monde est d'accord sur ce point. Mais les avis diffèrent sur les quantités de pétrole brut qu'il faut employer pour produire ces 100 kilogrammes de pétrole raffiné. Telle est la divergence essentielle qui existe entre nous.

En 1881, le Gouvernement et le Parlement avaient accepté la base suivante : pour avoir 100 kilogrammes de pétrole raffiné, il fallait compter sur un peu plus de 117 kilogrammes de pétrole brut.

Ce rendement équivaut à peu près à 85 0/0 de la matière mise en œuvre. Les calculs nouveaux faits sur les données récentes du Comité des arts et manufactures tendraient à faire supposer que le rendement actuel est bien supérieur au rendement ancien et que, alors qu'il y a dix ans il fallait les 117 kilogrammes de pétrole brut dont je parlais tout à l'heure, aujourd'hui, grâce aux progrès de l'industrie, il ne faut plus que 111 kilogrammes de pétrole brut pour produire 100 kilogrammes de pétrole raffiné.

J'aurai à revenir sur le rendement, mais je dois tout d'abord faire observer que la question de fabrication se rapporte d'une façon très intime à celle du rendement.

Que viennent dire les partisans de la réduction ? « Votre rendement est bien supérieur à ce qu'il était autrefois, et grâce aux progrès que vous avez faits et que nous reconnaissons, les prix de fabrication ont diminué. »

Eh bien, nous avons la prétention d'affirmer que cette double allégation est inexacte. En effet, nous reconnaissons parfaitement que le rendement d'aujourd'hui n'est pas le rendement d'autrefois.

L'industrie a progressé, et nos raffineurs d'aujourd'hui font mieux que ne faisaient leurs prédécesseurs il y a dix ou douze ans. Ils tirent meilleur parti des produits bruts qu'ils emploient ; tout cela est acquis au débat. Mais comment ont-ils acquis ce résultat, cette amélioration de rendement ? En employant plus de combustible, plus de produits chimiques, et grâce à des manutentions nouvelles, à des procédés nouveaux qui coûtent de l'argent et entraînent une dépense de matières.

Voulez-vous un exemple de ce supplément de frais ? Ici, Messieurs, j'en appelle au témoignage de l'honorable président de la Commission des douanes, M. Jules Ferry, qui a vu fonctionner des raffineries de pétrole à Rouen, qui a vu des usines que l'on peut appeler des établissements modèles...

M. Jules Ferry. Des établissements monstres, dans tous les cas.

M. Waddington. ... et qui, dans sa visite, s'est renseigné avec soin sur tous les procédés de la fabrication.

Dans ces usines, on reçoit le pétrole brut ; on lui fait subir une première opération de raffinage. Cette première opération rend, d'après la richesse de la matière première employée, une quantité plus ou moins grande d'essences et d'huiles raffinées, généralement à peu près 75 ou 80 0/0. Que reste-t-il ? Si nous nous en tenions à cette première opération, nous serions bien loin du rendement dont on nous parle dans le Comité des arts et manufactures. Pour, je ne dirai pas y arriver, mais pour en approcher, que faut-il faire ?

On prend ce qui reste de la première opération : les huiles lourdes, le goudron, en un mot les résidus de toute sorte, et on leur fait subir une seconde opération de raffinage ou de distillation ; on les met — nous avons vu l'opération à Rouen — dans de grands réservoirs, dans des chaudières en fonte, qu'on appelle des *black-pots* ou *diables*, ustensiles fort coûteux, d'ailleurs, parce que, à l'action du feu, ils se cassent de temps en temps. La seconde distillation se fait au rouge, à une température qui atteint quelquefois 800 degrés ; pour cette seconde opération, pour tirer de ces résidus environ 8, 9, quelquefois 10 kilogrammes d'essence et d'huile raffinée, on dépense autant de combustible que pour la première.

Voici d'ailleurs les chiffres qui m'ont été fournis :

Dans telle usine que je pourrais citer, la première opération de raffinage a entraîné une dépense de 1.200 kilogrammes de combustible pour chaque chaudière ; et la seconde, beaucoup moins fructueuse, puisqu'elle ne produit que le dixième de la première, a coûté la même quantité de combustible. Je pourrais donner d'autres exemples, tirés des procédés de fabrication, mais je ne veux pas fatiguer votre attention ; celui que je viens de vous donner prouve que pour obtenir un rendement supérieur — dont nous reconnaissons la production dans une certaine mesure — il faut majorer, augmenter les frais de fabrication. Vous n'avez pas le droit de tirer argument d'une prétendue réduction de frais de fabrication. Ces frais, précisément à cause du rendement plus considérable, sont supérieurs à ceux de 1864.

Passons au rendement.

Le raffineur, aussitôt son pétrole brut, sa matière première reçue dans le port, a acquitté les droits du Trésor, les 18 francs que nous venons de voter tout à l'heure et qui frappent cette matière depuis 1881. Il paye donc ces droits, non seulement sur les produits raffinés qu'il fabrique avec cette matière première et qu'il vend, mais aussi sur la partie de cette matière première qui est perdue en cours de fabrication : il paye sur son déchet. Il est par conséquent absolument équitable, — et personne ne conteste le bien-fondé de ma thèse, — il est juste de lui tenir compte, dans l'établissement des droits sur les huiles raffinées, dans l'écart entre les taxes du brut et du raffiné, de la somme qu'il a avancée en pure perte sur la partie de pétrole brut qui a disparu dans l'opération du raffinage. Il est évident que plus la perte sera forte, plus la somme dont vous devez lui tenir compte sera élevée ; le rendement diminuant, cette somme diminue également, et c'est ainsi que dans le calcul de l'écart de 7 francs, d'après le rendement de 85 0/0 qu'on indiquait jadis pour 1881, on a alloué aux raffineurs une somme de 3 francs environ pour les droits perdus sur le déchet. Aujourd'hui, d'après les calculs du Gouvernement, cette somme ne serait plus que de 2 francs environ.

Étant données les conditions que je viens d'exposer, l'intérêt industriel des raffineurs est d'employer, comme matière première, des pétroles bruts leur donnant le plus possible de produits raffinés. Je crois que je n'ai pas besoin de démontrer l'évidence de cet axiome. Plus le pétrole brut qu'ils auront acheté leur rendra de produit raffiné, moins ils auront perdu dans les procédés de fabrication, plus l'écart, le droit protecteur leur sera favorable ; de là la nécessité absolue, pour nos raffineurs, d'acheter les pétroles bruts les plus riches possible. Leur champ d'action, pour leurs achats de matière première, n'est pas libre ; ils ne peuvent s'adresser qu'à certaines productions, et bien plus, à certains puits. Nos raffineurs peuvent-ils acheter les pétroles du Caucase, de Bakou ? Impossible !

Vous le savez, le rendement des pétroles russes ne dépasse guère 40 à 45 0/0 ; par conséquent, le raffineur français ne peut pas s'adresser aux pétroles bruts du Caucase par cette excellente raison que le rendement en est trop réduit pour les conditions douanières et fiscales qui lui sont faites.

En Amérique, peut-il acheter du pétrole de n'importe quel puits ?

Pas le moins du monde !

En fait, il ne peut utiliser que les provenances de deux puits de la Pensylvanie, ceux de Parker et de Washington.

Mais, son achat fait, l'acheteur français n'est pas libre d'importer ce qu'il veut, il doit se conformer aux exigences de la douane, car s'il n'est pas contrôlé au point de vue de sa production , il l'est d'une façon très rigide au point de vue de l'achat de ses matières premières.

C'est là l'étrange caractéristique de cette industrie, qui explique parfaitement la demande que je vous adresserai tout à l'heure en son nom : elle souhaite d'être exercée.

Voici, en effet, le texte des notes explicatives que vous retrouverez dans le grand volume du tarif général des douanes.

« L'huile de pétrole brute, dit la douane, doit donner un rendement en essence et en produits raffinés variant de 85 à 90 0/0.

Et on ajoute :

« Si cette teneur, — c'est-à-dire ce rendement, — était dépassée, il y aurait lieu de prélever des échantillons pour l'expertise légale ; on garantirait les intérêts du Trésor soit au moyen d'une soumission cautionnée, soit, si l'on soupçonnait une tentative d'abus, au moyen d'un acte conservatoire. En cas de refus de l'industriel, on dresserait procès-verbal. »

Voilà l'étrange situation dans laquelle se trouvent les raffineries de pétrole. Le Comité des arts et manufactures vient leur dire : Votre rendement moyen est de 90 0/0 ; le Gouvernement établit le droit d'après ce rendement : « Je ne veux pas qu'il y ait dans le droit que je vous accorde une somme correspondante à un déchet plus considérable que ce rendement de 90 0/0 ; 90 0/0 est votre rendement moyen et je m'y tiens. » De son côté, la douane leur dit : « Si vous dépassez un rendement de 90 0/0, je vous dresse procès-verbal.

La situation est étrange, avouez-le.

Je sais bien — M. le rapporteur le dit dans son rapport — qu'au droit proposé est ajoutée la note suivante :

« La distinction entre le brut et le raffiné sera fixée par un règlement d'administration publique, après avis du Comité consultatif des arts et manufactures. »

Cette manière de procéder, en langage vulgaire, c'est ce qu'on appelle mettre la charrue avant les bœufs. Il eût, en effet, été plus logique de commencer par le règlement d'administration publique, puisque la distinction entre le brut et le raffiné n'est autre chose que la fixation du rendement qui sera admis pour leurs matières premières ; c'est pour les raffineurs un grand avantage, sinon un droit absolu, que de savoir, permettez-moi cette expression, à quelle sauce ils devront être mangés.

M. Pallain, *commissaire du Gouvernement*. On leur donne, par cette disposition, une garantie qu'ils n'avaient pas.

M. Waddington. Tout dépend, monsieur le Directeur des douanes, de ce que nous dira le règlement d'administration publique. Il y a, en vérité, quelque chose d'étrange dans la marche que nous propose le Gouvernement.

La Chambre des députés et le Sénat font une loi dont la clef de voûte, dont la base est l'écart entre le brut et le raffiné, et pour l'établissement de cet écart on s'en remet à un avis du Comité des arts et manufactures qui n'est pas encore intervenu, mais qui interviendra plus tard. D'après moi, il eût été plus logique, plus juste de produire le règlement d'administration publique comme élément de la discussion qui éclaircira notre vote.

Quoi qu'il en soit, essayons de deviner quel sera l'avis du Comité des arts et manufactures.

Il nous a dit, il a dit au Ministre, rappelez-vous-le, que le rendement était de 90. Mais en matière de rendement, on ne peut soutenir que tout le pétrole employé à l'avenir rendra absolument 90. Il faudra, évidemment, une certaine élasticité. Que viendra, alors, nous dire le Comité des arts et manufactures ? Que le rendement du pétrole brut doit varier entre : 87 et 93 0/0 et je ne crois pas être prophète en prévoyant cette réponse. Je me retourne alors vers le Comité des arts et manufactures et je dis : Êtes-vous sûr de trouver un pétrole brut qui vous rendra 93 0/0 ! La chose est controversée par les hommes les plus autorisés, d'après lesquels un rendement pareil ne peut être obtenu que sur des mélangés, c'est-à-dire par la fraude.

J'ai prononcé le mot de fraude, je suis tout naturellement amené à vous parler de deux idées, de deux préjugés, permettez-moi cette expression, qui sont dans tous les esprits. Au fond de toutes les discussions sur le pétrole — il faut dire les choses carrément et franchement à la tribune, — il y a deux allégations, deux accusations qui ont été formulées contre l'industrie de la raffinerie. Je ne suis pas sûr que ces préjugés n'aient pas été pour quelque chose dans le mouvement d'opinion publique qui a entraîné le vote de la Chambre des députés. Je ne suis pas bien sûr que le Gouvernement lui-même n'y obéit pas involontairement, inconsciemment. Je suis convaincu que le Gouvernement, en la matière qui vous occupe comme en beaucoup d'autres, veut maintenir la balance absolument égale ; malheureusement, il n'a pas su résister, à son insu, à ce mouvement d'opinion, basé sur ces deux chefs d'accusation contre l'industrie du pétrole.

De quoi, en effet, accuse-t-on les raffineurs de pétrole ? Il faut le dire : On les accuse de faire la fraude et de réaliser de trop gros bénéfices. Eh bien, si vous voulez, nous allons examiner de la façon la plus succincte ces deux chefs d'accusation : la fraude et les bénéfices.

Je n'ai pas besoin de vous rappeler la différence essentielle qui existe entre le pétrole brut et le pétrole raffiné. Je suppose qu'il n'y a personne d'entre nous qui s'imagine un instant qu'on peut prendre du pétrole raffiné, l'introduire dans une industrie et le sortir dans le même état qu'il est entré.

Le pétrole brut est un liquide verdâtre et très opaque ; le pétrole raffiné, celui que nous brûlons dans nos lampes a, au contraire, à peu près la couleur de l'eau. Par conséquent, pour faire la fraude, il faut absolument que vous mélangiez aux essences et aux raffinés que vous voulez introduire une certaine quantité d'huile lourde pour donner à ce mélange la couleur, les apparences du pétrole brut.

Sans cette précaution, la fraude n'est pas possible. Il n'y a pas un douanier au monde qui laisserait passer une huile qui n'aurait pas au moins l'apparence du pétrole brut.

Voyons maintenant la fraude possible : Il y aurait un intérêt financier à mélanger au pétrole brut des essences. Mais dans l'espèce, Messieurs, la douane a les moyens d'arrêter la fraude au passage.

Vous savez très bien qu'au point de vue de la densité, il existe une différence marquée : les essences ont une densité de 700, et le pétrole brut une densité de 800 à peu près; vous n'ignorez pas non plus que le degré d'inflammabilité n'est pas le même.

Enfin, le rendement vous fournit un dernier moyen de contrôle, puisque vous n'admettez pas un rendement d'essence supérieur à 18 0/0.

Vous avez donc trois moyens d'arrêter la fraude, trois moyens de contrôle : la densité, l'inflammabilité et le rendement.

Oui, mais il y a, on le reconnaît parfaitement, d'autres fraudes possibles. Vous prenez une certaine quantité de pétrole brut, vous mélangez à ce pétrole une quantité plus ou moins grande de pétrole raffiné et des essences; vous colorez le tout et vous l'introduisez comme pétrole brut. Je ne dis pas que la chose ne soit pas possible; elle est possible évidemment, et le contrôle de la douane dans cette espèce particulière est fort difficile. Mais tout d'abord, les raffineurs vous déclarent de la façon la plus formelle qu'ils ne fraudent pas, et tant que vous n'aurez pas fait la preuve de ces fraudes, vous n'avez pas le droit de porter contre eux cette accusation que j'ai le droit d'appeler calomnieuse. Admettons cependant la possibilité de la fraude; il faut voir si, au point de vue financier et industriel, il y aurait le moindre avantage à procéder comme je viens de le dire. Évidemment non, car, le mélange des essences avec le pétrole entraîne la majoration du prix de revient, du prix d'achat, et cette majoration dépassera le bénéfice qui pourrait être retiré d'un rendement plus considérable en produits raffinés.

Je ne veux pas refaire ici le calcul qui a été fait devant moi par des gens autorisés et compétents, mais enfin la conviction a été portée dans mon esprit. Le rendement ne peut en effet dépasser certaines proportions. Supposez un mélange impossible, un mélange où l'on aurait mis 98 0/0 de raffiné avec 2 0/0 d'un goudron quelconque pour le colorer; est-ce que vous vous imaginez, par hasard, que vous allez retrouver vos 98 0/0 de raffiné? Ce serait une erreur! Oui, dans le laboratoire, vous ne vous en éloignerez pas beaucoup; mais industriellement parlant, c'est absolument impossible.

Et pourquoi, Messieurs? Parce que dans toute opération industrielle, quand on travaille avec des chaudières, des outils de dimension comme ceux que vous voyez dans les fabriques de raffinés, il se produit un coulage, une perte, une évaporation inévitable et qu'on chiffre au minimum à 5 0/0. Mettez, si vous voulez, 100 kilogrammes du mélange dont je vous parlais tout à l'heure, contenant 98 0/0 de raffiné, distillez-les, parce que je vous défie d'agir d'une autre façon; pour extraire cette matière colorante qui a été introduite pour salir le mélange, il faut absolument procéder par la distillation, il faut faire cette opération que je vous ai décrite tout à l'heure et qui coûte charbon et main-d'œuvre. Vos 100 kilogrammes de mélange ne vous donneront que 93 ou 94 kilogrammes de raffiné. La perte est fatale, inéluctable; et alors nous avons le regret de vous dire, quand vous nous parlez de rendement de 93 ou 94 kilogrammes, qu'un tel rendement est inadmissible, d'abord parce qu'il n'y a pas de pétrole brut qui vous le donnerait, et, en second lieu, parce qu'en admettant la fraude, même avec des mélanges des plus riches, vous n'arriveriez pas à ce résultat.

Mais, Messieurs, les raffineurs de pétrole ne sont pas restés insensibles aux accusations dirigées contre eux.

Mettez-vous à la place d'industriels que, jusqu'à preuve du contraire, nous devons tenir pour gens honorables, et qui sont exposés tous les jours à des accusations, à des allégations comme celles qui courent les journaux et qui ont été formulées contre eux d'une façon très légère, je l'affirme, à la tribune de la Chambre des députés, et demandez-vous si vous n'agiriez pas absolument comme ils l'ont fait. Que sont-ils venus vous dire, en effet? Vous nous accusez, ont-ils dit, de frauder; d'abord, c'est faux, nous ne fraudons pas. Mais enfin si vous le croyez, si vous ne vous considérez pas comme suffisamment armés contre cette prétendue fraude, demandez des lois, prenez toutes les précautions que vous jugerez bonnes pour remédier au mal, pour réprimer cette fraude que nous réprouvons comme vous.

Vous nous exercez pour l'achat des matières premières; nous ne sommes pas libres; nous sommes, pour ainsi dire, obligés de demander la permission à la douane avant de faire des offres à nos vendeurs américains; puisque vous nous exercez, que vous contrôlez nos opérations les plus importantes, la qualité et le rendement de nos matières premières; poussez votre contrôle plus loin : contrôlez nos fabriques, nos appareils de distillation; nous n'avons rien à vous cacher.

Appliquez-nous le régime de l'exercice, vous mettrez fin à cet éternel procès du rendement et de la fraude en venant constater par vos yeux ce que nous faisons dans nos usines, en surveillant nos procédés de fabrication.

Les raffineurs ont offert de supporter les frais d'une délégation qui serait envoyée en Amérique pour contrôler le rendement des huiles brutes; ils ont proposé de mettre une usine quelconque à la disposition de l'administration des douanes, du Gouvernement, pour faire des essais sérieux et industriels.

En un mot, ils ont demandé l'exercice.

Le Gouvernement, frappé de la justesse des observations que nous présentons en ce moment, a paru favorable à cette offre; il a accepté le principe de l'exercice, suivant en cela l'exemple de la Commission des douanes qui l'avait accepté aussi; puis, il a fallu en référer au Comité des arts et manufactures qui a répondu par un *non possumus*, contre lequel je proteste absolument. Je ne fais que rapporter l'avis de beaucoup d'ingénieurs et hommes compétents en affirmant que l'exercice est possible, et que c'est là la seule solution du problème qui nous occupe depuis si longtemps. Je ne puis pas vous la proposer séance tenante; nous ne pouvons pas improviser à cette heure un système dont l'établissement ne laisse pas que de présenter certaines difficultés.

Mais j'insiste auprès du Gouvernement pour qu'il étudie la possibilité d'appliquer ce régime aux raffineurs; s'il veut s'occuper de ce travail, de cette besogne, avec l'ardeur et la ténacité qui caractérisent mon honorable ami M. le Ministre du Commerce, il y parviendra facilement.

Voilà donc la question de la fraude à laquelle je réponds, je crois, de la façon la plus catégorique, par l'offre des raffineurs d'accepter l'exercice.

Passons à la question des gros bénéfices.

Il y a eu des bénéfices dans l'industrie des pétroles, personne ne le nie. Dans toutes les industries il y a des heureux, il y a des malheureux. Il y a eu d'ailleurs des raisons spéciales pour que l'industrie des raffineries de pétrole fût singulièrement prospère pendant quelques années.

En effet, vous avez vu l'écart qui correspond au droit protecteur a été à une certaine époque de 13 fr. 60 c. Il est évident que, grâce à cet écart, notre industrie s'est développée; à côté de cette protection douanière, il y avait une autre protection qui était peut-être plus efficace que la première : c'était la protection commerciale.

Oui, Messieurs, à ce moment, en 1872 et 1873, il y avait un écart considérable en Amérique entre le prix du pétrole brut et celui du pétrole raffiné; mais cet écart a disparu et, à l'heure qu'il est, il dépasse de quelques centimes à peine 1 franc par 100 kilogrammes.

Je ne veux pas allonger le débat, sans quoi je vous parlerais de la mainmise sur l'industrie du pétrole par cette grande Compagnie du « Standard oil company » qui a accaparé les quatre cinquièmes de la production du pétrole en Amérique et qui s'est rendue maîtresse de la fabrication et de la vente du pétrole raffiné dans tous les pays d'Europe où l'écart douanier ne permet pas l'établissement de raffineries, c'est-à-dire dans tous les pays d'Europe, sauf l'Autriche et l'Espagne qui protègent leur industrie par un écart de 8 francs pour la première, de 11 francs pour la seconde, droits plus élevés que celui dont nous demandons le maintien.

Mais tous les industriels, tous les raffineurs de pétrole ont-ils été aussi heureux? Je ne veux pas vous en donner ici la liste. Je crois que le nombre est de 7 à 8 sur 26, qui ont été obligés de liquider, ou d'arrêter leurs opérations; je ne veux pas vous citer une Compagnie établie dans des conditions admirables, et qui cependant, pendant de longues années, n'a pas distribué un centime de dividende à ses actionnaires.

Mais, j'arrêterai votre attention, pour un instant, sur un établissement en particulier, parce qu'il est situé dans une ville qui a beaucoup occupé le Sénat depuis quelque temps : je veux parler de la raffinerie de Marseille.

Il y a quelques jours, nous ne pouvions prodiguer assez d'éloges à l'industrie de Marseille, aux manufactures de savon et de stéarine de cet important centre.

J'étais le premier à m'associer à ces éloges, bien mérités, je le reconnais; mais je ne pense pas que les raffineurs de Marseille soient moins à la hauteur des circonstances que leurs confrères, les fabricants de savon et de stéarine.

J'ai le droit de leur attribuer la même activité commerciale, les mêmes qualités de savoir-faire, les mêmes connaissances industrielles, qu'à leurs voisines plus prospères.

Eh bien, cette raffinerie de Marseille, elle est fermée, elle ne raffine plus elle-même; elle s'est transformée en maison d'importation d'huiles raffinées, elle vend les produits de la grande Compagnie américaine dont je vous parlais tout à l'heure.

Voulez-vous encore une autre preuve de ce que j'avance, toujours tirée de Marseille et du Midi? J'aime bien, dans ces circonstances, à avoir le Midi avec moi, et, je puis le dire, si j'ai le malheur de n'être pas d'accord avec M. le Ministre du Commerce sur l'amendement que je propose, j'ai la satisfaction de me trouver en communauté de vues avec les Chambres de commerce de tous les ports de mer ; en effet, l'écart, le droit que je défends est soutenu par les Chambres de commerce de Marseille, de Cette, de Bordeaux, du Havre, de Rouen, de Dieppe, de Boulogne, de Calais, de Dunkerque, de Lille et autres, et enfin de la grande Chambre de commerce de Paris. En dernier ressort, le Havre et Bordeaux se sont ralliés au chiffre de 6 francs. Vraiment, si les libre-échangistes de cette Assemblée ne sont pas satisfaits de ces délibérations, je les plains, parce que j'ai rarement vu plus de Chambres de commerce se disant libre-échangistes se réunir pour appuyer un droit du tarif général ! *(Très bien ! très bien !)*

Je vous demande pardon de cette parenthèse, je reviens aux raffineries de Marseille et de Cette, à propos desquelles j'ai fait une constatation bien fâcheuse.

Alors que les raffinés, les huiles raffinées de pétrole sont peu de chose à côté des huiles brutes, nous trouvons un phénomène absolument inverse en Algérie.

L'Algérie importe 4 millions de kilogrammes de raffinés américains et seulement 23.000 kilogrammes de raffinés français.

Cependant l'Algérie est soumise, comme vous le savez, au point de vue des pétroles, au même régime douanier que la métropole. Ainsi nous voyons cette industrie des raffineries qui est si prospère, qui ne peut plus compter ses bénéfices, qui jouit du monopole de la vente des produits raffinés, nous la voyons dans l'impossibilité de les vendre en Algérie ; pour lui enlever ce débouché il suffit d'un simple écart de 1 franc, c'est-à-dire le fret de Marseille à Alger. *(Très bien ! très bien !)*

S'il s'agissait d'une raffinerie normande, de l'Ouest et du Nord, on pourrait l'accuser de ne pas renouveler son outillage, de sommeiller sur l'oreiller de la protection, mais ces reproches tomberaient à faux alors qu'il s'agit d'une raffinerie de Cette ou de Marseille, par conséquent d'une usine dont les directeurs sont doués de toutes les qualités intellectuelles et industrielles qu'on peut imaginer.

Messieurs, j'en ai dit assez pour vous prouver que, s'il y a des bénéfices, ils ne sont pas la règle générale.

Telle est la situation avec l'écart de 7 francs. Quelle sera-t-elle si cet écart est réduit ?

Je n'ai pas la prétention d'être prophète, mais cependant je ne peux pas voir, sans une profonde inquiétude, le Gouvernement proposer, la Chambre des députés accepter, — et je supplie le Sénat de ne pas les suivre dans cette voie, — une solution, c'est-à-dire un écart de droits qui aurait, je crois, les conséquences les plus graves pour une industrie des plus importantes.

Admettez, en effet, le droit de 6 francs. Eh bien, je crois que vous portez une atteinte sérieuse à tous les petits raffineurs ; vous décrétez qu'à l'avenir il ne se créera plus une raffinerie en France. Je ne veux pas dire que certaines maisons déjà puissantes par leurs capitaux et leurs installations industrielles ne continueront pas leurs opérations. Je crois le contraire ; mais je puis affirmer que l'établissement d'un écart de 6 francs, la réduction de l'écart actuel de 1 franc, auraient pour résultat d'empêcher la création de toute usine future. *(Assentiment.)*

Est-ce là le résultat que vous désirez ?

Allons plus loin, et supposons un instant le droit de 5 francs, celui que propose le Gouvernement, adopté : vous verrez se produire en peu d'années, pour à peu près toutes les raffineries de pétrole de France, ce qui s'est produit pour la raffinerie de Marseille ; vous verrez nos raffineurs se transformer en importateurs de raffiné, ce qui n'est pas la même chose.

Alors, je me retourne vers vous et je vous dis : Avez-vous le droit de prononcer un arrêt de mort contre une industrie ? Oh ! je suis bien que vous prétendez que la raffinerie de pétrole repose sur des bases absolument factices, que sa matière première n'est pas produite par la France, qu'elle n'intéresse que médiocrement le pays.

Mais, Messieurs, si nous acceptions cette augmentation, ce n'est pas seulement aux raffineries de pétrole qu'il faudrait l'appliquer.

Est-ce que le coton, en effet, pousse en France ? Est-ce que l'industrie de la laine ne trouve pas les quatre cinquièmes de sa matière première hors de France ? N'en est-il pas de même pour le lin, le jute et la soie ? Est-ce qu'une grande partie des minerais employés par la métallurgie ne vient pas des pays étrangers ? Est-ce que les fabriques d'huiles ne tirent pas leur matière première des Indes Orientales et des côtes d'Afrique ?

Mais avec ce système qui consisterait à ne protéger que les industries qui trouvent leurs matières premières en France, nous aurions bien vite condamné à mort les neuf dixièmes de l'industrie française. Ce n'est pas ce que vous voulez. Est-ce l'intérêt du consommateur que vous voulez favoriser ? Mais vous grevez la matière première des raffineurs dans des proportions inouïes.

Vous percevez un droit qui représente 130 0/0 de la valeur du produit. Si vous n'aviez pas à tenir compte de ces droits énormes, vous trouveriez en comparant le prix du pétrole en gros, vendu à Londres ou à Paris, vous trouveriez, dis-je, que le pétrole est à meilleur marché à Paris qu'à Londres. Cela paraît étrange, et cependant la différence est grande. Pourquoi? Cette différence provient du droit établi sur la matière première et des 27 francs que perçoit l'octroi de la ville de Paris. De ces deux chefs, il y a un écart fiscal, entre les deux capitales, de plus de 50 centimes, que vous ne retrouverez pas dans l'écart réel. Le consommateur est désintéressé, vous lui faites en effet supporter une charge fiscale de 130 0/0 de la valeur du produit; ce n'est pas une diminution de 1 ou 2 francs sur l'écart entre le pétrole brut et le pétrole raffiné qui exercera une grande influence sur un prix aussi exagéré.

D'ailleurs, nous venons de le voir, sans ces droits énormes, grâce à la concurrence intérieure, les prix de vente seraient à meilleur marché à Paris qu'à Londres.

En sera-t-il ainsi quand vous aurez tué cette industrie des raffineurs, quand nous serons à la merci du monopole des Américains? Croyez-vous que le consommateur y gagnera quelque chose? Quant à moi, je ne le pense pas.

On m'objectera enfin l'intérêt du Trésor et l'on dira : Mais, si nous supprimons absolument l'impôt sur le brut, nous n'introduirons que du raffiné et, sur ce raffiné, nous allons percevoir des droits plus élevés.

C'est exact. M. le Ministre avait fait le calcul et évalué la plus-value pour le Trésor à 8 millions environ. Voyons ce que nous perdons en échange : d'abord, le tonnage du brut qui est plus élevé que le tonnage du raffiné, et c'est précisément au transport de ce brut que le pavillon national est le plus intéressé.

En effet, la part du pavillon français dans l'importation du brut est de 21 0/0, tandis que pour le raffiné, elle est de 16 ou 17 seulement. Et, si vous mettez le commerce des raffinés dans les mains de cette grande Compagnie américaine qui possède son matériel de navigation, croyez-vous qu'elle se servira du pavillon français pour ses transports?

Au contraire, nos raffineurs ayant besoin de plus en plus d'un matériel spécial, de bateaux d'une construction spéciale, entrent de plus en plus dans la voie de l'emploi du pavillon français.

Il faut les encourager, parce que c'est une exception malheureusement trop rare et que nous voudrions voir se généraliser. L'intérêt de nos ports et de notre marine se confond avec celui de la raffinerie.

Et, Messieurs, quelle est la contribution à la richesse publique de cette industrie qu'on a tant dénoncée? Elle consomme 100.000 tonnes de houille, 8 millions d'acide sulfurique, 6 millions de soude caustique et 1.500.000 kilogrammes d'autres produits. Elle emploie trois millions d'ouvriers, elle répand des salaires qu'on estime à 4.500.000 francs, et sa dépense annuelle dans le pays est d'environ 13 millions. Voilà ce que vous perdrez si vous mettez fin à sa prospérité, à son développement.

Messieurs, il y a encore, à mon avis, une raison — c'est la dernière — pour ne pas revenir sur l'écart existant, sur le droit qui protège la raffinerie de pétrole, et je crois que sur ce point nous sommes tous d'accord.

Notre régime fiscal est beaucoup trop ancien en ce qui concerne les pétroles. Il ne tient pas compte des progrès de l'industrie moderne.

Or, vous le savez, Messieurs, — M. Lesueur, dans son très intéressant rapport, s'est chargé de vous le rappeler, — les essences de pétrole sont d'un emploi industriel toujours grandissant. En effet, on se servait jusqu'ici de l'essence de pétrole comme agent de force motrice pour les petits moteurs. Peu à peu, la puissance des moteurs a grandi et on a fait des expériences heureuses avec des moteurs donnant jusqu'à 100 chevaux. Évidemment, pour arriver à la pratique, il y a encore des progrès à faire, mais il y a tout lieu d'espérer que l'essence de pétrole pourra servir d'une façon très économique à la production de la force motrice.

Est-ce un élément de production que nous puissions négliger en France, alors que, sachez-le-bien, nous sommes tributaires de l'étranger de plus de 10 millions de tonnes de houille et que, de longtemps, nous ne suffirons pas à notre consommation de houille en France?

L'autre jour, dans la discussion sur les graines oléagineuses, j'avais l'honneur de vous dire : C'est précisément parce que nos fabricants d'huile ne peuvent pas employer les essences de pétrole, qu'ils sont obligés de faire cette opération, absurde au point de vue industriel, qui consiste à envoyer leurs tourteaux à Hambourg pour les faire triturer et leur faire produire un rendement qu'on ne peut pas, pour des raisons fiscales, obtenir à Marseille.

Ces raisons, ces exemples suffisent pour démontrer la nécessité d'une mesure radicale de réforme. Il est indispensable d'aborder l'examen du problème sous toutes ses faces, de faire une nouvelle loi sur le régime appliqué aux pétroles.

Je crois, d'ailleurs, que sur ce point M. le Ministre du Commerce est de mon avis. Il faut aussi étudier ce délicat problème de l'exercice et essayer de mettre fin, une fois pour toutes, je le redis, à ce procès de tendance, à ces accusations de fraudes et de gros bénéfices qu'on élève contre une industrie qui, après tout, est aussi intéressante que les autres.

Est-ce à la veille d'édicter une législation nouvelle qui s'impose à nous qu'il faut changer encore une fois les conditions des raffineurs de pétrole et prendre une mesure sur le compte de laquelle vous ne pouvez pas être éclairés? Ce serait, Messieurs, un pas dans les ténèbres qui pourrait avoir des conséquences très graves, beaucoup plus graves que ne le pensent les promoteurs de la mesure.

C'est dans ces conditions que je vous demande d'ajourner la fixation de l'écart entre les droits des huiles de pétrole brutes et raffinées au moment où vous possèderez ce règlement d'administration publique dont nous parlions tout à l'heure, au moment où vous ferez cette loi spéciale que tout le monde, fabricants et consommateurs, appellent de leurs vœux, au moment où vous aurez arrêté d'une façon plus définitive la quotité des droits actuels, que beaucoup de personnes considèrent comme excessifs et injustes.

Toutes ces questions sont ouvertes. Vous ne pouvez pas les résoudre aujourd'hui; je vous engage à ne pas trancher sans renseignements suffisants, et d'une façon incidente, la question de l'écart entre les droits du brut et du raffiné, c'est-à-dire la plus délicate de toutes et la plus importante pour l'industrie en jeu. C'est pour ces raisons, Messieurs, que je vous demande le maintien du *statu quo* des droits actuels. *(Très bien ! sur un certain nombre de bancs).*

M. Jules Roche, *ministre du Commerce, de l'Industrie et des Colonies.* Je demande la parole.

M. le Président. La parole est à **M.** le Ministre du Commerce.

M. le Ministre du Commerce. Messieurs, les observations importantes de l'honorable **M.** Waddington obligent le Gouvernement à vous faire connaître les motifs pour lesquels il a soutenu devant la Chambre des députés l'écart de 5 francs admis par elle à une très grande majorité. Ces motifs n'ont rien perdu de leur valeur, et il ne nous est pas possible de changer aujourd'hui l'opinion.

L'honorable **M.** Waddington a semblé résumer toute son argumentation dans cette formule : On propose de réduire de 7 à 5 francs l'écart actuel entre le pétrole brut et le pétrole raffiné pour deux grandes raisons : parce qu'on accuse les raffineurs de pétrole de frauder et parce qu'on leur reproche de réaliser de trop gros bénéfices.

Ce n'est, Messieurs, pour aucune de ces deux raisons que le Gouvernement propose de substituer l'écart de 5 francs à celui de 7 francs. La fraude ! ce n'est pas moi qui en accuserai jamais une catégorie quelconque d'industriels en France, car, si une qualité morale caractérise l'ensemble des négociants et des industriels français, je me plais à déclarer très haut que c'est la probité la plus remarquable. *(Très bien ! très bien !)*

Donc, s'il y a des fraudes, ce sont des actes isolés, et, à aucun point de vue, le Gouvernement ne les a retenues pour arrêter ses décisions.

De trop gros bénéfices? Mais, Messieurs, j'en suis très heureux. Plus les industries, le commerce réalisent de bénéfices, plus le Ministre du Commerce et de l'Industrie et plus tout bon Français s'en réjouit. *(Nouvelles marques d'approbation.)...* puisque ces bénéfices, comme les bénéfices de tous ceux qui travaillent, constituent en définitive la richesse du pays.

D'ailleurs, quel est le mobile ou l'un des mobiles qui vous ont déterminés à la revision de vos tarifs douaniers ?

C'est précisément d'assurer à notre agriculture, à notre commerce, à notre industrie des conditions favorables qui leur permettent de lutter plus avantageusement contre les difficultés intérieures de la concurrence étrangère.

Ainsi, ce n'est pour aucun des deux motifs indiqués par M. Waddington, que le Gouvernement maintient devant vous la taxe votée sur sa proposition par la Chambre des députés.

Ce qui détermine son opinion, c'est la nature des bénéfices réalisés par les raffineurs de pétrole.

Les bénéfices réalisés par les raffineurs de pétrole, en tant qu'industriels transforment une matière fournie par la nature en une matière plus utilisable pour les besoins de l'homme, et en tant que négociants sachant acheter et vendre au mieux de leurs intérêts, ces bénéfices sont les plus légitimes de tous, et, pour ma part, je le répète, je ne les trouverai jamais trop élevés. Ils sont réglés par la concurrence, par le jeu de la consommation : ce sont, encore une fois, les plus naturels, les plus utiles.

Mais les bénéfices qu'une industrie, quelle qu'elle soit, peut réaliser, non pas, en tant qu'industrie ou en tant que commerce, mais à l'abri d'une législation déterminée et par le jeu de l'impôt, c'est tout autre chose.

L'industrie qui consiste à exploiter dans un intérêt personnel le régime fiscal créé pour les besoins du Trésor n'est pas une industrie qui doive être encouragée. Les bénéfices de cette nature, quelle que soit l'industrie où nous les rencontrons, ne méritent la bienveillance ni du Sénat, ni de la Chambre, ni du Gouvernement.

La question est donc de savoir si, dans l'industrie du pétrole prise en particulier, puisqu'il s'agit d'elle, il y a non seulement des bénéfices industriels et commerciaux, mais encore une part de bénéfices que j'appellerai, si vous le voulez bien, des bénéfices budgétaires. Si nous trouvons cette espèce de bénéfices, très certainement il faudrait les éliminer, parce qu'il n'est permis à personne, en France, de réaliser des bénéfices sur le Trésor. C'est toute la question.

M. Richard Waddington. D'accord.

M. le Ministre. Bien. Par conséquent, prenons les chiffres et voyons le jeu actuel du droit de douane sur le pétrole.

Ce droit, Messieurs, se divise en deux parties. L'écart entre le droit sur le pétrole brut et sur le pétrole raffiné est, à l'heure qu'il est, de 7 francs : 18 francs sur le pétrole brut, 25 francs sur le pétrole raffiné.

On a proposé à la Chambre des députés, il y a deux ans, de réduire cet écart de 5 francs. Cette proposition n'a pas été votée par suite des circonstances qui ont modifié l'état général du budget. Dans la revision du tarif douanier que nous discutons en ce moment, le Gouvernement et la Chambre ont admis cette réduction de l'écart entre les deux droits de 7 francs et de 5 francs.

De quoi se composait l'écart de 7 francs ? De deux éléments : d'une part, un droit de douane de 3 fr. 60 c. ; d'autre part la représentation de l'impôt sur le brut, fixé à 3 fr. 40 c.

Avant 1871, le pétrole brut entrait librement en France ; mais le pétrole raffiné, objet d'une industrie de transformation, était frappé d'un droit de douane protecteur de l'industrie du raffinage. Ce droit était de 3 fr. 60 c.

Après 1870-1871, il fut nécessaire d'établir des impôts de guerre. On frappa d'un droit nouveau le pétrole brut, droit qui, après avoir été de plus de 18 francs, fut en définitive réduit à ce chiffre.

Du moment où l'on frappait le pétrole brut, il ne pouvait être question que d'un droit fiscal.

Pour une matière qui vaut 16 ou 17 francs (baril compris), 18 francs ne sont pas un droit de douane, c'est un droit analogue à celui qui existe sur le café : c'est un droit fiscal.

Donc, ce fut en réalité un droit fiscal qui fut établi sous forme de droit de douane sur le pétrole brut.

Mais on se dit alors que si le pétrole brut était frappé d'un droit fiscal il fallait, pour continuer à protéger l'industrie de la raffinerie, tenir compte du déchet subi par la matière première dans sa transformation en raffiné ; le législateur calcula donc la quantité de pétrole perdu dans l'opération du raffinage ; cette opération industrielle est d'ailleurs la plus simple du monde. C'est une des distillations les plus élémentaires.

M. Richard Waddington. Vous croyez cela ?

M. le Ministre. Oui, je le crois, parce que je l'ai vu, et parce que ceux qui ont qualité pour le dire le disent. *(Très bien ! très bien ! à gauche.)* Il n'y a pas que vous qui sachiez les choses, mon cher collègue.

M. Richard Waddington. Assurément !

M. le Ministre. Vous m'accorderez bien que le Gouvernement est fondé à prétendre qu'il sait ce dont il parle.

M. Richard Waddington. Parfaitement !

M. le Ministre. On fit donc le calcul de la façon suivante : — le droit fiscal sur le brut est de 18 francs, on perd dans l'opération du raffinage 17 kilogr. par 100 kilogr. ; il faut ajouter au droit protecteur de 3 fr. 60 c. le droit de 18 centimes par kilogramme de déchet. 17 kilogrammes de déchet, à 18 centimes, cela fait 3 fr. 06 c. Mais 3 fr. 06 c., c'est un mauvais compte. Alors, on arrondit.

Au lieu de 3 fr. 06 c., on mit 3 fr. 40 c., parce que 3 fr. 40 c. ajoutés à 3 fr. 60 c., cela fait 7 francs.

M. Richard Waddington. Je vous demande pardon ; il y a l'intérêt...

Sur plusieurs bancs. Laissez parler !

M. le Ministre. Je vous demande à mon tour pardon, monsieur Waddington, je maintiens absolument l'exactitude des informations que j'apporte au Sénat.

Un certain nombre de sénateurs ici présents n'ont entendu ces calculs. Je suis bien sûr qu'ils ne les ont pas oubliés : 3 fr. 06 c. et 3 fr. 60 c., cela faisait 6 fr. 66 c.

6 fr. 66 c. n'étant pas un nombre rond, on a écrit 7 francs au tarif.

Je vous ai épargné toute la période qui s'est écoulée depuis 1871, date de l'établissement du droit, jusqu'en 1881.

Il y a eu une série de variations, soit dans le chiffre de l'impôt, soit dans celui de l'écart, puisque, à un moment donné, cet écart a été de 12 francs.

Mais, en 1881, lorsqu'on a fixé l'écart sur lequel nous discutons actuellement, c'est ainsi qu'on a raisonné. Laissons de côté le droit protecteur de 3 fr. 60 c. Le droit de 3 fr. 40 c. représentant le déchet de raffinage repose sur cette hypothèse ou sur ce fait que vous avez un déchet de 17 kilogrammes dans la transformation de 100 kilogrammes de brut en 100 kilogrammes de raffiné.

Eh bien, personne ne soutient aujourd'hui qu'il y ait un déchet de 17 kilogrammes. L'honorable M. Waddington, lui-même a reconnu à la tribune que le rendement utile du pétrole brut en pétrole raffiné est au moins de 90 0/0.

M. Richard Waddington. Pardon, je n'ai pas dit cela !

M. le Ministre. Je n'invoquerai pas alors votre opinion ; je le regrette, parce qu'il y aurait eu au moins un point sur lequel nous nous serions trouvés d'accord.

M. Richard Waddington. J'ai pu parler d'un rendement de 90 0/0 ; mais ce n'est pas le langage des industriels !

M. le Ministre. Soit ; mais voici par exemple un rapport officiel constatant que 1.000 fûts de pétrole brut ont été introduits en France. Après examen par les chimistes de la douane, il a été constaté que ce pétrole renfermait 97 0/0 de produits dont 11 0/0 d'essence.

Voici un autre document : C'est le rapport du Comité consultatif des arts et manufactures, rapport très étudié, émanant d'hommes dont l'autorité est indiscutable aux yeux de tous, MM. Aymé Girard, Trost, Mascart, Riche, de Luynes, tous l'honneur de la science et aussi de l'administration française, qu'ils servent avec tant de dévouement et de désintéressement ! *(Très bien ! très bien !)*

Je ne puis vous lire en entier, malgré tout l'intérêt qu'il présente, ce rapport récent, car il est daté du 26 septembre 1890. En voici du moins la conclusion :

« De nombreuses analyses faites pendant ces dernières années soit sur des échantillons prélevés par l'administration dans les chargements des navires arrivant en France, soit sur des échantillons fournis par les raffineurs eux-mêmes ont montré que le rendement moyen est souvent supérieur à 90 0/0 en huiles propres à l'éclairage.

» Il en résulte que l'écart de 7 francs, admis par la loi du 7 mai 1881, peut être diminué, tout en conservant à la raffinerie française une protection efficace.

Et le Comité conclut ainsi :

« Le Comité estime que le droit pourrait être diminué de manière à ce que l'écart entre l'impôt de pétrole brut et du pétrole raffiné soit réduit à 5 francs. »

Eh bien, lorsque des hommes aussi compétents et aussi prudents que les membres du Comité des arts et manufactures et particulièrement de la commission spéciale qui a examiné cette question du pétrole, apportent au Gouvernement des conclusions aussi nettes, le Gouvernement a l'obligation morale d'adopter et de défendre ces conclusions.

Vous allez me dire que les raffineurs ne les acceptent pas... Je le pense bien ! C'est tout naturel. Celui dont l'industrie consiste à réaliser de gros bénéfices, sur des écarts d'impôts, ne renonce pas aisément à ces bénéfices.

Le raffineur paye 18 francs sur le pétrole à l'entrée en France ; après l'avoir transformé, il le revend au consommateur en lui faisant payer quel impôt ? — car, ne l'oublions pas, ce n'est pas d'un droit qu'il s'agit, c'est d'un impôt... — L'impôt de 18 francs ?... Pas du tout ! Un impôt de 25 francs. Le consommateur, c'est-à-dire nous tous, nous payons trois choses : 1° la valeur du pétrole ; 2° la plus-value que l'industrie du raffinage a ajouté à ce pétrole ; enfin, 3°, 25 francs d'impôt qui sont censés avoir été supportés par le raffineur et qui se composent : d'abord des 18 francs payés au Trésor et ensuite des 7 francs représentant le droit protecteur — 3 fr. 60 c. — et le déchet — 3 fr. 40 c.

Mais si ce déchet n'est pas aussi considérable, s'il n'est pas de 3 fr. 40 c., mais seulement de 1 franc, de 2 francs, l'importateur de pétrole brut, le raffineur réalise, grâce au mécanisme fiscal, un bénéfice de 1 fr. 40 c., de 2 fr. 40 c., c'est-à-dire un bénéfice égal au déchet qui ne s'est pas produit.

En fait, c'est là ce qui se passe ; le déchet n'est pas de 17 kilogrammes, comme on l'avait pensé en 1881, il n'est pas même de 10 kilogrammes, car le rendement de 90 0/0 que je vous indiquais a été donné comme un minimum. Il est au-dessous de la réalité.

La réalité, il est très difficile de la déterminer ; elle est changeante. Je ne prétends pas que tous les pétroles bruts donnent exactement le même rendement, qu'ils donnent toujours ou 92, ou 93, ou 94, ou 95. Non, il en est qui donnent 90, ou 91, et il en est aussi qui donnent 97 0/0 à raison de mille fûts. C'est bien quelque chose !

Prenons comme chiffre du déchet le maximum de 10 0/0 que j'indiquais tout à l'heure, et faisons le calcul. En réunissant le droit protecteur et le déchet, on arrive à peu près au chiffre de 5 francs.

Je dois même dire que ce chiffre de 5 francs, bien loin d'être considéré comme trop faible, est regardé par beaucoup de gens très compétents comme trop fort. A leur sens un droit de 4 francs eût été largement suffisant.

Examinez, en effet, les cours du pétrole aux États-Unis. Entre le pétrole brut et le pétrole raffiné, l'écart pour les 100 kilogrammes est à peine de 1 franc. Cela vous prouve que la quantité de raffiné contenue dans le brut est considérable, puisque le vendeur lui-même ne fait, entre les 100 kilogrammes de brut et les 100 kilogrammes de raffiné, qu'une différence de 1 franc dans ses prix de vente. On a vu même plus d'une fois l'écart diminuer, disparaître et on a même constaté assez fréquemment que le prix du brut dépassait celui du raffiné. *(Mouvement.)*

Cela nous montre une fois de plus, et avec une nouvelle force, combien, lorsque nous vous proposons de réduire l'ensemble des droits protégeant l'industrie de la raffinerie à 5 francs, nous sommes modérés, prudents et sages, et combien nous ménageons tous les intérêts en présence !

On a dit que l'industrie du pétrole emploie un très grand nombre d'ouvriers, 3.000 environ, et distribue 4 millions de salaires ; c'est une grande manutention, je le nie pas ; c'est un spectacle qui présente son intérêt d'aller visiter une des quatre grandes usines qui monopolisent cette industrie du pétrole, il en existe bien un plus grand nombre, mais les quatre dont je parle sont tellement puissantes, que les autres vivent à leur ombre et sous leur protection — si vous visitez une de ces quatre grandes raffineries, vous verrez, en effet, une certaine activité, un certain nombre d'ouvriers, mais que font-ils ?

Supposons, pour un instant, que les 3.000 ouvriers dont on vous parlait tout à l'heure soient tous réunis dans ces seules usines, que font-ils ? Est-ce qu'ils raffinent ? Est-ce qu'ils distillent ? Pas du tout. La plupart font des opérations de transport, de transvasement de tonneau à tonneau, des opérations matérielles qui seraient presque identiquement les mêmes si, au lieu d'être importateurs et vendeurs de pétrole, arrivant brut et sortant raffiné, les industriels dont je parle étaient purement et simplement des importateurs, sans être des raffineurs !

Les opérations qui nécessitent la plus grande partie de la main-d'œuvre sont donc des opérations de manutention. Elles sont absolument les mêmes, demanderaient les mêmes bras, et procureraient les mêmes salaires si, au lieu de raffiner le pétrole, les négociants dont je parle se contentaient de le faire venir tout raffiné et de le vendre ensuite. Cela se passe ainsi dans certains pays où l'industrie du raffinage n'existe pas, mais où le transport des pétroles raffinés d'Amérique donne lieu à des entreprises très prospères.

On ne peut donc pas nous opposer l'argument du nombre des ouvriers et des salaires distribués. Bien peu de chose serait changé, je le répète, à ce point de vue, si l'industrie du raffinage revêtait un autre caractère et si, au lieu d'être acheteur et vendeur de pétrole brut, elle était acheteur et vendeur de pétrole raffiné. La situation serait à peu près la même.

Les plaintes qu'on fait entendre aujourd'hui, les prédictions fâcheuses sur les industries qui vont être frappées à mort si on diminue l'écart dont elles jouissent, ceux d'entre vous qui faisaient partie du Parlement en 1881, les ont entendues lorsqu'il s'est agi de réduire l'écart de 12 francs à 7 francs.

Ce qu'on vous dit aujourd'hui, on le disait déjà mot pour mot à cette époque. Je vais vous le montrer en citant une phrase des discours prononcés à cette époque : « Avec le droit proposé de 35 francs, disait l'un des opposants... » C'est-à-dire l'écart de 7 francs qui a été établi alors.

M. Richard Waddington. Le prix des pétroles bruts était alors beaucoup plus élevé.

M. le Ministre. Je l'ai dit, puisque je parle d'un écart de 10 à 12 francs « ... il n'est pas possible (avec l'écart de 7 francs) qu'une seule des vingt-neuf raffineries existantes soient encore debout dans un an. »

Ainsi, vous entendez bien la prédiction faite en 1881 : Si on vote 7 francs d'écart au lieu de 12 francs, dans un an, c'est-à-dire en 1882, les vingt-neuf raffineries qui existent seront mortes.

1882 est arrivé, et 1883, et les années suivantes, quelle est la courbe de l'industrie dont nous nous occupons ? Et quel a été le résultat de la réduction de l'écart de 12 francs à 7 francs ? Quelqu'une des raffineries est-elle morte ? Écoutez :

En 1881, l'introduction en France de pétrole brut destiné au raffinage avait été de 86 millions de kilogrammes, et l'introduction de pétrole raffiné de 22 millions de kilogrammes. En 1890, l'introduction de pétrole brut a atteint 178 millions de kilogrammes. Vous voyez le développement prodigieux que l'industrie de la raffinerie du pétrole a pris en France.

Quant à l'introduction du pétrole raffiné, elle ne s'est même pas maintenue à 22 millions de kilogrammes ; elle est tombée à 18 millions de kilogrammes.

Et pour les dix premiers mois de l'année 1891, tandis qu'en 1890 l'introduction du pétrole raffiné avait été de 10.714.000 kilogrammes, elle n'en est plus que de 9.800.000 kilogrammes, c'est-à-dire qu'il y a un abaissement d'un million de kilogrammes pour les dix premiers mois de l'année courante.

Les prophètes de 1881 étaient donc de faux prophètes ; malgré la réduction de l'écart de 12 à 7 francs, l'industrie du raffinage a continué à prospérer, avec plus de rapidité même qu'elle ne l'avait fait auparavant. *(Très bien ! très bien ! sur divers bancs.)*

Nous avons la conviction que la nouvelle réduction de l'écart entre le brut et le raffiné ne serait pas plus mortelle pour cette industrie.

Le Gouvernement, dans cette question, a une position des plus difficiles.

Dans d'autres questions, où il défendait l'intérêt général, il se trouvait que cet intérêt général coïncidait avec des séries d'intérêts particuliers ; il avait des industries avec lui contre d'autres industries. Il n'était pas isolé.

Dans la question actuelle, je suis tout seul. Aucune industrie ne bénéficiera de la réduction que je propose ; les industries intéressées sont toutes d'accord pour demander un écart de 7 francs, et même davantage; si vous reveniez à l'écart de 10 ou 12 francs de jadis, elles vous béniraient. Les intérêts privés, dans ce débat, sont donc tous contre moi; je ne fais pas mystère de ma situation; mais ce que je défends, c'est l'intérêt de l'ensemble des contribuables *(Marques nombreuses d'approbation)*, parce qu'un droit sur le pétrole raffiné de 23 francs, comme celui que le Gouvernement propose, ou un droit de 24 francs, comme celui que vous propose la Commission des douanes, ou un droit de 25 francs, comme celui que vous propose l'honorable M. Waddington, aboutit pour les contribuables à des résultats bien différents.

1 franc d'écart en cette matière pour les contribuables, c'est presque 2 millions de plus d'impôt. En effet, 1 franc multiplié par 180 millions de kilogrammes introduits, cela représente 1.800.000 francs. Et si, au lieu de l'écart de 1 franc, vous avez un écart de 2 francs comme celui que propose l'honorable M. Waddington, ce n'est plus 1.800.000 francs, c'est 3.600.000 francs d'impôts de plus que les contribuables ont à supporter.

C'est donc au nom des contribuables, au nom de l'intérêt général que je parle à cette tribune. Dans ces conditions, le Gouvernement ne redoute pas son isolement et j'imagine que cette situation n'est pas faite pour me priver de votre concours. *(Très bien! très bien! et applaudissements sur un grand nombre de bancs.)*

M. Lesueur, *rapporteur*. Je demande la parole.

M. le Président. La parole est à M. le Rapporteur.

M. le Rapporteur. Messieurs, toute la discussion porte sur une question d'écart, c'est-à-dire sur la différence qu'il y a entre le droit appliqué au pétrole brut, sur lequel tout le monde est d'accord, et le droit à appliquer au pétrole raffiné.

D'une part, vous avez entendu l'honorable M. Waddington défendre, avec des arguments très sérieux, l'écart de 7 francs, et je dois dire que la plus grande partie des Chambres de commerce des départements intéressés ont appuyé très énergiquement cet écart de 7 francs. *(Mouvements divers.)* Je ne vous lis pas les délibérations de ces Chambres de commerce; vous les trouverez dans mon rapport; elles sont extrêmement caractéristiques.

D'un autre côté, un grand nombre d'industriels, qui ne sont pas des raffineurs de pétrole, mais dont l'industrie se rattache à celle du pétrole, et qui, par conséquent, y sont intéressés, ont émis des vœux dans le même sens.

J'ai dans mon dossier 524 pétitions. Lorsque des industries importantes se mettent en mouvement avec un tel ensemble, nous ne pouvons pas admettre un seul instant que leur accord ait uniquement pour but d'être agréable à certains raffineurs de pétrole, et nous devons tenir compte de cette manifestation d'opinion.

M. le Ministre, avec des arguments fort serrés, vous a dit qu'il s'agissait principalement d'une question de prix de revient. Nous allons examiner cette question.

Il y a tout d'abord un droit protecteur de 3 fr. 40 c. que nous maintenons; mais, sur le droit de 3 fr. 60 c., qui a été calculé à une époque où on pensait que les pétroles ne pouvaient donner qu'un rendement de 87 0/0 à la raffinerie, il y a une modification à apporter, parce qu'aujourd'hui on admet que les pétroles doivent rendre au minimum 90 0/0 et, qu'on a même constaté, en pratique, que le rendement pouvait aller jusqu'à 92,25 et quelquefois 97 0/0.

Le rendement de 97 0/0 est contesté, il n'a jamais été admis; il s'agit là, a-t-on dit, d'une expérience de laboratoire et il est incontestable que si on avait distillé ces pétroles une seconde fois, comme cela se pratique dans l'industrie, on ne serait arrivé qu'à un rendement maximum de 90 0/0.

Mais sur ces points et sur l'objection tirée de ce qu'à une certaine époque, alors que l'écart était de 10 francs, on déclarait que s'il était rabaissé à 7 francs toutes les industries, toutes les raffineries disparaîtraient, il y a une remarque à faire : c'est qu'à cette époque l'écart de 10 francs entre les droits de 35 à 42 francs qui frappaient les pétroles bruts et les pétroles raffinés, correspondait exactement à l'écart de 7 francs qui existe entre les droits actuels de 18 et de 25 francs. Une simple règle de trois le démontre.

Il n'y a donc eu rien de changé dans la situation à cette époque, et, par conséquent, il n'est pas étonnant que les industries n'aient pas succombé.

Toutefois, la Commission, très soucieuse de défendre les intérêts des consommateurs de pétrole, s'est demandé si, en présence des affirmations du Gouvernement, appuyées sur les déclarations les plus autorisées, il n'y avait pas lieu de revoir de très près cet écart.

Elle a pensé, conformément aux délibérations de certaines Chambres de commerce dont personne ne contestera l'esprit libéral, telles que la Chambre de commerce de Bordeaux, et celle du Havre, qu'il ne fallait pas trop limiter l'écart dans la crainte de compromettre une industrie très importante, dans laquelle de gros intérêts sont engagés, vis-à-vis de laquelle on ne devait pas se montrer téméraire.

L'esprit de la Commission a été un esprit de prudence, en même temps que de progrès. Nous avons pensé que lorsqu'une industrie emploie 150 millions de capitaux, paye des salaires considérables pour la manutention ou le raffinage, — salaires qui seraient payés à l'étranger s'ils ne l'étaient pas chez nous, — il n'y avait pas lieu de compromettre ses intérêts par un excès de rigueur; et nous avons estimé que, puisqu'une différence de 1 franc en ce moment-ci suffit — c'est un fait qui n'est contesté ni par la douane, ni par le Gouvernement, — pour empêcher les raffineurs du Midi, de Cette et de Marseille d'envoyer du pétrole dans le nord de l'Afrique, pays qui, actuellement, ne le reçoit que d'Amérique, cette différence de 1 franc rendant absolument impossible aux raffineurs français la vente dans les départements français de l'Algérie, la Commission a pensé, dis-je, qu'il était sage de maintenir une marge suffisante pour faire face aux variations des cours, et pour lutter contre la concurrence des Américains le jour où les raffineurs seraient obligés de travailler un produit donnant un rendement inférieur à 90 0/0.

Convaincue que les chiffres demandés par les Chambres de commerce de Bordeaux et du Havre couvriraient suffisamment les intérêts des raffineurs en même temps que les intérêts des contribuables seraient convenablement sauvegardés par un abaissement de 1 franc, la Commission vous propose, en conséquence, de voter le droit de 24 francs pour le pétrole raffiné proposé par la Commission de la Chambre des députés, c'est-à-dire l'écart de 6 francs entre le but et le raffiné. *(Très bien! très bien!)*

M. Richard Waddington. Je demande à faire une simple déclaration.

Voix nombreuses. La clôture! la clôture!

M. le Président. Monsieur Waddington, vous avez la parole contre la clôture.

M. Richard Waddington. Je n'ai qu'une simple déclaration à faire, Messieurs, et n'ai nullement l'intention de vous imposer un nouveau discours. *(Parlez! parlez!)*

Après avoir consulté ceux de mes collègues qui ont signé avec moi l'amendement que j'ai eu l'honneur de défendre devant vous, je suis autorisé par eux à vous déclarer que nous retirons notre amendement et que, voulant donner une nouvelle preuve de confiance à notre Commission des douanes, nous nous rallions à son chiffre. *(Très bien! très bien!)*

M. le Président. Le Sénat demeure en présence de deux propositions : celle de la Chambre des députés, appuyée par le Gouvernement, consistant à demander un droit de 23 francs aux deux tarifs et celle de la Commission du Sénat, consistant à demander un droit de 24 francs également aux deux tarifs.

Conformément à la procédure adoptée, je vais mettre aux voix le droit le plus élevé.

Il a été déposé sur le bureau une demande de scrutin.

Elle est signée de MM. Alfred Girard, Merlin, Maxime Lecomte, Coste, Vinet, Frédéric Petit, Claeys, plus deux signatures illisibles.

Il va être procédé au scrutin.

(Les votes sont recueillis, MM. les Secrétaires en opèrent le dépouillement.)

M. le Président. Il y a lieu à pointage.

(Il est procédé à cette opération).

(La séance est reprise à cinq heures moins vingt minutes.)

M. le Président. Voici le résultat du scrutin :

Nombre des votants 250
Majorité absolue 126
    Pour l'adoption 129
    Contre 121

Le Sénat a adopté.

Nous allons reprendre la suite de la délibération.

« N° 198. — Huiles lourdes et résidus de pétrole et d'autres huiles minérales, les 100 kilogrammes, tarif général : 12 francs ; tarif minimum, 12 francs ». — (Adopté.)

« N° 199. — Paraffine, les 100 kilogrammes, tarif général : 35 francs; tarif minimum : 30 francs ». — (Adopté.)

« Vaseline, les 100 kilogrammes, tarif général : 32 francs; tarif minimum : 28 francs ». (Adopté.)

CHAMBRE DES DÉPUTÉS

Séance du 15 décembre 1891.

Nous passons à un amendement de M. Viette, ainsi conçu :

Produits des Douanes.

« Droits à l'importation (marchandises diverses), 405.109.700 francs.

» Ramener ce chiffre à 404.500.000 francs, afin que le droit sur les essences et huiles minérales raffinées soit abaissé à 13 francs les 100 kilogrammes. »

La parole est à M. Viette.

M. Viette. Messieurs, je partage l'aversion de la Chambre pour les discours trop longs, et je vous promets d'être très bref.

J'ai demandé, par mon amendement, que l'impôt sur le pétrole fût réduit d'à peu près moitié. Déjà en 1879 j'avais eu l'honneur de proposer à la Chambre, au cours de la discussion des tarifs douaniers, la suppression absolue du droit sur le pétrole. Si je n'ai pas eu satisfaction complète, je dois reconnaître cependant que le droit, qui était alors de 37 francs par 100 kilogrammes, a été ramené à 25 francs, et, loin d'y perdre, le Trésor y a gagné. Nous avons, à ce moment, abaissé d'un tiers le taux du droit, et la consommation très rapidement a augmenté de moitié.

Aujourd'hui la question se présente sous une forme budgétaire, et il n'est pas indifférent de préciser et de déterminer le caractère de cette recette.

Je me suis adressé tout d'abord à la commission des douanes, qui m'a renvoyé devant celle du budget, me disant : Si le pétrole était un produit français, il serait probablement frappé d'un impôt intérieur comme l'alcool, le tabac, les bougies stéariques ; d'un autre côté, si cette recette était purement et simplement un droit de douane, elle serait calculée proportionnellement à la valeur et traitée sur le même pied que les autres produits d'origine américaine, les viandes salées, par exemple, qui ne payent que 25 francs pour une valeur de 135 francs, c'est-à-dire à peu près 20 0/0, alors que le pétrole paye plus de 100 0/0.

Donc, c'est bien une mesure fiscale, c'est bien un impôt. J'ajouterai que c'est le plus lourd et le plus inique de tous les impôts, parce qu'il porte sur un objet nécessaire et sur un instrument de travail.

Aujourd'hui, je voudrais donner satisfaction à la fois au consommateur et aux exigences budgétaires. Je crois que nous sommes dans un des cas très rares où cette conciliation est, je ne dirai pas facile, mais naturelle, parce qu'elle est la conséquence même des choses.

Je dis que si vous abaissez le droit sur le pétrole, la consommation augmentera en raison directe de cet abaissement, et que le Trésor n'y perdra absolument rien. C'est une démonstration que je suis certain de pouvoir vous apporter, et c'est pourquoi je me contente aujourd'hui de demander que le consommateur ne paye qu'un impôt de 12 francs par 100 kilogrammes, c'est-à-dire de 50 ou 60 0/0 de la valeur des essences ou des huiles minérales raffinées qu'il achète.

Je ne parle pas, et je n'entends pas parler du pétrole brut ; je ne vise que le pétrole raffiné, — je laisse au Gouvernement le soin de nous faire ses propositions pour déterminer l'écart entre le pétrole brut et le pétrole raffiné, — parce que je veux débroussailler complètement la question, la débarrasser de toutes les incidences qui pourraient l'obscurcir et détourner l'attention de son objet principal.

Je ne reviendrai pas sur les arguments que j'ai déjà développés en 1879. Pour les connaître, il suffit d'un peu de sens démocratique.

Le pétrole est d'un usage universel aujourd'hui : il fournit exclusivement l'éclairage des classes laborieuses, et il est frappé d'un impôt qui dépasse toute mesure. En effet, le pétrole raffiné vaut, au Havre, de 20 à 22 francs les 100 kilogrammes, et vous avez voté un droit de 23 francs, soit plus de 100 0/0.

Je demande pourquoi l'éclairage du riche, pourquoi l'éclairage des salons, pourquoi la bougie stéarique ne paye que 35 francs pour une valeur de 140 francs, c'est-à-dire à peine 25 0/0 de la valeur, alors que le pétrole, qui est le moyen d'éclairage du pauvre, paye plus de 100 0/0. M'adressant à la Chambre, je lui demande si elle laissera subsister une aussi flagrante injustice. *(Très bien ! très bien !)*

M. Lagnel. Permettez-moi d'ajouter que le pétrole est encore un combustible pour le pauvre !

M. Viette. Nous allons y venir.

Et encore, si vous pouviez invoquer un intérêt économique ! Si vous pouviez dire que le droit sur le pétrole protège une production nationale ! Mais non !

M. Labussière. Je demande la parole.

M. Viette. Vous savez parfaitement qu'aucune de nos productions agricoles n'est protégée par le droit sur le pétrole.

Je suis le premier à reconnaître l'intérêt qu'il y aurait à favoriser la culture des graines oléagineuses, mais vous savez que pour l'éclairage les huiles végétales sont abandonnées ; élevez des barrières, multipliez les artifices douaniers, jamais vous n'arriverez à leur rendre la place qu'elles occupaient autrefois. A qui profite le droit sur les pétroles, avec le taux exagéré où il est ? Pas même au Trésor, parce qu'en abaissant ce taux vous toucherez des recettes plus fortes. Dans les campagnes, il ne profite à personne, puisqu'il ne protège pas une production naturelle. Dans les villes, il écrase les ouvriers et les petits commerçants; mais cet impôt est l'auxiliaire d'un monopole qui ne paye pas d'impôt, le gaz.

Le pétrole est l'adversaire naturel du gaz. Il est au gaz ce que les canaux devraient être aux chemins de fer : le modérateur par la concurrence.

Les deux produits conservent entre eux sur le marché un niveau constant; de telle sorte que si vous abaissez le prix du pétrole vous aurez obtenu un double résultat, vous aurez fait d'une pierre deux coups : vous aurez abaissé en même temps le prix du gaz et vous aurez rendu au commerce, à l'industrie, à tout le monde, un signalé service. *(Très bien! très bien! à gauche.)*

Mais la question a changé de face. Elle est devenue une question sociale qui mérite de fixer notre attention.

Le pétrole n'est plus simplement un moyen d'éclairage, c'est aussi l'élément de moteurs et de machines-outils. L'idéal de la démocratie serait de mettre dans la mesure du possible la force motrice à la portée de l'ouvrier, dans son domicile. Il travaillerait ainsi à côté de sa famille, de son champ et de son jardin. Avec la même rémunération il serait plus à l'aise, puisque le salaire est relatif; il serait plus libre et, livré à lui-même, son ingéniosité se développerait.

Eh bien, cette solution, nous l'avons sous la main. Elle n'est pas un rêve, elle n'est pas une utopie ! J'ai vu fonctionner de petits moteurs à pétrole, qui sont très peu coûteux, dont l'installation ne demande qu'une place exiguë. Ces petits moteurs ont une force de un à trois chevaux, qui suffit largement pour occuper toute une famille d'artisans.

L'un d'eux me disait, en me montrant un des appareils : Voilà ma machine à coudre.

Ces petits moteurs brûlent 15 à 20 litres de pétrole par jour, et l'ouvrier français qui les utilise paye, par le seul fait de l'impôt excessif sur le pétrole, environ 800 francs par an de plus que son concurrent belge ou suisse.

Je dis que vous arrachez ainsi à l'ouvrier son gain, vous l'empêchez de réaliser son épargne. Comment pourrait-il avoir du cœur à la besogne, lutter et faire tête, lorsque vous l'écrasez par des impôts pareils? Je ne peux m'expliquer comment vous pouvez prélever un impôt de 100 0/0 sur le moteur de l'ouvrier et de la petite industrie, alors que le charbon de terre dévoré par les chaudières de la grande industrie reste indemne. C'est une iniquité ! Vous ne pouvez pas la consacrer et, encore une fois, votre budget n'y est pas intéressé.

M. le Rapporteur général. Comment pouvez-vous dire cela ?

M. Viette. Je vais vous en faire de suite la démonstration.

Il est fort heureux que le Ministre des Finances et vous-même, monsieur le Rapporteur général, vous n'ayez pas été chargés de faire la réforme postale alors qu'on a supprimé la taxe à la distance parce que vous auriez fait le même raisonnement.

M. le Rapporteur général. Cela n'a aucun rapport !

M. Viette. C'est la même chose. Le jour où l'on a décidé que les lettres payeraient une taxe uniforme, la consommation a augmenté de telle façon que vous en avez tiré de grands bénéfices.

M. le Ministre des Finances. En combien d'années le déficit a-t-il été regagné ?

M. Viette. La question est identique. Je vais vous en fournir des exemples. Vous verrez que si vous avez jamais eu une belle occasion de faire un essai, c'est bien celle-ci. Jamais vous ne la retrouverez, jamais vous ne referez vos tarifs douaniers dans les conditions où vous venez de les élaborer.

En France, la consommation du pétrole par tête d'habitant est de 5 kilogrammes. Si je regarde les pays où les huiles minérales entrent à peu près indemnes, c'est-à-dire l'Angleterre, la Belgique, la Hollande, la Suisse, je vois que la consommation du pétrole est de 15 à 18 kilogrammes. Et remarquez que, parmi ces pays, il y en a deux qui ont le charbon de terre sous la main : l'Angleterre et la Belgique. On consomme dans ces pays trois ou quatre fois plus de pétrole que chez nous.

Si, au contraire, je prends les pays où le droit sur le pétrole est excessif : l'Italie et l'Espagne, je trouve une consommation de 3 kilogrammes par tête d'habitant.

Mais je pousse plus loin mon investigation : je cherche un pays où le droit soit moyen. En Allemagne, le droit est de 7 francs, et la consommation est de 14 kilogrammes par tête d'habitant. En Algérie, la population arabe consomme le pétrole dans des proportions qui ont attiré l'attention. La raison ? Il n'y a pas de droit en Algérie.

Si notre consommation en pétrole arrivait seulement à la hauteur de celle des pays où le droit est moyen, à la hauteur de la consommation allemande, c'est-à-dire à 14 kilogrammes, les 35 millions que vous donne ce droit excessif qui pèse principalement sur les pauvres, que vous allez chercher dans les poches où il n'y a guère d'argent, ces 35 millions vous les retrouveriez, et au delà !

Mais restons en France. Avant 1879, le droit sur le pétrole était de 37 francs. La consommation était de 70 à 75 millions de kilogrammes, c'est-à-dire de 2 à 2 kilogrammes et demi par tête. En 1879, vous ramenez ce droit à 25 francs, c'est-à-dire que vous le réduisez d'un tiers. Immédiatement, la consommation s'élève de moitié et arrive à 5 kilogrammes par tête. Vous voyez donc bien que le Trésor n'est nullement en péril.

En 1870, le pétrole payait un droit de 4 francs seulement et la consommation était de 1.300.000 barils. En 1871, on l'élève à 37 francs. On a considéré le pétrole comme l'instrument et le complice de la Commune. *(Rires sur quelques bancs.)*

Qu'arrive-t-il ? La consommation tombe à 500.000 barils. On avait fait à ce moment-là ce qu'on a appelé la loi de haine contre le pétrole et l'absinthe. La rancune a été moins longue pour l'absinthe : elle est rentrée dans le droit commun.

Je vous demande de ne pas vous montrer plus inexorables pour le pétrole. *(Très bien! très bien!)*

Je termine, Messieurs, car j'ai promis de ne pas abuser de vos instants.

M. le Ministre disait, répondant à notre honorable collègue M. Doumer :

« Ce que vous demande le peuple français, ce n'est pas tant une péréquation des impôts qu'un allégement ».

Eh bien, me plaçant soit au point de vue de M. le Ministre des Finances, soit au point de vue de M. Doumer, je vous dis que dans l'un et l'autre cas j'ai également raison.

Si vous voulez octroyer un allégement, jamais vous ne trouverez plus belle occasion. Oh ! il ne s'agit pas ici de rendre 10 centimes à un contribuable qui reçoit l'avis d'un colis postal. Non, il s'agit d'une mesure dont tout le monde profitera.

M. le **Rapporteur général**. Je le crois bien ; il s'agit de 20 millions !

M. **Viette**. Il s'agit d'un impôt qui frappe jusqu'à la machine à coudre, d'un impôt que paye l'ouvrier le plus pauvre, celui qui travaille la nuit, la brodeuse et la couturière : voilà bien un allégement !

Si au contraire, comme vous sembliez en manifester l'intention, vous voulez employer les revenus que vous attendez de votre nouveau tarif de douanes pour faire une sorte de restitution, si vous voulez opérer une péréquation dans les impôts, voilà une belle occasion ; vous ne trouverez jamais la pareille. Il ne s'agit pas ici d'un intérêt de clocher, c'est une question qui intéresse plus les Français que le dégrèvement de la grande ou de la petite vitesse....

M. le **Ministre des Finances**. Ce n'est pas raisonnable ! Il fallait faire ce dégrèvement quand vous étiez au pouvoir.

M. **Viette**. Comment ?

M. le **Ministre**. Vous proposez un dégrèvement de 18 millions ! Et avec votre autorité d'ancien membre de plusieurs ministères, avec la sympathie que vous manifeste la Chambre, vous venez nous créer une telle difficulté à la dernière heure !

Dans un budget qui est dégrevé de 50 millions vous nous demandez en plus un dégrèvement de 18 millions ! Est-ce possible ? est-ce raisonnable ? *(Très bien! très bien!)*

M. **Viette**. Permettez, monsieur le Ministre, vous n'en savez absolument rien. Vous prétendez que je demande un dégrèvement, et moi je prétends que je vous apporte une recette.

M. le **Ministre des Finances**. Tout le monde peut dire cela !

M. **Viette**. Si vous aviez été ministre au moment où l'on a fait la réforme postale, vous auriez tenu le même langage, et nous en serions encore au tarif à la distance.

Vous ne pouvez savoir ce que produira le dégrèvement ; je n'en sais rien, ni vous non plus. C'est un essai à tenter. Permettez-moi de vous dire que si vous ne tentez pas cet essai, on ne le tentera jamais et que nous mourrons dans l'ignorance finale. *(On rit.)*

Vous venez de dégrever les tarifs de la grande vitesse, qui, en somme, n'intéressent qu'un nombre limité de personnes. Je vous demande si vous voulez faire le dégrèvement le plus démocratique qui se présente, le dégrèvement du pétrole, l'éclairage et l'aliment du moteur de l'ouvrier.

Non, il ne s'agit pas d'un intérêt de clocher. C'est une mesure qui serait appréciée par la population française tout entière. Votre impôt sur le pétrole, au taux où il se trouve, — et remarquez qu'en l'abaissant je le maintiens encore à 60 0/0 de la valeur du produit imposé, — cet impôt, dis-je, au taux où il se trouve, est nuisible au Trésor, écrasant pour l'agriculteur et pour l'ouvrier. C'est une entrave à l'industrie : voilà son bilan, il réunit tous les vices d'une législation fiscale injuste et malfaisante. Voilà pourquoi je vous demande de l'abaisser. *(Applaudissements à gauche.)*

M. le Président. La parole est à M. Labussière.

M. Labussière. Messieurs, l'honorable M. Viette avait promis d'être bref; je vous fais la même promesse : je serai plus bref que lui. Je monte à la tribune uniquement pour protester contre deux affirmations qu'il y a apportées.

L'honorable M. Viette vous a dit : S'il s'agissait de protéger un produit national, je ne demanderais peut-être pas l'abaissement que je réclame à la Chambre. Eh bien, il faut que la Chambre sache que si nous n'avons pas en France, comme en Pensylvanie ou dans le Caucase, des lacs naturels de pétrole, nous avons cependant une industrie similaire de l'industrie du pétrole. Il existe dans plusieurs de nos départements, notamment dans l'Allier, dans Saône-et-Loire et dans l'Ardèche, des industries qui ne vivent que de l'extraction des schistes houillers, de la distillation et de l'épuration des huiles de schiste, produit similaire du pétrole, produit qui lutte dans la consommation contre les pétroles étrangers.

M. Le Hérissé. Cela ne compte pas dans la consommation française !

M. Labussière. Messieurs, les mines dont je vous parle, — dans lesquelles on n'extrait que des charbons secs, des charbons de qualité médiocre, — emploient, pour la distillation des huiles de schiste, une population ouvrière nombreuse.

J'ai, avec mon collègue M. Fougeirol, remis à la Commission du budget des pétitions signées dans les différents centres de production et qui signalent que l'adoption de l'amendement Viette serait la ruine de l'industrie des schistes.

Ces pétitions sont revêtues de 2.000 signatures ; elles émanent d'ouvriers mineurs, de ces travailleurs qui sont à juste titre si sympathiques à tous nos collègues, sur quelques bancs qu'ils siègent. C'est leur salaire, ce salaire si péniblement gagné, qui est en jeu ici. *(Approbation sur divers bancs.)*

Que demain, grâce à la proposition de M. Viette, les pétroles américains raffinés entrent en France en ne supportant plus qu'un droit réduit de 24 francs à 12 francs, c'est-à-dire réduit de moitié, il faudra renoncer à produire des huiles de schistes, et les mines qui se maintiennent par la fabrication de ce produit seront abandonnées : vous aurez privé 2.000 ouvriers de leurs salaires !

On se plaint souvent à cette tribune — non sans raison — de ce qu'un certain nombre de mines concédées par le Gouvernement restent inexploitées. L'honorable M. Viette, j'imagine, le regrette comme moi. Et cependant le premier résultat de sa proposition serait de condamner les mines que j'ai citées à cesser leur exploitation !

Voilà la première réponse que j'ai à faire à l'honorable M. Viette.

Mais il a apporté une autre affirmation ; il a prétendu que le pétrole était le mode d'éclairage du pauvre et que, par conséquent, les droits sur les pétroles étaient antidémocratiques. Je proteste contre cette assertion.

Oui, sans doute, le pauvre en fait usage, grâce à son bas prix; mais son usage s'est singulièrement étendu dans ces derniers temps et a pénétré dans les classes riches. *(Approbation sur divers bancs.)*

Qui de vous ne connaît ces nouveaux modèles de lampes, alimentées exclusivement par le pétrole, que leur puissance éclairante aussi bien que leur forme artistique ont fait adopter dans la plupart de nos maisons? Si bien qu'on peut l'affirmer hautement, l'éclairage au pétrole n'est pas seulement confiné dans l'atelier, dans la chaumière : il est devenu un éclairage de salon, l'éclairage du riche aussi bien que du pauvre. *(Approbation au centre. — Interruption sur quelques bancs à gauche.)*

Messieurs, je vous en prie, ne vous laissez pas séduire par l'apparence démocratique de la proposition de M. Viette. Ne vous arrêtez pas au mot; voyez la chose.

L'éclairage au pétrole n'est pas l'éclairage du seul paysan, de l'ouvrier, du petit artisan : le pauvre s'en sert, oui; mais le riche aussi. *(Interruptions.)*

M. Édouard Lockroy. Alors, si tout le monde s'en sert, raison de plus pour le dégrever.

M. Labussière. Reste, messieurs, la question budgétaire : je ne veux pas la discuter : M. le Ministre des Finances et M. le Rapporteur général sont mieux qualifiés que moi pour le faire. Mais n'est-il pas certain, — et cela saute aux yeux de tout le monde — que si vous diminuez le droit d'entrée sur le pétrole de 24 à 12 francs, vous allez créer dans le budget un trou de 18 millions, puisque le droit actuel rapporte environ 38 millions? Et ne dites pas que la consommation augmentera de façon à permettre de le combler; elle n'est pas illimitée...

M. le Ministre des Finances. Et cette augmentation de consommation ne se produira pas en un jour.

M. Labussière. A l'heure actuelle, tout le monde, dans nos campagnes comme dans nos villes, se sert de pétrole; par conséquent, la consommation ne peut être augmentée dans les proportions que vous espérez. En tout cas, vos prévisions, vos espérances, ne sont que des hypothèses, et aux hypothèses je préfère les faits. Or, il y a devant mes yeux un fait clair et indiscutable qui est celui-ci : Si votre amendement est voté, au lieu des 35 à 40 millions inscrits de ce chef au budget, vous n'en percevrez plus que 18. *(Très bien! sur divers bancs.)*

M. le Président. La parole est à M. le Ministre des Finances.

M. le Ministre des Finances. M. Labussière a singulièrement facilité la tâche du Ministre des Finances. Cependant, il n'est pas possible que je n'intervienne pas au moment où le budget, qui semblait toucher au port, est menacé de sombrer sur un des écueils les plus considérables qui l'aient menacé jusqu'ici.

La proposition qui vous est faite aurait en effet pour résultat de diminuer nos prévisions de recettes, non pas de 600.000 francs, chiffre dont M. Viette demande la réduction dans les évaluations, mais, si l'on envisage toutes les conséquences qu'entraînerait logiquement cette réforme, de 17 à 18 millions de francs.

Mais je voudrais tout de suite débarrasser le terrain de la discussion d'un argument que mon honorable ami M. Viette a présenté, sous une forme peu flatteuse pour le Ministre des Finances. S'adressant à moi, il disait : Si vous aviez été là quand on a fait la réforme postale, vous l'auriez empêchée.

Je lui en demande pardon : je n'étais pas là quand on a fait la première réforme postale, mais je faisais partie de la Commission du budget en 1878, quand on a voté la réforme tendant à réduire le port des lettres de 25 à 15 centimes. J'y ai collaboré, et j'ai encore présentes à l'esprit les conditions dans lesquelles elle a pu être faite.

Il y avait, à ce moment, des plus-values, des bonis provenant des exercices antérieurs; on a fait des prélèvements sur ces bonis et on les a affectés à combler le vide qui s'est produit pendant deux ou trois ans dans les recettes des postes. Et, en effet, la première année, le déficit a été de 17 millions 695.000 francs, rien que sur le produit des postes. L'année suivante, nouveau déficit dont le chiffre a été relevé, mais dont je ne me rappelle pas, et la troisième année, nouveau déficit; ce qui revient à dire qu'alors même qu'on fait des dégrèvements susceptibles de reconstituer les recettes par l'augmentation de la circulation et de la consommation, ce phénomène, si certain qu'il soit en principe, ne se produit pas intégralement, l'année même qui suit le dégrèvement.

Il faut du temps pour que les recettes, dont on diminue la quotité, atteignent leur niveau ancien par une extension de la consommation.

Je ne suis, pas plus que M. Viette, un partisan de l'impôt sur les huiles minérales. J'aurais préféré qu'on inventât une autre taxe quand on a établi celle-là.

Je faisais partie de l'Assemblée nationale quand on a adopté cet impôt, et je ne crois pas avoir contribué par mon vote à l'établir. Mais enfin il existe et je ne puis le supprimer du jour au lendemain. Quand nous serons dans une situation plus favorable, quand nous aurons des plus-values, soit par des droits de douanes ou pour d'autres causes, quand nous aurons soit des bonis résultant des recettes des exercices antérieurs, soit une petite caisse comme celle qu'on avait à sa disposition quand on a fait la réforme postale, on pourra tenter cette réforme, je le veux bien; mais il n'est pas possible de l'introduire dans le budget à cette époque, au 15 décembre. Et surtout que la Chambre ne croie pas qu'on s'en tirerait avec un déficit de 600.000 francs seulement.

Les chiffres établis par l'administration des douanes sont les suivants :

En supposant que la consommation reste la même — nous verrons tout à l'heure, si vous le voulez, quelle pourra être l'augmentation de la consommation — vous réduisez les raffinés de 25 francs à 12 francs. Première perte, 12.600.000 francs. Ensuite, M. Viette a négligé de régler une partie intéressante de la question par son amendement même; il faut, en effet, établir un écart entre les raffinés et les pétroles bruts, à moins que vous ne vouliez décréter la fermeture immédiate de toutes les raffineries de pétrole qui sont situées sur le sol national.

Mais telle n'a pas été votre pensée, puisqu'en votant le tarif des douanes vous avez établi un droit de 23 francs sur les raffinés, alors qu'on laissait les bruts à 18 francs et que le Sénat propose, si je ne me trompe, d'augmenter le prix des raffinés et de le porter à 24 francs.

C'est donc nécessairement un écart de 7, 5 ou 3 francs qui doit exister entre le pétrole brut et le pétrole raffiné.

M. Viette. Je l'ai dit.

M. le Ministre des Finances. Si l'on perd 3 francs sur le droit de 12 francs, — c'est à peu près la proportion qu'il faudrait établir — il en résulte une nouvelle perte de 5 millions qui, ajoutée à celle de 12.600.000 francs, fait une perte totale de 17.600.000 francs en faisant abstraction de toute augmentation de la consommation. Mais voulez-vous que la consommation commence à se développer immédiatement et corrige une partie de cette perte? Voulez-vous qu'elle représente la moitié de cette somme totale? Je le veux bien aussi; mais ce n'en est pas moins une perte de 8 à 10 millions que le budget subira. Pouvons-nous la supporter au 15 décembre, alors que le Sénat attend qu'on lui envoie le budget? Pouvons-nous chercher de nouvelles ressources, et quel en serait le chiffre?

Quelle que soit l'opinion que vous ayez sur le fond même du droit dont il s'agit, quelque mérités que puissent être les reproches que lui a adressés M. Viette, si vous voulez examiner un à un les différents impôts qui, bons ou mauvais, constituent les ressources nécessaires et indispensables pour faire face aux grands services nationaux, nous aurons fort à faire.

L'impôt sur le pétrole n'est pas parfait : il y a très peu d'impôts qui le soient. Si vous en connaissez de très bons, vous les proposerez à la prochaine Commission du budget, ou faites comme nos collègues qui demandent la substitution d'un impôt à un autre dans le budget. Mais il est impossible que la Chambre compromette le travail si laborieux auquel elle se livre depuis tout à l'heure deux mois, — et au moment où nous touchons au port, — en remettant en question des droits importants.

Je prie donc la Chambre de repousser l'amendement de M. Viette. *(Très bien! très bien! sur divers bancs.)*

Sur d'autres bancs. Aux voix! aux voix!

M. Viette. Si la Chambre veut voter tout de suite, je suis à sa disposition. *(Non! non! — Parlez!)* Je n'ai que deux mots à répondre à l'argumentation de M. le Ministre des Finances.

C'est une argumentation que j'entends depuis trois jours; il a répondu à toutes les demandes de dégrèvement de la même manière. Il me permettra de lui dire qu'il n'y a pas eu une proposition de dégrèvement aussi juste et aussi démocratique que celle-ci. Si le droit qui pèse sur le pétrole est un droit de douane, il est exagéré, parce que les droits de douane qui s'appliquent aux produits américains autres que le pétrole ne dépasse pas 20 à 25 0/0 de la valeur et que celui-ci s'élève à plus de 100 0/0.

M. le Ministre des Finances. C'est un droit fiscal!

M. Viette. Si, au contraire, c'est un droit fiscal, — vous voyez, monsieur le Ministre, que je me tiens dans les deux hypothèses, — c'est le droit le plus monstrueux que nous ayons établi. On n'a jamais vu un droit de 100 0/0 peser sur l'éclairage du pauvre et sur l'aliment de la machine-outil des ouvriers.

Voilà ce que je dis. Je viens protester — c'est une question de conscience — contre une iniquité. *(Applaudissements sur divers bancs à gauche.)*

Non, vous n'avez pas d'impôt aussi excessif... *(Vives interruptions sur divers bancs à gauche.)*

M. Antonin Dubost. Et l'impôt sur le sel! Il y a bien d'autres dégrèvements qu'il faudrait faire avant le vôtre!

M. le Ministre des Finances. Et l'impôt sur le pain! et l'impôt sur la farine! *(Bruit.)*

M. Viette. Pouvez-vous me citer un autre impôt aussi exagéré?

L'impôt sur le sel! Mais vous savez bien, monsieur Antonin Dubost, que nous l'avons dégrevé du double décime!...

M. de Mahy. Vous oubliez le café, qu'on pourrait dégrever d'abord, puisqu'il paie un droit de plus de 150 0/0.

M. Viette. Quand M. le Ministre vous dit : « Je ne sais pas dans quelles mesures l'augmentation de la consommation compensera la diminution du taux de l'impôt », je lui réponds : Mais vous n'avez pas tenu même raisonnement quand il s'est agi de la grande vitesse; vous avez alors compté sur l'augmentation du nombre de voyageurs pour compenser ce que vous perdiez par le dégrèvement.

M. le Ministre des Finances et **M. le Rapporteur général.** Je vous demande pardon! c'est une erreur absolue.

M. Viette. Pourquoi n'agiriez-vous pas de même pour le pétrole?

M. Antonin Dubost m'a interrompu pour citer l'impôt du sel. Je répète qu'on a enlevé sur le sel le double décime qui avait été établi après la guerre.

M. Antonin Dubost. Cet impôt n'en reste pas moins le plus élevé et le plus monstrueux.

M. Viette. Je ne puis pas admettre que la bougie stéarique paie 25 0/0, alors que le pétrole paie 100 0/0. Voilà pourquoi je vous demande le dégrèvement du droit sur le pétrole. *(Applaudissements sur plusieurs bancs à gauche.)*

M. le Ministre des Finances. Je ne voudrais pas recommencer la discussion, mais je tiens à relever une assertion de M. Viette pour montrer qu'elle se tourne contre son argumentation. M. Viette a parlé de la réduction de l'impôt sur la grande vitesse ; je l'en remercie. Je lui réponds qu'il y avait des ressources suffisantes dans le budget pour faire ce dégrèvement, et que nous n'avons pas paré aux résultats de cette opération en majorant le rendement probable. Nous faisons face à ce dégrèvement avec les produits des droits de douane et non pas en escomptant un accroissement dans le nombre des voyageurs pour compenser la réduction des tarifs. Or, c'est précisément ce que M. Viette propose de faire en réclamant l'abaissement du droit sur les pétroles. *(Très bien ! très bien ! sur divers bancs à gauche.)*

Sur divers bancs. Aux voix ! aux voix !

M. le Président. Je mets aux voix l'amendement de M. Viette, qui est ainsi conçu :

§ 2. — IMPÔTS ET REVENUS INDIRECTS.

4° Produits des douanes.

« Droits à l'importation (Marchandises diverses), 405.109.700 francs.

» Ramener ce chiffre à 404.500.000 francs afin que le droit sur les essences et huiles minérales raffinées soit abaissé à 12 francs les 100 kilogrammes. »

J'ai reçu une demande de scrutin.

Elle est signée par MM. F. Mathé, Bony-Cisternes, Lasbaysses, Dellestable, Dubois, Vival, Labrousse, Maurice-Faure, Delcassé, Pajot, Montaut, Deniau, Guillemet, Ducoudray, Guyot-Dessaigne, Gacon, Razimbaud, Baulard, Dumas, etc.

(Les votes sont recueillis. — MM. les secrétaires en font le dépouillement.)

M. le Président. MM. les secrétaires m'informent qu'il y a lieu à pointage.

Il va y être procédé.

Plusieurs membres à gauche. Nous pouvons continuer la discussion.

M. le Rapporteur général. Je demande la parole.

M. le Président. La parole est à M. le Rapporteur général.

M. le Rapporteur général. Il ne me paraît pas possible que la Chambre continue la discussion du budget. En effet, du vote qui vient d'être émis, dépend la question de savoir si le budget est renvoyé ou non à la Commission. Si la majorité est en faveur de l'amendement, cela implique nécessairement le renvoi de tout le budget à la Commission, et il ne me paraît pas possible, dans ces conditions, de continuer la discussion. *(Assentiment.)*

M. le Président. La séance est suspendue.

(La séance, suspendue à cinq heures et demie, est reprise à six heures moins dix minutes.)

M. le Président. Voici le résultat du dépouillement du scrutin vérifié sur l'amendement de M. Viette :

Nombre des votants	474
Majorité absolue	238
Pour l'adoption	244
Contre	230

La Chambre des députés a adopté. *(Mouvements divers.)*

La parole est à M. le Rapporteur général de la Commission du budget.

M. le Rapporteur général. Messieurs, voici quelle est exactement la situation créée par l'adoption de M. Viette. Je ne sais si vous avez les termes précis de cet amendement bien présents à l'esprit; les voici : une réduction de 600.000 francs dans les évaluations budgétaires, — c'est ce que la Chambre a voté, — et la réduction à 12 francs du droit sur les pétroles raffinés. Mais il résulte de cette situation que le droit sur le pétrole brut, qui n'est pas touché, est de 18 francs, c'est-à-dire de 6 francs supérieur au droit sur le pétrole raffiné. *(Exclamations.)*

Tant au point de vue de la situation qui est ainsi créée par rapport au vote que vous avez émis sur le tarif des douanes en ce qui concerne le pétrole qu'à l'occasion du vote que vous venez d'émettre et qui modifie les propositions budgétaires, il est indispensable que la Commission du budget se réunisse pour examiner la situation nouvelle qui est ainsi faite. C'est pourquoi nous demandons à la Chambre de bien vouloir suspendre sa séance et décider qu'elle se réunira dans une demi-heure...

Sur divers bancs. Dans un quart d'heure !

M. le Rapporteur général. Dans un quart d'heure, si vous le préférez. *(Interruptions à gauche.)*

M. Ouvré. Il importe que la situation soit réglée sans tarder, pour ne pas faire le jeu de la spéculation.

M. le Ministre des Finances. Il est, en effet, absolument nécessaire que la question soit complètement réglée dans la soirée, si l'on veut éviter qu'on en abuse au dehors.

M. Ouvré. Très bien! très bien! Je répète qu'il ne faut pas faire le jeu de la spéculation. *(Bruit.)*

M. le Président. La parole est à M. Viette.

M. Viette. J'ai eu bien soin de prévenir la Chambre et je rappelle les paroles que j'ai prononcées.

Je me suis borné à indiquer le taux de l'impôt sur le pétrole raffiné, — ce sont mes propres expressions, — en ajoutant que je laissais au Gouvernement le soin de nous apporter ses propositions pour déterminer l'écart entre le pétrole brut et le pétrole raffiné.

Cet écart, c'est à vous qu'il appartient de l'établir.

M. le Président. Il me paraît difficile d'admettre que la Chambre ait opéré une réduction quelconque sur un droit de douanes. Ce qu'elle a voté, c'est une diminution de 600.000 francs sur une évaluation. Quant aux droits, ils sont réglés par le tarif des douanes, qui est actuellement en discussion devant le Sénat. *(C'est cela! — Très bien!)*

Messieurs, je le répète, vous avez réduit les évaluations de 600.000 francs dans une intention déterminée; mais vous n'avez pas pu opérer la réduction d'un droit qui, après avoir été voté par vous il y a peu de temps, fait en ce moment l'objet des délibérations de l'autre Chambre. *(Très bien! très bien!)*

M. Viette. Je demande la parole.

M. le Président. Vous avez la parole.

M. Viette. Messieurs, il ne s'agit plus de la question particulière du pétrole, il s'agit d'une question de doctrine.

Si j'ai bien compris M. le Président, la question que j'ai eu l'honneur de soumettre à la Chambre ne pouvait ni être soulevée ni être discutée. Je désire vous faire les juges de la situation qui m'a été faite.

Voici ce qui s'est passé: je me suis adressé à la Commission des douanes et je lui ai dit: Je vous propose un abaissement du droit sur le pétrole. La Commission se déclare incompétente et considère ce droit comme un impôt intérieur.

M. le Ministre des Finances. Comment?

M. Viette. Permettez, monsieur le Ministre, j'énonce un fait, j'en appelle à la Commission des douanes: je fais un historique et je ne discute pas.

La Commission des douanes me répond: Nous refusons de statuer sur votre proposition d'abaissement du droit du pétrole comme droit de douane, parce que c'est un impôt intérieur, comme l'impôt sur la bougie stéarique, sur l'alcool ou sur le tabac.

Alors, où faut-il que je m'adresse? Puisque c'est un impôt, on me conseille de saisir la Commission du budget. Je suis allé également devant cette Commission: je suis donc allé devant les deux Commissions!

Aujourd'hui, à l'occasion de la discussion du budget, j'ai défendu mon amendement, et voici que M. le Président me dit: « Vous ne pouvez pas le défendre! »

Ce droit n'est ni un droit de douane, ni un droit intérieur, donc il n'existe pas, il ne peut pas être discuté! *(Rires et applaudissements à gauche.)*

Ce n'est pas possible, messieurs; du moment où vous avez fixé ce droit à 12 francs; il doit rester établi à ce taux. Et quand on nous soumet un projet de loi, il faudrait en déterminer la nature et le caractère! Il faudrait qu'il fût chair ou poisson. Il ne peut être tous les deux à la fois! *(Rires approbatifs.)*

M. le Président. Messieurs, je suis cependant obligé d'expliquer la situation.

Je n'interviens dans le débat que pour expliquer les conséquences du vote telles qu'elles m'apparaissent. Je puis me tromper, mais je crois que je ne me trompe pas.

La situation est bien claire. Vous avez voté un tarif de douanes dans lequel, au n° 197, nous lisons: « Huiles de pétrole, de schistes et autres huiles minérales propres à l'éclairage, 18 francs aux deux tarifs. Huiles de pétroles raffinées et essences, 23 francs aux deux tarifs. » Voilà les droits que vous avez votés. Cela est bien exact? *(Oui! oui!)*

M. Camille Pelletan. Mais il n'y a pas de vote définitif! *(Mouvements divers. — Bruit.)*

M. le Président. Permettez-moi de m'expliquer.

Je dis que vous avez voté ces deux chiffres au tarif, que vous en avez saisi le Sénat; que le Sénat ait ou non statué, peu importe; — on me dit qu'il a voté les droits de 18 francs et de 24 francs; — ce qui est certain, c'est que les chiffres reviendront devant vous.

Lorsque le tarif général des douanes vous sera soumis à nouveau, à ce moment vous ferez ce qui vous conviendra. *(Très bien! — C'est cela!)*

M. Paul Déroulède. Nous l'avons déjà fait. *(Bruit.)*

M. le Président. Vous mettrez le chiffre que vous voudrez...

M. Viette. Ah! non! *(Exclamations en sens divers.)*

M. le Président. Mais, messieurs, dans le budget vous ne pouvez que dresser un tableau d'évaluation. C'est ce que nous faisons.

Au sujet des évaluations du produit des droits sur les pétroles, M. Viette, ayant le désir de voir réduire le droit de 18 francs à 12 francs, a pu poser une réduction de ces évaluations et vous dire : Je demande que les évaluations portées au tableau soient réduites de 600.000 francs, afin de ramener à 12 francs le droit sur le pétrole.

Vous avez voté cette réduction. Il vous reste une autre opération à faire ultérieurement : il faudra que vous changiez le droit que vous avez inscrit dans le tarif général des douanes. Voilà la vérité absolue. Ce n'est pas douteux.

Voici, en résumé, le vote qui vient d'être rendu :

Au tableau des « Impôts et revenus indirects ; droits à l'importation, — marchandises diverses », la Chambre a réduit de 609.700 francs le produit desdits impôts évalué primitivement à 405.109.700 francs.

Quant au reste, je le répète, il faudra statuer sur le tarif général des douanes, lorsqu'il vous reviendra du Sénat. *(Marques d'approbation.)*

La parole est à M. le Rapporteur général.

M. le Rapporteur général. Je n'ai qu'un mot à ajouter.

Je me bornerai à mettre sous les yeux de la Chambre le texte même de l'amendement de M. Viette, qui confirme de la manière la plus éclatante l'argumentation de M. le Président.

Nous avons voté une seule chose : l'évaluation du produit des droits à l'importation à 405.109.700 francs. C'est sous cette forme que M. le Président a mis la question aux voix. *(Assentiment.)* M. Viette a demandé à la Chambre de ramener ce chiffre à 404.500.000 francs, afin, a-t-il dit, comme indication de motif simplement, que le droit sur les essences et huiles minérales soit abaissé à 12 francs les 100 kilogrammes.

Donc, vous avez voté une évaluation. Mais si vous voulez ramener ce droit à 12 francs, il faut que vous émettiez sur ce point, comme sur tous les autres droits de douane, un vote spécial.

Je le répète, la seule question qui ait été réglée par la Chambre, c'est celle de l'évaluation *(Très bien ! sur divers bancs. — Interruptions sur d'autres.)*

M. le Président. Parfaitement. Lorsque le tarif général reviendra devant la Chambre, à ce moment-là le droit pourra être réduit, mais pas avant.

M. Viette. Eh bien, c'est entendu ! nous attendrons le tarif général des douanes.

M. Paul Déroulède. Et la réduction de 18 millions.

M. le Président. Si je me suis abstenu de donner ces explications avant le vote, c'est parce qu'on m'a reproché plusieurs fois d'intervenir dans le débat. Maintenant que nous sommes en présence du fait accompli, je définis simplement la portée exacte du vote que la Chambre a émis. *(Très bien ! très bien !)*

M. Jourde. Mais on nous a parlé tout à l'heure d'un déficit de 18 millions ?

M. le Rapporteur général. Je ne puis laisser passer l'interruption que je viens de saisir.

J'entends dire de ce côté *(l'extrémité gauche de la salle)* : « On nous a menacés d'un déficit de 18 millions. » Messieurs, je vais répondre.

Si nous avons parlé d'une réduction de 18 millions, c'est qu'il apparaissait à nos yeux, d'une façon tout à fait certaine que, si vous réduisiez à 12 francs les droits sur les pétroles raffinés, on serait nécessairement amené à maintenir l'écart qui avait été fixé par la Commission des douanes et, par conséquent, à ramener à 6 francs le droit sur les pétroles bruts. *(Mouvements divers.)*

M. Viette. Non! Il suffirait de la ramener à 9 francs.

M. le Rapporteur général. Je réponds à l'interruption qui s'est produite il y a un instant.

Je tiens à faire observer que la réduction de 18 millions ne pouvait pas et ne pourrait pas provenir même de l'abaissement à 12 francs, — et c'était la question qui était soulevée par M. Viette, — du droit sur les raffinés ; elle ne pouvait provenir que d'une question qui n'était même pas soulevée, mais qui nous apparaissait comme la conséquence nécessaire du vote du droit de 12 francs.

En aucun cas vous n'avez voté, à l'heure qu'il est, la réduction de 18 millions. *(Mouvements divers.)*

M. Charles Prevet. La Commission des douanes s'est réunie aujourd'hui même et a délibéré sur cette question.

M. le Président. On me donne à l'instant les chiffres qui ont été adoptés par le Sénat.

Le Sénat a voté pour les huiles de pétrole, de schiste et autres huiles minérales propres à l'éclairage, 18 francs aux deux tarifs ; pour les pétroles raffinés et essences, 24 francs aux deux tarifs.

Lorsque le tarif général vous reviendra dans quelques jours, vous serez libres de statuer comme il vous conviendra.

Vous acceptez, n'est-ce pas, monsieur Viette ?

M. Viette. Parfaitement, monsieur le Président, j'accepte le rendez-vous.

M. le Président. Aujourd'hui, je le répète, vous avez, à titre d'indication, bien entendu, réduit de 609.700 francs les évaluations du premier paragraphe des impôts et revenus indirects : voilà tout.

M. Camille Pelletan. Serons-nous libres quand la question définitive viendra en discussion devant la Chambre ?

Un membre à gauche. Personne n'avait compris la chose de cette façon !

M. le Président. Il est impossible que la situation soit autre. Si on ne l'a pas comprise ainsi, je le regrette.

Si j'avais fait cette observation avant le vote, on aurait dit que je voulais influencer la décision de la Chambre, comme on le dit quelquefois à tort. *(On rit.)*

Monsieur le Rapporteur général, nous laissons provisoirement de côté les chiffres de l'article 39 ?

Il y a un calcul à faire.

M. le Rapporteur général. Parfaitement, monsieur le Président.

Je demande la parole. *(Aux voix ! Parlez !)*

M. le Président. La parole est à M. le Rapporteur général.

M. le Rapporteur général. Comme conséquence du vote qui vint d'être émis, il y a lieu de diminuer le chiffre des évaluations des recettes de 600.000 francs. Je demanderai cependant à la Chambre de réserver le vote de l'article 39, qui est intéressé par une résolution qui viendra ultérieurement au titre des services spéciaux du Trésor et sur laquelle je m'expliquerai.

M. le Président. Il n'y a pas d'opposition ?...

Le vote sur l'article 39 est réservé.

CHAMBRE DES DÉPUTÉS

Séance du 22 décembre 1891.

M. le Président. « N° 197. — Huiles de pétrole, de schiste et autres huiles minérales propres à l'éclairage, raffinées et essences ».

La Chambre avait voté le droit de 23 francs aux deux tarifs.

Le Sénat propose le chiffre de 24 francs aux deux tarifs. La Commission accepte le chiffre de 24 francs.

La parole est à M. Viette.

M. Viette. Messieurs, les rôles sont intervertis. Je viens ici défendre une proposition qui est passée à l'état de projet, puisqu'elle a déjà été adoptée une fois par la Chambre. Mais enfin j'accepte cette situation. Je ne parlerai pas longuement. La Chambre connaît bien la question, nous l'avons examinée l'autre jour, à l'occasion de la discussion du budget.

A ce moment-là, M. le Ministre des Finances a prononcé cette parole, qui est au *Journal officiel :* « Le tarif sur le pétrole est un tarif fiscal ». J'étais de son avis, et je crois que la Chambre partageait cette opinion. Elle s'est prononcée, elle a accepté mon amendement. Il semblait dès lors que la Commission des douanes n'avait plus qu'une chose à faire : enregistrer votre décision. Elle ne l'a pas fait.

Aujourd'hui, la question revient sous forme de question douanière, et je serais en droit de demander qu'on ne m'opposât plus de motifs budgétaires, mais des arguments tirés uniquement de l'ordre purement économique.

Ces arguments, je les attendrai bien longtemps, parce que je n'en ai pas rencontré sur ma route, du moins je n'en ai pas rencontré un seul qui se tienne debout. Le 15 décembre, on invoquait un intérêt microscopique que je ne discuterai même pas. Le 17 décembre, la Commission des douanes a repris à nouveau la question. Il n'est venu à la pensée d'aucun de ses membres de prétendre que le droit sur le pétrole protégeait une industrie nationale. On ne m'a opposé que ce mot : « Vous faites un trou dans le budget ». Eh bien, je n'ai aucune crainte à ce sujet, je ne creuse point un déficit dans le budget. Vous avez fait une réduction de 600.000 francs sur un chapitre. Cette réduction, j'ai été obligé de vous la demander, parce que c'était la seule manière, la seule procédure pour saisir la Chambre et le seul moyen de connaître

7

son opinion. Mais vous pouvez rétablir aujourd'hui, sans aucune espèce d'inconvénient, cette recette de 600.000 francs. Vous pouvez même aller plus loin. Ce chapitre porte un chiffre de 405 millions; ce sont les produits de douanes. Vous pouvez aller jusqu'à 410 ou 415 millions sans être infidèles à la vérité.

Je vais vous donner mes motifs. Il y en a deux.

Vous savez que, lors de la discussion des tarifs douaniers devant la Chambre, M. le Ministre du Commerce a évalué à 115 millions la plus-value de recettes que vous produiraient les droits de douane. Je m'en rapporte à l'estimation de M. le Ministre, je ne la contredis pas, et j'ai une pleine confiance dans son incontestable compétence. Devant le Sénat, ces chiffres ont été majorés encore, de sorte que nous pouvons estimer la plus-value qui doit résulter du nouveau tarif douanier à 121 millions.

Voyons dans quelle proportion la Commission du budget a fait état, dans ce chapitre, de ces 121 millions. Elle n'a inscrit que 72.600.000 francs, de sorte que nous pouvons dire hardiment qu'il nous reste une marge de 50 millions, en chiffres ronds, marge sur laquelle on n'a pas compté, qu'on n'a même pas indiquée très clairement à la Chambre, parce que sans doute on craignait les demandes de dégrèvement.

Il me semble que cette marge de 50 millions est suffisante et au delà pour parer non seulement au déficit improbable que pourrait produire dans le budget mon amendement, s'il était adopté, mais encore à tous les mécomptes qu'on peut attendre des approvisionnements faits en vue du relèvement des tarifs.

Mais j'ai indiqué une autre raison : c'est l'augmentation très rapide de la consommation. Est-ce que vous rencontrez en France ces appareils à pétrole qu'on trouve partout en Hollande, en Belgique, non seulement dans les cuisines, mais dans les appartements? Nous ne les avons point parce que le droit est trop élevé. Comme je vous l'ai dit, la Hollande, la Belgique, l'Angleterre, la Suisse consomment 15 à 18 kilogrammes de pétrole par tête d'habitant; l'Allemagne, avec un droit de 7 fr. 50 c. seulement, en consomme 14 kilogrammes. Nous n'en consommons que 5. Pourquoi n'arriverions-nous pas au moins au taux de la consommation allemande?

Mais la nécessité de cet abaissement du droit sur le pétrole, la Commission l'a reconnue et consacrée en principe. En effet, notre collègue M. Peytral nous a expliqué qu'il y a en Allemagne une industrie qui utilise le pétrole pour extraire des corps gras de certaines matières, telles que les laines et les tourteaux. Il y a même là un intérêt agricole. En effet, les tourteaux, débarrassés de corps gras qui s'aigrissent facilement, constituent une meilleure alimentation pour le bétail.

Cette industrie ne peut s'implanter en France, par la seule raison que le droit exorbitant établi sur le pétrole s'oppose à ce progrès.

M. Peytral nous a dit, ce qui est vrai, qu'en Allemagne, bien que le droit sur le pétrole ne soit que de 7 fr. 50 c., l'industrie dont je parle est complètement dégrevée, à charge par l'industriel de justifier de l'emploi des huiles minérales.

M. Peytral vous a proposé d'adopter une disposition analogue pour la France : la Commission des douanes a renvoyé de cette question à M. le Ministre du Commerce et à M. le Ministre des Finances. Je dis que ce renvoi implique la prise en considération. Tout renvoi d'une pétition, d'un vœu ou d'une proposition à un ministre est une déclaration de prise en considération.

M. Peytral. Parfaitement.

M. Viette. Eh bien, la brèche est pratiquée et par cette brèche tout votre droit sur le pétrole passera et vos 35 millions de recettes seront perdus.

Le tarif allemand étend cette mesure à plusieurs industries; vous serez donc obligés d'accorder le même avantage à toutes les industries. C'est une question d'équité, car vous ne pouvez pas favoriser une industrie plutôt qu'une autre.

M. Pallain, *Directeur général des Douanes, Commissaire du Gouvernement.* L'Allemagne n'applique ce droit réduit qu'aux industries exercées.

M. Viette. C'est-à-dire qu'elle exerce les industries auxquelles elle l'applique... *(On rit.)*, ce qui est différent.

L'Allemagne pourrait exercer également l'industrie qui fabrique les graisses pour les machines; mais elle ne lui a pas accordé cette détaxe uniquement parce qu'elle ne voulait pas l'exercer.

Vous serez obligés d'exercer toutes les industries pour les dégrever; mais lorsque vous aurez dégrevé le patron, c'est-à-dire le riche, il faudra bien dégrever l'éclairage du pauvre, de l'ouvrier qui travaille à la lumière. En repoussant une diminution de moitié sur le droit, vous vous exposez à le perdre complètement.

Lorsque j'examine les tarifs étrangers, tels que celui de l'Angleterre où les pétroles sont exempts, celui de l'Autriche où au-dessous de 830 degrés le pétrole ne paye que 6 francs; en Belgique où le pétrole est exempt; dans les Pays-Bas où il ne paye que 1 fr. 17 c.; en Suisse 1 fr. 25 c., il faut bien reconnaître que notre tarif n'est plus tolérable.

M. le Ministre des Finances m'adressait, l'autre jour, un reproche; il me disait: Oui, on fait montre de sentiments démocratiques à l'occasion du pétrole et on impose le pain, le vin, la viande, les grains!

Je vous assure, messieurs, que j'ai été bien étonné de rencontrer une confusion pareille dans un esprit aussi lucide. Ce qui distingue le droit fiscal du droit douanier, c'est que le droit fiscal est un impôt qui ne protège rien, tandis que le droit douanier protège une production nationale.

Lorsqu'on a établi un droit sur le blé — je n'examine pas la question au fond, je ne recherche pas si on a eu tort ou raison, — il est certain que dans l'esprit du législateur ce droit devait avoir pour conséquence d'inciter l'agriculteur français à entrer dans la voie du progrès et à produire la quantité de froment qui nous est nécessaire.

Et quand nous avons voté un droit sur le vin, nous venions en aide à la vigne, si cruellement ravagée par le phylloxera. D'ailleurs, ces droits sur des objets d'alimentation nous ont été demandés par les producteurs, tandis que le droit sur le pétrole n'est demandé par personne. Voilà la différence. *(Applaudissements.)*

Si le droit sur le pétrole est un droit douanier, il est exagéré au taux de 100 0/0; si c'est un droit fiscal, il est également trop élevé. J'ajoute qu'au point de vue fiscal, la Chambre s'est prononcée et a abaissé le droit.

En revenant sur votre vote, vous consolideriez le monopole du gaz. Il y a peu de villes en France qui n'aient cherché à revenir sur les conventions à long terme qu'elles ont passées au début avec les compagnies du gaz: elles n'ont jamais pu y parvenir. Vous ne leur permettrez d'atteindre le but qu'elles poursuivent qu'en opposant au gaz la concurrence du pétrole. Les compagnies du gaz seront ainsi forcées de déroger elles-mêmes à leurs conventions et d'abaisser leurs prix.

M. Dejardin-Verkinder. Et pour les moteurs!

M. Viette. Vous avez raison, et j'ai expliqué l'autre jour cet intérêt à la Chambre.

Il existe toute une série d'industries, sur tous les points du pays, qui n'ont pas à leur disposition des forces hydrauliques ou des machines à vapeur. Je veux parler de ces petites industries qui sont exercées par des artisans, des ouvriers qui cherchent à sortir de la condition de prolétaires pour s'élever progressivement à la situation de petits patrons. Vous les empêchez. Il n'est pas possible que ces industriels, avec des moteurs qui, en France, dépensent 800 francs par an de plus qu'en Suisse et en Belgique, puissent lutter contre la concurrence étrangère. C'est donc pour les ouvriers que je demande ce dégrèvement. *(Très bien ! très bien !)*

Il est un autre argument que je me borne à indiquer en passant. Vous pourriez venir en aide aux grandes industries et aux grandes productions françaises et leur rendre un signalé service en adoptant mon tarif minimum et le tarif général. Vous pourriez ensuite discuter avec l'Amérique et avec la Russie.

C'est là une simple indication que je donne en passant. Ce que je vous demande, c'est de ne pas vous déjuger. On vous invite à revenir sur la décision généreuse que vous avez prise dans un sentiment démocratique; je vous en supplie, ne revenez pas sur votre premier mouvement, c'est toujours le meilleur.

Vous avez fait naître, par votre vote du 16 décembre, des espérances qu'il serait bien cruel et bien impolitique de détruire aujourd'hui. *(Applaudissements sur divers bancs.)*

Je propose 12 francs pour le pétrole raffiné, en laissant à la Commission des douanes le soin d'établir l'écart qui doit exister entre les pétroles bruts et les pétroles raffinés. *(Très bien ! très bien ! sur les mêmes bancs.)*

M. le Président. La parole est à M. le Ministre du Commerce.

M. le Ministre du Commerce, de l'Industrie et des Colonies. Je crois pas qu'il soit besoin de longues considérations pour appeler l'attention de la Chambre sur la gravité de la décision qu'on lui demande de prendre...

Un membre à gauche. Elle l'a déjà prise.

M. le Ministre... à ce moment de la discussion du tarif des douanes et sur les conséquences que cette décision entraînerait, soit au point de vue fiscal, soit au point de vue économique.

La perte de 18 millions qui résulterait de votre vote pour le budget, vous la connaissez; je n'ai pas besoin d'insister sur ce point. Je réponds seulement d'un mot aux observations de mon honorable ami, M. Viette.

Il a tiré argument de la plus-value qui doit résulter de l'application des tarifs nouveaux et il a évalué cette plus-value, en invoquant les chiffres indiqués par moi à la tribune, à 163 millions.

M. Viette. A 121 millions.

M. le Ministre. Soit 121 millions. Je ne tiens nullement ces 121 millions pour une plus-value sur laquelle il faille compter au point de vue budgétaire. Je n'ai jamais rien dit de semblable. Lorsque j'ai donné à la Chambre le chiffre de 121 millions...

M. Viette. 115 !

M. le Ministre. Je prends celui de 121 millions pour éviter tout débat ; c'est celui que vous avez d'abord indiqué et je m'en sers pour la commodité de la discussion. J'ai donné ce chiffre non pas comme représentant l'importance de la recette à effectuer par le Trésor à la frontière, du chef des tarifs de douanes mais comme représentant les charges que fera peser sur l'ensemble de l'industrie l'établissement du nouveau tarif, soit directement, soit indirectement, par suite de la répercussion des droits d'entrée sur les marchandises produites à l'intérieur.

Il ne faut donc pas confondre ce chiffre qui constitue une charge avec celui qui assure une recette.

La charge, je la maintiens, car je considère cette indication comme présentant un intérêt économique au point de vue de la tarification. Mais la recette, je me garde bien de la garantir. Comme tous ceux qui veulent bien réfléchir et considérer la question avec sang-froid et clairvoyance, je me trouve en présence d'un trop grand nombre d'inconnues pour apporter ici un chiffre précis de recettes se rapprochant de celui qui a été indiqué par M. Viette.

Telle est ma réponse au point de vue budgétaire. Je crois qu'elle est de nature à satisfaire les plus exigeants en fait d'équilibre sérieux du budget.

Mais ce n'est pas tout, messieurs. Le droit qui est établi sur le pétrole, en l'état actuel des choses en France, vous ne pouvez pas le considérer seulement comme un droit fiscal...

Plusieurs membres à gauche. Alors qu'est-ce que c'est ?

M. Jourde. Quel produit protège-t-il ?

M. le Ministre. Si vous vouliez bien me permettre de terminer mes explications, peut-être entendriez-vous la réponse que comportent vos questions. Je ne puis tout dire à la fois. *(Parlez ! parlez !)*

En l'état des choses, il est impossible de considérer le droit sur le pétrole comme n'étant pas une mesure économique très importante.

Un membre à gauche. C'est une mesure antidémocratique !... *(Très bien ! sur quelques bancs à l'extrême gauche.)*

M. le Ministre. Supprimez tous les impôts, ce sera une mesure bien plus démocratique !

A gauche. Parfaitement ! *(Exclamations ironiques).*

M. le Ministre. Je vous demande la permission d'écarter ces interruptions et de revenir au fond même du débat pour traiter plus sérieusement une question sérieuse.

Je dis qu'actuellement un droit sur le pétrole a des conséquences économiques très importantes à deux points de vue.

C'est un droit économique, en ce sens que les départements producteurs d'huiles minérales se trouveraient placés dans une situation singulièrement difficile si cette protection venait à disparaître.

M. Labussière, *ironiquement.* C'est cette production que M. Viette appelle une production microscopique.

M. le Ministre. Ce sont des intérêts considérables, et tous les représentants des départements intéressés le savent bien. *(Très bien ! très bien !)*

Mais ce ne sont pas seulement les huiles minérales produites en France qui sont protégées économiquement par les droits sur le pétrole : Il y a encore les autres huiles d'éclairage, pour lesquelles on va vous demander des droits et même des majorations de droits, et sur lesquelles vous aurez à vous prononcer.

Par conséquent, au point de vue purement économique, au point de vue producteur, — peu importe d'ailleurs le droit, le tarif ; c'est une autre question, — un très grand nombre de députés estiment que les huiles végétales produites en France, les huiles de colza et d'œillette, ne sont pas suffisamment protégées.

Je ne discute pas, je ne donne pas mon opinion sur ce point du débat ; je me borne à indiquer qu'un très grand nombre de députés considèrent ces huiles, que j'appellerai des huiles agricoles, comme insuffisamment protégées par les droits actuels et demandent la majoration de ces droits.

Or, n'est-il pas évident que diminuer les droits sur le pétrole, c'est aller directement à l'encontre non seulement de la majoration sur les droits qui protègent les huiles indigènes, mais encore du maintien pur et simple des droits actuels, considérés comme indispensables au point de vue économique par l'immense majorité de la Chambre ? *(Très bien ! très bien !)*

M. Viger. Voulez-vous me permettre une interruption, monsieur le Ministre ?

M. le Ministre. Volontiers !

M. Viger. Les mêmes députés qui demandent la protection sur les graines oléagineuses et sur les huiles végétales ont voté, l'autre jour, en grand nombre, le dégrèvement du droit sur le pétrole demandé par M. Viette ; en quoi je les trouve bien peu logiques.

M. le Ministre. C'est, en effet, une contradiction absolue.

M. Viette. Ces députés ont considéré que le pétrole ne fait aucune concurrence aux huiles végétales. Il ne leur fait, en effet, aucune concurrence, absolument aucune, et vous venez d'en faire la démonstration.

M. le Ministre. Au même point de vue économique, il y a un autre argument qui est encore bien plus puissant.

D'où nous viennent les 178 millions de kilogrammes de pétrole brut qui entrent en France et qui supportent des droits procurant au Trésor une recette de 32 millions? D'où viennent-ils? Presque en totalité des États-Unis d'Amérique.

M. Viette. Je demande la parole.

M. le Ministre. Et, par conséquent, si, dès à présent, dans votre tarif douanier, vous inscrivez l'abaissement de tarifs qui vous est demandé, vous vous placez en présence de l'Amérique dans une situation singulière. Tandis qu'elle a voté les droits de douane et établi le régime que vous connaissez... *(Très bien ! très bien !)* vous ouvrez vos frontières et vous vous désarmez complètement...

M. Burdeau. Voilà l'argument ! Il ne faut pas désarmer, ou tout au moins il faut vendre nos concessions.

M. le Ministre... pour toute modification ultérieure du régime douanier et du régime économique de la production nationale.

Eh bien ! je dis que la considération économique principale, en dehors de la question de protection des produits nationaux par le droit sur le pétrole, cette considération économique essentielle, supérieure, c'est celle que je viens de vous donner, et quoique l'importance des conséquences budgétaires de la proposition de mon ami M. Viette soit considérable, je n'hésite pas à dire que les conséquences économiques au point de vue international, au point de vue de l'affaiblissement des ressources et des forces dont vous disposez, seraient encore bien plus graves. *(Très bien ! très bien !)*

M. le Président. La parole est à M. Viette.

M. Viette. Je ne veux relever qu'un seul des arguments énoncés à la tribune par l'honorable Ministre du Commerce. Cet argument est le principal, et il constitue en quelque sorte l'airain de son discours. *(Sourires.)* Il nous a dit : « D'où vient le pétrole? D'un pays qui nous ferme ses portes, des États-Unis, et si vous touchez aujourd'hui au droit qui le frappe, si vous l'abaissez, vous m'enlevez les armes dont je pourrais me servir si jamais je voulais traiter avec cette nation pour nous faire ouvrir ses portes. »

Je retiens l'argument et je dis : « Comment se fait-il qu'avec une pensée pareille vous ayez accepté que les viandes salées d'Amérique, qui viennent du même pays, qui ne sont pas plus utiles que le pétrole, qui font concurrence à une production naturelle française qui ne demanderait qu'à se développer ; comment se fait-il, dis-je, que vous ayez accepté que ces viandes salées ne payent que 25 francs d'entrée pour une valeur de 135 francs, c'est-à-dire 20 0/0, alors que vous demandez 100 0/0 au pétrole? Par conséquent, l'argument que vous nous avez opposé ne rend pas la pensée du Gouvernement. Il est en contradiction avec vos actes, il n'existe plus ! *(Mouvements divers.)*

J'accepte ce que vous m'avez dit : la question du pétrole est une question économique. Le pétrole c'est l'aliment du moteur du petit ouvrier, le pétrole c'est l'éclairage du pauvre. Il faut qu'on sache bien que dans nos tarifs douaniers, un droit, non pas fiscal, mais douanier de 100 0/0 frappe un produit qui ne fait concurrence à aucune production nationale.

M. Viger reprochait à certains de mes collègues d'avoir voté mon amendement l'autre jour. Ce reproche prouve que le pétrole ne fait pas concurrence au colza.

Si les députés qui représentent la culture des graines oléagineuses ont voté mon amendement, il ne faut pas croire que ces députés sont assez peu éclairés *(Rires)* pour méconnaître les intérêts qu'ils sont appelés à défendre ; ils savent parfaitement que les huiles végétales sont éliminées de la consommation pour l'éclairage, qu'elles n'y rentreront jamais ; que les consommateurs qui s'en servent encore aujourd'hui n'ont pas consulté une raison d'intérêt, mais seulement des convenances personnelles ; sans quoi ils emploieraient déjà les huiles minérales.

Les arguments tirés du régime économique sont à terre. Si on les ressuscite, on considère le droit comme un droit de douane. Je vous demande de ne pas laisser subsister dans un tarif qui a la prétention de ne pas être un tarif prohibitif, un droit de plus de 100 0/0. *(Très bien ! sur divers bancs. — Aux voix !)*

M. le Président. La parole est à M. Magnien.

M. Magnien. Messieurs, je viens défendre une industrie qui occupe plus de deux mille ouvriers et qui a été traitée bien à tort, par mon collègue M. Viette, comme une industrie microscopique.

J'estime que toutes les industries, quelle que soit leur importance, ont droit au même traitement, et cette Chambre, qui passe pour être protectionniste, irait à l'encontre de sa doctrine si elle laissait sacrifier des intérêts aussi considérables que ceux dont je me fais en ce moment le défenseur.

Autrefois, le pétrole payait un droit d'entrée de 40 francs.

M. Viette. De 37 francs.

M. Magnien. Soit! de 37 francs, si vous voulez. Sous le régime du *statu quo* le droit était descendu à 25 francs. Les usines, qui sont nombreuses, ont pu vivre malgré cet abaissement du droit, mais elles ne pourraient supporter un nouveau sacrifice. Aujourd'hui ce n'est pas une protection que nous demandons, mais simplement le maintien du droit actuel et même d'un droit plus fort, puisque le Sénat n'a élevé que de 1 franc le chiffre qui avait été adopté par la Chambre.

M. Charles Prevet. On ne discute pas en ce moment l'écart entre le pétrole brut et le pétrole raffiné, mais le droit sur le pétrole raffiné.

M. Magnien. Je demande à la Chambre de vouloir bien adopter les droits qui ont été votés par le Sénat et que la Commission des douanes vous propose de ratifier. Ce ne sont pas, je le répète, des droits de protection puisque nous avons 1 franc de moins qu'avant; ce sont des droits de défense que je réclame pour l'industrie des schistes qui occupe plus de deux mille ouvriers. Si vous adoptiez l'amendement de M. Viette, le résultat forcé qui en découlerait serait la fermeture immédiate de toutes les usines qui s'occupent de la fabrication des huiles de schiste. Vous jetteriez ainsi sur le pavé près de trois mille ouvriers qui sont employés dans ces usines. C'est au nom de ces ouvriers que je demande le maintien des chiffres qui ont été votés par le Sénat. (*Mouvements divers. — Aux voix!*)

M. le Président. La parole est à M. le Rapporteur. (*Aux voix!*)

M. Georges Graux, *rapporteur* Je suis aux ordres de la Chambre; je crois cependant qu'il est difficile d'admettre que la Commission des douanes ne fasse pas connaître les raisons qui ont déterminé ses résolutions. C'est donc comme rapporteur de la Commission des douanes que j'ai l'honneur de venir donner quelques explications à la Chambre. (*Parlez! parlez!*)

M. le Ministre du Commerce a expliqué quel intérêt il y avait, au point de vue budgétaire, à maintenir le chiffre de 18 francs qui, seul, est en discussion en ce moment, pour le pétrole brut.

M. le Président. Pardon, monsieur le Rapporteur. La discussion porte également sur le chiffre proposé pour le pétrole raffiné.

M. le Rapporteur. Soit... et sur le chiffre de 24 francs pour le pétrole raffiné, puisque ce sont les pétroles raffinés qui servent de point de départ à la discussion. Il est bien entendu que nous réservons la question de l'écart entre le pétrole brut et le pétrole raffiné. (*Marques d'assentiment*)

Je n'ai donc, en ce moment, qu'à vous exposer des raisons purement économiques et à compléter les considérations que M. le Ministre du Commerce a fait valoir. Il a parlé, en effet, de l'intérêt des producteurs d'huiles de schiste, industrie qui existe notamment dans les départements de l'Allier et de Saône-et-Loire; il a parlé également de l'intérêt des producteurs d'huiles végétales, et vous n'oublierez pas, messieurs, que presque toutes les chambres de commerce de l'intérieur et toutes les chambres syndicales des huiles, à commencer par la chambre syndicale de Paris, ont vivement réclamé le maintien des droits actuels sur les pétroles. Je suis très heureux de constater que M. le Ministre du Commerce a fait valoir cet argument auquel je reconnais une très grande valeur.

Il est un autre intérêt dont il n'a pas été parlé et que M. Jumel me signalait à l'instant même où je montais à la tribune: c'est l'intérêt des producteurs d'huile de résine et de térébenthine: ces huiles produisent des vernis, qui sont très souvent falsifiés par le pétrole.

Voilà des intérêts industriels français. Nous avons le droit de les opposer à la doctrine que soutient l'honorable M. Viette.

J'ajoute qu'à un autre point de vue il est un fait d'une gravité considérable qui n'est sans doute pas connu de vous tous, messieurs, et qui mérite d'attirer votre attention.

La Chambre ne sait peut-être pas quelles ont été conséquences de ces impôts considérables qui ont été établis à diverses époques sur les pétroles. Je lui demande la permission de mettre en relief ce fait capital que depuis vingt-cinq ans, malgré les droits qui ont pesé sur les pétroles, l'importation a augmenté dans d'énormes proportions, pendant que les prix baissaient dans une proportion non moins considérable.

Je prends les chiffres de 1872: il y avait des droits de 20 francs et 32 francs à cette époque sur les pétroles. Le prix du pétrole raffiné était de 65 francs.

Nous arrivons à 1875 avec des droits majorés atteignant 25 et 35 francs; et nous voyons le pétrole tomber de 65 à 35 francs.

Enfin, sous le régime des droits de 18 et 25 francs, les pétroles qui valaient 20 francs en 1881 tombent à 16 francs en 1890. Donc, il faut constater que, malgré les droits élevés qui ont pesé et pèsent encore sur le pétrole, il y a une baisse considérable sur la valeur de ces produits, puisque nous sommes tombés de 65 francs en 1872 à 16 francs en 1890.

J'ajoutais que l'importation avait augmenté dans une proportion considérable. Je ne vous donnerai qu'un seul chiffre. En 1870, l'importation était de 20 millions de kilogrammes; en 1890, elle est de 203 millions de kilogrammes.

Vous connaissez maintenant, messieurs, les intérêts industriels qui exigent le maintien d'un chiffre élevé. Vous voyez, d'autre part, que, malgré ce droit élevé, le pétrole n'a pas vu s'arrêter un seul instant l'énorme diminution qui s'est produite dans sa valeur et l'augmentation énorme qui s'est produite dans son importation.

Telles sont les considérations qui ont décidé votre Commission des douanes à vous proposer, d'accord avec le Gouvernement, le maintien des chiffres actuels. *(Très bien ! très bien ! sur divers bancs. — La clôture !)*

M. le Président. La parole est à M. le Ministre du Commerce.

M. le Ministre du Commerce, de l'Industrie et des Colonies. On me demande de fournir à la Chambre un renseignement que j'avais donné dans la conversation à un certain nombre d'entre vous, à propos des observations de M. Peytral, à la suite de la discussion qui a eu lieu il y a quelques jours précisément sur la proposition de l'honorable M. Viette.

J'ai saisi le Comité des arts et manufactures de l'examen de la question du pétrole, et en particulier de la question même de l'emploi du pétrole industriel, à l'occasion duquel M. Viette présentait tout à l'heure des observations qui, au fond, sont parfaitement justes.

Le Gouvernement pourra donc être appelé à saisir la Chambre, après ces études très délicates et très difficiles, de propositions qui, dans une certaine mesure, seraient de nature à donner satisfaction à quelques-unes des observations qui ont été présentées.

M. Peytral. Très bien !

M. le Ministre du Commerce et de l'Industrie. Mais c'est une raison de plus pour qu'en ce moment, puisqu'il y a là une question si complexe, la Chambre ne se prononce pas tout à coup, *ex abrupto*, en quelque sorte, et ne prenne pas d'avance et en bloc des décisions qui pourraient ne pas tenir un compte suffisant des intérêts si divers et si considérables qui se trouvent engagés. *(Très bien ! très bien ! sur divers bancs.)* Je pense donc que le fait de l'examen auquel procède le Comité consultatif des arts et manufactures doit engager la Chambre à réserver en ce moment une question qui doit être étudiée dans son ensemble et avec tout le soin qu'elle comporte. *(Très bien ! très bien ! au centre.)*

M. Viette. Je demande la parole.

M. le Président. La parole est à M. Viette.

M. Viette. Je n'ai absolument rien à répondre à M. le Ministre du Commerce. Je voudrais pouvoir enregistrer l'engagement qu'il a pris devant la Chambre de nous apporter un projet de loi complet sur le régime du pétrole, et je voudrais aussi lui demander s'il est bien entendu que d'ici là, les ressources, les excédents de recettes produits par le nouveau tarif des douanes ne seront pas appliqués à d'autres dégrèvements. *(Ah ! ah ! au centre.)*

Mais, Messieurs, c'est que les promesses de M. le Ministre ne sont pas très formelles. *(Nouvelles exclamations sur les mêmes bancs.)*

Le Comité des manufactures peut garder la question pendant deux ou trois ans !... *(Mouvements divers.)*

J'ai pleine confiance dans la parole de M. le Ministre du Commerce, je trouve seulement qu'elle n'est pas assez formelle. *(Très bien ! sur divers bancs.)*

M. le Ministre du Commerce et de l'Industrie. Je ne puis pas vous dire que nous allons appliquer le dégrèvement !

Divers membres, s'adressant à M. Viette. Maintenez votre amendement !

M. Viette. Je maintiens mon amendement. *(Très bien ! — Aux voix !)*

M. le Président. Je mets aux voix l'amendement de M. Viette, tendant à réduire de 24 francs à 12 francs aux deux tarifs le droit sur les huiles de pétrole raffinées.

Il y a une demande de scrutin signée par MM. F. Mathé, Bony-Cisternes, Lasbaysses, Dellestable, Labrousse, Vital, Guyot-Dessaigne, Delcassé, Montaut, Maigne, Pajot, Deniau, Boulard, Razimbaud, Guillemet, Gacon, Ducoudray, Dumas, etc.

Le scrutin est ouvert.

(Les votes sont recueillis. — MM. les secrétaires en font le dépouillement.)

M. le Président. Voici le résultat du dépouillement du scrutin :

Nombre des votants	491
Majorité absolue	246
Pour l'adoption 235	
Contre 256	

La Chambre des députés n'a pas adopté.

En conséquence, je mets aux voix le droit de 24 francs aux deux tarifs.

M. Burdeau. Il reste, sur le droit même, une question à vider. Le droit sur le pétrole raffiné sera-t-il de 24 ou de 23 francs, comme l'avait d'abord voté la Chambre et comme le propose encore le Gouvernement ?

M. le Président. La Commission accepte le chiffre de 24 francs voté par le Sénat.

M. le Ministre du Commerce. Le Gouvernement maintient ses chiffres, à savoir : 18 francs pour le pétrole brut et 23 francs pour le raffiné.

M. le Président. Le Gouvernement maintient le droit de 23 francs aux deux tarifs pour le pétrole raffiné.

M. Burdeau. Je demande la parole.

M. le Président. Vous avez la parole.

M. Burdeau. Je demande la permission de rappeler très brièvement à la Chambre les raisons auxquelles elle avait paru céder lorsqu'elle a abaissé à 23 francs le droit actuel de 25 francs sur le pétrole raffiné, réduisant ainsi de 7 à 5 francs l'écart entre le droit sur le pétrole brut et le droit sur le pétrole raffiné.

Il avait semblé à la Chambre que l'écart de 7 francs était excessif, qu'il donnait à la raffinerie une prime trop forte. Vous savez, Messieurs, le danger qu'il y a à donner à la raffinerie une prime excessive : la raffinerie rend l'importation impossible, ce qui est la situation actuelle, et dès lors elle est maîtresse du marché ; elle force les prix au détriment du consommateur français.

Le même phénomène se produirait, d'ailleurs, en sens inverse, si l'écart était trop faible, car alors la raffinerie ne serait pas en possession d'une prime suffisante pour subsister. L'importation deviendrait maîtresse du marché français : elle pourrait à son tour très promptement faire monter les prix dans la mesure qui lui conviendrait.

Il faut trouver un juste milieu entre ces deux dangers, et c'est dans cette pensée que la Chambre avait réduit l'écart de 7 francs à 5 francs, établissant ainsi une prime très suffisante pour permettre à la raffinerie de poursuivre ses opérations et de soutenir la concurrence avec l'importation en maintenant les prix au taux le plus bas possible ; et, d'un autre côté, l'écart n'était pas assez fort pour faire obstacle à l'importation.

Telles sont les raisons qui avaient paru décider la Chambre ; j'espère qu'elle maintiendra son vote précédent.

M. Georges Graux, *rapporteur.* Messieurs, M. le Ministre du Commerce a donné une raison qui suffirait, je crois, pour vous décider à voter le chiffre qui vous est proposé par la Commission. Il vous a dit, en effet, qu'il préparait, en consultant le Comité consultatif des arts et manufactures, une nouvelle législation industrielle des pétroles. C'est au sujet de cette législation que nous aurons à examiner notamment la proposition de l'honorable M. Peytral qui a pour objet d'exempter certains pétroles ayant des destinations industrielles autres que l'éclairage.

Pensez-vous, six mois, peut-être trois mois avant le vote d'une loi nouvelle, pouvoir placer la raffinerie de pétrole dans une situation provisoire ?

La première condition d'une industrie quelconque, c'est la stabilité...

M. Burdeau. Mais alors, pourquoi faites-vous vous-mêmes un changement ? Ce que vous proposez, ce n'est pas le *statu quo.*

M. Georges Graux, *rapporteur.* Je voudrais pouvoir proposer le *statu quo ;* mais, si un changement est inévitable, je veux le rendre peu sensible.

M. Burdeau. Vous ne pouvez pas tirer argument de la stabilité, puisque vous ne la maintenez pas.

M. Georges Graux, *rapporteur.* Je crois qu'en proposant de réduire de 2 francs, comme vous le faites, l'écart qui protège une industrie, vous portez une atteinte plus grave à la stabilité que nous qui réduisons cet écart de 1 franc seulement.

Si nous proposons cette réduction de 1 franc, c'est que nous ne voulons pas soulever de nouveaux débats à ce sujet devant le Sénat et que nous croyons avoir quelque autorité en proposant le chiffre sur lequel la Chambre haute et votre Commission des douanes se sont mis d'accord.

Ainsi, Messieurs, une législation industrielle est en préparation ; le Gouvernement vous proposera sans doute à bref délai des dégrèvements au profit des pétroles servant à certaines industries ; nous demandons qu'une industrie considérable, l'industrie de la raffinerie du pétrole, puisse au moins subsister et ne soit pas exposée dans trois mois à subir une législation nouvelle.

M. Burdeau a dit que la raffinerie empêchait l'importation des produits raffinés. J'en demande pardon à M. Burdeau, mais il n'a pas consulté les statistiques.

M. Burdeau. Je les ai citées. Voulez-vous les lire ? Vous verrez qu'elles vous donneront tort !

M. Georges Graux, *rapporteur.* J'ajoute un dernier argument. Vous savez ce qui se passe et qu'à l'heure présente il n'y a plus que trois nations en Europe où il existe encore des raffineries de pétrole. Dans le reste de l'Europe, c'est une Compagnie américaine, c'est la *Compagnie du Standard-Oil* qui a créé un monopole, s'est substituée aux raffineries et reste absolue maîtresse des cours.

En face du monopole américain qui a déjà envahi l'Europe presque entière, je crois que vous ne devez pas hésiter à défendre une industrie qui a construit d'immenses usines, occupe un nombre relativement considérable d'ouvriers et représente l'une des branches du travail national.

Si vous voulez la preuve de la situation qui se prépare, souvenez-vous du résultat de votre premier vote. Lorsque vous avez réduit à 5 francs l'écart entre les pétroles bruts et les raffinés, les industriels ont arrêté la construction d'usines qui étaient commencées. Or, lorsque les industriels qui connaissent bien leurs intérêts trouvent qu'il y a plus de profit pour eux à se faire importateurs que raffineurs, la question est jugée.

Ne supprimez donc pas un élément du travail national en créant le monopole du produit fabriqué et en exposant le consommateur à la hausse, qui est la conséquence de tous les monopoles. *(Aux voix! aux voix!)*

M. le Ministre du Commerce et de l'Industrie. Messieurs, je ne veux dire qu'un mot à la Chambre pour rectifier un chiffre indiqué par M. le Rapporteur.

Il vous a dit que l'importation des huiles raffinées de pétrole augmentait; or, il n'en est rien et la preuve, c'est qu'en 1881, alors que la quantité de pétrole raffiné importé était de 22.728.000 kilogrammes, elle n'est plus, en 1890, que de 18.600.000 kilogrammes. Donc, l'importation des raffinés n'augmente pas.

L'importation des pétroles bruts, au contraire, suit une marche ascendante très sensible et que la Chambre connaît. En 1881, elle était de 86 millions de kilogrammes, et l'année dernière elle a atteint 178 millions de kilogrammes.

Je ne veux ajouter qu'un mot pour bien faire saisir à la Chambre l'intérêt qui s'attache à la détermination de l'écart entre le brut et le raffiné; nous vous demandons de n'accorder que 5 francs d'écart à l'industrie du raffinage, au lieu de 6 francs que propose la Commission; eh bien, cette différence, qui paraît au premier abord si faible, de 1 franc entre les deux propositions, se traduit en fait par une somme de près de 1.800.000 francs, qui constitue, à notre avis, une prime tout à fait injustifiée attribuée à quelques industriels.

C'est pour cette raison que nous considérons que la décision prise par la Chambre, à la majorité de 100 voix, doit être maintenue. *(Très bien! très bien!)*

M. Charles Prevet. Je demande pardon à la Chambre de retenir encore son attention sur cette question des pétroles, mais la Commission désire ne pas laisser sans réponse les paroles de M. le Ministre.

M. Burdeau nous reprochait tout à l'heure de ne pas avoir maintenu le *statu quo*; nous l'avons essayé : c'est ce que nous avons soutenu lors du premier débat.

M. Burdeau. Je ne vous avais pas fait ce reproche; je vous avais reproché d'avoir déjà accepté une réduction ou une transaction.

M. Charles Prevet. Nous avons soutenu, en effet, qu'il était nécessaire pour l'existence de l'industrie du pétrole de maintenir un écart de 7 francs entre le droit sur le produit brut et celui sur le produit raffiné.

La Commission, par esprit de transaction entre les demandes du Gouvernement et les réclamations des intéressés, avait accepté que cet écart fût réduit à 6 francs. La Chambre s'était ralliée à l'opinion du Gouvernement et avait voté 5 francs d'écart; le Sénat, lui, est revenu à la transaction que la Commission avait acceptée et a rétabli l'écart de 6 francs.

Aujourd'hui, le Gouvernement plaide à nouveau devant la Chambre ce qu'il a déjà plaidé devant le Sénat. Il voudrait que l'écart de 6 francs fût ramené à 5 francs, écart insuffisant pour permettre aux raffineries de pétrole d'exister.

Nous avons montré — et nous ne reviendrons pas sur tout ce qui a été dit à cette époque — que le nombre des raffineries de pétrole a diminué, que beaucoup ont dû cesser le travail du raffinage pour se faire importatrices. Si l'industrie du raffinage était aussi avantageuse qu'on veut bien le dire, comment expliquer ce changement dans les opérations de certains industriels?

Quant à ce droit de 6 francs, il se justifie en prenant l'argument même que M. le Ministre faisait valoir devant le Sénat. Il supposait que cet écart de 6 francs se décomposait de la manière suivante : un premier droit protecteur de 3 fr. 60 c. que le Ministre accepte, qui est très ancien; 34 centimes provenant de l'intérêt des capitaux pendant le temps employé pour transformer le produit brut en produit raffiné, total : 3 fr. 94 c.

A ce chiffre, qui est fixe, il convient d'ajouter un chiffre variable, suivant qu'on suppose que les déchets de la raffinerie de pétrole sont plus ou moins considérables.

Toute la lutte est là. Les raffineurs prétendent que la richesse du pétrole brut n'est que de 83 0/0, ce qui fait 17 kilogrammes de déchet; c'est-à-dire qu'il faut 117 kilogrammes du pétrole brut pour obtenir 100 kilogrammes de pétrole raffiné.

M. le Ministre, s'appuyant au contraire sur les déclarations du Comité consultatif, dit que l'expérience

8

— l'expérience de son administration même — a démontré que le déchet n'est pas de 17 kilogrammes, mais de 11...

Plusieurs membres. Et même moins!

M. Charles Prevet. *En supposant que le déchet soit de 11 kilogrammes, suivant la déclaration même de M. le Ministre du Commerce, ces 11 kilogrammes représentent une valeur de 1 fr. 98 c.*

Si nous ajoutons 1 fr. 98 c. au droit que je citais tout à l'heure, 3 fr. 94 c., nous obtenons précisément le chiffre de 6 francs. Donc, en acceptant les arguments des intéressés, nous arrivons au chiffre mathématique de 7 francs; d'après les déclarations mêmes du Ministre et de son administration, nous arrivons à un écart de 6 francs. Au-dessous de 6 francs, nous tomberions dans un inconnu qui tournerait au grand profit de l'importateur américain. *Il faut bien, en effet, se rendre compte qu'on est en face d'un seul vendeur;* que tous les producteurs américains se sont réunis et syndiqués dans cette grande Compagnie qu'on a citée tout à l'heure, la *Standard-Oil.*

M. Burdeau. Comme les raffineurs français!

M. Jumel. C'est un véritable monopole qu'ont les raffineurs!

M. Charles Prevet. Si vous tuez la raffinerie, vous vous trouverez entièrement dans la main du vendeur, qui, n'ayant plus à tenir compte de votre raffinage, fixera lui-même son prix de vente. C'est alors que vous arriverez à ce résultat qu'en voulant abaisser les prix vous détruirez les raffineries françaises et travaillerez au profit de l'étranger!

Je vous demande donc, au nom de la Commission, de maintenir le droit de 24 francs. *(Très bien! très bien! sur divers bancs.)*

M. le Président. La Commission accepte pour le pétrole raffiné le chiffre du Sénat, soit 24 francs.

M. le Ministre du Commerce et de l'Industrie. Le Gouvernement maintient son chiffre de 23 francs.

M. le Président. Le Gouvernement maintient le chiffre de 23 francs, qui a été antérieurement voté par la Chambre.

M. Burdeau. A 100 voix de majorité.

M. le Président. *Je mets aux voix le chiffre de 24 francs qui est le plus élevé.*

Il y a une demande de scrutin public signée par MM. G. Graux, Méline, Pierre Legrand, E. Mir, Thomson, Prevet, Chollet, Montaut, Mézières, Audiffred, Cordier, Chautemps, Royer (Aube), Chevandier, Delpeuch, etc.

Le scrutin est ouvert.

(Les votes sont recueillis. — MM. les secrétaires en font le dépouillement.)

M. le Président. Le bureau est d'avis qu'il y a lieu au pointage des votes.

Il va y être procédé.

(L'opération a lieu. — La séance, suspendue à six heures vingt-cinq minutes, est reprise à six heures quarante.)

M. le Président. Voici le résultat du scrutin, après vérification.

Nombre des votants	501
Majorité absolue	251
Pour l'adoption	247
Contre	254

La Chambre des députés n'a pas adopté.

En conséquence, le prix du droit sur le pétrole raffiné est fixé à 23 francs.

CHAMBRE DES DÉPUTÉS

Séance du 23 décembre 1891.

M. le Président. Avant de mettre aux voix le procès-verbal, je dois donner connaissance à la Chambre d'un fait très regrettable qui s'est passé hier et qui a une influence sur ce procès-verbal lui-même.

La Chambre se souvient que le scrutin sur l'amendement de M. Viette a été proclamé avec les chiffres suivants :

Nombre de votants	491
Majorité absolue	246
Pour l'adoption	235
Contre	256

Il résultait de ces chiffres que l'amendement n'était pas adopté. En conséquence, la Chambre a procédé à un second vote au scrutin, et le droit de 23 francs a été adopté.

Or, les chiffres remis par les secrétaires pour l'amendement Viette étaient erronés : on avait porté les bulletins « pour » à la colonne des bleus et les bulletins « contre » à celle des blancs.

Le dépouillement des bulletins établit que cet amendement avait été adopté par 248 voix contre 229 sur 477 votants.

Comme nul ne peut rectifier les votes de la Chambre, sinon la Chambre elle-même, la proclamation du vote a été maintenue dans les comptes rendus telle qu'elle avait été faite, mais les chiffres vrais ont été indiqués en tête de la liste du scrutin.

Il me reste, après avoir consulté le bureau, et d'accord avec lui, à demander à la Chambre si elle n'est pas d'avis, comme cela a été ordonné déjà, dans un cas analogue, de décider que le premier vote rectifié est acquis et le second annulé, puisqu'il a été rendu dans l'ignorance de la vérité. *(Assentiment.)*

Telle est, messieurs, la proposition que vous fait le bureau.

Quelqu'un demande-t-il la parole ?

M. Émile Ferry. Il faut tout recommencer ! *(Mouvements divers.)*

M. le Président. Messieurs, il ne faut pas qu'il y ait de surprise. Je vous ai dit quelle était l'opinion unanime du bureau, j'appelle encore ceux de nos collègues qui seraient d'un avis opposé à demander la parole.

Si personne ne la demande, je déclarerai qu'à la suite de l'erreur matérielle qui a été commise, l'amendement de M. Viette est adopté et que le second vote, qui fixe le droit sur le pétrole raffiné à 23 francs, est annulé.

En conséquence, le droit serait fixé à 12 francs, et il resterait à la commission à établir l'écart entre le droit sur les pétroles raffinés et le droit sur les pétroles bruts. *(Très bien ! très bien !)*

Il n'y a pas d'opposition ?

M. Magnien. Je demande la parole.

M. le Président. La parole est à M. Magnien.

M. Magnien. Messieurs, en présence de l'erreur regrettable qui a été commise hier par le bureau et des précédents dont a parlé M. le Président, je crois qu'en bonne justice il y aurait lieu de recommencer le premier vote, dont le second n'a été que la conséquence. *(Approbation au centre. — Non! non! sur un grand nombre de bancs.)*

Il ne faut pas qu'il y ait surprise. Je crois que la Chambre, appelée à se prononcer de nouveau, donnerait à son vote sa véritable signification. *(Mouvements divers.)*

M. Viette. Je demande la parole.

M. Magnien. Je propose donc de considérer les deux scrutins comme annulés et de recommencer les votes. *(Bruit.)*

M. le Président. La parole est à M. Viette.

M. Viette. Messieurs, l'honorable M. Magnien vous demande de recommencer l'épreuve. *(Non! non! — Si!)*

M. le comte de Lanjuinais. Il n'y a pas lieu de recommencer. C'est une question de bonne foi !

M. Viette. La Chambre s'est prononcée deux fois et en toute connaissance de cause : une première fois dans la discussion du budget, et une seconde fois dans la discussion du tarif douanier.

Je ne crois pas que l'on puisse profiter d'une erreur purement matérielle, reconnue comme telle par le bureau, pour revenir sur un vote qui est doublement acquis. *(Très bien! très bien!)*

Quant à moi, je me contente de faire appel à la loyauté de la Chambre. *(Très bien! très bien!)*

M. Jolibois. Il faudrait tenir la main à ce qu'il ne soit plus déposé de bulletin après que le scrutin a été déclaré clos.

M. le Président. Il n'a pas été déposé de bulletin après la clôture du scrutin.

M. Cordier. Je demande la parole.

M. le Président. La parole est à M. Cordier.

M. Cordier. Messieurs, je demande à présenter une simple observation, afin de préciser la question.

Si j'ai bien compris les explications qui viennent d'être données par notre honorable Président, j'en conclus qu'il se serait produit une simple erreur matérielle qui aurait consisté à annoncer en séance, comme blancs, les bulletins bleus et réciproquement.

Telle est, je crois, l'explication donnée par M. le Président.

M. le président. Parfaitement.

M. Cordier. S'il en était ainsi, on devrait retrouver, dans le scrutin vérifié, identiquement les mêmes chiffres de voix, les bleus devenant simplement les blancs, et réciproquement. *(Bruit.)*

M. Dugué de la Fauconnerie. M. le Président avait exposé fort clairement la question; si l'on continue à discuter, personne n'y comprendra plus rien!

M. le Président. Je me borne à répondre à M. Cordier que la petite différence que l'on constate entre les chiffres proclamés en séance et les chiffres insérés en tête de la liste du scrutin tient à ce qu'on a trouvé onze bulletin blancs doubles et dix bulletins bleus doubles, ce qui ne change rien au résultat. *(Très bien! très bien!)*

M. Cordier. La différence de 21 bulletins doubles indiquée par M. le Président ne justifie pas complètement l'écart de 14 voix entre les deux chiffres indiqués pour le nombre des votants : 491 et 477. En tout cas, les explications fournies montrent qu'il subsiste une certaine obscurité à l'égard du vote. Dans le doute, je crois que le vote doit être recommencé. *(Exclamations sur un grand nombre de bancs. — Aux voix!)*

M. le Président. M. Magnien demande que les deux opérations de vote qui ont eu lieu hier sur le n° 197 soient annulées et recommencées.

M. le comte de Lanjuinais. Pour nous faire perdre notre temps!

M. le Président. Je mets aux voix cette proposition.

(Cette proposition, mise aux voix, n'est pas adoptée.)

M. le Président. En conséquence, le vote sera rectifié dans les conditions que j'ai indiquées : le droit sur le pétrole raffiné est fixé à 12 francs, et la commission réglera l'écart entre le pétrole raffiné et le pétrole brut. *(Très bien! très bien!)*

Personne ne demande la parole sur le procès-verbal?...

Il est adopté.

CHAMBRE DES DÉPUTÉS

Séance du 28 décembre 1891.

Suite de la discussion du projet de loi, adopté par le Sénat, relatif au Tarif général des Douanes.

M. le Président. L'ordre du jour appelle la suite de la discussion du projet de loi, modifié par le Sénat, relatif à l'établissement du tarif général des douanes.

Nous reprenons le débat sur le n° 197, relatif aux pétroles, schistes et autres huiles minérales propres à l'éclairage.

La Chambre avait voté, pour les pétroles bruts, 18 francs au tarif général et 18 francs au tarif minimum.

Le Sénat avait adopté les droits proposés par la Chambre.

La Chambre, dans sa séance du 22 décembre, a abaissé à 12 francs les droits sur les pétroles raffinés, qui avaient été primitivement fixés à 24 francs aux deux tarifs.

La Commission, pour mettre en concordance les droits des pétroles bruts et ceux des pétroles raffinés, propose le chiffre de 7 francs aux deux tarifs pour le pétrole brut, ce qui ferait un écart de 5 francs entre le brut et le raffiné.

M. Maurice Rouvier, *ministre des Finances.* Je ne demande pas la parole, mais je désire donner à la Chambre un renseignement de ma place.

Au cours de la discussion qui s'est produite sur l'amendement de M. Viette, on a parlé d'une perte de 18 millions pour le Trésor. Les chiffres que propose aujourd'hui la Commission des douanes auront pour effet de porter cette perte à 20 millions, soit 2 millions de plus. *(Mouvements divers.)*

M. le Président. La parole est à M. Nivert.

M. Nivert. J'ai l'honneur de demander à la Chambre, dans l'intérêt du Trésor et dans l'intérêt des contribuables, de vouloir bien fixer le droit sur le pétrole brut au même taux que le droit sur le pétrole raffiné. *(Mouvements sur divers bancs.)*

Dans l'intérêt du Trésor, d'abord. Tout le monde sait, en effet, que le pétrole ne se consomme qu'à l'état de pétrole raffiné et que c'est sur la quantité de pétrole consommé, et sur cette quantité seulement, que le droit sera perçu, au taux fixé précédemment par la Chambre, c'est-à-dire au taux de 12 francs.

En supposant que la consommation du pétrole raffiné suive la même progression en 1892 que précédemment, elle s'élèvera à 200.000 tonnes environ, ce qui, au droit de 12 francs par 100 kilogrammes, produira au Trésor une recette de 24 millions de francs.

Si vous adoptez un écart de 5 francs entre le brut et le raffiné, si vous ne faites payer que 7 francs pour le pétrole brut... *(Bruit de conversations.)*

M. le Président. Messieurs, je vous prie de garder le silence. M. Nivert est très souffrant en ce moment et il y aurait peut-être lieu de suspendre ce débat pendant quelques instants.

M. Nivert. Je vous remercie, monsieur le Président : je préfère continuer. Je prie seulement la Chambre de vouloir bien m'écouter avec quelque bienveillance. *(Parlez ! Parlez !)*

Je continue. En ne faisant payer que le droit de 7 francs sur le pétrole brut introduit en France, ce droit ne produirait que 14 millions. C'est donc un déficit de 10 millions qu'aurait à subir le Trésor, sans que le consommateur gagne rien, car il devra toujours payer le droit résultant de l'état dans lequel le pétrole est seulement employé, c'est-à-dire raffiné.

Il n'y a pas à se dissimuler qu'un même droit mis sur le pétrole brut et sur le pétrole raffiné aurait pour conséquence la disparition des raffineries existant en France, car alors, comme en Angleterre, en Allemagne, en Belgique et en Suisse, c'est sous forme de pétrole raffiné que se feraient toutes les importations d'Amérique en France.

Or, j'estime, comme l'a déclaré M. le Ministre du Commerce dans une autre enceinte, qu'une industrie qui exploite dans un intérêt personnel le régime fiscal créé pour les besoins du Trésor n'est pas une industrie qui doive être encouragée.

Tout le monde connaît les bénéfices énormes réalisés par les raffineurs de pétrole, et on peut même dire que la presque totalité de l'écart qui existe aujourd'hui entre les droits sur les pétroles bruts et raffinés et qui représente 12 millions par an constitue un bénéfice net pour les raffineurs.

Sous la législation actuelle, avec un écart de 7 francs, la raffinerie n'a à supporter que la perte des droits sur les déchets, c'est-à-dire sur la quantité de pétrole brut qui n'est pas représentée, après le raffinage, par du pétrole raffiné ou par des essences. On a estimé cette quantité de 17 à 3 0/0. M. le Ministre du Commerce et de l'Industrie nous a indiqué que, d'après des expériences faites sur 1.000 fûts de pétrole par son administration, le déchet n'avait été que de 3 0/0. D'un autre côté, il résulte du rapport du comité consultatif, dont M. le Ministre vous a indiqué la composition, que ce déchet devait être évalué à 10 0/0. En prenant une moyenne, le déchet peut être évalué à 5 0/0. Mais, même en admettant le chiffre de 10 0/0, on peut encore dire que les neuf dixièmes de l'écart entre les droits sur le pétrole brut et le pétrole raffiné constituent un bénéfice pour le raffineur, bénéfice provenant de l'impôt.

Avec la proposition qui vous est soumise aujourd'hui par la Commission des douanes et qui consiste à établir un écart de 5 francs entre les droits sur le brut et sur le raffiné, le pétrole brut ne payant plus que 7 francs à l'entrée, le déchet de 10 0/0 représenterait 70 centimes au lieu de 1 fr. 80 c., chiffre obtenu sous la législation antérieure ; de sorte que les raffineurs se trouveraient encore dans une situation plus avantageuse que maintenant au point de vue de la perte sur le déchet.

La proposition de la Commission des douanes a donc pour effet d'augmenter singulièrement la partie des bénéfices des raffineurs provenant, ainsi que M. le Ministre du Commerce et de l'Industrie le faisait remarquer au Sénat dans la séance du 8 décembre, de l'impôt payé par les contribuables, au profit d'une toute petite classe d'industriels.

Et au profit de qui s'exerce cette industrie ? Est-ce au bénéfice d'un grand nombre d'ouvriers ? Non ; les raffineries n'emploient pas plus de 200 ouvriers spéciaux, qui sont occupés au chauffage ; le surplus des ouvriers, dont le total ne dépasse pas le chiffre de 3.000, sont des voituriers, des journaliers qui sont attachés à la manutention des fûts de pétrole, travail qui aurait toujours lieu si le pétrole était introduit en France sous la forme de raffiné au lieu de pétrole brut.

J'ai démontré l'intérêt du Trésor à l'acceptation de ma proposition qui donnerait une augmentation de recettes de 10 millions, il me reste à chercher quel serait pour les consommateurs le résultat de l'égalité de la taxe sur le pétrole brut et sur le pétrole raffiné.

Il me suffit de me reporter au prix du pétrole dans les pays où l'importation se fait dans les mêmes conditions pour le brut que pour le raffiné, et à le comparer au prix du pétrole en France, où les droits sur le brut et sur le raffiné sont différents. Ces pays qui comprennent les nations les plus importantes de l'Europe sont : l'Angleterre, l'Allemagne, l'Italie, la Suisse et la Belgique. Voici notamment ce qui se passe en Belgique, pays qui nous touche de plus près.

Le prix du pétrole au détail, du pétrole raffiné, est à Anvers de 13 centimes et en France, de 55 centimes en province, et de 80 centimes à Paris, à cause de l'octroi.

On a objecté, dans le débat qui a eu lieu précédemment, que, si la raffinerie française disparaissait, la compagnie américaine la « Standard oil Company » posséderait un véritable monopole et qu'elle ferait monter les prix du pétrole raffiné à des taux excessifs. Il me semble que cette objection tombe, puisqu'en Belgique, comme dans tous les autres centres où cette compagnie vend ses huiles raffinées, le prix du pétrole est considérablement inférieur aux prix payés en France.

J'ai montré l'intérêt du Trésor : l'égalité du droit frappant le brut et le raffiné lui procurera une recette de 24 millions, tandis que si le système proposé par la Commission des douanes est adopté, le Trésor n'encaissera plus que 14 millions. Ma proposition est également conforme à l'intérêt du consommateur, puisque dans le pays où il n'existe pas d'écart entre les droits sur le brut et le raffiné, le pétrole est de beaucoup meilleur marché qu'en France.

Il me semble donc que, des deux côtés, dans l'intérêt du Trésor et des contribuables, ma proposition est de nature à être acceptée par la Chambre ; c'est ce que je lui demande de vouloir faire. *(Très bien ! très bien ! sur divers bancs.)*

M. le Président. La parole est à M. Delmas.

M. Delmas. Monsieur le Président, j'ai demandé la parole pour répondre à M. le Ministre...

M. le Président. Je donne la parole à M. Burdeau.

M. Burdeau. Messieurs, je crois que le débat à l'heure présente doit être circonscrit sur un point très précis. La Chambre a voté le droit sur le pétrole raffiné et elle l'a fixé à 12 francs. La question qui reste à résoudre est celle de l'écart entre le droit sur le pétrole raffiné et le droit sur le pétrole brut. Cet écart est ce qui constitue pour la raffinerie la protection dont on a toujours jugé jusqu'ici qu'elle avait besoin pour vivre. Je ne pense pas que le principe de cet écart puisse être mis en discussion devant la Chambre. Pour ce qui me concerne, je ne me rallie pas à la proposition de l'honorable M. Nivert ; c'est sur la quotité seule de l'écart que je désirerais présenter quelques observations.

Je crois, en effet, que la suppression de cet écart rendrait absolument impossible l'existence de la raffinerie en France. On se demande pourquoi il y aurait des industriels qui continueraient à importer des pétroles bruts et à faire la dépense de les raffiner pour les livrer ensuite au public sans avoir la moindre prime permettant de recouvrer les dépenses qu'ils font sur l'opération du raffinage. Or, le jour où il n'y aura pas de raffineries en France, l'importation seule sera maîtresse du marché français et le grand syndicat américain qui fixe le prix aux États-Unis le fixera également en France.

Le pire des régimes pour le consommateur serait que nous fussions livrés à ce monopole. Nous aurions le choix, si nous nous portions à un excès ou à un autre, entre deux monopoles : le monopole de l'importation américaine ou le monopole de la raffinerie française. Et, s'il y avait lieu de choisir, à la rigueur, il vaudrait encore mieux choisir un monopole qui existerait chez nous. *(Marques d'assentiment.)*

Mais je crois que la question n'est pas restreinte à ces termes. Je crois qu'il est possible de fixer un écart qui soit de nature à maintenir à la fois la possibilité de raffiner et celle d'importer, de façon qu'il y ait une lutte, une concurrence, et que le consommateur en profite par l'abaissement du prix qui suit ordinairement la concurrence.

C'est, je crois, ce que la Chambre a voulu. Elle a voté que l'écart de 7 francs serait réduit à 5 francs ; mais elle a voté l'écart de 5 francs à un moment où le droit avait été fixé par elle à 23 francs sur le raffiné et à 18 francs sur le brut. Aujourd'hui, le droit est abaissé à 12 francs sur le raffiné.

Eh bien, la question est de savoir si l'écart de 5 francs ne doit pas être réduit en même temps que le droit, si la Commission des douanes n'a pas par conséquent commis une exagération en maintenant l'écart de 5 francs alors que le droit principal était abaissé ?

Messieurs, de quoi se compose l'écart qui avait été accordé à la raffinerie ? Il se compose de deux éléments. Il y a d'abord une somme dont on tient compte aux raffineurs parce que, achetant du brut et le distillant, ils font une perte sur le brut. Lorsqu'on achète 100 kilogrammes de pétrole brut et qu'on le distille, on n'en tire pas 100 kilogrammes de pétrole raffiné : on en tire, c'est l'avis du Comité consultatif des Arts et Manufactures, une moyenne de 90 0/0, soit 90 kilogrammes.

Voilà donc la première prime due à la raffinerie. A quelle somme se monte-t-elle ? Quand le droit est de 18 francs, quel est le coût de 100 kilogrammes de pétrole raffiné extrait du pétrole brut ? Il est de 20 francs.

Le calcul est bien simple à établir. Lorsque 90 kilogrammes de pétrole raffiné contenu dans le pétrole brut coûtent 18 francs d'importation, il faut, pour avoir 100 kilogrammes de pétrole raffiné, payer 20 francs de droits d'importation. De sorte que, lorsque la Chambre avait voté les droits de 18 et de 23 francs, dans l'écart de 5 francs il y avait d'abord 2 francs représentant la compensation donnée à la raffinerie pour ses déchets, et il restait 3 francs qui constituent la prime proprement dite de la raffinerie. Cette prime, c'est ce qu'on croit nécessaire à la raffinerie pour payer son outillage, ses ouvriers, pour rémunérer ses capitaux.

Cette base, que la Chambre a admise par deux fois, je crois que nous devons actuellement nous y tenir. Il y aura, quel que soit le droit sur le pétrole, toujours les mêmes opérations à faire subir au pétrole brut pour le transformer en pétrole raffiné.

La prime de 3 francs proprement dite doit donc être maintenue, quel que soit le droit principal.

Telle est la première base de l'écart total. Quant au second élément, — et c'est celui sur lequel la discussion peut porter, — quel est-il ? C'est la perte résultant de la distillation.

Lorsqu'on distille 100 kilogrammes de pétrole brut qui a payé 7 francs, on obtient comme toujours 90 kilogrammes de raffiné. Il s'agit là d'une simple règle de trois qu'on peut faire soi-même de tête ; on perd 75 centimes pour le déchet sur le pétrole brut. Ce sont ces 75 centimes par 100 kilogrammes qui constituent le second élément.

Je demande pardon à la Chambre de l'arrêter sur ces détails de chiffres *(Parlez ! parlez !)* ; je prends la liberté de les résumer d'un mot.

Quand les droits sont fixés pour le brut à 18 francs et à 23 francs pour le raffiné, l'écart de 5 francs se décompose en : 2 francs pour la perte résultant de l'opération du raffinage, et 3 francs pour la prime à la raffinerie.

Lorsque le droit est fixé à 7 francs sur le pétrole brut, la prime à la raffinerie doit être maintenue à 3 francs, mais la perte résultant de l'opération du raffinage n'est plus que de 75 centimes. C'est donc le chiffre de 3 fr. 75 c. qui représente alors l'écart que peut réclamer la raffinerie.

Je considère donc que la Commission des douanes a majoré considérablement la prime aux raffineurs. Elle n'a fait, en apparence, que maintenir l'écart de 5 francs, mais en réalité elle a augmenté, avec ce chiffre, l'écart entre le pétrole brut et le pétrole raffiné. Il y a là une prime nouvelle de 1 fr. 25 c. qui, je l'espère, apparaît maintenant aux yeux de la Chambre et qui ne se justifie pas dans la nature des choses.

Cette prime a cet inconvénient grave que non seulement elle altère les bases auxquelles s'était tenue la Chambre quand elle avait fixé l'écart de 5 francs, mais qu'elle majore en réalité la prime actuellement acquise à la raffinerie sous le régime aujourd'hui en vigueur.

Aujourd'hui les droits sont de 18 francs pour les bruts et de 25 francs pour les raffinés, et il a été calculé d'après cette hypothèse que la teneur du brut était de 85 0/0 de raffiné. Si vous calculez ce qu'il faut payer de droits sur des bruts pour avoir la quantité de pétrole brut nécessaire à la production de 100 kilogrammes de pétrole raffiné, vous trouvez qu'avec un droit de 18 francs, il faut payer 21 fr. 16 c. Il reste donc entre ces 21 fr. 16 c. et les 25 francs, droit de la raffinerie, un écart de 3 fr. 84 c. qui constitue la prime allouée au raffineur actuellement, c'est-à-dire sous le régime qui durera tant que seront en vigueur les tarifs près de disparaître. Ces 3 fr. 84 c. sont bien ce qui a toujours été considéré comme la prime nécessaire à la raffinerie; il était même de tradition de dire que la raffinerie pouvait vivre avec une prime de 3 fr. 60 c.

Je ne veux pas discuter sur cet écart; je dis seulement que sous le régime actuel de 18 et de 25 francs la raffinerie a pu vivre avec une prime de 3 fr. 84 c. Or, que lui donne-t-on, d'après les propositions de la Commission? On lui donne 5 francs moins les 75 centimes alloués pour les déchets dont je parlais tout à l'heure, c'est-à-dire 4 fr. 25 c. C'est donc une prime nouvelle de 41 centimes, c'est-à-dire une majoration de 12 0/0 par rapport à la prime actuelle.

Messieurs, je me demande s'il y a vraiment dans la situation de la raffinerie quelque chose qui motive cette augmentation inattendue. Je crois qu'au contraire la religion de la Chambre a été suffisamment éclairée sur ce point et qu'elle a très bien su quel but elle poursuivait en réduisant l'écart de la prime à la raffinerie. Elle a vu qu'elle était en face d'une industrie syndiquée dans laquelle seize maisons font le prix sur les marchés. Ces seize maisons sont dirigées par trois d'entre elles qui font 60 0/0 du trafic total. Il y a là une force telle, un syndicat si puissant, que le marché est entièrement commandé par les raffineurs de pétrole. Je n'en donnerai que deux preuves.

Le premier fait que j'invoquerai, c'est que l'importation du pétrole raffiné ne s'est pas augmentée dans les dernières années; au contraire, elle n'a pas cessé de décroître, tandis que l'importation du pétrole brut nécessaire aux raffineurs s'élevait avec rapidité.

Le second fait, c'est que quand les importateurs ont essayé d'organiser l'importation, on a vu les raffineurs baisser leurs prix, accabler le marché et ruiner ces importateurs pour relever leurs prix, le lendemain, lorsque les importateurs étaient ruinés, et se ménager un écart défavorable au consommateur français.

Ce ne sont pas là des théories. Voici les cours du marché de Paris et d'Anvers pendant l'année à laquelle je fais allusion et qui n'est pas très ancienne, puisque c'est l'année 1887 :

Aux mois de janvier et de février, les pétroles se vendaient sur le marché de Paris entre 47 et 49 francs. Au même moment, ils se vendaient à Anvers 16 fr. 75 c. et 17 fr. 50 c. Ajoutez au prix d'Anvers le droit perçu à l'entrée en France, c'est-à-dire 25 francs, vous trouverez que la parité devait faire ressortir le prix à 42 francs pour le marché de Paris, tandis qu'il était en réalité de 47 à 49 francs, c'est-à-dire que la raffinerie s'attribuait une surprime de 5 francs à 7 francs parce qu'elle était en possession du marché. A ce moment-là l'importation se constitue et commence à opérer ; qu'arrive-t-il aussitôt ? La prix du pétrole produit par la raffinerie baisse sur le marché français et tombe, au mois de mars, de 46 francs à 41 francs, tandis que sur le marché d'Anvers il se maintenait, à 1 franc près, au même niveau qu'auparavant.

Cette situation se maintient pendant six mois, jusqu'au mois de septembre. En septembre, les importateurs sont dans l'impuissance de continuer la lutte : ils ont été écrasés par le bas prix auquel les raffineurs se sont momentanément réduits, et alors, en l'absence des importateurs qui ont cessé leurs opérations, le prix remonte brusquement. Au mois d'août il était de 43 francs ; au mois de septembre il est de 47 francs, au mois de décembre il est de 49 fr. 50 c.

Voilà quel est le mécanisme actuel. Lorsque les raffineurs sont en possession de la prime de 7 francs, ils sont maîtres du marché et ils nous obligent à payer le pétrole au prix d'Anvers, majoré non seulement du droit, ce qui est légitime, mais encore d'une surprime qui varie entre 5 francs et 7 francs par 100 kilogrammes. (*C'est cela ! — Très bien ! à gauche.*)

Cette situation, la Chambre a voulu la faire cesser en abaissant l'écart à 5 francs. Pour maintenir la situation telle que la Chambre a voulu la créer, c'est à 3 fr. 75 c., je crois l'avoir démontré, qu'il faut abaisser cet écart, et la Commission des douanes, en vous demandant de le maintenir à 5 francs, ne vous propose pas seulement d'assurer aux raffineurs la situation sous le bénéfice de laquelle ils ont pu ainsi commander le marché et majorer les prix au détriment des consommateurs ; elle vous propose en outre d'augmenter encore la prime dont a joui jusqu'ici la raffinerie et que vous aviez jugée excessive. (*Applaudissements sur divers bancs à gauche.*)

M. le Président. La parole est à M. le Rapporteur.

M. Georges Graux, *rapporteur.* Messieurs, je viens, au nom de la Commission des douanes, répondre à la fois à l'amendement de l'honorable M. Nivert et à l'amendement de l'honorable M. Burdeau.

M. Nivert vous demande l'égalité de droits pour le pétrole brut et pour le pétrole raffiné ; M. Burdeau vous demande de vous laisser un écart de 3 fr. 75 c. entre le pétrole brut et le pétrole raffiné. La Commission des douanes vous propose un écart de 5 francs, soit un droit de 7 francs sur les bruts, puisque vous avez voté 12 francs sur les raffinés.

Je ne répondrai pas longuement à M. Nivert, parce que M. Burdeau s'est chargé de démontrer le danger que présente la proposition de notre honorable collègue. Il est évident, en effet, que si vous mettez le même droit sur le produit brut et sur le produit fabriqué, sur la matière première et sur la matière travaillée, vous fermez les usines ; l'adoption de l'amendement de M. Nivert, ce serait la suppression de la raffinerie, la mort sans phrase J'estime que l'argument de l'honorable M. Burdeau est décisif.

J'arrive maintenant à la proposition de l'honorable M. Burdeau, et j'aborde la discussion du chiffre de 3 fr. 75 c. comme écart entre le pétrole brut et le pétrole raffiné. Je demande à la Chambre quelques minutes de bienveillance. Je serai très bref, mais la question n'est pas d'une clarté telle que toute l'attention de l'Assemblée ne soit nécessaire. *(Parlez ! parlez !)*

Quel est le point de dissentiment entre l'honorable M. Burdeau et la Commission des douanes ? C'est la question de l'écart.

M. Burdeau a déclaré qu'il s'agissait, en quelque sorte, d'une prime nouvelle donnée à la raffinerie. Il semble, d'après notre honorable collègue, que l'écart entre le brut et le raffiné doive être augmenté.

Je crois, au contraire, qu'il me sera facile de démontrer que l'écart proposé par la Commission n'est que la consolidation de la législation existante, le maintien du droit qui a été voté par le Sénat, le maintien des chiffres constamment proposés par la Commission des douanes de la Chambre.

En effet, dans la législation actuelle, les droits sont de 18 francs et 25 francs ; l'écart est de 7 francs. Aujourd'hui, nous vous proposons un écart de 5 francs, c'est-à-dire un droit de 7 francs sur les bruts et un droit de 12 francs sur les raffinés. Dans l'élaboration du nouveau tarif, la Commission des douanes avait proposé et le Sénat a adopté l'écart de 6 francs avec les chiffres de 18 francs et 24 francs.

Eh bien, je prétends que, depuis que la Commission a commencé ses travaux, elle a toujours admis des chiffres représentant un écart proportionnel, que cet écart a toujours été proportionné sur les mêmes bases et que, loin d'avoir suivi le Gouvernement dans ses propositions successives et contradictoires, la Commission avait entendu maintenir, tout en la réduisant très légèrement, la protection dont bénéficie actuellement la raffinerie de pétrole.

Ce n'est pas à la tribune qu'il faut se livrer à des calculs d'arithmétique ; il faut prendre des faits. Or, nous avons deux faits absolument acquis : D'une part, l'écart de 7 francs qui existe actuellement entre le droit de 18 francs sur le brut et le droit de 25 francs sur le raffiné. Voilà le premier fait. D'autre part, en 1880 — je ne serai pas démenti par l'honorable M. Rouvier — lorsqu'il n'y avait pas de droit sur le pétrole brut, on considérait qu'un écart de 3 fr. 60 était nécessaire pour protéger l'industrie de la raffinerie. Ce droit de 3 fr. 60 c. a, dès cette époque, été considéré comme un droit fixe, immuable. A ce droit devait s'ajouter un droit mobile, variable, proportionnel au droit frappant le pétrole brut.

Que devons-nous faire aujourd'hui ? Nous devons prendre comme droit fixe ce droit de 3 fr. 60 c. et ajouter à ce chiffre la charge qui résulte pour le raffineur du paiement du droit sur le pétrole brut.

Nous sommes d'accord avec M. Burdeau sur ce point qu'il faut 111 kilogrammes de pétrole brut pour faire 100 kilogrammes de pétrole raffiné ; par conséquent, le raffineur doit commencer par payer les droits sur 11 kilogrammes de pétrole brut desquels il ne retire aucun profit.

Pour calculer l'écart entre le brut et le raffiné, nous nous sommes livrés à une opération arithmétique très élémentaire : nous avons ajouté le droit fixe variable résultant du paiement des droits sur le pétrole brut. Nous avons trouvé qu'avec les droits proposés de 7 et 12 francs, le chiffre de 4 fr. 79 c. correspondrait exactement à l'ancien écart de 6 francs entre les droits de 18 francs et 24 francs. Je ne crois pas qu'il vienne à la pensée d'aucun de vous, Messieurs, d'inscrire le chiffre de 4 fr. 79 c. dans le tarif ; aussi, conformément à la règle, nous avons proposé le chiffre de 5 francs comme écart entre les bruts et les raffinés. D'où résulte la fixation à 7 francs du droit sur les pétroles bruts.

Ce chiffre de 5 francs, je le répète, représente proportionnellement l'écart de 6 francs précédemment proposé par nous avec les chiffres de 18 et 24 francs.

J'arrive aux objections qui me sont faites.

Je vais rechercher successivement où est l'intérêt industriel, où est l'intérêt du Trésor et où est l'intérêt du consommateur.

Pour connaître l'intérêt industriel, nous pouvons faire appel à une autorité qui n'a jamais été contestée dans toutes ces discussions : c'est celle des chambres de commerce.

9

Depuis que nous discutons le tarif général des douanes, il n'est pas de question où nous ayons rencontré l'unanimité des chambres de commerce : partout se présentaient des intérêts opposés. Or, ici, vous pouvez aller de Bordeaux à Dunkerque, de Lille à Marseille en passant par Rouen et Nimes, consulter les ports et les villes de l'intérieur, vous rencontrerez l'unanimité des chambres de commerce pour affirmer que l'écart minimum nécessaire est de 6 francs, étant donné un droit de 18 francs sur le brut.

M. Burdeau Il y a des exceptions.

M. Georges Graux, *rapporteur*. Bien peu nombreuses. Je ne les connais pas.

M. Burdeau. Lyon, notamment.

M. Georges Graux, *rapporteur*. Je regrette que la Commission des douanes n'ait pas reçu de communication de la chambre de commerce de Lyon. J'ai dans la main les délibérations de plus de vingt chambres de commerce, et des plus importantes, parmi lesquelles je cite notamment Marseille, Rouen, le Havre, Lille ; je puis donc dire qu'il y a, en tenant compte de l'interruption de M. Burdeau, presque unanimité du monde industriel pour réclamer les chiffres proposés par la Commission.

Voilà un avis qui a sa valeur. Et pourquoi cette unanimité ? C'est que lorsqu'il s'agit de l'industrie des pétroles, il n'y a aucun intérêt industriel qui entre en antagonisme avec l'intérêt de la raffinerie. Quel est l'intérêt que vous pouvez *opposer* ? Quel est l'industriel, quelle est l'industrie qui peut avoir un intérêt contraire à celui du raffineur ?

M. Rouvier, *ministre des Finances*. Il y a le consommateur.

M. Georges Graux, *rapporteur*. J'y arriverai, au consommateur ; en ce moment-ci je discute l'intérêt industriel. Et puisque M. le Ministre me fait l'honneur de m'interrompre, je lui demanderai de me citer le nom d'un seul industriel qui ait un intérêt opposé à celui des raffineurs.

Je dis qu'il y a au contraire une quantité d'industries qui vivent à côté de la raffinerie et qui se joignent à elles parce qu'elles vivent de son existence. Par conséquent, l'intérêt industriel milite en faveur des propositions de la Commission.

J'ai promis à la Chambre d'examiner l'intérêt du consommateur ; j'arrive à cet examen.

Quel est l'intérêt du consommateur ?

Je comprends parfaitement que l'honorable M. Viette l'ait invoqué quand il y avait un droit de 18 francs sur le brut et de 24 francs sur le raffiné ; on pouvait dire alors au consommateur : Vous payez votre pétrole 60 centimes parce que vous avez 40 centimes de droit de douanes ou d'octroi à acquitter sur un produit qui vaut 15 centimes.

Mais la question du bon marché n'est qu'en partie résolue. Le droit sur le pétrole raffiné étant de 12 francs, vous avez donné un commencement de satisfaction au consommateur, en même temps que vous avez pu creuser un déficit, au moins provisoire, dans les caisses du Trésor. Je vous demande maintenant quel est l'intérêt du consommateur en ce qui concerne le droit sur le pétrole brut ?

La réponse est très simple. Dans toute industrie, moins la matière première est frappée, plus le produit fabriqué peut être vendu bon marché. Il est évident que si vous faites payer au raffineur un droit de 9 francs sur sa matière première, il vendra son produit fabriqué plus cher que s'il ne paie qu'un droit de 7 francs. Par conséquent l'intérêt de l'industriel et du consommateur sont absolument identiques, et la Commission leur donne satisfaction.

Il y a un autre côté de la question. M. Burdeau l'a parfaitement indiqué. L'intérêt du consommateur, c'est qu'il y ait une concurrence, c'est qu'il n'y ait ni monopole de la raffinerie, ni monopole de l'importation. Voilà la question ; elle est très nettement posée.

Est-ce que nous constituons le monopole de la raffinerie ? Est-ce que nous portons un obstacle quelconque à l'importation ? Mais, Messieurs, vous n'avez qu'à jeter un regard sur ce qui s'est passé dans l'Europe entière depuis quelques années ; vous n'avez qu'à considérer ce qui est survenu dans le plus grand nombre des pays européens à la suite d'une législation analogue à celle que voudrait nous faire adopter l'honorable M. Burdeau.

Lorequ'on a supprimé l'écart nécessaire entre le droit sur le pétrole brut et le droit sur le pétrole raffiné, qu'est-il arrivé ? Le monopole de l'importation américaine a été constitué. Vous savez ce qui s'est produit aux Etats-Unis : il y a quinze ans, il y existait 250 sociétés de raffineries de pétrole : ces 250 sociétés ont disparu et il ne reste plus en Amérique qu'une société qui s'appelle la *Standard oil* , qui, à elle seule, produit plus des 80 centièmes du pétrole raffiné. Cette société ne s'est pas contentée du marché américain ; elle a envahi l'Europe, et sauf l'Espagne, l'Autriche et la France, toutes les raffineries en Europe ont disparu ou ont été rachetées par la *Standard oil*, de sorte que le monopole américain a été constitué. L'intérêt du consommateur, c'est que ce monopole américain ne soit pas constitué ; c'est qu'il y ait une concurrence entre la raffinerie française et l'importation américaine ; c'est qu'il y ait un écart permettant au raffineur de travailler.

J'aurais terminé, Messieurs, si je n'avais à me préoccuper de l'intérêt du Trésor. Encore une fois, il est évident que cet intérêt a été sacrifié, ou tout au moins menacé, par le vote de l'amendement de l'honorable M. Viette. Vous avez cru devoir le faire ; votre vote n'est plus en question. Le droit de 24 francs sur les raffinés est réduit à 12 francs. Voilà la cause du déficit du Trésor.

Mais si ce déficit existe, il est inexact de prétendre qu'il sera accru par l'abaissement du droit sur les pétroles bruts. Dans quelle mesure, en effet, l'abaissement de 2 francs du droit sur les bruts pourra-t-il diminuer les recettes du Trésor ? Le chiffre a été indiqué par M. le Ministre du Commerce à différentes reprises. M. le Ministre vous a dit : Il y a une importation annuelle de 175 millions de kilogrammes de pétrole brut ; il vous est facile de calculer le déficit qui résultera de la diminution de 2 francs par 100 kilogrammes sur les pétroles bruts. Si on multiplie par 2 les 1.750.000 quintaux de pétrole brut importés, on trouve pour le Trésor une diminution de 3.500.000 francs de recettes. A quoi équivalent ces 3 millions 500.000 francs ? Ils équivalent exactement à une importation de 700.000 kilogrammes de pétrole brut. Or, je ne crois pas trouver dans cette enceinte un contradicteur si j'affirme que l'importation des pétroles augmentera de plus de 700.000 kilogrammes, c'est-à-dire que les raffineries augmenteront annuellement de plus de 700.000 kilogrammes leur fabrication lorsqu'elles n'auront plus à payer sur leur matière que le droit de 7 francs au lieu d'avoir à payer les 8 fr. 25 c. proposés par l'honorable M. Burdeau. Ce n'est pas seulement de 700.000 kilogrammes que la raffinerie augmentera son importation ; ce sera de 6, 8, 10 millions de kilogrammes. Par conséquent, au lieu de perdre 3.500.000 francs, le Trésor gagnera 6 ou 8 millions. Voilà la vérité.

Il n'y a pas de doute, Messieurs ; en abaissant les droits sur les bruts, vous donnez satisfaction à la fois au Trésor et au consommateur, en même temps qu'à l'intérêt industriel.

La Chambre, lorsqu'elle a abaissé le droit sur les pétroles raffinés, a voulu assurer le bon marché de l'éclairage du pauvre. Nous lui demandons de continuer son œuvre. Le bon marché du pétrole raffiné ne peut être garanti que par le bas prix du pétrole brut, l'écart suffisant entre le brut et le raffiné, l'impossibilité de constituer un monopole et la concurrence entre la production française et l'importation américaine. *(Très bien ! très bien ! sur divers bancs.)*

M. le Président. La parole est à M. Henry Boucher.

M. Henry Boucher (Vosges). Messieurs, j'ai le regret de me séparer de la Commission des douanes sur la question de l'écart qui doit exister entre les droits sur le pétrole brut et le pétrole raffiné.

Le cadeau que la Chambre a fait dernièrement aux consommateurs en réduisant le droit sur le pétrole raffiné me paraît excellent à tous les points de vue. Ce sera là certainement une des meilleures compensations que nous puissions offrir aux consommateurs des charges résultant pour eux des droits de douanes que nous avons votés dans ces derniers temps.

Je désire vivement que cette mesure soit ratifiée par le Sénat et que la charge qui en résultera soit aussi faible que possible pour le Trésor.

C'est précisément pour cela que je combats l'idée de demander à l'Etat, à l'occasion de ce souhaitable dégrèvement, un sacrifice sans effet protecteur, de lui faire payer un véritable tribut au profit des seuls industriels pour qui l'abaissement des droits sur le pétrole suffira à développer l'industrie.

Vous vous rappelez comment la question se pose devant vous. Vous n'avez plus, je me permets de vous en faire souvenir, à prendre une décision nouvelle, mais à mettre vos chiffres d'accord avec vos décisions antérieures.

Il y a quelques jours, nous étions en présence d'un droit de 18 francs sur le pétrole brut et d'un droit de 24 francs proposé par la Commission sur le pétrole raffiné. Ce droit, en dernière analyse, a été abaissé par la Chambre à 23 francs, de manière à ne laisser subsister qu'un écart de 5 francs entre le droit sur le brut et le droit sur le raffiné.

C'est donc en présence de l'écart de 6 francs proposé par la Commission des douanes et celui de 5 francs fixé par le vote de la Chambre, que nous nous trouvons aujourd'hui.

L'écart de 6 francs avait été accepté par les intéressés, en prenant pour base le droit de 18 francs sur le pétrole brut.

Or, de quelque façon qu'on établisse le calcul ; que l'on admette, suivant le comité consultatif, qu'il faut seulement 111 kilogrammes 11 de pétrole brut pour obtenir 100 kilogrammes de raffiné, ou qu'il en faut 113 kilogrammes 65, suivant le dire des intéressés, dans l'une ou l'autre hypothèse le chiffre de 5 francs constituerait une majoration, non pas seulement sur ce que vous avez voté, c'est-à-dire sur le droit de 5 francs, mais encore sur le droit de 6 francs que vous avez repoussé.

Dans ces conditions, la solution proposée aujourd'hui ne serait pas une sorte de moyen terme entre le chiffre de la Commission et celui de la Chambre qui se présentait comme une transaction, mais une majoration sur le droit que la Chambre a voté, sur le droit même qui avait été proposé par la Commission et qui donnait satisfaction aux intéressés.

Accepter cet écart de 5 francs, c'est revenir sur une chose jugée, et même sur deux choses jugées ;

revenir non seulement sur le jugement en première instance qui est celui de la Commission, mais même sur le jugement d'appel qui est celui de la Chambre. Dans ces conditions, je ne peux pas accepter le droit de 5 francs, et la Chambre, soucieuse de ne pas se déjuger, de ne pas se déjuger surtout en sens inverse de sa décision d'hier, ne le fera pas plus que moi.

La question a quelque importance, puisque, chaque fois que vous augmentez de 10 centimes l'écart entre le pétrole brut et le pétrole raffiné, c'est un cadeau de 175.000 francs que vous faites à un groupe d'industriels au détriment du Trésor, sans avantage pour la consommation.

Nous avons fait le calcul de différentes sortes, en prenant comme base l'écart de 6 francs. En admettant le coefficient de rendement de 90 0/0, qui est celui du comité consultatif, l'écart serait de 4 fr. 80 c., et ne serait pas de 5 francs.

Accepter cette majoration de 20 centimes, c'est offrir aux raffineurs un nouveau don gracieux de 350.000 francs.

Ce serait, en comparaison de l'écart de 5 francs que vous avez voté et qui subsiste seul aujourd'hui, imposer au Trésor un sacrifice de 2.100.000 francs.

Suivant moi, il y a lieu de prendre un moyen terme entre l'écart proposé par M. Burdeau et celui qui vous est proposé par la Commission, en restant d'accord avec votre dernier vote.

L'écart de 3 fr. 75 c. proposé par M. Burdeau serait, toute proportion gardée, inférieur de quelques centimes à celui de 5 francs, voté dans l'hypothèse du droit de 18 francs sur le brut.

Il en résulterait pour les industriels intéressés, dans le cas où l'on adopterait leur rendement plutôt que celui du Comité consultatif, une perte, minime il est vrai, mais que je désire leur épargner.

Je crois qu'il ne faut pas les mettre dans une situation inférieure, même d'après eux, à celle que leur a faite votre dernier vote, et même qu'il y a lieu, puisqu'il faut arrondir le chiffre, de le faire en leur faveur.

C'est pour cela que je vous propose d'admettre l'écart de 4 francs en stipulant dans notre tarif que le pétrole raffiné entrera au droit de 12 francs et le pétrole brut au droit de 8 francs. *(Très bien ! très bien !)*

Je sais qu'on va nous répondre par une considération qui a été développée avec beaucoup d'autorité à la Commission des douanes. On nous a dit : « Comment, au milieu de toutes les industries dont vous avez amélioré la situation par vos droits de douane, il n'y en aurait qu'une seule qui serait exemptée de la protection, règle générale de votre tarif, et ce serait précisément celle qui est la plus menacée, concurrencée qu'elle est par un redoutable syndicat américain dont vous n'ignorez pas l'organisation redoutable ! »

Je réponds que votre dernier vote va considérablement améliorer la situation de la raffinerie de pétrole et voici pourquoi :

Lorsqu'on établit un droit de douane il faut considérer les charges industrielles qui pèsent sur l'industrie en cause, l'importance, non seulement de la main-d'œuvre employée, mais même des capitaux engagés.

Or, vous constaterez que, dès que nous diminuons considérablement l'avance payée sur le pétrole raffiné, et partant, sur le pétrole brut. nous diminuons considérablement aussi les chances de perte, les avances de fonds de l'industrie du raffinage et par conséquent ses droits à la protection.

Si donc vous maintenez en sa faveur la protection que vous avez arbitrée en fixant entre les droits sur les bruts et les raffinés un écart de 5 francs, vous allez, en réalité, améliorer sensiblement sa situation. Vous l'améliorerez d'autant plus que, le pétrole diminuant énormément de valeur, on en emploiera davantage.

Par conséquent, les frais généraux des raffineries se répartiront sur une fabrication beaucoup plus considérable et il s'ensuivra que les frais de fabrication diminueront et que la situation des raffineurs sera infiniment supérieure à ce qu'elle eût été avec le maintien du droit de 18 francs et de l'écart de 5 francs.

Je ne manque donc en rien aux principes protectionnistes qui sont les miens. En vous proposant de ramener l'écart à 4 francs, je considère que je diminuerai ainsi les charges qui incomberont au Trésor et que je faciliterai d'autant l'application de la mesure à laquelle M. Viette a attaché son nom et que je souhaite autant que lui : le dégrèvement des pétroles. *(Très bien ! très bien !)*

M. Delmas. Je demande la parole. *(Aux voix ! aux voix !)*

M. le Président. La parole est à M. Delmas.

M. Delmas. Messieurs, je demande à la Chambre — et je lui en fais toutes mes excuses — de vouloir bien m'accorder dix minutes ou un quart d'heure de son attention.

Vous savez que je n'occupe jamais longtemps la tribune. J'espère apporter quelque clarté dans cette discussion. *(Parlez ! parlez !)*

Le premier point à éclairer, et les paroles prononcées tout à l'heure par M. le Ministre des Finances montrent bien que cela est nécessaire pour quelques-uns de nos collègues, c'est de bien indiquer qu'il n'est pas question en ce moment des droits de douane, mais simplement de l'écart entre le brut et le raffiné.

Sur la question des droits de douane on peut être divisé, et je crois que l'immense majorité de cette Chambre est favorable à l'idée d'abaisser les droits sur le pétrole ; mais on ne peut être divisé que par une question d'opportunité ; quant au fond de la question, je vois, au signe d'assentiment que me fait M. le Ministre des Finances, que nous sommes d'accord.

Laissons donc de côté la question des droits de douane et mettons-nous en présence de ce point particulier : fixer l'écart entre le brut et le raffiné. Là est tout le débat en ce moment.

Je crois que je dois tout d'abord dissiper une certaine équivoque. On répand le bruit qu'il s'est fait dans les pétroles des fortunes considérables et bien des consciences politiques se trouvent en présence de ce scrupule : allons-nous continuer un système avec lequel on a fait des fortunes qu'on dit partout colossales?

Il y a là un mirage. A coup sûr, il s'est fait des fortunes considérables dans le pétrole ; mais si vous avez vu surgir ceux qui ont fait de grandes fortunes, vous n'avez pas pu compter ceux qui ont succombé dans la lutte.

Il n'y a pas lieu de s'étonner que deux ou trois personnes qui ne sont pas à proprement parler des industriels, mais des spéculateurs, jouant sur le cours des matières qui servent à la fabrication du pétrole, pratiquant d'autres industries encore, telles que celle des huiles végétales, des fabricants de bougies possédant deux, trois usines en Espagne ou en Autriche, où la raffinerie de pétrole est protégée par un droit de 11 francs ou de 9 francs, il n'y a pas lieu, dis-je, de s'étonner que ces personnes aient pu faire une légitime fortune. Elles ont gagné, il est vrai, mais elles pouvaient perdre ; c'est là le sort ordinaire des spéculateurs : ils sont un jour au pinacle, le lendemain dans l'abaissement. Ne prenons donc pas pour type ces spéculateurs, prenons les véritables raffineurs : car à côté de trois ou quatre maisons considérables, il y a vingt-quatre maisons moyennes qui représentent véritablement le travail de la raffinerie du pétrole en France.

J'ai là, Messieurs, deux listes de maisons qui ont sombré, les unes sous le régime antérieur à 1881 et les autres depuis ce régime, c'est-à-dire avec l'écart encore en vigueur de 7 francs. La Chambre désire-t-elle que je lui en donne l'indication ? Veut-elle que je lui cite des noms ? *(Non ! Non !)*

Quatorze maisons ont sombré avant le régime de 1881. Depuis que vous avez établi le régime qui accordait un écart de 7 francs à la raffinerie de pétrole, il y en a sept qui ont sombré. Voilà comment on fait des fortunes colossales dans l'industrie du pétrole! J'établis donc une distinction capitale entre les spéculateurs et les raffineurs proprement dits.

J'arrive à une autre question. Y a-t-il en France une industrie qui ait demandé qu'on réduisît l'écart et qu'on tuât, en quelque sorte, les raffineurs de pétrole?

La raffinerie du pétrole a cette bonne fortune qu'elle ne porte préjudice à personne. Le pétrole n'est pas produit en France ; il y est importé à l'état de matière brute. Si l'écart de 5 francs a été demandé par le Gouvernement avec tant de persistance, c'est qu'évidemment M. le Ministre des Finances obéit à des scrupules, légitimes chez lui, parfaitement honorables et que je respecte ; mais enfin nous ne sommes pas en présence de l'infaillibilité ministérielle et M. le Ministre du Commerce peut, certes, ne pas voir sous leur angle exact les relations du pétrole avec les charges et les impôts de toute nature qui pèsent sur la France.

Tout en rendant hommage à M. le Ministre de nous avoir combattus comme il l'a fait — et c'est ici que j'appelle votre attention — je voudrais prouver que l'écart de 6 francs demandé avec le régime de 18 et 24 francs n'est pas trop considérable et qu'il est exactement le même que l'écart de 5 francs par rapport à 12 francs, c'est que vous demande aujourd'hui la raffinerie du pétrole.

M. le Ministre du Commerce a bien voulu déclarer lui-même au Sénat que, s'il opposait une telle résistance, ce n'était point à cause des fraudes commises par les raffineurs de pétrole. Et, en effet, messieurs, il n'y a pas de fraude. La meilleure preuve que je puisse en donner, c'est qu'il n'y a pas un raffineur qui n'ait dit à l'administration des douanes et au Ministre du Commerce : Nous sommes absolument prêts à supporter l'exercice avec toutes les charges et les méthodes les plus rigoureuses qu'il vous plaira d'imposer.

Des industriels qui proposent ainsi de se soumettre aux investigations les plus pénétrantes qu'une administration puisse créer, ne fraudent pas ; en tout cas, ils en donnent la preuve, et ils en fournissent le témoignage.

En ce qui concerne les bénéfices excessifs, j'ai démontré qu'un certain nombre de maisons avaient péri, ce qui prouve bien que M. le Ministre du Commerce ne peut pas en tirer argument. Au surplus, il a dit au Sénat : « Quand une industrie s'enrichit, tant mieux, les ouvriers en profitent et c'est une excellente chose. »

Il y a, messieurs, une preuve de plus que je dois apporter, une preuve que l'écart que demandent les raffineurs est nécessaire. Elle n'a pas été fournie et je prie la Chambre de vouloir bien l'écouter.

M. Burdeau vous a dit : « Un écart de 3 fr. 75 c. est nécessaire. » M. Boucher (des Vosges), que nous avons vu un peu plus large lorsqu'il s'agissait de la protection de l'industrie des Vosges, M. Boucher vous a dit qu'un écart de 4 francs était nécessaire. Je vous prie de réfléchir à l'argument que je vais vous soumettre.

Nous sommes à proximité de l'Algérie. Eh bien, l'Algérie est inondée des raffinés américains, et la raffinerie française ne peut pas importer un kilogramme de raffiné français en Algérie. Pourquoi ? Parce qu'elle en est séparée par la Méditerranée et qu'il faudrait ajouter à son prix un fret de quelques centimes par litre. Il faudrait donc que la raffinerie française diminuât son prix de quelques centimes dans sa lutte contre la raffinerie américaine, puisqu'elle ne peut même pas supporter les frais du transport par mer de Marseille en Algérie. Et cette industrie, qui a notre colonie à sa porte, qui serait avide d'y pénétrer, ne peut même pas baisser son prix de vente de quelques centimes pour arriver à ce résultat.

C'est pour moi la preuve irréfragable qu'en demandant un simple écart de 5 francs on est à la limite extrême de ce que peut supporter la raffinerie du pétrole.

Il ne faut pas croire qu'on puisse s'appuyer, en matière industrielle, sur les expériences de laboratoire. Dans un laboratoire on pousse l'expérience sur la matière à son maximum ; on ne fait pas entrer en ligne de compte le charbon ou l'alcool qu'on brûle sous la capsule en platine ; ces frais-là ne sont pas comptés. Mais, dans l'industrie, tout se compte, et c'est pour cela que lorsqu'on a fixé le chiffre de 90 0/0 pour le rendement des pétroles les raffineurs ont protesté. Ils ont dit : C'était 85 0/0 il y a dix ans, c'est encore 85 0/0 ; mais enfin inclinons-nous ; nous admettons 90 0/0, prenons la discussion sur cette base. Eh bien, M. Graux vous a démontré tout à l'heure que, étant donnée la proportionnalité entre 18 et 24 et celle entre 7 et 12, chiffres qui résultent de l'amendement de M. Viette, si le Sénat le confirme, l'écart nécessaire était absolument de 5 francs.

Je ne veux pas entrer dans le détail des chiffres : je n'y insisterai pas pour ne pas allonger le débat.

M. le Ministre du Commerce — je lui demande pardon de faire cette observation — avait dit dans la précédente discussion : Les raffineurs vous disent que si on touche à cette protection de 7 francs c'est la mort pour eux. Mais ils avaient déjà tenu le même langage il y a dix ans. Alors que la protection était de 10 francs, ils disaient aussi : Nous sommes morts ! Et cependant ils ont vécu.

Je crois, monsieur le Ministre, que votre religion a été un peu surprise. Lorsqu'ils ont tenu ce langage à cette époque, c'est que les raffineurs se trouvaient en face d'un droit de 37 francs. Ce droit ayant été ramené à 25 francs, l'écart de 7 francs leur permettait de vivre. Voilà exactement ce qui s'est passé. C'est une simple rectification que je tenais à faire en passant.

Mais quelles seraient les conséquences de la disparition de la raffinerie française des pétroles, qui a absolument besoin que vous votiez un écart de 5 francs, si vous ne voulez pas la tuer ?

Il est possible que quelques maisons de spéculation, ayant derrière elles des ressources colossales, puissent continuer à vivre — ce n'est pas mon sentiment, mais je consens à l'admettre ; — mais que se passera-t-il ? C'est que la petite raffinerie étant morte — et elle mourra au lendemain de votre vote, — vous vous trouverez aussitôt en présence d'un monopole intérieur qui rehaussera immédiatement le prix du pétrole de 10, 15 ou 20 centimes par litre.

Et la réalité, c'est que la grande raffinerie elle-même disparaîtra dans le cataclysme général de la raffinerie et alors c'est la *Standard oil* américaine qui deviendra maîtresse du marché français, comme elle l'est déjà de tous les marchés européens, sauf de l'Espagne et de l'Autriche, et nécessairement elle relèvera instantanément les cours.

Du reste, je puis le dire, et je ne crois pas abuser des termes, que la raffinerie française, qui est une raffinerie moyenne, qui ne spécule pas, et qui doit faire l'objet de vos préoccupations, est la soupape de sûreté contre tous les monopoles, quels qu'ils soient. Or, le monopole, c'est le relèvement immédiat des prix pour la consommation. N'en doutez pas, si la raffinerie française disparaissait, vous verriez immédiatement un relèvement de 15, de 20, de 25 centimes sur le litre de pétrole. M. le Ministre des Finances vous disait l'autre jour qu'on allait faire un trou de 1.800.000 francs dans le Trésor, et que c'était en quelque sorte une prime de 1.800.000 francs qu'on accordait à l'industrie du pétrole.

Voulez-vous me permettre de vous faire un calcul bien simple et de nature à saisir cette Chambre, qui n'a, un moment, souci que des intérêts industriels, c'est que 1.800.000 francs sur 180.000 tonnes qui sont introduites par an en France, ne représentent même pas un centime, mais huit dixièmes de centime par litre.

Eh bien, croyez-vous que le jour où vous aurez fait disparaître la protection accordée à la raffinerie du pétrole et où celle-ci sera morte, croyez-vous que vous ne regretterez pas de n'avoir pas laissé subsister cette prime d'assurance qui, moyennant une valeur de huit dixièmes de centime, vous permet de vous garer contre tout monopole, quel qu'il soit, étranger ou intérieur ? Ne sentez-vous pas que c'est le plus sûr rempart contre l'invasion des monopoles et le relèvement consécutif du pétrole? Cette démonstration me paraît si nette, si claire, que je n'ai pas hésité à venir l'apporter à la tribune. Mais il reste une considération que M. Graux a déjà fait valoir.

Les chambres de commerce des ports de France, bien qu'elles soient presque toutes libre-échangistes, sont venues jeter le poids de leur opinion dans la balance : eh bien, il n'y en a pas une seule qui ne vous ait demandé de voter ou l'écart de 6 francs avec les droits de 18 francs et de 24 francs ou l'écart de 5 francs avec les droits de 7 francs et 12 francs.

Pourquoi l'ont-elles fait? C'est qu'elles sont assurées que, si vous diminuez cet écart, vous tuerez la raffinerie française et que la raffinerie russe et la raffinerie américaine lui succéderont. Mais le jour où les raffineries russes et américaines seront seules maîtresses sur notre marché, que se passera-t-il ? Les ports, qui raisonnent bien leurs intérêts, y perdront 10 0/0 sur l'importation ; car, on vous l'a dit au cours de la discussion, pour faire 100 kilogrammes de raffiné, il faut 111 kilogrammes de brut ; il en résultera donc 10 0/0 de perte dans le tonnage qui est actuellement de 180.000 tonnes.

Si l'amendement de M. Viette est confirmé par le Sénat, vous êtes certain de donner un coup de fouet à la consommation du pétrole et à la navigation qui le transporte. Ce coup de fouet se traduira par une importation qui atteindra peut-être 500.000 tonnes, ce qui augmentera le mouvement des ports de 50.000 francs. Les ports français perdraient donc 50.000 francs si le monopole russe ou américain s'établissait en France et substituait l'importation du raffiné à celle du brut. Tous les intérêts, de consommation ou de navigation, sont donc d'accord pour résister à l'invasion du pétrole raffiné.

Je crois que j'ai fait une démonstration complète. Il est un dernier point de vue qui est bien de nature à vous toucher : c'est que si vous n'accordez pas l'écart de 5 francs, les raffineries fermeront demain leurs portes. Je dis demain, mettez qu'elles aient encore pour trois mois de matière devant elles, elles fermeront dans trois mois. Déjà, à l'heure actuelle, avec l'écart actuel, vous avez des raffineries qui ferment ; je ne veux pas citer leurs noms, mais je pourrai le faire, si vous l'exigez, il y en a qui sont en liquidation.

Et c'est à ce moment même où vous avez des témoignages indéniables, et par les chambres de commerce et par les manifestations mêmes du commerce qui est en souffrance et qui liquide, c'est à ce moment-là que vous réduiriez l'écart protecteur de notre industrie entre le brut et le raffiné !

Que demandent les raffineurs de pétrole? Ils acceptaient la réduction proposée par la Commission avec un écart de 5 francs sur les bases de 18 et 24.

M. Viette arrive avec son amendement et le droit de douane baisse à 12 francs.

Les raffineurs acceptent la réduction proportionnelle, absolument équationnelle, permettez-moi l'expression, qui est de 7 francs à 12 francs, c'est-à-dire l'écart de 5 francs. Est-ce que vous voudrez en ce moment-ci priver nos ouvriers du travail ? Songez donc que le jour où la consommation augmentera — et vous la verrez augmenter le jour où vous aurez voté l'amendement Viette — songez donc que, à ce moment-là, il y aura une industrie que vous auriez pu laisser florissante ou tout au moins en état de vivre, et que vous aurez fait disparaître !

Quel est donc celui de vous qui, chaque matin, ne voit pas arriver chez lui des pères de famille qui viennent lui demander de leur donner du travail et qui n'éprouve une véritable douleur à ne pouvoir leur en donner ?

Faut-il aller, au profit de la raffinerie américaine, retirer à nos nationaux une main-d'œuvre qui les fait vivre ?

Je crois qu'il est inutile d'en dire davantage. On pourrait parler pendant deux heures sur le pétrole : c'est une matière complexe et confuse ; mais je me borne — et c'est par là que je termine — à dire à ceux qui appartiennent à la droite de la Chambre et qui ont été protectionnistes : Il faut que vous soyez logiques ; il faut que vous soyez justes ; il faut que vous accordiez la protection à ceux qui en ont besoin. D'un autre côté, je dirai à mes collègues de la gauche : Aidez-nous à sauver la consommation française du monopole étranger, et laissez vivre notre industrie française. Et à tous ceux qui sont dans cette Chambre : Aidez-nous à conserver une main-d'œuvre dont nous n'avons certainement pas trop en France.

Telles sont les paroles par lesquelles je termine et, cela dit, je m'en rapporte, Messieurs, à la justice de la Chambre. *(Très bien ! très bien ! sur divers bancs.)*

M. le Président. La parole est à M. le Ministre du Commerce.

M. Jules Roche, *ministre du Commerce et de l'Industrie.* Messieurs, je ne veux pas recommencer cette discussion. Ainsi que l'a dit en terminant l'honorable M. Delmas, elle est tellement complexe et tellement importante, que si on voulait reprendre ce débat au fond, c'est plusieurs séances qu'il faudrait y consacrer. Je veux seulement donner à la Chambre un simple renseignement de chiffres.

Par deux fois, vous avez fixé l'écart entre les droits sur le pétrole brut et le pétrole raffiné à 5 francs, et lorsque vous avez fixé cet écart à 5 francs, le droit sur le pétrole brut était fixé lui-même à 18 francs. Qu'est-ce que cela voulait dire? Cela signifiait que, étant donnée la quantité de pétrole brut qui est nécessaire pour produire 100 kilogrammes de pétrole raffiné, vous faisiez le compte suivant : Il est établi qu'il faut en moyenne, je devrais dire au maximum, 111 kilogrammes de pétrole brut pour produire 100 kilogrammes de pétrole raffiné, c'est-à-dire que dans l'opération du raffinage il se perd 11 kilogrammes. Étant donné que le droit sur le pétrole brut est de 18 francs, cela fait donc 11 fois 18 centimes, ce qui donne 1 fr. 98 c.

Par conséquent, la différence entre 1 fr. 98 c. et 5 francs, qui était le droit total, constituait dans votre pensée, logiquement, nécessairement, le taux de protection que vous accordiez à l'industrie du raffinage, soit 3 fr. 02 c.

Voilà la décomposition et la justification du chiffre de 5 francs que vous avez voté deux fois.

Aujourd'hui, et après les derniers votes émis sur la matière, les droits sur le pétrole brut ne sont plus de 18 francs, mais, aux termes de la proposition de votre Commission des douanes, ils sont de 7 francs, ce qui implique l'intention de maintenir l'écart de 5 francs entre le brut et le raffiné, le droit de celui-ci étant de 12 francs. Mais en faisant le même raisonnement et le même calcul que tout à l'heure, vous arrivez à ce résultat : 11 kilogrammes de déchets, non plus à 18 centimes, puisque le droit sur le pétrole brut est de 7 francs, mais à 7 centimes, cela fait un déchet de 77 centimes.

Si vous fixez l'écart à 5 francs, vous arrivez, en en déduisant le déchet de 77 centimes, pour la perte qui se produit dans l'opération industrielle, à une protection qui s'élève au chiffre absolument exorbitant de 4 fr. 23 c., alors que par deux fois vous avez dit qu'il était suffisant d'accorder une protection de 3 fr. 02 c.

Telle est la signification des différents chiffres proposés.

Je pourrais faire le calcul sur la proposition de M. Burdeau ; mais je raisonne dans la dernière hypothèse, celle de l'amendement de M. Boucher, qui tend à établir un droit de 8 francs sur le brut et de 12 francs sur le raffiné, ce qui constitue un écart de 4 francs. Dans cette troisième hypothèse vous auriez avec 11 kilogrammes de déchet à 8 centimes, une somme de 88 centimes ; il resterait donc 3 fr. 12 c. pour la protection, c'est-à-dire que vous élèveriez encore de 10 centimes la protection que, par deux fois, vous avez accordée au pétrole en établissant 5 francs d'écart.

Voilà ce que j'avais à dire à la Chambre. (*Très bien ! Très bien !*).

M. Viette. Je demande la parole.

M. le Président. La parole est à M. Viette.

M. Viette. Je ne veux pas entrer dans les calculs qui ont déjà été produits à cette tribune ; je n'ai que deux mots d'explication à donner à la Chambre.

Messieurs, quand, à deux reprises différentes, j'ai eu l'honneur de discuter devant vous la question du régime des pétroles, j'ai déclaré que je ne m'occupais pas de l'écart entre le brut et le raffiné, mais seulement du prix du produit marchand livré au consommateur. C'est alors que je vous ai demandé de ramener à 12 francs le droit sur le pétrole raffiné. Mais, puisque la question de l'écart est soulevée, il me semble qu'elle intéresse non seulement la raffinerie, mais encore le consommateur.

J'ai fait le calcul. Je tiens compte des divers éléments du prix de revient, c'est-à-dire des droits sur les déchets, que le comité consultatif a fixé à 11 kilogr. 11, ou en chiffres ronds, 12 kilogrammes, et que les raffineurs avaient évalués à 17 kilogrammes ; je prends le chiffre de 12 kilogrammes ; les droits perçus sont alors de 80 centimes.

Il faut faire cet état également de la valeur intrinsèque de ces déchets, valeur plus élevée en France qu'en Amérique ; j'y ajoute le droit protecteur et j'arrive au chiffre de 4 fr. 80 c.

La commission a porté ce chiffre à 5 francs, c'est-à-dire que le droit sur le pétrole brut serait fixé à 7 francs, et le droit sur le raffiné à 12 francs.

Il y a intérêt capital à ne pas porter atteinte à la raffinerie, surtout à la petite raffinerie française. (*Très bien ! très bien !*).

Il importe en effet de maintenir la concurrence : car si vous laissiez tomber les raffineries nationales, la grande compagnie américaine serait maîtresse de notre marché. Elle aurait, en effet, le monopole dans le monde entier.

D'un autre côté, vous n'avez pas à craindre qu'un monopole intérieur des pétroles s'établisse en France, car vous aurez toujours en main un frein qui vous permettra de réprimer ce monopole du jour au lendemain. Vous seriez sans action sur le monopole étranger : mais sur le monopole français vous disposerez de cet écart qui vous laisse maîtres de la situation.

En effet, le jour où le monopole français, s'il se constituait, tendrait à abuser de la loi que vous allez voter, ce jour-là, vous supprimeriez ou vous réduiriez l'écart.

Vous tenez donc à votre discrétion, au moyen de cet écart, la raffinerie française ; vous pouvez — car l'engagement que vous prenez est un engagement *sine die* — vous pouvez, dis-je, tuer la raffinerie française en ouvrant la porte à la compagnie américaine.

L'argument invoqué par M. Delmas est très vrai : si un monopole français se constituait et voulait augmenter les prix, c'est l'industrie américaine elle-même qui profiterait de l'occasion pour entrer.

Il importe de ne pas détruire l'industrie française, et je crois qu'à quelques centimes près, — car nous ne discutons que sur quelques centimes, — il vaut mieux favoriser notre industrie que de risquer de l'anéantir. *(Très bien ! très bien !)*

M. le Président. La parole est à M. Burdeau.

Sur divers bancs. Aux voix ! aux voix ! — Parlez ! parlez !

M. Burdeau. Messieurs, je ne vous demande qu'un instant d'attention.

Je ne voudrais pas que la Chambre restât sous cette impression qu'elle est en présence de l'établissement possible d'un monopole étranger qui menacerait les intérêts du consommateur.

Je me borne à rappeler le calcul présenté par M. le Ministre du Commerce et de l'Industrie, et qui, à quelques centimes près, confirme les chiffres que j'ai l'honneur de vous soumettre.

Je maintiens que si vous votez l'écart de 5 francs, alors que le droit a été ramené de 23 francs à 12 francs sur le raffiné et de 18 francs à 7 francs sur le brut, vous augmenterez la prime correspondante au chiffre de 5 francs, soit 1 fr. 12 c. par 100 kilogrammes, que vous avez votée l'autre jour en faveur de la raffinerie. Or, s'il est vrai que les raffineurs importent et travaillent 175 millions de kilogrammes de pétrole brut par an, c'est une somme de 2 millions, à quelques milliers de francs près, dont vous leur ferez un pur et simple cadeau si vous modifiez le vote que vous avez émis dans une séance précédente.

J'ajoute que cette industrie est entre les mains de seize industriels, pas un de plus.

Un membre à gauche. C'est une erreur !

M. Burdeau. Et, sur ces seize industriels il en est trois qui, à eux seuls, font 60 0/0 du travail de raffinerie exécuté en France.

Tels sont les intérêts en balance avec celui du consommateur et celui du Trésor ; tel est l'intérêt auque vous allez accorder une prime nouvelle, un cadeau nouveau de 2 millions par an. *(Très bien ! très bien !)*

M. Delmas. Je demande la parole. *(Aux voix ! aux voix !)*.

M. le Président. La parole est à M. Delmas.

M. Delmas. Je réponds par une phrase à M. Burdeau. Il s'agit de savoir à qui sera attribuée la victoire : aux raffineurs américains ou à la raffinerie française ? Toute la question est là.

A gauche. Et le consommateur ?

M. Delmas. Il s'agit de savoir si le jour où, pour des raisons légitimes, vous protégez la plupart des industries françaises, il sera dit qu'une seule — car elle est unique — aura été laissée de côté ; bien plus, que cette seule industrie aura été déprotégée. *(Réclamations sur divers bancs.)*. L'écart, en effet, était de 7 francs ; il est tombé à 6 francs, et vous l'abaissiez à 5 francs et cela, au moment où, par le régime même de la protection, toutes les denrées employées par la raffinerie du pétrole sont l'objet d'un renchérissement *(Très bien ! très bien !)*

La discussion est circonscrite sur ce point : vous avez à vous prononcer entre la raffinerie française et la raffinerie américaine et à décider si c'est la raffinerie américaine qui sera maîtresse du marché français. *(Très bien ! très bien !)*

M. Nivert. Je demande la parole.

Sur divers bancs. Aux voix ! aux voix !

M. le Président. Le débat me paraît épuisé, Messieurs. Le droit sur les pétroles raffinés ayant été fixé à 12 francs, voici les diverses propositions faites relativement aux pétroles bruts :

M. Nivert propose un droit de 10 francs...

M. Nivert. Je maintiens mon chiffre de 12 francs et c'est ce que je désirais indiquer à la Chambre. Ne pouvant prendre la parole, je me borne à déclarer que je maintiens ma première proposition.

M. le Président. Si vous voulez renoncer simplement au chiffre de 12 francs, vous pourriez proposer un chiffre inférieur.

M. Nivert. Si ma proposition est repoussée, je proposerai un chiffre inférieur. Actuellement je maintiens celui de 12 francs.

M. le Président. M. Nivert propose, pour les pétroles bruts, 12 francs, c'est-à-dire le même chiffre que pour les pétroles raffinés. L'écart serait donc réduit à zéro.

M. Burdeau propose, pour les bruts, 8 fr. 25, c'est-à-dire un écart de 3 fr. 75 avec le pétrole raffiné.

M. Henry Boucher propose un droit de 8 francs sur le pétrole brut, c'est-à-dire 4 francs d'écart.

Enfin la Commission propose un droit de 7 francs, soit un écart de 5 francs.

Telle est la situation. Je vais mettre aux voix le chiffre le plus élevé.

M. Burdeau. Je me rallie au droit de 8 francs proposé par M. Boucher et accepté par le Gouvernement.

10

M. Henry Boucher (Vosges). Je joins une note ou plutôt une mention spéciale relativement à l'application du droit de 8 francs que je propose.

Je fais, en effet, observer à la Chambre que, dès qu'un droit de douane est inférieur à 10 francs, il ne porte plus, d'après la législation douanière en cours, sur le poids net, mais sur le poids brut. Or, si la plus grande partie du pétrole brut arrive dans des navires-citernes, c'est-à-dire non renfermé dans des tonneaux, je sais cependant qu'on en importe encore dans des tonneaux.

Aussi, dans le cas où la Chambre accepterait le droit de 8 francs, je propose que le droit ne porte que sur le poids net et non sur le poids brut, afin que les conditions soient égales pour la grande et la petite raffinerie. *(Très bien ! très bien !)*

M. le Président. Je mets aux voix le droit le plus élevé sur le pétrole brut, qui est celui de 12 francs, proposé par M. Nivert. Le droit serait le même que sur les pétroles raffinés et l'écart serait de zéro.

(Le droit de 12 francs, proposé par M. Nivert sur le pétrole brut, mis aux voix, n'est pas adopté.)

M. le Président. M. Nivert propose maintenant un droit de 10 francs. *(Exclamations.)* C'est son droit de proposer un chiffre inférieur à celui qui vient d'être repoussé.

Je lui donne la parole.

M. Nivert. J'avais proposé à la Chambre, dans l'intérêt des consommateurs, d'établir le même droit sur le pétrole brut que sur le pétrole raffiné. A l'appui de cette proposition, j'avais cité l'exemple de la Belgique, où, l'égalité de traitement existant, le prix du pétrole importé raffiné n'est que de 13 centimes le litre. La Chambre n'a pas partagé ma manière de voir. Je lui demande encore, en invoquant de nouveau l'intérêt du consommateur, de vouloir bien fixer à 10 francs le droit sur le pétrole brut.

Je n'entrerai pas dans une discussion qui a peut-être trop longtemps duré... *(Bruit.)*

M. Emile Moreau. Alors, il faut supprimer tout droit, comme en Belgique ; ce sera plus simple.

M. Nivert. Puisque la Chambre estime que l'industrie de la raffinerie du pétrole doit être protégée comme les autres industries, je lui demande de fixer cette protection à 2 francs.

Ainsi que M. Burdeau l'a expliqué, la perte par suite du déchet, le pétrole étant taxé à 7 francs, n'est que de 77 centimes : en établissant un écart de 2 francs, on laisse encore 1 franc de bénéfice à la raffinerie du pétrole. Reste à savoir si les conditions dans lesquelles s'exerce cette industrie en France méritent une protection plus élevée. Le chiffre de 1 franc représente une protection de plus de 20 0/0 par rapport au prix de la matière première, puisque le pétrole brut coûte aux Etats-Unis moins de 5 francs les 100 kilogrammes. Donc, en établissant un droit protecteur de 2 francs, dont il faut déduire 1 franc pour le déchet, il resterait encore 1 franc de protection accordée à l'opération du raffinage.

Je considère, pour mon compte, que c'est une protection suffisante, et c'est une réduction d'impôt de 4 millions dont bénéficierait le consommateur, si vous adoptez ma proposition.

Sur divers bancs. Aux voix ! aux voix !

M. le Président. Je mets aux voix le droit proposé par M. Nivert. 10 francs pour le pétrole brut, c'est-à-dire un écart de 2 francs avec le raffiné.

(La proposition de M. Nivert, mise aux voix, n'est pas adoptée.)

M. le Président. Reste la proposition de M. Burdeau, qui s'est rallié à celle de M. Boucher : 8 francs sur le pétrole brut, avec un écart de 4 francs, avec le raffiné ; et la proposition de la Commission : 7 francs, c'est-à-dire un écart de 5 francs avec le raffiné.

Je mets aux voix le chiffre le plus élevé, celui de MM. Burdeau et Boucher, 8 francs.

J'ai reçu une demande de scrutin public, signée par MM. Funien, Cordier, Milochau, Lascombes, Graux, Jaluzot, Legros, Michou, Bertrand, Gévelot, Duval, Goujon, Rozet, Riotteau, Krantz, Horteur, Pierre Legrand, etc.

Le scrutin est ouvert.

(Les votes sont recueillis. — M. les secrétaires en font le dépouillement).

M. le Président. Voici le résultat du dépouillement du scrutin :

Nombre des votants	533
Majorité absolue.	267
Pour l'adoption. 224	
Contre. 309	

La Chambre des députés n'a pas adopté.

En conséquence, il ne reste plus qu'à statuer sur le chiffre de la Commission : pétrole brut, 7 francs, écart, 5 francs.

Je le mets aux voix.

(La proposition de la Commission, mise aux voix, est adoptée.)

M. Georges Graux, *rapporteur.* Monsieur le Président, il y a lieu de mettre la mention « net pour brut », comme l'indiquait M. Boucher.

M. le Président. Parfaitement.

Il n'y a pas d'opposition?

Cette mention sera ajoutée.

SÉNAT

Séance du 30 décembre 1891.

« N° 197. — Huiles de pétrole, de schiste et autres huiles minérales propres à l'éclairage :

» Brutes, les 100 kilogrammes, tarif général : 7 francs (net pour brut); aux deux tarifs.

» Raffinées et essences, les 100 kilogrammes, 12 francs; aux deux tarifs. »

La commission propose au Sénat de maintenir les droits qu'il a votés, c'est-à-dire 18 francs aux deux tarifs, pour les huiles brutes, et 24 francs pour les huiles de pétrole raffinées et essences, aux deux tarifs.

La parole est à M. Tolain.

M. Tolain. Messieurs, je voudrais, en quelques mots, vous faire connaître les raisons qui me déterminent à demander au Sénat de ratifier le vote qui a été émis par la Chambre des députés.

La question est très complexe, je le sais, mais je ne veux rentrer ni dans la discussion du fond, ni même dans la discussion de l'écart entre les deux droits; vous connaissez tous la question.

C'est pour d'autres motifs que je viens vous demander de ratifier le vote de la Chambre des députés.

On peut envisager la question à deux points de vue, au point de vue économique et au point de vue budgétaire.

Au point de vue économique, il est évident que tout le monde est d'accord sur l'utilité de dégrèvement voté par la Chambre.

Un sénateur. Tous les dégrèvements sont utiles !

M. Tolain. Qu'il s'agisse de l'éclairage de la population la moins fortunée, de l'emploi du pétrole comme moteur dans les petites industries, du chauffage des navires ou du graissage des machines, toutes les applications industrielles auxquelles le pétrole donne lieu aujourd'hui démontrent, au point de vue économique, l'utilité et l'importance du dégrèvement; cela est tellement vrai qu'alors que dans les pays étrangers on consomme, annuellement, par tête d'habitant 14, 15 ou 16 kilogrammes de pétrole, on n'en consomme actuellement, en France, que 5 kilogrammes au maximum.

Je crois donc qu'au point de vue économique, au point de vue industriel, et même, dit-on, au point de vue agricole, — mais je me déclare incompétent pour en juger — il y a intérêt au dégrèvement.

J'ajoute que ce dégrèvement est un des meilleurs qu'on puisse faire puisque, par l'augmentation de la consommation, le déficit creusé dans le budget doit se combler peu à peu, si bien qu'à un moment donné l'équilibre se rétablira forcément.

Je n'insiste pas sur ce point, et je ne veux faire valoir, avant de descendre de la tribune, qu'une seule considération : la considération budgétaire.

Au point de vue budgétaire, je reconnais qu'un trou, — comme on dit familièrement, — a été creusé dans le budget et qu'il y a, de ce chef, un déficit; mais, Messieurs, comme je le disais tout à l'heure, il ne sera que passager; l'augmentation des recettes viendra rétablir l'équilibre, ce n'est donc là qu'un mal accidentel.

Mais je me demande, étant donné l'importance du dégrèvement, s'il n'y a pas un très grand intérêt à en faire bénéficier nos populations. Je me demande si c'est au Sénat qu'il appartient de refuser une mesure qui est, on peut le dire, si démocratique.

Les questions de finances, Messieurs, nous n'en avons pas l'initiative, ce n'est pas à nous qu'il appartient de proposer des mesures de cet ordre; c'est à la Chambre des députés qu'appartient ce rôle. Or, la

Chambre des députés, à la suite de débats successifs, après avoir examiné cette question des pétroles sous toutes ses formes, a voté le dégrèvement. Or, je déclare que je ne peux pas admettre un seul instant que la Chambre des députés, après plusieurs discussions approfondies, ait, d'une manière irréfléchie, voté ce dégrèvement et mis le budget en déficit, sans avoir songé aux procédés qu'elle pourrait employer pour rétablir l'équilibre.

Comme je n'ai pas, je le répète, l'initiative des mesures financières, je prends la question telle qu'elle se présente à moi et je pense que c'est à la Chambre, au Gouvernement qu'il appartiendra de trouver les moyens de rétablir l'équilibre budgétaire compromis; aussi, en face des mesures qui nous sont proposées, mesures essentiellement utiles et démocratiques, je ne crois pas, pour ma part, pouvoir refuser au pays un dégrèvement que je considère comme un bienfait.

C'est pour cela, Messieurs, que je voterai le dégrèvement qui a été voté par la Chambre et que je demande au Sénat de vouloir bien faire de même. *(Approbation sur divers bancs.)*

M. Lesueur, *rapporteur.* Je demande la parole.

M. le Président. La parole est à M. Lesueur.

M. le Rapporteur. Messieurs, la question du pétrole ayant été très longuement, très soigneusement discutée dans les deux Chambres à plusieurs reprises, la commission du Sénat a estimé qu'elle n'avait pas, à l'heure où nous sommes arrivés, à entrer de nouveau dans le détail et à reprendre la question par le menu.

Elle a pensé qu'elle se trouvait en présence de deux situations très nettes et qu'elle devait choisir l'une de ces deux situations.

La première, c'est celle qui nous a été indiquée par le vote de la Chambre et qui consiste à dire : Il y a des raisons, de très bonnes raisons, pour dégrever fortement les pétroles; il y a des raisons justifiées, parce que le pétrole sert à l'éclairage des classes les moins riches, parce qu'on peut trouver là la source d'un très grand développement des industries extractives de tourteaux, et aussi d'une très grande extension de l'emploi des petites machines, emploi qui permettrait d'établir des industries dans les petites villes, dans les villages et dans les campagnes; enfin et surtout parce que la marine y est intéressée au point de vue du chauffage des navires; cette question n'a pas été signalée jusqu'ici dans la discussion, bien qu'elle ait une réelle importance aussi bien pour la marine marchande que pour la marine de guerre il y aurait intérêt donc à fortement dégrever.

Par tous ces motifs, à tous ces points de vue, il y aurait d'excellentes raisons pour voter, tout au moins pour désirer pouvoir accepter, les droits votés par la Chambre, c'est-à-dire 12 francs et 7 francs.

Mais en présence de la déclaration du Gouvernement que le produit du droit sur les pétroles — produit qu'on a évalué en chiffre rond à 20 millions de francs — lui était nécessaire pour équilibrer son budget, la commission des douanes du Sénat, avec le regret de ne pas pouvoir se montrer plus libérale, a estimé qu'il était prudent de ne pas compromettre l'équilibre budgétaire et, c'est pour cela qu'elle vous demande de maintenir votre vote primitif, c'est-à-dire les droits de 18 francs et de 24 francs. *(Très bien ! très bien !)*

M. le Président. La parole est à M. le Ministre du Commerce.

M. Jules Roche, *ministre du Commerce.* Messieurs, si les raisons qu'a fait valoir l'honorable M. Tolain étaient déterminantes et si vous deviez adopter une proposition de diminution de droits, uniquement parce qu'elle peut profiter au consommateur, et au consommateur intéressant, vous apercevez aisément qu'on pourrait appliquer ce raisonnement à presque toutes les recettes du Trésor *(Très bien ! très bien !)*... et que la conclusion logique ce serait, comme je le disais l'autre jour à la Chambre des députés, de demander la suppression de tous les impôts.

Et d'ailleurs, si vous vous décidiez à supprimer des droits uniquement en considérant les charges qu'ils peuvent faire supporter aux consommateurs, ce n'est peut-être pas la taxe sur le pétrole qui devrait avoir vos préférences.

Aussi bien ce n'est pas par ce côté qu'il convient d'examiner la question qui vous est soumise — question très délicate et très grave, je le reconnais très volontiers — c'est par les conséquences générales qu'entraînerait, soit au point de vue du budget, soit au point de vue économique proprement dit, soit même au point de vue des consommateurs, le dégrèvement qui vous est proposé.

Je reconnais tout le premier qu'il serait très désirable de pouvoir provoquer un allégement aux consommateurs par cet éclairage qui n'est pas seulement, soit dit en passant, l'éclairage du pauvre, — car il ne faut pas abuser de cette formule. Nous savons très bien que dans les maisons les plus luxueuses, on se sert du pétrole raffiné; qu'il y a des lampes à pétrole de 500 francs, 600 francs et même de 1.000 francs. *(Rires approbatifs.)*

Je ne suppose pas que ce soit là ce qu'on peut appeler une lampe démocratique; que le pauvre, par suite, soit seul intéressé dans la question.

Non, il y a évidemment intérêt pour tout le monde à abaisser le prix du pétrole, soit pour l'éclairage, soit pour les usages industriels.

Mais, Messieurs, cette question des pétroles est une question des plus complexes, des plus vastes, des plus multiples qui puissent être examinées, et, en vérité, ce n'est pas dans les quelques minutes dont nous disposons, au moment où nous sommes arrivés, que nous pouvons aborder un pareil débat.

Il y a là tout un régime à étudier et à modifier, je le reconnais. Le Parlement le veut et nous acceptons loyalement ses intentions.

Mais qu'on nous laisse le temps de faire cette étude. Le comité des arts et manufactures a été saisi par nous de la question. Je l'ai invité, pour ma part, à l'examiner sous toutes faces, non seulement au point de vue de l'écart qui doit exister entre les droits sur le pétrole brut et sur le pétrole raffiné, mais encore au point de vue des intentions très nettes que la Chambre des députées a manifestées.

Je crois donc répondre à la pensée du Gouvernement en vous donnant l'assurance que nous étudierons très sérieusement toutes ces questions. Nous nous engageons à rechercher une combinaison, un système, un régime pour le pétrole, qui nous permette d'arriver à un abaissement, à un dégrèvement, car il est évident qu'une des conséquences qui résulteront de ce changement de régime sera précisément un abaissement des droits — sans pouvoir d'ores et déjà en fixer le chiffre, bien entendu.

Ce que nous voulons, c'est trouver le moyen de faire profiter effectivement le consommateur de la diminution des droits établis.

Or, dans l'état actuel des choses, le vote de la Chambre des députés étant, je suppose, ratifié par le Sénat purement et simplement, je vois très bien d'une part, le bénéfice plus considérable que réaliseraient les raffineurs de pétrole, puisque l'écart entre 7 et 12 francs est, pour eux, beaucoup plus considérable au point de vue de la protection que celui qui avait été voté par la Chambre des députés, de 18 à 23 francs, ou même que l'écart actuel qui vous est proposé, de 18 à 24 francs.

En d'autres termes, si le droit sur le pétrole brut est de 7 francs, et, sur le pétrole raffiné, de 12 francs, l'écart étant de 5 francs, il reste pour le raffineur une marge de bénéfice beaucoup plus considérable que si le droit sur le pétrole brut était de 18 francs, et le droit sur le pétrole raffiné de 24 francs, quoique, dans le second cas, l'écart soit de 6 francs. Mais, dans le premier cas, l'impôt payé est de 18 centimes par kilogramme, tandis que, dans le second cas, il n'est que de 7 centimes.

Le déchet étant de 10 0/0, puisque 111 kilogrammes de pétrole brut donnent 100 kilogrammes de raffiné, vous voyez que le bénéfice qui va rester pour la protection, devient beaucoup plus considérable avec la proposition nouvelle qu'avec le régime actuel; sous ce dernier, en effet, la part de protection n'est que de 3 fr. 60 c., tandis qu'avec le régime nouveau, elle dépasserait 4 francs.

Je ne pense pas qu'il soit dans votre intention de faire une réforme, soi-disant démocratique, dont le résultat le plus clair serait d'assurer un nouveau bénéfice de plusieurs millions à une industrie dont le mécanisme principal consiste à réaliser ses bénéfices à l'aide de la loi fiscale.

M. Tolain. Eh bien, mettons 8 et 12 francs.

M. le Ministre. Tout cela ne se tranche pas, permettez-moi de vous le dire, en cinq minutes à la tribune. J'ai trop le sentiment de ma responsabité et des difficultés de ces questions pour laisser croire au Parlement qu'il est possible de prendre, à l'heure actuelle, une mesure comme celle-là avec la certitude qu'elle produira les résultats que vous-mêmes vous désirez obtenir.

Par conséquent, Messieurs, si, en l'état actuel des choses, le vote de la Chambre des députés était ratifié par vous, et ses chiffres adoptés, je vois bien le nouveau bénéfice que les raffineurs réaliseront, mais je ne vois pas clairement le bénéfice que les consommateurs réaliseront.

Actuellement, le pétrole se vend, à Paris, environ 65 centimes le litre. Le droit sur le raffiné — car c'est le seul qui joue en ce qui touche le consommateur; ce droit, est actuellement de 25 francs. Le droit nouveau est fixé à 12 francs; l'écart est donc de 13 francs.

C'est donc par kilogramme, puisque le droit est fixé par kilogramme, une diminution de 13 centimes. Mais le pétrole se vendant au litre, et le litre représentant en poids les quatre cinquièmes du kilogramme, c'est le litre qu'il faut considérer; la diminution est, en définitive, de 10 centimes sur le prix du litre. A Paris, le litre de pétrole se vend environ 65 centimes. Là-dessus, on peut admettre qu'il y a 20 centimes de droit de douane — non pas 25 centimes, puisque nous calculons sur le litre, et non plus sur le kilogramme — et 20 centimes de droit d'octroi, il resterait pour le prix d'achat 14 centimes, et pour le bénéfice du raffineur et du détaillant 11 centimes.

Le prix, qui est actuellement de 65 centimes, pourrait tomber théoriquement à 55 centimes; mais pour qu'il en fût ainsi, il faudrait que le consommateur fût défendu contre le raffineur par la possibilité de faire entrer du pétrole raffiné. Il faudrait qu'il pût dire au raffineur : Si vous ne voulez pas me vendre le pétrole que je consomme à un prix réduit d'une somme correspondant à celle que le Parlement a retranchée du droit d'entrée, je vais acheter mon pétrole aux Américains et aux Russes. Alors le consommateur tiendrait le raffineur; mais par suite de l'écart, entre 7 et 12 francs qui a été établi par la Chambre des députés, le raffineur sera encore plus maître du marché demain qu'il ne l'est aujourd'hui ; il sera encore plus défendu contre la concurrence américaine et russe, il sera encore plus protégé, il exercera un monopole encore plus complet qu'aujourd'hui, et le consommateur sera hors d'état d'entrer en lutte avec lui pour réaliser à son propre compte le bénéfice que le Parlement aura voulu lui procurer.

Aussi, Messieurs, le raffineur se garderait-il bien de concéder au consommateur le bénéfice, au moins intégral, de 10 centimes par litre que vous aurez voulu lui donner, il aimera mieux le garder pour lui, et il le gardera. *(Mouvements divers.)* Mais, Messieurs, cela n'est pas douteux ! Il faudrait bien mal connaître, je ne dirai pas le cœur humain, mais la méthode d'exploitation industrielle particulière à la raffinerie du pétrole, pour s'imaginer que, du moment où ils seront encore plus qu'aujourd'hui maîtres du marché, les raffineurs concéderont bénévolement aux consommateurs un bénéfice qu'ils pourront garder pour eux.

Je n'ai plus à faire valoir qu'une seule considération, sans entrer dans aucun développement.

Je pourrais cependant ajouter que, étant données les habitudes commerciales de l'industrie du pétrole, c'est-à-dire l'usage où elle est de faire toujours ses ventes d'avance, pour environ six mois, les ventes actuelles en cours ont été faites sous le régime des droits existants, au prix des droits existants, et que, par conséquent, la raffinerie, qui assurément n'est pas à plaindre, réaliserait encore, par le mécanisme même de ces ventes, combiné avec l'application du nouveau tarif, un bénéfice que l'on peut évaluer à la moitié du produit du droit à peu près, c'est-à-dire à 10 millions. Ce serait un véritable cadeau de 10 millions que vous feriez à l'industrie de la raffinerie ; et je vous assure, Messieurs, qu'elle n'en a pas besoin.

Je vous disais que je voulais soumettre au Sénat une dernière considération, sans insister, et on comprendra que je désire être bref. Nous sommes, j'ai eu l'occasion de vous le dire, Messieurs, dans une situation où il nous est véritablement impossible de discuter à la tribune certains côtés des grandes questions que nous traitons ensemble, lorsque les intérêts de pays étrangers peuvent être engagés dans nos discussions, — j'entends par là les intérêts de la France dans ses rapports avec ces pays, à raison des réclamations dont nous pouvons être l'objet de leur part et des moyens d'action que nous devons nous réserver pour discuter avec eux.

Dans ces conditions, vous le voyez, nous sommes dans l'impossibilité de discuter librement à la tribune; nous ne pouvons en vérité pas, à la veille de négociations délicates comme celles qui vont s'ouvrir, venir en quelque sorte nous livrer d'avance et livrer d'avance les armes dont nous pouvons disposer. *(Très bien !)*

Eh bien, si vous abaissez les droits au chiffre qui vous est indiqué; — on avait parlé de les inscrire au tarif minimum et de maintenir au tarif général un chiffre plus élevé — mais quelle que soit la combinaison adoptée, que vous inscriviez le droit de 12 francs aux deux tarifs, ou que vous mettiez 12 francs au tarif minimum, en maintenant 18 francs au tarif général, les conséquences seraient les mêmes ; c'est le désarmement complet des négociateurs français *(Assentiment)* soit pour faire accepter le tarif voté par vous, soit pour obtenir de tel ou tel pays avec lequel nous faisons de gros échanges des conditions meilleures ou pour faire écarter des conditions qui pourraient menacer notre marché.

Je le répète, c'est livrer d'avance nos armes, c'est mettre nos négociateurs pieds et poings liés entre les mains des représentants de l'étranger. Je ne pense pas que telle soit l'intention du Sénat, ni de la Chambre des députés; je suis sûr du contraire et c'est pour cela que le Gouvernement, d'accord avec votre commission, vous demande, Messieurs, d'adopter les conclusions de celle-ci. Je n'ajoute qu'un mot.

J'avais combattu devant vous l'écart de 6 francs. Je m'étais attaché à vous démontrer qu'à mon sens — non seulement à mon sens, mais, je peux le dire, d'après l'opinion des hommes les plus compétents qui ont étudié de près ces questions — cet écart de 6 francs qui vous est actuellement proposé, qui a été adopté une première fois par votre commission et qu'elle vous propose encore aujourd'hui, entre le droit de 18 et de 24 francs, était encore trop considérable, parce que selon moi, et je le répète, dans l'opinion de ceux qui ont compétence en ces matières, il laisse à la disposition des raffineurs un bénéfice supérieur à celui qu'ils peuvent prétendre légitimement tirer de leur industrie; un bénéfice que je qualifierai de financier et de fiscal, et qui est absolument illégitime.

Eh bien, pour simplifier le débat, pour ne pas maintenir des divergences qui, au point où nous en sommes, sont devenues secondaires, étant donné, d'autre part, que le Gouvernement fait procéder à une étude d'ensemble de la question, qu'il y fait procéder avec la volonté d'aboutir — et le Sénat me permettra de lui dire qu'ici j'engage, en définitive, ma parole personnelle, que je n'ai pas l'habitude d'engager d'une façon téméraire — étant donné, dis-je, que je vais étudier la question, que j'ai l'intention de prendre une part personnelle à ce travail, et que je vous en apporterai le résultat dans le plus bref délai possible, j'accepte, sous les réserves les plus expresses, l'écart de 6 francs; mais c'est uniquement, je le répète, afin de simplifier la question et la discussion. *(Très bien ! très bien ! sur un grand nombre de bancs.)*

M. le baron de Lareinty. Je demande la parole.

M. le Président. La parole est à M. de Lareinty.

M. le baron de Lareinty. Messieurs, j'ai écouté avec la plus grande attention la théorie que vient d'exposer M. le Ministre du Commerce.

Je regrette qu'il n'ait pas mis cette théorie en pratique pour d'autres questions et surtout pour celle qui tout à l'heure m'a amené à la tribune, celle des graines oléagineuses. *(Interruptions à gauche.)*

Permettez, Messieurs, les deux questions se tiennent. Lorsque, dans la Commission des douanes, dont je fais partie, j'ai voté le droit sur les graines oléagineuses, j'ai en même temps voté le droit sur le pétrole, parce que ces deux denrées devaient être l'objet des mesures communes.

Tout à l'heure, M. le Ministre du Commerce, après s'être opposé formellement à l'établissement du droit sur les graines oléagineuses, a fait appel au Sénat pour avoir raison de ceux qui défendaient ici l'agriculture contre les intermédiaires, — car ce n'était pas autre chose. M. le Ministre vient de nous énoncer une théorie excellente. Je la trouve, quant à moi, parfaite. Oui, il faut que nous ayons entre les mains des moyens de traiter avec l'étranger; mais je rappellerai que nous en avions un qui consistait à ne pas livrer l'agriculture française et la santé publique à l'empoisonnement par les viandes américaines. *(Interruptions à gauche.)*

Permettez, Messieurs, cela constitue un tout. Si vous avez décidé que trente-six d'entre vous seraient choisis pour constituer la Commission des douanes, c'était afin que toutes ces questions fussent complètement étudiées. Chacun y a mis le plus grand soin, et, je puis l'affirmer, toute sa conscience.

Nous avions, dis-je, un moyen de traiter avec l'Amérique. M. le Ministre du Commerce nous l'a enlevé...

M. le Ministre du Commerce. Permettez-moi de vous dire que vous vous trompez.

M. le baron de Lareinty. Je vous demande pardon : je ne me trompe pas, puisque c'est un fait accompli.

M. le Ministre. Je vous répète que vous faites erreur.

M. le baron de Lareinty. Pour les viandes salées, ce n'est pas un fait accompli ?

M. le Ministre. Vous vous trompez, monsieur le sénateur, en disant que c'était là un objet de négociation.

M. le baron de Lareinty. Chacun a son appréciation. Je persiste à dire, moi, que je ne me trompe pas ; et je le prouve au Sénat.

Quand les deux Ministres des Affaires étrangères et du Commerce sont venus dire que l'Amérique insistait avec la plus grande énergie pour obtenir la libre entrée de ses viandes, c'était bien dire qu'avec un peu de résistance on pouvait, à la faveur de cette discussion, obtenir bien des choses qu'on n'obtiendra plus ; j'en appelle au souvenir du Sénat. Je ne me trompe donc pas en lui disant que nous avions là dans les mains une arme, et que le Gouvernement a supplié le Parlement de s'en dessaisir. Il fallait qu'elle fût bien forte, pour que les États-Unis aient insisté avec tant d'énergie ; eh bien, vous avez livré cette arme à l'ennemi ; car, pour moi, c'est l'ennemi.

Aujourd'hui, vous venez nous dire que tout l'intérêt de la question pour le consommateur porte sur le raffiné, et que le système que nous défendons va enrichir outre mesure les raffineurs.

Je ne demande pas qu'il en soit ainsi; mais je fais remarquer que le consommateur est aussi intéressé à la question du prix du pétrole brut. C'est une question que vous n'avez pas traitée, monsieur le Ministre.

Vous avez beau accorder aux raffineurs un écart trop considérable à mon avis comme au vôtre, vous n'ignorez pas que cet écart sera moins fort si vous diminuez des deux tiers le droit sur le brut.

Vous ne pouvez pas séparer, dans votre raisonnement, le brut du raffiné. C'est impossible.

Je tiens à signaler au Sénat cette observation, que M. le Ministre a négligée. Vous voulez avoir des moyens d'action pour traiter : eh bien, vous avez, à la demande de M. le Ministre, abandonné les viandes salées ; vous venez tout à l'heure, sur sa demande encore, d'abandonner 11 millions de droits sur les graines oléagineuses ; croyez-vous que toutes ces concessions faites à l'étranger, vous n'auriez pas pu vous en servir pour traiter ?

Vous arrivez à un moment où, après avoir fait dans le budget un trou de 11 millions, vous voulez rattraper 20 millions sur le pétrole, ce que je trouve tout naturel ; et afin de récupérer ces 20 millions, vous venez nous donner pour raison que c'est un moyen de traiter avec l'étranger...

Je réponds que les questions douanières formaient un ensemble, et que nous les avons vu traiter ici par morceau ; un jour M. le Ministre du Commerce venait nous dire une chose ; le lendemain, il venait nous en dire une autre ; c'est un système que je déplore, ainsi que les décisions auxquelles il a conduit le Sénat.

Voilà mon opinion, Messieurs, on me dira peut-être encore que je me trompe ; j'y persisterai néanmoins.

La Commission des douanes se trouvait en présence de trois intérêts, celui de l'industrie, celui de l'agriculture, et ce qu'on appelle l'intérêt commercial.

L'industrie a été protégée, quelquefois même un peu trop, je l'avoue, parce que chacun tirait à soi. J'ai vu, en effet, des industriels qui, devant la Commission, faisaient du libre-échangisme à l'encontre de l'agriculture ; et qui ensuite, quand leurs intérêts étaient engagés, devenaient d'enragés protectionnistes. *(Rires.)*

J'en appelle à mes collègues de la Commission ; cela n'est pas arrivé une fois, mais cinquante fois !

Il y avait, d'un autre côté, l'agriculture ; on en a parlé tout le temps ; et tout ce qu'on décidait était censé fait pour elle ; mais il venait toujours un moment où on lui disait : permettez, vous oubliez qu'il y a d'autres intérêts que le vôtre, et, par exemple, l'intérêt du commerce.

Messieurs, je vous le demande, qu'entendait-on par le commerce ?

Oh ! il y avait Marseille, toujours Marseille ! Marseille disait : Moi, j'ai mon industrie, il faut la protéger. Et qu'est-ce qui est arrivé ? C'est que toutes les fois que Marseille avait un intérêt contraire à l'intérêt, même vital, de l'agriculture, nous avons toujours vu le Gouvernement soutenir l'intérêt marseillais contre l'intérêt agricole ; nous venons de le voir tout à l'heure encore, sur la question des graines oléagineuses.

Et l'on voudrait, Messieurs, que ceux qui, comme moi, ont rempli consciencieusement leur devoir dans la Commission, qui ont cherché à y voir clair, ne disent pas à la Commission et au Gouvernement : Vous vous êtes trompés ? Je pense bien qu'ils ne se sont pas trompés sciemment ; et cependant cela m'étonnerait fort de la part de M. le Ministre du Commerce, car la haute intelligence que je lui connais me donne le droit de lui dire que, quand il fait ce qu'il fait ; or, ce qu'il a fait, dans beaucoup de circonstances, a été extrêmement nuisible à l'agriculture.

Eh bien, dans ces conditions, à propos d'une question semblable, prétendre que le consommateur de pétrole ne profitera pas de l'abaissement des droits, c'est dire une chose absolument contraire à l'évidence, car il est bien certain que si vous abaissez les droits, le consommateur doit en profiter.

Mon opinion, seulement, est que si vous pouvez établir un droit à l'entrée d'une denrée, vous devez en établir un également à l'entrée de tous les autres produits similaires importés dans les mêmes conditions ; et je fais encore allusion ici aux graines oléagineuses.

A gauche. C'est voté.

M. le baron de Lareinty. Oui, Messieurs, sans doute, vous avez voté ; et le vote que vous venez d'émettre restera ; il sera connu du pays, et vous devrez en subir les conséquences. Or, ces conséquences, quelles sont-elles ? C'est que vous aurez sacrifié l'agriculture nationale aux intérêts de l'intermédiaire.

Que demande l'intermédiaire ? Tout le monde le sait : il demande que la France produise le moins possible, afin qu'elle importe le plus possible, et afin que ses commissions, à lui intermédiaire, en soient augmentées d'autant.

Je le répète, Messieurs, en agissant comme vous l'avez fait, vous avez sacrifié absolument l'agriculture.

En ce moment, on vient nous demander d'établir un droit pour combler un déficit de 20 millions que je suis le premier à déplorer. Si vous l'aviez voulu tout à l'heure, vous auriez pu le combler facilement en acceptant le droit sur les graines oléagineuses, qui nous aurait donné 11 millions. Il les faut, on les exige.

Messieurs, il est nécessaire que le Sénat sache ce qu'il fait et où il va. L'agriculture abandonnée, l'industrie quelquefois trop protégée, et le commerce s'emparant absolument de l'agriculture et la dépouillant, telle est, pour moi, l'œuvre de votre commission des douanes et du Sénat. Je ne dis pas qu'elle ait constamment poursuivi cette œuvre, mais souvent, sous la pression du Gouvernement, elle a modifié ses propositions. Ainsi, pour les graines oléagineuses, après avoir d'abord voté un droit, elle est revenue sur sa décision et, à deux voix de majorité, nous a proposé ensuite l'exemption. Voilà la conséquence d'un système que je trouve détestable, parce qu'il n'a pas de pondération. *(Très bien ! Très bien ! à droite.)*

M. le Président. La Commission, d'accord avec le Gouvernement, propose au Sénat de maintenir au tarif général les droits déjà votés par lui, et qui sont de 18 francs pour le pétrole brut.

Je consulte le Sénat sur le chiffre de 18 francs au tarif général.

Il a été déposé sur le bureau une demande de scrutin.

Elle est signée de MM. Pradal, Tolain, Claris, Griffe, Donnet, Thurel, Poirrier, Edouard Millaud, Gailliard, Barrière, plus une signature illisible.

Il va être procédé au scrutin.

(Le scrutin a lieu. — MM. les Secrétaires opèrent le dépouillement des votes.)

M. le Président. Voici le résultat du scrutin :

Nombre des votants. 262
Majorité absolue 132
Pour l'adoption. 213
Contre. 49

Le Sénat a adopté.

M. le Président. En conséquence du vote qui vient d'être émis, il y a lieu de supprimer les mots « net pour brut ».

Il n'y a pas d'opposition ?...

(La suppression est adoptée.)

M. le Président. Nous avons à statuer maintenant sur le tarif minimum. La Commission propose un tiret en supprimant également les mots « net pour brut ». — (Adopté.)

M. le Président. Nous arrivons aux huiles de pétrole, de schiste et autres huiles minérales propres à l'éclairage, raffinées et essences. La Commission propose, par 100 kilogrammes, au tarif général : 24 francs, et au tarif minimum : un tiret.

Je mets aux voix les propositions de la Commission.

(Ces propositions sont adoptées.)

CHAMBRE DES DÉPUTÉS

Séance du 31 décembre 1891.

Discussion du projet de loi, modifié par le Sénat, relatif à l'établissement du Tarif général des Douanes.

M. le Président. Messieurs, la Commission des douanes, qui est occupée à examiner les modifications apportées par le Sénat au projet de tarif douanier tel qu'il est sorti des délibérations de la Chambre, a en ce moment un entretien avec M. le Ministre des Affaires étrangères.

Elle vient de me faire prévenir qu'elle ne sera pas prête avant une demi-heure.

Plusieurs membres. Nous demandons une suspension de séance.

M. le Président. Je crois que nous ne pouvons guère commencer une autre discussion qui serait coupée dans une demi-heure. *(Assentiment.)*

Je proposerai donc à la Chambre de suspendre sa séance pour une demi-heure. *(Très bien !)*

Il n'y a pas d'opposition? *(Non! non!)*

La séance est suspendue.

(La séance, suspendue à deux heures trente-cinq minutes, est reprise à trois heures cinq.)

M. le Président. La séance est reprise.

La parole est à M. le Président de la Commission des douanes.

M. Jules Méline, *président et rapporteur général de la Commission des douanes.* Messieurs, votre Commission des douanes, à la suite de l'entrevue qu'elle vient d'avoir avec M. le Ministre du Commerce et de l'Industrie et M. le Ministre des Affaires étrangères, vous propose de confirmer le vote du Sénat en ce qui concerne le tarif du pétrole, c'est-à-dire de maintenir le droit actuel sur le pétrole brut.

Votre Commission n'a pas voulu, pour trancher cette question, se placer au point de vue financier qui ne relève pas d'elle; peut-être, si elle s'était placée à ce point de vue, aurait-elle été amenée à vous faire observer qu'on escompte un peu trop tôt les recettes des douanes de cette année, qui pourront n'avoir pas l'importance qu'on croit. *(Très bien! très bien! sur divers bancs. — Interruptions à gauche.)*

Ce n'est un mystère pour personne qu'à l'heure où je parle, de grandes importations de produits étrangers se font en France en vue de l'application du tarif des douanes. *(Mouvements divers.)* J'ajoute que vous avez encore ajourné hier cette application au 1er février prochain, et j'ai fait observer à la Chambre qu'il en résulte pour les recettes du Trésor une nouvelle perte.

Messieurs, je n'insiste pas sur ce côté de la question qui, je le répète, ne relève pas de la commission des douanes; il a cependant sa valeur, car, si l'on faisait un dégrèvement du pétrole qui ne serait compensé par aucune recette, après avoir déjà dégrevé la grande vitesse, la Chambre pourrait, à la fin de l'exercice prochain, se trouver en face d'une situation fort difficile.

Mais ce n'est pas là la raison principale qui a déterminé votre commission des douanes. Elle est restée sur le terrain purement douanier, et voici les deux considérations essentielles qui l'ont décidée à ne rien changer à l'état de choses actuel.

Elle conserve, comme chacun de vous, l'espoir qu'avant peu le droit sur le pétrole pourra être réduit. Il y a une majorité dans la commission comme dans la Chambre pour désirer le dégrèvement et je suis autorisé par elle à déclarer que dans sa pensée ce dégrèvement s'impose à brève échéance, quand l'état de nos finances le permettra. *(Interruptions.)*

M. Peytral. Quand le tarif des douanes aura donné des plus-values!

M. Leydet. Quand le Sénat y consentira.

M. le Président. Messieurs, veuillez écouter le rapport qui est présenté au nom de la Commission; quand la discussion sera ouverte vous pourrez monter à la tribune.

M. le Rapporteur général. Il nous a paru qu'à l'heure qu'il est, il y aurait, au point de vue [de l'œuvre économique que nous avons entreprise, une souveraine imprudence à diminuer, dans une proportion quelconque, le droit sur les pétroles bruts, qui intéresse plusieurs grands pays. Comme beaucoup des droits inscrits au tarif général, il constitue non seulement une protection pour certaines de nos industries, mais en même temps une défense contre les relèvements de droits qu'on pourrait être tenté de faire contre nous à l'étranger. *(Très bien! très bien!)*

Je ne veux pas dire que ce tarif puisse servir de base à des négociations. Non; mais je dis que le jour où le Gouvernement, d'accord avec vous, fera ce dégrèvement, il sera parfaitement autorisé à demander aux nations qui en profiteront une compensation quelconque en faveur de notre agriculture ou de notre industrie. *(Très bien! très bien!)*

Voilà le point de vue auquel nous nous sommes placés et que nous recommandons à toute la sollicitude de ceux de nos collègues qui désirent que l'œuvre que nous avons entreprise ensemble nous assure au dehors le maximum d'avantages possible.

Je termine par une dernière considération.

Le droit sur le pétrole fait partie du tarif que vous venez de voter; c'est le seul article qui en retarde la promulgation. Si la question reste à l'état aigu, sans que les deux Chambres puissent se mettre d'accord, on ne peut plus prévoir le moment où cette promulgation aura lieu.

Il me semble que nous devons tous désirer que cette grande tâche que nous poursuivons depuis si longtemps ne reste pas en suspens, et j'estime, messieurs, qu'en réservant à un avenir très prochain le dégrèvement que nous désirons tous, vous pouvez maintenir le *statu quo* sans inconvénient, puisque vous ne sacrifiez rien. *(Très bien! très bien! sur divers bancs.)*

La Commission demande la discussion immédiate.

M. le Président. Il n'y a pas d'opposition à la discussion immédiate?...

La discussion immédiate est ouverte.

La parole est à M. Viette.

M. Viette. Messieurs, je regrette de ne ne pouvoir accepter la déclaration qui vient d'être apportée à cette tribune par l'honorable président de la Commission des douanes; elle ne nous laisse que des espérances très vagues. Lorsque M. Méline a indiqué en termes voilés — il aurait pu le faire peut-être d'une façon plus formelle — que nous considérions le pétrole comme moyen de négociations...

M. le Rapporteur général. Pas comme un moyen de négociations. Comme un moyen d'obtenir des concessions!

M. Viette. Soit; je ne veux pas discuter sur les mots.

Eh bien, vous me permettrez de vous faire remarquer que ce moyen réside tout entier non pas dans le droit sur le pétrole brut, mais dans l'écart entre le droit sur le pétrole brut et le droit sur le pétrole raffiné. *(C'est cela! Très bien! à gauche.)*

Or, cet écart reste le même, que vous laissiez le droit sur le brut à 18 francs et le droit sur le raffiné à 24 francs, ou que vous réduisiez le droit sur le brut à 7 francs et le droit sur le raffiné à 12 francs.

Par conséquent, vos moyens diplomatiques ne sont pas affaiblis.

J'ajouterai simplement que le public attend cette réforme, qu'il la considérait comme faite. Il ne faut pas lui infliger une trop cruelle déception. *(Applaudissements à gauche.)*

M. le Président. La parole est à M. Magnien.

M. Magnien. Messieurs, je viens vous demander de vouloir bien voter les droits que le Sénat a rétablis sur les pétroles bruts et raffinés.

L'industrie des schistes, qui semble avoir été méconnue par quelques-uns d'entre vous, est pourtant déjà ancienne : elle remonte à cinquante ans, ce qui est déjà un passé respectable.

Au moment où on a fait la découverte de l'huile minérale de schiste, il a été accordé par le Gouvernement vingt-deux concessions qui ont donné naissance à vingt-deux usines. Il a été ainsi créé dans l'Autunois une industrie dont le développement a apporté dans ce pays une prospérité inconnue jusqu'alors.

En 1871, lorsque, après nos désastres, on a cru devoir porter à 37 francs le droit sur le pétrole, les schistes ont pu lutter avec avantage contre l'invasion de cette huile minérale, qui, se recueillant naturellement dans les vastes réservoirs de l'Amérique, faisait une concurrence terrible à notre industrie nationale.

En 1881, les Chambres, dans l'intérêt du contribuable, qui vous préoccupe aujourd'hui, ont réduit à 25 francs le droit sur le pétrole raffiné et à 18 francs le droit sur le pétrole brut. L'industrie des schistes a ressenti alors une secousse terrible; les deux tiers des usines ont été obligées d'éteindre leurs feux, et ce n'est que grâce à l'énergie constante des capitalistes engagés dans l'affaire que les autres ont pu être maintenues en activité. C'est grâce aussi au dévouement des ouvriers qui ont consenti une réduction sur leur salaire que cette industrie a pu lutter péniblement contre la concurrence étrangère.

Or, je dois dire à la Chambre — et je voudrais qu'elle partageât ma conviction : Si vous abaissiez ce droit, si vous consentiez à adopter l'amendement de l'honorable M. Viette, vous détruiriez entièrement cette industrie qui fait vivre 2 à 3.000 ouvriers en France. Ils seraient réduits à la misère. *(Mouvements divers.)*

Messieurs, savez-vous quelle est l'importance annuelle de cette fabrication, que mon collègue M. Viette prétend être microscopique ? Les usines qui fonctionnent aujourd'hui dans l'Autunois produisent chaque année 8 millions de litres d'huile de schiste. Dans l'Allier, cette production est de la moitié environ, soit 4 millions, ce qui fait un total de production de 12 millions de litres.

Or, il faut que vous le sachiez, le schiste constitue véritablement l'éclairage du pauvre, puisque l'hectolitre coûte 10 francs de moins que le pétrole. Cette industrie, qui fait vivre autour d'elle 2.000 ouvriers, présente une surface assez grande pour avoir droit à une protection suffisante et nécessaire à son développement.

Ce que je vous demande pour elle, c'est la possibilité de vivre.

Si vous adoptiez l'amendement de l'honorable M. Viette, ce serait la mort immédiate pour cette industrie nationale, puisqu'elle se verrait dans la dure, mais absolue nécessité de fermer ses usines et renvoyer sans délai les nombreux ouvriers qu'elle emploie.

Les conséquences de cette mesure seraient désastreuses pour les fabricants, mais plus sensibles encore pour les ouvriers, que vous aurez ainsi privés de leur gagne-pain.

Ce que M. Viette poursuit, c'est l'économie au point de vue de l'éclairage du pauvre. Eh bien, je dois vous le dire, Messieurs, cette prétendue économie ne me paraît pas devoir résulter de l'adoption de l'amendement de M. Viette. Il me paraît facile de l'établir, si vous voulez bien m'accorder quelques moments d'attention. *(Parlez !)*

Les riches et les pauvres consomment du pétrole pour leur éclairage, mais dans quelle proportion ? On peut ce me semble l'établir ainsi : 20 ou 25 0/0 de la consommation pour la classe ouvrière et et 75 ou 80 0/0 pour la classe riche.

La proportion entre les consommateurs pauvres et les consommateurs riches peut s'établir en renversant les premiers chiffres, et l'on aura ainsi 75 0/0 de consommateurs pauvres pour 25 0/0 de consommateurs riches.

Il vous paraîtra donc évident, dès maintenant, que si une économie doit avoir lieu, elle se fera au prorata de la consommation, c'est-à-dire que cette économie sera réalisée par la classe riche, dans la proportion de 75 0/0, tandis que les pauvres auxquels vous vous intéressez surtout n'en bénéficieront que dans la proportion de 25 0/0.

Mais je veux aller plus loin et vous indiquer par des chiffres quelle peut être l'économie de ce système pour la classe pauvre; j'arrive au résultat suivant : Un ménage d'ouvriers agricoles peut consommer 15 litres d'huile de pétrole par an; ces 15 litres, au prix actuel du pétrole calculé à raison de 60 centimes le litre, lui coûtent chaque année 9 francs si les droits votés par la Chambre sont main tenus; et si le pétrole subit une diminution dans son prix de vente — j'admets par hypothèse qu'elle soit de 20 centimes — l'économie en résultant pour ce ménage ouvrier se chiffrera par 3 francs.

Eh bien, je vous le demande, est-ce pour une économie de 3 francs que l'ouvrier pourra réaliser par le vote de l'amendement de M. Viette que vous allez jeter la perturbation dans une industrie très importante occupant plus de 2.000 ouvriers et réduire à la misère la plus complète les familles de ces ouvriers, c'est-à-dire 8.000 à 10.000 personnes? *(Très bien! très bien!)*

Si vous acceptiez l'amendement de M. Viette, c'est une véritable expropriation que vous feriez pour une prétendue cause d'utilité publique, sans intérêt appréciable pour ceux que vous voulez protéger, et cette expropriation aurait les plus terribles conséquences. Je pense que la Chambre qui a étendu sa protection sur les petites industries, voudra protéger également celle du schiste, qui est une industrie nationale.

Je vous demande donc, dans l'intérêt général, dans l'intérêt des mineurs, que je représente ici, dans l'intérêt des ouvriers, pour lesquels vous avez montré en toutes circonstances tant de sympathie, de maintenir le vote du Sénat, d'adopter les droits qu'il vous propose. En agissant ainsi, vous ferez un acte de justice sociale. *(Très bien! très bien! sur divers bancs.)*

M. le Président. La parole est à M. le Ministre du Commerce et de l'Industrie.

M. Jules Roche, *ministre du Commerce, de l'Industrie et des Colonies.* Messieurs, le Gouvernement vous demande, d'accord avec votre Commission des douanes de vouloir bien accepter le vote émis hier par le Sénat. Ce vote est d'ailleurs conforme aux premières propositions de votre Commission.

Il y avait entre la Commission des douanes et le Gouvernement un désaccord sur l'écart entre le droit sur le brut et le droit sur le raffiné, mais nous étions d'accord pour fixer le droit sur le brut à 18 francs.

Nous vous demandons de revenir à ce droit, et voici très simplement et très rapidement — sans rentrer dans le fond du débat — les deux raisons principales pour lesquelles nous attendons de votre sagesse... *(Interruptions. — Très bien! très bien! au centre et sur divers bancs à gauche.)*

M. Le Hérissé. De notre faiblesse.

M. Jolibois. Alors, nous n'étions pas sages avant-hier? *(Rires à droite.)*

M. le Ministre du Commerce. ... une décision conforme aux intérêts des consommateurs et du pays tout entier.

Lorsque vous avez voté l'abaissement à 7 francs et à 12 francs, vous avez voulu assurer au consommateur le bénéfice d'un dégrèvement.

Eh bien, dans l'état actuel des choses, il n'est pas du tout certain que votre intention serait réalisée, parce que l'écart entre le droit sur le brut et le droit sur le raffiné constitue pour les raffineurs de pétrole une protection directe...

M. Montaut. Exagérée!

M. le Ministre du Commerce. ... plus considérable que celle que vous aviez voulu vous-mêmes par deux fois lui accorder. *(Très bien! très bien!)*

En effet, par deux fois, après les explications les plus claires et les calculs les plus précis, vous avez décidé très mûrement et en toute connaissance de cause, que vous entendiez limiter à 3 fr. 02 c. la protection directe accordée aux raffineurs de pétrole; le reste de l'écart étant affecté à représenter la déperdition matérielle qui se produit par l'opération même du raffinage.

Avec un droit sur le brut de 7 francs, l'impôt sur le brut serait réduit à 7 centimes par kilogrammes, au lieu d'être aujourd'hui, de 18 centimes. Il en résulte que la protection accordée aux raffineurs ne serait pas fixée à 3 fr. 60 c., comme l'avait voulu le législateur de 1881, ni à 3 fr. 02 c., comme vous l'avez décidé vous-mêmes par deux fois, mais à 4 fr. 23 c. Le surplus, soit 77 centimes, est la représentation du déchet, de la déperdition qui se produit dans l'opération du raffinage.

Plus vous armez ainsi le raffineur contre la concurrence du pétrole raffiné étranger, plus vous lui assurez la maîtrise du marché et, par conséquent, plus vous mettez le consommateur à sa merci.

Ce résultat que vous poursuivez, c'est-à-dire le remaniement du régime des pétroles, le Gouvernement le tient pour acquis moralement.

Vos décisions sur ce point, Messieurs, sont conformes à nos propres intentions.

Je vous demande, en effet, la permission de rappeler que moi-même, au mois de juillet dernier, en discutant la question des droits sur le pétrole brut et sur le pétrole raffiné, j'avais indiqué que l'industrie du pétrole se trouvait dans des conditions particulières; je vous ai dit, Messieurs, qu'on ne pouvait pas maintenir ce régime, parce qu'une part considérable des bénéfices réalisés par les raffineurs est due non point au jeu régulier de leur industrie, mais au mécanisme fiscal.

Personne ici ne peut admettre qu'il y ait en France une industrie consistant à exploiter le régime créé par la loi. L'industrie consiste à travailler, à transformer des matières premières, à les fabriquer et à en retirer des bénéfices légitimes. Nul plus que moi n'applaudit à ces bénéfices. Mais l'industrie ne consiste pas à retirer du mécanisme financier de la loi des bénéfices faits, en définitive, d'une part au détriment du Trésor, et de l'autre au détriment des consommateurs.

Je répète que j'avais annoncé à la Chambre l'intention où j'étais d'étudier le remaniement du régime des pétroles. Les propositions de M. Viette que vous avez consacrées ont montré que votre propre sentiment était conforme à celui du Gouvernement. Vous désirez que ce remaniement s'opère d'une façon profitable aux consommateurs, et non point exclusivement aux raffineurs, ce qui serait dénaturer singulièrement vos intentions. *(Très bien! très bien!)*

J'ai déclaré au nom du Gouvernement que la question était à l'étude, que j'en avais saisi le conseil des arts et manufactures, que j'allais l'examiner dans son ensemble, et vous apporter des propositions nouvelles dans le plus bref délai possible. *(Mouvements divers. — Très bien! au centre.)*

Mais croyez-vous donc qu'une question pareille puisse se résoudre en cinq minutes? Pensez-vous que le Ministre qui est à cette tribune et qui a l'honneur de vous parler en ce moment prendrait sur lui de déclarer qu'il est en face d'un problème facile à résoudre? Je déclare que non et que, pour ma part, je me garderais bien d'assumer une pareille responsabilité, parce que je ne me sentirais pas en mesure de la supporter.

M. le vicomte de Villebois-Mareuil. Fixez une date!

M. le Ministre. Nous apporterons un projet dans le plus bref délai possible, dans le courant de la session prochaine.

M. Camille Dreyfus. Pourquoi proposez-vous 6 francs d'écart? Vous avez parlé contre l'écart précédemment établi et vous proposez maintenant un écart plus grand!

M. le Ministre. Il ne s'agit pas de cela : il y a, dans le débat, deux questions; il y en a une qui est capitale, il y en a une autre qui est secondaire.

En ce moment, où il importe d'obtenir du Parlement une décision définitive, il est bien évident que la question d'intérêt secondaire disparaît, d'autant plus que le Gouvernement étudie l'ensemble même du régime.

L'écart que vous allez fixer tout à l'heure, si vous admettez les propositions de votre Commission des douanes, ne donne, en définitive, qu'un chiffre provisoire, et, par suite, l'intérêt de cette décision est tout à fait secondaire. *(Réclamations sur divers bancs à gauche.)*

M. Jolibois. Il n'y a que le provisoire qui dure en France!

M. le Ministre. Messieurs, je vous demande cinq minutes d'attention pour vous le démontrer.

M. Peytral. Voulez-vous, monsieur le Ministre, me permettre de vous poser une simple question qui éclairera le débat?

Est-ce que le raisonnement que vous venez de nous présenter n'est pas basé sur les chiffres de 18 à 23 francs?

M. le Ministre. Non! Il repose sur les chiffres de 7 et 12 francs.

M. Peytral. Vous avez dit tout à l'heure, si je ne me trompe, que la Chambre, en votant les deux chiffres de 18 et de 23 francs, avait manifesté le désir de limiter à ces 5 francs l'écart entre les deux droits.

M. le Ministre. Oui!

M. Peytral. Alors comment se fait-il que vous proposiez 18 et 24 francs, et non pas 18 et 23, comme le Sénat.

M. le Ministre. J'ai bien compris votre question. Il y a dans le débat actuel deux éléments d'inégale importance. Je n'ai pas l'habitude de mettre sur le même plan des choses qui n'ont pas la même importance.

Il y a une question qui offre une gravité considérable au point de vue des intérêts généraux du pays et des consommateurs, et au point de vue des négociations avec les pays étrangers.

Cette question est engagée tout entière dans le maintien de l'impôt de 18 francs sur le pétrole brut.

Il est une autre question d'un intérêt secondaire. Son importance diminue encore si vous considérez comme provisoire l'écart que vous allez établir entre les deux qualités de pétrole.

Cette question réside dans la fixation des deux chiffres de 18 et 24 francs ou de 18 et 23 francs. Sur ce point, j'ai déclaré à la Commission des douanes — et M. Peytral a pu entendre cette déclaration — que, pour éviter un débat dont l'importance, au surplus, est considérablement diminuée, je m'en rapporte aux chiffres fixés par la Commission et par la Chambre elle-même.

Par conséquent j'écarte du débat ce second élément qui, je le répète, a perdu beaucoup de son intérêt, étant donnée l'étude d'ensemble à laquelle le Gouvernement se livre en ce moment.

Je demande la permission d'insister pendant une minute pour vous faire toucher du doigt, Messieurs, combien cette question des pétroles est compliquée et comment une décision que vous croyez spéciale à un point du débat touche immédiatement à une série d'autres points que vous n'aviez pas aperçus.

Ainsi, vous avez pensé, lorsque vous avez mesuré les conséquences financières de votre décicion. que la perte incombant de ce chef au Trésor ne pouvait pas dépasser 10 millions. On a ensuite estimé qu'elle serait plus considérable et qu'elle irait jusqu'à 12 millions; on a dit même 15 millions, puis 20 millions.

Vous commettiez déjà, Messieurs, à ce premier point de vue, qui touche plus M. le Ministre des Finances que moi, une erreur assez grave. Actuellement la quantité des pétroles bruts entrant en France est de 1.783.000 quintaux à 18 francs : c'est pour le Trésor une recette de 32 millions. Avec le droit nouveau de 7 francs au lieu de 18 francs, c'est une perte de 11 francs qui se traduit par une diminution de recettes de 19.713.000 francs.

Mais ce n'est pas tout.

Tandis que vous fixiez ainsi le droit sur le pétrole brut, vous le fixiez également sur le pétrole raffiné à 12 francs, au lieu de 25 francs. Or, il entre en France 186.000 quintaux de pétrole raffiné et d'essences diverses, qui paient 25 francs. Cela donne un chiffre de 6.586.000 francs de recettes. Avec le droit fixé à 12 francs, c'est une perte de 13 francs par quintal et par conséquent, une perte totale de 2.418.000 francs en chiffres exacts, pour le Trésor. *(Mouvement.)*

Ce n'est pas tout encore. Le jour où un régime nouveau interviendra et où vous fixerez des chiffres inférieurs à ceux qui existent aujourd'hui, — et pour ne pas raisonner par hypothèse, je prends les chiffres actuels, c'est-à-dire 7 francs sur les pétroles bruts et 12 francs sur les raffinés — il en résultera une conséquence, que personne n'a aperçue au cours du débat parce qu'il a surgi tout à coup. De pareilles questions ne peuvent être envisagées dans tous leurs effets qu'après un examen approfondi; mais le débat a été si rapide que, malgré la profonde connaissance que mon honorable ami M. Viette et vous-mêmes, Messieurs, avez tous de cette question, cette conséquence vous a échappé à tous comme à moi-même. La voici :

Vous ne pouvez pas abaisser les droits sur le pétrole à 7 francs, comme vous l'avez fait, sans rendre impossible l'importation en France des huiles lourdes dont le droit est fixé à 12 francs. Vous comprenez bien, en effet, que personne au monde n'aura l'esprit assez aveuglé pour continuer à importer en France, à 12 francs, une huile lourde qu'il pourra y faire entrer à 7 francs, sous forme de pétrole brut, par les opérations de mélange les plus simples et les plus impossibles à éviter. On introduira donc chez nous les huiles lourdes sous forme de pétrole brut. Il en entre environ 410.000 quintaux, produisant 5 millions de francs de droits. Ce sera encore de ce chef une perte d'au minimum 2 millions.

M. Camille Dreyfus. Moins l'augmentation de l'importation du pétrole.

M. Muller. Il y aura, en effet, une plus grande quantité de pétrole qui entrera.

M. le Ministre. Il est clair que, quand on fait un calcul de ce genre, il y a deux choses à considérer. Il y en a une qui est certaine, c'est la perte subie par le Trésor du chef du dégrèvement.

Le second élément est incertain, il est soumis à des variations : c'est la plus-value qui peut résulter d'une extension de la consommation; mais ce second élément est absolument hypothétique, personne ne peut le mesurer d'une façon certaine, tandis qu'au contraire la perte que subit le Trésor se traduit immédiatement par des chiffres fermes. Cette perte atteindra, pour les causes que je viens de vous indiquer, non plus seulement le chiffre de 10 ou 12 millions dont on avait parlé d'abord, mais le chiffre établi absolument de 24 millions.

J'ajoute enfin, parce que c'est la vérité, qu'au point de vue commercial, au point de vue des relations de la France avec les pays étrangers, les conséquences seraient encore bien plus étranges et inattendues.

Une très grande partie des huiles lourdes qui entrent en France viennent directement de Russie; les huiles lourdes, ne pouvant pas être importées directement sous la forme d'huiles lourdes et devant entrer désormais sous la forme de pétrole brut, la Russie se trouvera dans l'impossibilité matérielle de nous envoyer un seul kilogramme d'huile lourde, par la raison très simple que, si les États-Unis peuvent faire le mélange des pétroles bruts et des huiles lourdes, la Russie, qui interdit chez elle l'exportation du pétrole brut destiné à devenir le véhicule des huiles lourdes, ne pourra plus laisser sortir de chez elle les huiles lourdes, pour ne point favoriser la concurrence du pétrole américain qui serait introduit dans ces huiles.

Si vous voulez échapper à cet inconvénient, vous vous trouverez dans la nécessité d'abaisser les droits sur les huiles lourdes, de monter à la tribune pour proposer une nouvelle modification de la taxe sur les huiles lourdes et sa réduction à 7 francs. Mais alors, si le droit sur les huiles lourdes est fixé à 7 francs, ce chiffre s'appliquera non seulement à la Russie, mais aux autres pays, à ceux auxquels, notamment, nous n'appliquons pas le tarif le plus réduit, à ceux qui nous appliquent un régime économique très difficile à supporter, à ceux vis-à-vis desquels nous devons comprendre — la Chambre comprend que je n'entre pas dans des détails — des précautions dictées par la sagesse, le patriotisme et la clairvoyance la plus élémentaire. *(Très bien ! très bien !)*

C'est à ce point de vue surtout que je demande à la Chambre, au nom de M. le Ministre des Affaires étrangères, en mon nom, au nom du Gouvernement tout entier, de fixer le droit sur le pétrole brut à 18 francs.

Vos intentions ont été comprises et acceptées par le Gouvernement.

Le nouveau régime du pétrole est à l'étude, et des conclusions vous seront apportées le plus rapidement possible, mais après une étude sérieuse et approfondie, qui aura permis d'examiner toutes les conséquences des décisions qui vous seront proposées. En attendant, nous demandons à votre sagesse, à votre patriotisme, — et je fais appel à mon honorable ami M. Viette lui-même, — d'accepter les propositions qui vous sont faites tout à la fois pour assurer de la façon la plus exacte et la plus précise la réalisation de vos propres intentions, et pour laisser au gouvernement de la France la liberté et les moyens d'action dont il a besoin pour les négociations diplomatiques destinées à assurer l'exécution du nouveau régime économique que vous avez voté. *(Très bien ! très bien ! et applaudissements sur divers bancs.)*

M. Jolibois. Si le Sénat avait accepté notre vote, nous étions perdus. Voilà la conséquence qu'il faut tirer de ce langage !

M. Viette. La Chambre me permettra de répondre en quelques mots à l'honorable M. Magnien et à l'honorable Ministre du Commerce.

M. Magnien nous a parlé, et avec raison, de l'industrie des schistes. Il est regrettable, je l'accorde, que ma proposition atteigne les ouvriers de quelques groupes, peu importants, permettez-moi de le dire.

M. le Ministre. Il s'agit de 5.000 ouvriers !

Un membre au centre. 12.000 !

M. Viette. Il est bien certain que, si la production des huiles de schiste en France était assez considérable pour faire face aux besoins de la consommation, ou même pour exercer une action sur le marché, j'aurais reculé ; mais j'ai fait des recherches dans les documents que j'ai pu me procurer, notamment dans l'*Annuaire statistique* publié par le Ministère du Commerce. J'ai entre les mains celui de 1889. Qu'est-ce que je constate ? Les contributions indirectes nous annoncent que la consommation totale soumise à l'impôt intérieur des huiles minérales est de 165.908 kilogrammes. Est-ce pour ces 165.908 kilogrammes, qui ont pu doubler, tripler, quadrupler même depuis, si vous le voulez, que vous maintiendrez un lourd impôt sur les huiles minérales dans la France entière ?

Je regrette profondément, je vous l'assure, de froisser les intérêts d'une partie de la classe ouvrière, mais il ne m'est pas possible d'agir autrement.

M. le Ministre du Commerce. La production dont vous parlez se chiffre à 6.300.000 kilogrammes.

M. Viette. Mettez 6.300.000 kilogrammes. Qu'est-ce que cela vis-à-vis de la consommation française ? Ce n'est absolument rien.

Dans l'intérêt de cette industrie, écraserez-vous toutes les autres ? Empêcherez-vous d'autres industries de s'établir chez nous, notamment l'extraction des corps gras, dont vous a parlé M. Peytral ? Grèverez-vous les petits moteurs qui sont si utiles dans les campagnes, où l'on n'y a pas toujours la force hydraulique à sa disposition et encore moins le gaz ? *(Très bien ! très bien ! à gauche.)*

Quant à la proposition de M. le Ministre du Commerce, je n'ai qu'un reproche à lui adresser : elle est un peu tardive. Ainsi que je l'ai déjà dit, on a cru que l'abaissement du droit était voté. La Chambre a examiné cette question sous tous ses aspects, au cours de la discussion du budget, au cours de la discussion des tarifs douaniers. On ne comprendrait pas qu'elle se déjugeât dans cette question démocratique et qu'elle s'inclinât devant la décision du Sénat. *(Marques d'assentiment sur les mêmes bancs.)*

Au surplus, la proposition de M. le Ministre du Commerce a un mérite que je suis le premier à lui reconnaître : elle prouve jusqu'à l'évidence qu'au fond nous sommes tous d'accord ; elle démontre clairement la nécessité d'abaisser les droits sur le pétrole. Je demande pourquoi on remettrait au lendemain ce qu'on peut faire le jour même. L'ajournement ne s'expliquerait par aucune raison. *(Très bien ! à gauche.)*

La question n'a nullement changé de face ; elle est aujourd'hui ce qu'elle était hier ; ni le Sénat, ni le Gouvernement, n'ont apporté un élément nouveau dans la discussion. Quel motif a donc entraîné le vote du Sénat ? Je vais le dire.

M. le Ministre du Commerce a renouvelé à la tribune du Sénat l'argument qu'il a développé ici et qui a trait à nos relations extérieures. Il a dit que le pétrole pourrait nous servir d'argument dans les négociations ou, comme l'a dit M. Méline, comme un moyen de faire des concessions.

M. le Rapporteur général. Pardon, d'obtenir des compensations.

M. Viette. Soit. Le Sénat a suivi M. le Ministre dans cette voie; il a même été beaucoup plus loin que la Chambre.

Le Sénat a supprimé le tarif minimum du pétrole. Le pétrole était soumis non pas à un tarif unique, mais à un tarif double sous les mêmes chiffres. Il était inscrit au tarif général à 18 francs pour le brut et à 24 francs pour le raffiné, et au tarif minimum à 18 francs pour le brut et à 24 francs pour le raffiné. C'était une manière d'indiquer qu'on ne laissait aucune marge pour les négociations. Qu'a fait le Sénat? Il a fait une première brèche au système des deux tarifs, il a commencé son orientation vers le régime des traités de commerce; en supprimant le tarif minimum, il a autorisé le Ministre des Affaires étrangères à négocier sur n'importe quelle base. Le Sénat vous pousse vers le libre-échange. Voilà ce qu'il fait. *(Exclamations et rires.)*

Je ne m'en plains nullement. Qu'est-ce que ce vote qui donne à un ministre l'autorisation de traiter sur n'importe quelle base ?

M. Ribot, *ministre des Affaires étrangères.* Mais non !

M. Viette. Je demanderai alors pourquoi le Sénat ne supprime pas le tarif minimum sur tous les autres articles qui viennent des États-Unis. Pourquoi n'autorise-t-il pas le Gouvernement à traiter de la même manière pour les céréales, les viandes salées et pour les autres produits américains? Encore faut-il qu'on vous laisse la liberté de vos mouvements, qu'on aille jusqu'au bout. Si vous voulez conserver vos armes, si un droit de 12 francs sur une valeur de 16 francs, c'est-à-dire un droit de 80 0/0, ne vous parait pas suffisant, je me demande pourquoi vous avez fixé vous-mêmes à 25 francs, pour une valeur de 135 francs, c'est-à-dire à 20 0/0 seulement, le droit sur les viandes salées qui viennent aussi des États-Unis.

Il y a là une contradiction qui me surprend. L'honorable M. Jules Roche vous a dit que les consommateurs ne bénéficieraient pas du dégrèvement et que les raffineurs prendraient la différence. Mais ce n'est pas possible et j'ai déjà répondu à cet argument.

Il n'existe pas une industrie sur laquelle vous ayez la main comme vous l'avez sur l'industrie des raffineurs de pétrole : vous les tenez à votre discrétion, vous avez un frein pour les arrêter quand vous voudrez; vous pouvez supprimer l'écart entre les droits sur le brut et sur le raffiné et même le supprimer complètement. Comment se défendront-ils ? La vie de cette industrie est entre vos mains, car vous pouvez supprimer ou changer ces droits du jour au lendemain.

Par conséquent, de ce côté, rien à craindre. Vous dites qu'il n'y aura qu'un dégrèvement de 10 centimes par litre. Vous avez fait un calcul dans lequel vous n'avez pas compris les droits d'octroi de Paris.

M. le Ministre. Si, je les ai compris à 20 centimes.

M. Viette. 10 centimes de réduction sur 65 centimes, c'est 16 0/0 à Paris. Mais en province, où il n'y a pas d'octroi, cela fait 10 sur 40, c'est-à-dire 25 0/0... *(Très bien! très bien!)*

Et je laisserai de côté la consommation des moteurs à pétrole, qui paient un droit de 800 francs par an; c'est bien lourd pour le petit artisan. Je ne parlerai pas non plus des appareils pour la cuisine; je n'envisagerai que l'éclairage des familles ouvrières qui travaillent le soir.

On peut compter un demi-litre par jour, cela fait encore une vingtaine de francs par an.

Les ouvriers ne dédaignent pas cette économie. Ce sont les étrennes que nous aurions voulu leur offrir et qu'on cherche à leur retirer aujourd'hui.

Une confusion s'est établie dans tout ce débat. Cette confusion était fatale. On ne connaît pas bien le caractère de cette recette. La définition n'a pas encore été clairement donnée. Quand nous la discutons, à l'occasion du budget, on nous dit : « C'est un droit de douane ». Quand nous la discutons à l'occasion du tarif douanier, on invoque des raisons budgétaires.

Eh bien, je vais répondre aux raisons budgétaires. L'honorable M. Jules Roche vous a fait un tableau lugubre des conséquences financières qu'entraînerait ma proposition.

Je vous assure que, si je partageais ses appréhensions, je serais le premier à la retirer. Je n'ai pas formé le noir dessein de creuser volontairement un déficit dans le budget.

Non, je suis persuadé que ce déficit ne se produira pour ainsi dire pas.

En 1881, l'année où nous avons appliqué pour la première fois le dégrèvement de 37 à 25 francs, j'ai vu la consommation augmenter subitement de 320.000 quintaux. Nous ne dégrevions alors que d'un tiers, tandis qu'aujourd'hui nous dégrevons de moitié.

Je croyais qu'il était convenu que nous procéderions par étapes successives à des dégrèvements des droits sur les pétroles jusqu'au moment où nous serions au niveau des pays voisins. Il faut donc compter sur une augmentation de consommation. Vos tarifs douaniers ne vous trompent jamais que de la bonne manière. Quand les années sont calamiteuses, les douanes nous donnent des excédents, si bien que, l'autre jour, au Sénat, M. Rouvier annonçait un excédent de recettes sur les tarifs douaniers de 82 millions.

Quand les années sont bonnes, les affaires reprennent, les recettes intérieures augmentent, de sorte que le budget est toujours à couvert. Il y a mieux dans le cas particulier; vous n'avez fait état que de

72 millions dans vos recettes sur les plus-values du nouveau tarif des douanes, et **M. Jules Roche** annonçait ici, au cours de la discussion du tarif douanier, une plus-value de 115 millions; chiffre qui a été majoré par le Sénat et qui doit s'élever à 121 millions.

M. le Ministre du Commerce. Je n'ai pas dit : recettes; j'ai dit : charges. Ce n'est pas tout à fait la même chose.

M. Viette. Si vous voulez! On vient nous objecter que personne ne peut savoir ce que donneront ces prévisions. Si vous êtes dans une pareille incertitude, pourquoi avez-vous inscrit 72 millions au budget? Êtes-vous donc en déficit? Vous n'en savez rien.

M. Godefroy Cavaignac, *rapporteur général de la Commission du budget.* Je vais vous répondre.

M. Viette. Vous me dites que j'élargirais la brèche si elle existait. Non, j'ai plus de confiance dans l'avenir de vos tarifs douaniers. S'ils ne rendaient pas ce que nous avons prévu, nous serions impardonnables d'avoir établi de telles charges sur la population.

M. Félix Faure. Nous prenons acte de votre déclaration.

M. Viette. Et alors, je demande à la Chambre de maintenir ses premières résolutions et de ne pas se déjuger, d'autant plus que, j'en suis convaincu, si vous renvoyez les chiffres de 7 francs et de 12 francs au Sénat, le Sénat les acceptera cette fois. *(Applaudissements.)*

M. le Président. La parole est à M. le Rapporteur général. *(Aux voix ! aux voix!)*

M. Jules Méline, *rapporteur général.* Je ne veux pas retenir longtemps l'attention de la Chambre. Je ne suis monté à cette tribune que pour protester contre les dernières paroles de M. Viette, qui prétend que la Chambre se déjugerait en votant la résolution que nous lui demandons d'accepter.

Ce serait exact, Messieurs, si elle déclarait qu'elle n'entend pas faire le dégrèvement du pétrole. Or ce n'est pas là ce que nous vous demandons... *(Rires ironiques à gauche.)*

Messieurs, la nuance est fort importante. Nous pourrions en effet, pour des raisons de principe, vous proposer d'opérer de préférence d'autres dégrèvements que celui-là. C'est une thèse assurément très soutenable et qui a été soutenue dès l'origine de cette discussion. Mais, je le répète, ce n'est pas là le point de vue de la majorité de votre Commission.

Comme je vous l'ai déclaré, elle n'est pas hostile au dégrèvement...

A gauche. Eh bien, alors?

M. le Rapporteur général. Elle pense que ce dégrèvement s'imposera aussitôt que l'état de nos finances le permettra... *(Exclamations à gauche)* et peut-être cette époque est-elle très prochaine; mais elle pense qu'il serait téméraire de le faire tout de suite.

M. Viette table sur des recettes qui lui sont inconnues; il le déclare lui-même.

Il faut d'abord que vous trouviez une plus-value de 72 millions pour combler le vide fait dans le budget par le dégrèvement de la grande vitesse, et que vous trouviez en même temps les ressources nécessaires pour opérer le dégrèvement du pétrole.

Or, il tombe sous le sens que la Chambre est obligée, par le fait de la responsabilité qu'elle a devant le pays, de se demander s'il est possible, dans la situation budgétaire actuelle, d'opérer ces deux dégrèvements à la fois.

C'est ainsi que la question se pose au point de vue financier. S'il est démontré que le dégrèvement est possible, l'immense majorité de votre Commission des douanes est d'avis de le faire; mais elle vous demande simplement de l'ajourner jusqu'à l'époque où cette possibilité sera bien démontrée. *(Non! non! sur divers bancs.)*

J'ajoute qu'à procéder avec cette sagesse, vous aurez encore un autre avantage, un avantage douanier, qui vous permettra, à l'époque où vous ferez ce dégrèvement, d'en retirer au moins quelque bénéfice à l'étranger. *(Interruptions sur les mêmes bancs.)*

Je suis très étonné des murmures que j'entends de ce côté de la Chambre *(la gauche)* qui nous reproche cependant si souvent de ne pas faire assez pour obtenir des concessions des autres pays.

Ce n'est pas que je propose de négocier sur ce qui que ce soit sur le tarif du pétrole : il faut que ceci soit bien entendu, il ne s'agit pas de négociations. Je dis seulement que, le jour où le gouvernement français sera en état de faire ce dégrèvement, il lui sera bien permis de le faire valoir vis-à-vis de certains pays pour en obtenir, en échange, des compensations profitables à la production française. *(Très bien! très bien!)*

Voilà tout ce que je voulais dire. Je termine par une considération que j'ai déjà fait valoir et qui devrait toucher M. Viette. Je le trouve bien exigeant : car, quoi qu'il en dise et de quelque façon que vous votiez, il remportera ici une victoire véritable.

M. Viette. Ce n'est pas cela que je cherche; je ne mets aucune espèce d'amour-propre dans cette question.

M. Le Hérissé. Ce sont les consommateurs qui remporteront une victoire!

M. le Rapporteur général. C'est l'engagement tacite, mais formel et qui a sa valeur, d'une grande

12

Commission et du Gouvernement lui-même, de faire un dégrèvement du pétrole aussitôt qu'il sera possible, c'est-à-dire à une époque rapprochée.

Il me paraît que cet engagement n'est pas à dédaigner.

Enfin, Messieurs, n'oubliez pas vous avez à mettre les deux Chambres d'accord sur le tarif général des douanes. Le tarif du pétrole en fait partie intégrante, et il est fort désirable que, pour un désaccord léger sur une question semblable, on n'ajourne pas la solution d'un problème aussi grave. *(Très bien ! très bien ! sur divers bancs. — Aux voix !)*

M. Godefroy Cavaignac. Il me paraît vraiment impossible, malgré l'état de fatigue de la Chambre, de ne pas lui montrer très brièvement quelles sont les conséquences financières du vote qu'on lui demande d'émettre. *(Aux voix ! aux voix !)*

Ce n'est rien moins — permettez-moi de le dire en toute sincérité, et je crois qu'il est nécessaire que cela soit dit, — ce n'est rien moins que le renversement de la politique financière suivie depuis huit ans par le parti républicain.

Si vous ajoutez le dégrèvement du pétrole, qu'on peut chiffrer à 18 ou 20 millions, au dégrèvement de 50 millions que vous avez voté sur la grande vitesse, vous engagerez, pour cette année, un dégrèvement total de 68 millions.

Eh bien, même en 1878 et en 1879, années où vous avez opéré les plus forts dégrèvements, vous n'avez jamais atteint ce chiffre de 68 millions.

M. Dreyfus. En 1880, on a fait pour 150 millions de dégrèvements!

M. Godefroy Cavaignac. C'est la seule année. Mais je demande aux républicains qui m'écoutent de se souvenir de la campagne électorale de 1885. *(Interruptions à l'extrême gauche.)*

Rappelez-vous les résultats de ces dégrèvements : le bénéfice est resté aux mains des intermédiaires, le consommateur n'en a pas profité. Ces dégrèvements n'ont donné aucun des effets que vous en attendiez, et alors vous avez retrouvé, cinq ans après, une situation financière troublée, et une grande partie des débats électoraux, en 1885, a porté sur ce point.

Voilà où mènent les dégrèvements précipités. *(Très bien! très bien!)*

Je supplie la Chambre d'y réfléchir et de ne pas recommencer aujourd'hui ce qui a été fait en 1878 et en 1879, alors qu'elle peut, en ajournant le dégrèvement du pétrole pendant une ou deux années, rendre à ce pays la situation financière qu'on cherche à reconstituer depuis huit années.

Je vous demande, Messieurs, de ne pas compromettre au dernier moment, l'œuvre qui a été entreprise et qui est le but des efforts du parti républicain tout entier. *(Dénégations à l'extrême gauche.)*

C'est cette politique qui est en question, et je répète, puisqu'on proteste, que très certainement la *réalisation de l'unité budgétaire a été l'œuvre du parti républicain tout entier.* Je vous supplie instamment de ne pas compromettre par le vote qu'on sollicite de vous l'accomplissement de notre reconstitution financière. *(Très bien! très bien! et applaudissements au centre et sur divers bancs à gauche. — Aux voix!)*

M. le Président. La Chambre se souvient qu'elle a voté pour le n° 497 : « Huiles de pétrole, de schiste et autres huiles minérales propres à l'éclairage », 7 francs les 100 kilogrammes net pour les brutes, aux deux tarifs, et 12 francs pour les raffinées et essences, aux deux tarifs.

Le Sénat propose de reprendre ses anciens chiffres, c'est-à-dire 18 francs pour les brutes et 24 francs pour les raffinées et essences; mais il supprime le tarif minimum.

La Commission accepte les chiffres de 18 francs pour les huiles brutes, et 24 francs pour les huiles raffinées, avec suppression du tarif minimum.

Ce sont les conclusions de la Commission que je vais mettre aux voix.

M. Leydet. C'est 24 francs au lieu de 23 francs, que la Chambre ne l'oublie pas !

M. le Président. La Commission propose 24 francs et 18 francs.

M. Leydet. L'écart est donc de 6 francs et non pas seulement de 5 francs!

M. Paulmier. Je demande la parole pour expliquer mon vote.

M. le Président. La parole est à M. Paulmier.

M. Paulmier. Messieurs, lorsque cette question du pétrole est venue ces jours derniers en discussion devant vous, la Chambre ne s'était pas encore prononcée sur les articles du tarif de douane applicables aux graines oléagineuses, et nous pouvions espérer qu'elle accorderait à l'agriculture une protection semblable à celle qu'elle avait accordée à la plupart des industries. C'est pour ce motif que nous avions, un certain nombre de mes amis et moi, voté contre l'amendement de l'honorable M. Viette, considérant comme un devoir de protéger la culture des graines oléagineuses en France aussi bien contre les huiles minérales que contre les huiles végétales étrangères.

Mais, depuis, un fait nouveau s'est produit : vous avez accordé l'exemption à toutes les graines oléagineuses étrangères et vous avez ainsi porté à la culture du colza et des autres graines analogues, un coup mortel qui, selon nous, équivaut à la suppression absolue de ces cultures.

Dans ces conditions, étant aujourd'hui dans l'impossibilité de défendre sur ce point les intérêts agricoles, nous voulons au moins défendre les intérêts du consommateur en abaissant autant que possible le prix de l'éclairage des classes ouvrières. C'est pour cela que, bien que nous ayons voté la semaine dernière « contre » l'amendement de M. Viette, nous voterons aujourd'hui « pour » cet amendement. *(Vifs applaudissements à droite et à l'extrême gauche.)*

M. le Président. Je mets aux voix les conclusions de la Commission des douanes tendant à l'adoption des chiffres proposés par le Sénat sur les huiles de pétrole, de schiste, etc..., 18 francs et 24 francs, avec suppression du tarif minimum.

J'ai reçu une demande de scrutin signée par MM. Mathé, Dubois, Lasbaysses, Delcassé, Vival, Bony-Cisternes, Maurice Faure, Pajot, Dellestable, Guyot-Dessaigne, Maigne, Montaut, Deniau, Razimbau, Gacon, Terrier, Baulard, Ducoudray, Dumas, etc.

Le scrutin est ouvert.

(Les votes sont recueillis. — MM. les Secrétaires en font le dépouillement.)

M. le Président. MM. les Secrétaires m'annoncent qu'il y a lieu à pointage.

Il va être procédé à cette opération.

La séance est suspendue.

(La séance, suspendue à quatre heures un quart, est reprise à quatre heures trente-cinq minutes.)

M. le Président. Voici le résultat du dépouillement du scrutin vérifié :

Nombre des votants.	508
Majorité absolue	255
Pour l'adoption. 247	
Contre. 261	

La Chambre des Députés n'a pas adopté.

Je mets entre les mains que la proposition qui avait été votée par la Chambre, aux termes de laquelle les droits seraient de 7 francs sur le pétrole brut et de 12 francs sur le raffiné, aux deux tarifs.

M. Boudenoot. Je demande la parole pour présenter un amendement. *(Exclamations à droite.)*

M. Jolibois. Mais alors, c'est du marchandage! *(Bruit.)*

M. le Président. La parole est à M. Boudenoot.

M. Boudenoot. Je ne retiendrai que très peu d'instants l'attention de la Chambre. J'ai l'honneur de déposer sur le bureau l'amendement suivant : « Les soussignés ont l'honneur de proposer que le droit sur le pétrole brut soit fixé à 13 francs et que le droit sur le pétrole raffiné soit fixé à 18 francs. *(Mouvements divers.)*

Je demande à la Chambre la permission — et je lui promets d'être extrêmement bref — *(Bruit à droite. — Aux voix!)* — de lui donner des raisons qui motivent l'amendement que je lui soumets. *(Interruptions.)*

M. le Président. Messieurs, notre collègue a le droit de présenter un amendement et de le développer.

M. Boudenoot. J'aurais déjà fini, Messieurs, si vous aviez bien voulu me laisser vous indiquer en quelques mots les raisons qui me font présenter ma proposition. La pensée qui l'a inspirée est une pensée de transaction. *(Interruptions à l'extrême gauche et à droite.)*

M. le Président. Messieurs, il est inadmissible que vous ne veuillez pas permettre à vos collègues d'user de leur droit d'amendement et de discussion.

Vous avez la parole, Monsieur Boudenoot, et je vous prie d'en user librement et dans la limite qui vous conviendra. *(Très bien! et applaudissements.)*

M. Boudenoot. Je remercie M. le Président de la protection qu'il veut bien m'accorder. J'userai, en effet, de mon droit, mais je n'en userai pas longtemps.

Les chiffres qui avaient été votés par la Chambre étaient de 7 francs et de 12 francs. Le Sénat, à une majorité considérable, puisqu'elle a été de 150 voix, a ramené les droits à 18 francs et 24 francs.

Eh bien, c'est dans la pensée que le Sénat acceptera plus aisément une transaction... *(Exclamations en sens divers)* et qu'il votera les droits que je propose plutôt que ceux qu'il a déjà repoussés à une si forte majorité; c'est, dis-je, dans cette pensée, et afin d'arriver rapidement à une entente entre les deux Assemblées, que j'ai déposé mon amendement.

Je n'en dis pas davantage et j'espère que le Gouvernement et la Commission des douanes voudront bien accepter ma proposition et même la soutenir en quelques mots. *(Très bien! très bien! sur divers bancs à gauche et au centre.)*

M. le Président. La parole est à M. Viette.

M. Viette. Je croyais qu'en repoussant le projet du Sénat la Chambre adoptait pour la troisième fois... *(Très bien! très bien! à gauche et à droite.)* la proposition que j'ai eu l'honneur de lui présenter. *(Applaudissements sur divers bancs.)*

M. Boudenoot vous apporte ce qu'il appelle une proposition transactionnelle, c'est-à-dire un moyen terme.

Messieurs, cette proposition ne vaut pas le projet du Sénat. Si j'avais le choix entre la proposition de l'honorable M. Boudenoot et celle qui a été défendue par le Gouvernement, je me rallierais immédiatement à celle du Gouvernement. *(Très bien!)*

En effet, l'honorable M. Jules Roche vous disait : « Lorsqu'on ne dégrève que de 10 centimes le litre de pétrole, on court le risque de faire ce dégrèvement uniquement au profit du marchand ou du producteur.

A plus forte raison si, au lieu de 10 centimes le litre, vous ramenez le dégrèvement à 5 centimes. *(Très bien! C'est cela!)* Oh! alors oui, dans ce cas, je partagerais l'opinion de l'honorable M. Jules Roche, et c'est pour cela que je vous demande de repousser l'amendement de M. Boudenoot. *(Applaudissements.)*

M. Camille Dreyfus. Je demande la parole.

M. le Président. Vous avez la parole.

A gauche. Il ne s'agit que d'une prise en considération.

M. Camille Dreyfus. Messieurs, je vous demande de vouloir bien me permettre de développer en quelques mots très courts les raisons pour lesquelles je pense qu'il faut prendre en considération l'amendement de M. Boudenoot. *(Mouvements divers.)*

M. le Président. Il ne s'agit pas d'une prise en considération, — tel est, je crois du moins, l'avis de la Commission, — car autrement vous ne pourriez pas avoir la parole. *(On rit.)*

M. le Rapporteur général. Nous acceptons la discussion au fond, monsieur le Président.

M. Camille Dreyfus. Alors, je demande à la Chambre la permission de lui dire en quelques mots très rapides les raisons pour lesquelles l'amendement de M. Boudenoot doit être accepté au fond.

Je demande d'abord que, si la Chambre fait ce pas vers le Sénat, le Gouvernement nous déclare si l'amendement de M. Boudenoot, au cas où il serait voté par le Sénat, aura son appui devant le Sénat. *(Mouvements divers.)* C'est une première condition.

Il s'agit de savoir si le vote qui sera émis par cette assemblée sera défendu par le Gouvernement devant le Sénat; autrement, il serait plus expédient pour la Chambre de maintenir ses premiers votes.

Mais, si le Gouvernement devait accepter l'amendement de M. Boudenoot, je considère... *(Interruptions au centre)* ... Je ne cherche pas de renversement ministériel, monsieur Léon Say. *(Bruit.)*

M. Jolibois. Personne n'y songe!

M. Camille Dreyfus. Je cherche en ce moment à réaliser, avec le moindre inconvénient possible, le dégrèvement que nous voulons tous faire.

L'argument principal apporté à la tribune contre l'amendement de M. Viette a été le déficit considérable qu'il causerait dans le budget.

M. Viette. Si la Chambre le veut, nous n'appliquerons le nouveau tarif qu'à partir du 1er juillet 1892, et nous verrons bien!

M. Camille Dreyfus. Je vais répondre à votre observation et essayer de démontrer que votre proposition est la plus dangereuse.

Je dis qu'il serait expédient, si l'on craint le déficit budgétaire, de faire porter la réforme sur deux années et qu'il doit être entendu que le dégrèvement, fait pour moitié cette année, sera complété pour moitié l'année prochaine. *(Interruptions.)*

Vous aurez ainsi répondu à la principale objection, qui est celle du déficit budgétaire.

Quant à la proposition de M. Viette, tendant à faire partir le dégrèvement que du 1er juillet, je supplie notre honorable collègue de réfléchir aux conséquences commerciales qu'entraînerait son adoption.

Les importations du pétrole cesseraient comme par enchantement le jour où les deux Chambres seraient mises d'accord, pour ne reprendre que lorsque le tarif abaissé entrerait en vigueur; en sorte que d'ici au 1er juillet, il se produirait sur le marché des pétroles une spéculation dont vous ne voudrez pas, Messieurs, j'en suis sûr, prendre la responsabilité. *(Interruptions à droite.)*

Chaque fois qu'on a voté des dégrèvements à une date fixe, mais éloignée du jour où le vote a été rendu, il y a eu des mouvements sur le marché. Il faut que l'exemple du passé nous serve.

Dans ces conditions, si le Gouvernement veut s'engager à prendre devant le Sénat la défense de l'amendement de M. Boudenoot, je crois que la Chambre ne devrait pas hésiter à le voter. *(Très bien! très bien! sur divers bancs. — Mouvements divers.)*

M. Lechevallier. Au nom de plusieurs de mes amis et au mien, je demande à la Chambre la permission d'expliquer le vote que nous allons émettre sur l'amendement qui vient d'être proposé par notre honorable collègue M. Boudenoot.

Contrairement à l'opinion émise il y a quelques instants par notre collègue M. Paulmier, au nom de ses amis de la droite...

Plusieurs membres à droite. Non! non! M. Paulmier a parlé en son nom personnel.

M. Lechevallier. ... je considère que la culture du colza est très intéressée au maintien des droits actuels sur les pétroles, et que cette culture, déjà compromise par les votes antérieurs du Parlement, sera absolument perdue si les droits sont réduits à 7 francs et à 12 francs.

C'est pourquoi, regrettant le vote qui vient d'être émis par la Chambre, je déclare que je voterai l'amendement de notre honorable collègue M. Boudenoot. *(Très bien! très bien! sur divers bancs. — Aux voix!)*

M. le Président. La parole est à M. le Commissaire du Gouvernement.

M. Pallain, *directeur général des douanes, Commissaire du Gouvernement.* Messieurs, je ne rentrerai pas dans la discussion des évaluations de recettes des douanes pour le budget de 1892; cependant, vous me permettrez de dire, avec la connaissance spéciale que l'administration des douanes peut avoir de ses opérations, qu'à l'heure actuelle les entrées anticipées sur les marchandises exemptes au tarif actuel et taxées dans le nouveau régime, et sur les marchandises actuellement taxées et surtaxées dans le nouveau régime, sont considérables et qu'il s'en prépare de plus considérables encore.

M. Viette. Je demande la parole.

M. le Commissaire du Gouvernement. Comme vous avez fixé l'application du tarif au 1er février, ne doutez pas que d'ici-là des entrées considérables viendront réduire d'autant les recettes que vous pouviez attendre. *(Mouvements divers.)*

A droite. Ce n'est pas le cas pour le pétrole!

M. le Commissaire du Gouvernement. C'est une vérité absolue, confirmée par les avis que nous recevons tous les matins de nos bureaux de douane et qui se confirmera de plus en plus jusqu'à la date du 1er février.

S'il en est ainsi, il est évident que la mesure qu'on nous propose viendrait affecter d'une façon plus particulière encore l'équilibre du budget de 1892.

M. le Ministre des Finances, désireux de voir l'accord se faire entre les deux Chambres, serait disposé à se rallier à l'amendement qui vient d'être présenté par l'honorable M. Boudenoot si la Chambre voulait bien consentir — je le lui demande en son nom — à ce que la date d'application de la réforme fût retardée.

M. Viette. Nous l'avons proposé nous-mêmes!

M. le Commissaire du Gouvernement. Monsieur le Député, j'ai à faire à forte partie en vous combattant; permettez à un simple Commissaire du Gouvernement de continuer sa communication.

Je disais que M. le Ministre des Finances serait disposé à se rallier à l'amendement, qui cependant entraînerait une diminution de recettes de plus de 12 millions, — car il faut tenir compte de la réduction qu'il serait nécessaire d'opérer sur les droits des huiles lourdes qui viennent presque exclusivement de Russie, — si la Chambre, par un sentiment d'accord avec le Gouvernement et avec le Sénat, voulait bien, en vue de ne pas rompre l'équilibre du budget de 1892, ajourner à une date ultérieure la mise à exécution du nouveau tarif.

Telle est, Messieurs, la communication que j'avais à vous faire. *(Très bien! très bien! sur divers bancs.)*

M. Viette. Messieurs, notre honorable collègue de Saône-et-Loire M. Magnien a déposé une proposition à laquelle j'ai déclaré que je me ralliais d'avance, et qui tend à fixer au 1er août 1892 l'application des nouveaux droits sur les pétroles. Par conséquent, l'honorable Commissaire du Gouvernement a satisfaction : nous lui avions accordé de nous-mêmes ce qu'il vous demande comme un moyen de transaction. *(Très bien! très bien!)*

Il nous a dit qu'on avait fait de grands approvisionnements de pétrole.

M. le Commissaire du Gouvernement. Je n'ai pas parlé du pétrole, mais des marchandises en général.

M. Viette. Vous avez visé les autres produits. J'ai déjà discuté cette question et fait voir qu'il resterait une marge d'environ 50 millions pour parer à tous les mécomptes, même à ceux qui résulteraient des approvisionnements anticipés.

J'accepte d'ajourner l'application des nouveaux droits sur les pétroles au 1er août : mais je déclare que l'amendement soutenu ici par MM. Boudenoot et Dreyfus ne donne satisfaction à personne, ni aux consommateurs ni au Trésor. La consommation n'augmentera pas et le budget perdra purement et simplement la différence. *(Très bien! très bien!)*

Quant à moi, si j'étais forcé d'opter, je préférerais encore la proposition du Gouvernement, qui fixe les droits sur le pétrole à 18 francs pour le brut et à 24 francs pour le raffiné. Il n'y a pas de moyen terme. *(Très bien! très bien!)*

Je demande donc à la Chambre, qui a manifesté par trois fois l'intention d'adopter ma proposition, veuille bien voter le droit de 12 francs pour le raffiné et de 7 francs pour le brut. *(Très bien! très bien! — Aux voix!)*

M. le Président. Je vais mettre aux voix l'amendement de M. Boudenoot, qui propose de fixer à 13 francs au tarif général le droit sur le pétrole brut et à 18 francs le droit sur le pétrole raffiné.

M. Viette vient de faire allusion à un amendement que M. Magnien a déposé et qui est ainsi conçu : « L'application de la présente loi, en ce qui concerne le n° 197, n'aura lieu qu'à partir du 1er août 1892 ».

Je n'en avais pas donné lecture parce qu'il ne pourra venir en discussion qu'après le vote de la proposition principale.

Pour le moment, la Chambre a à statuer sur l'amendement de M. Boudenoot.

Il y a sur cet amendement deux demandes de scrutin, signées :

La première, par MM. Méline, Viger, Lascombes, Legras, Lebon, Cabart-Danneville, Bertrand, Boudenoot, Thomas, Lechevallier, Vian, Rozet, Krantz, Millochau, Morillot, Noël-Parfait, etc.

La deuxième, par MM. Mathé, Bony-Cisternes, Vival, Gacon, Guyot-Dessaigne, Pajot, Razimbaud, Deniau, Ducoudray, Dumas, Labrousse, Montaut, Lasbaysses, Dellestable, Terrier, Baulard, Guillemet, etc.

Le scrutin est ouvert.

(Les votes sont recueillis. — MM. les Secrétaires en font le dépouillement.)

M. le Président. Messieurs, le bureau est d'avis qu'il y a lieu au pointage des votes.

Il va y être procédé.

(L'opération a lieu. — La séance, suspendue à cinq heures cinq minutes, est reprise à cinq heures vingt.)

M. le Président. Voici le résultat du dépouillement du scrutin, après vérification :

Nombre des votants.	510
Majorité absolue	256
Pour l'adoption.	239
Contre.	271

La Chambre des députés n'a pas adopté.

Nous arrivons aux droits qui avaient été votés antérieurement par la Chambre et qui sont : pour le pétrole brut 7 francs et pour les raffinés et essences 12 francs, au tarif général, les 100 kilogrammes nets.

Ce sont ces chiffres que je mets aux voix.

(Ces chiffres sont adoptés.)

M. le Président. M. Magnien a déposé une disposition additionnelle ainsi conçue :

« L'application de la présente loi, en ce qui concerne le n° 197, n'aura lieu qu'à partir du 1er octobre 1892. »

M. le Hérissé. Le 1er juillet !

M. le Président. La parole est à M. Magnien.

M. Magnien. La Chambre comprendra la raison qui m'a déterminé à lui soumettre cet article additionnel. Je tiens à vous le dire : le vote que vous venez d'émettre aura pour conséquence immédiate, dès demain, la fermeture complète de toutes les usines et, par suite, la ruine et la misère de tous les ouvriers, au nombre de deux mille, qui y sont employés. C'est donc 2.000 familles, comprenant environ 10.000 personnes, que vous laissez, à partir de demain, sans pain et sans ressources.

M. Gauthier (de Clagny). Quand on a voté les droits sur le maïs, on a fait la même chose : on a mis des ouvriers sur le pavé.

M. Magnien. C'est une expropriation complète que vous faites ; vous expropriez une industrie qui a coûté des millions à ceux qui l'exploitent, vous venez d'en décréter la ruine et en même temps vous privez des ouvriers de leur travail et vous les plongez dans une misère absolue.

Je vous demande donc, Messieurs, au nom de ces ouvriers qui ont besoin, pour vivre, du modique salaire que leur donnait la fabrication des schistes et que vous leur avez retiré, je vous demande de leur laisser le temps de retrouver du travail, en se procurant une autre situation. Dans ce but, le délai du mois d'octobre, que je sollicite, ne me paraît que bien juste suffisant pour arriver à ce résultat.

Voix diverses. Juillet ! — Un délai de six mois est bien suffisant.

M. Magnien. L'adoption du délai que je propose sera également utile et nécessaire à une industrie, florissante hier, et condamnée à être ruinée demain, si elle ne l'est pas complètement dès aujourd'hui.

Dans le double intérêt des ouvriers et des fabricants, je vous demande d'accepter l'ajournement au 1er octobre de l'application des droits que vous venez de voter.

M. le Président. M. Magnien propose que l'application de la présente loi, en ce qui concerne le n° 197, n'ait lieu qu'à partir du 1er octobre 1892.

M. le comte Armand. M. le Commissaire du Gouvernement avait proposé la date du 1er juillet, il me semble. Je demande l'avis du Gouvernement.

M. le Président. Si vous voulez faire une proposition, je la mettrai aux voix.

M. le comte Armand. Non. Nous voterons simplement contre la proposition de M. Magnien.

M. Marius Martin. Je demande que le n° 197 ne soit appliqué qu'à partir du 1er juillet.

M. le Président. Alors, c'est une proposition nouvelle qui constitue un sous-amendement et que je dois mettre tout d'abord aux voix. *(Réclamations sur divers bancs.)*

Si la Chambre le préfère, je suis prêt à mettre aux voix le terme le plus éloigné, c'est-à-dire la date du 1er octobre. *(Oui! oui! sur un grand nombre de bancs.)*

Je mets aux voix la proposition de M. Magnien, qui tend à reporter au mois d'octobre prochain le délai d'application de la présente loi, en ce qui concerne le n° 197.

(Après une première épreuve à main levée déclarée douteuse, la Chambre, consultée par assis et levé, adopte cette proposition.)

M. le Président. Ce paragraphe deviendra l'article 19 de la loi.

SÉNAT

Séance du 5 janvier 1892.

Dépôt et lecture du Rapport sur le projet de loi relatif au Tarif général des Douanes. Discussion immédiate. — Adoption.

M. le Président. La parole est à M. Dauphin.

M. Dauphin. J'ai l'honneur de déposer sur le bureau du Sénat le rapport fait au nom de la Commission générale des douanes, chargée d'examiner le projet de loi adopté par la Chambre des députés, adopté avec modifications par le Sénat, modifié par la Chambre des députés, adopté avec de nouvelles modifications par le Sénat, modifié de nouveau par la Chambre des députés, relatif à l'établissement du tarif général des douanes. *(Lisez! lisez!)*

M. le Président. On demande la lecture du rapport.

Il n'y a pas d'opposition?...

La parole est à M. le Rapporteur général.

M. Dauphin, *rapporteur général.* Messieurs, après la dernière délibération du Sénat sur le tarif général des douanes, il ne restait que trois points de désaccord entre la Chambre des députés et lui: le tarif des chanvres peignés, celui des pétroles et la disposition transitoire sur les farines.

La Chambre des députés a accepté la décision du Sénat sur les chanvres peignés. Elle a maintenu son vote sur les pétroles, c'est-à-dire 7 francs sur les bruts et 12 francs sur les raffinés. Elle a persisté à accorder, dès à présent, à la meunerie française le bénéfice du nouveau système de tarification sur le taux d'extraction, mais elle a modifié ses premiers chiffres en les mettant en rapport avec le droit provisoire de 3 francs qui s'applique au blé jusqu'au 1er juin prochain.

La Commission des douanes propose au Sénat d'accepter la décision de la Chambre au sujet des farines. Quoique cette modification inattendue de la loi du 2 juillet 1891 doive amener une perturbation dans le commerce d'importation, elle ne pense pas qu'il y ait lieu d'insister dans une question où aucun principe n'est engagé.

Mais, sur les pétroles, il lui est impossible de proposer l'adoption du projet de loi dans les termes où il lui est renvoyé.

Là, il s'agit de l'équilibre du budget de 1892, où, malgré la remise de l'effet de la loi au 1er octobre prochain, un déficit considérable se produit, ainsi qu'au budget de 1893 dont les recettes, notamment celles des douanes, sont inconnues. Elle pense qu'il ne faut faire de dégrèvement que lorsque les ressources pour y faire face apparaissent clairement. C'est assez pour un exercice d'avoir consacré 50 millions à l'abaissement des tarifs de la grande vitesse.

Il s'agit aussi de la protection d'industries nationales et des négociations à entamer avec l'Amérique, vis-à-vis de laquelle l'échéance, fixée d'avance au 1er octobre prochain, nous désarmerait.

Enfin, le Gouvernement, en renonçant à demander au Sénat de maintenir sa première résolution, a annoncé, comme il l'avait fait dans les discussions publiques sur l'article 197, qu'il préparait un projet de loi sur les pétroles, qu'il avait ouvert une enquête et qu'il sera prêt dans quelques mois à présenter ce projet où il espère concilier un dégrèvement avec une moindre perte que celle qu'occasionneraient ces tarifs votés par la Chambre, sans aucune compensation.

Dans ces circonstances, la Commission des douanes propose au Sénat de maintenir le *statu quo* jusqu'au 30 septembre 1892 inclusivement, c'est-à-dire 18 francs sur les pétroles bruts et 25 francs sur les raffinés.

Cette résolution témoigne du désir d'arriver dès cet exercice à un dégrèvement du pétrole, si, comme on peut l'espérer, le Gouvernement apporte un projet qui garantisse dans une juste mesure la production indigène, ménage les intérêts du Trésor et laisse une espérance de négociations au profit de notre commerce général d'exportation.

Votre Commission espère que le Sénat acceptera ses conclusions et que la Chambre, éclairée sur nos intentions, ratifiera notre vote.

Ces conclusions se réaliseraient dans le projet de loi d'abord par la suppression de l'article 197, ensuite par une réduction de l'article 19 :

« Les droits résultant de la loi du 7 mai 1881 et portés sous le n° 197 du tableau A annexé à la présente loi, ne seront perçus que jusqu'au 30 septembre 1892 inclusivement. »

J'ai l'honneur de demander au Sénat, d'accord avec le Gouvernement, de vouloir bien déclarer l'urgence.

M. le Président. Je consulte le Sénat sur l'urgence qui est demandée par la Commission, d'accord avec le Gouvernement.

Il n'y a pas d'opposition ?...

L'urgence est déclarée.

Je consulte le Sénat sur la discussion immédiate qui est demandée par vingt de nos collègues dont voici les noms : MM. Trarieux, Émile Loubet, Jules Ferry, Barthélemy-Saint-Hilaire, Félix Martin, Sébline, Gailly, Adolphe Cochery, Léon Renault, Émile Labiche, Eugène Gouin, Buffet, Vinet, Jules Godin, Bernard Lavergne, Chalamet, Jean Macé, René Goblet, plus deux signatures illisibles.

(La discussion immédiate est prononcée.)

M. le Président. Le Sénat est-il d'avis de procéder aujourd'hui même à la discussion ? *(Oui ! oui !)* Quelqu'un demande-t-il la parole pour la discussion générale ?...

Personne ne s'oppose à ce que le Sénat passe à la discussion des articles ?

Sauf réclamation, je ne consulterai le Sénat que sur les dispositions qui ont été modifiées par la Chambre des députés.

« Article premier, tableau A. N° 197 : Huiles de pétrole. »

La Commission propose la suppression de ce numéro du tarif.

Dans ces conditions, je vais mettre aux voix le n° 197 tel qu'il a été voté par la Chambre des députés ; ceux de MM. les Sénateurs qui partageront l'avis de la Commission voteront contre le n° 197.

M. Lacombe *et plusieurs sénateurs.* Quel est l'avis du Gouvernement ?

M. Rouvier, *ministre des Finances, de sa place.* Sur le fond, le Gouvernement n'a pas d'objections à faire aux propositions de la Commission du Sénat, mais il y a une question de forme qui ne nous apparaît pas bien nette alors que nous n'avons pas le texte sous les yeux.

Il semble que le rapport qui vient d'être lu conclut à supprimer du tarif les deux articles relatifs aux pétroles et à insérer une disposition législative à la fin du tarif.

Il nous paraît préférable de ne pas supprimer ces deux articles, de façon à leur conserver leur place et leur numéro, en répétant les droits actuels en regard des numéros, sauf à introduire ensuite la disposition dont M. le Rapporteur général a donné lecture.

Dans ces conditions, nous ne faisons pas d'opposition aux propositions de la Commission des douanes.

M. le Président. Vous avez entendu, Messieurs, la proposition du Gouvernement. Elle consiste à maintenir le n° 197, en remplaçant les taxes fixées dans ce numéro par les droits existant actuellement.

Comme ces chiffres sont plus élevés que ceux qui sont proposés par la Chambre des députés ; je devrais les mettre d'abord aux voix ; mais auparavant, je dois demander à la Commission de vouloir bien faire connaître son avis.

M. Jules Ferry, *président de la Commission.* La Commission accepte le changement de forme proposé par le Gouvernement, avec la mention « jusqu'au 1er octobre 1892 ».

M. le Président. Conformément à la proposition du Gouvernement, acceptée par la Commission, le n° 197 serait ainsi rédigé :

« Huiles de pétrole de schiste et autres huiles minérales propres à l'éclairage. » — Ici se place une note A, qui a été votée par la Chambre des députés et par le Sénat. — « ... brutes, 100 kilogrammes net : 18 francs ; raffinées et essences, 100 kilogrammes : 25 francs.

Quelqu'un demande-t-il la parole?

M. Tolain. Je demande la parole.

M. le Président. La parole est à M. Tolain.

M. Tolain. Messieurs, je ne retiendrai que très peu de temps l'attention du Sénat; je regrette de venir encore retarder son vote sur une question qui a réuni l'adhésion de la Commission des douanes et du Gouvernement.

Je ne puis pas, Messieurs, me rallier à cette proposition. Je cherche sa signification, et elle me paraît dangereuse. Il m'avait semblé que pour tous, non seulement pour la Chambre des députés, mais aussi pour le Sénat et surtout pour le Gouvernement, un dégrèvement devait être le résultat des longues discussions qui ont eu lieu sur la question des pétroles.

Or, il me paraît que le vote qu'on sollicite de vous tend, dans les termes où on vous demande de le rendre, à écarter cette promesse de dégrèvement, ou, du moins, à la laisser dans l'ombre.

M. le Ministre des Finances. Je demande la parole.

M. Tolain. Je sais bien que M. le Rapporteur parle de dégrèvement dans son rapport, je sais bien que le Gouvernement a, par des déclarations successives, manifesté son intention bien positive, bien formelle de présenter une loi sur le régime des pétroles. Mais enfin, je ne crois pas blesser le ministère en disant que les déclarations d'un Ministre ou d'un Gouvernement n'engagent que lui, que nous sommes tous mortels, les ministères comme les autres *(Rires)...* que les ministres qui siègent sur ces bancs en ce moment peuvent n'y plus être demain. Je ne crois pas les blesser, je le répète, en disant cela...

M. de Freycinet, *président du Conseil, ministre de la Guerre.* Pas le moins du monde!

M. Tolain. Dans ces conditions, je dois rechercher quelle a été l'intention de la Chambre des députés — intention devant laquelle vous n'êtes pas obligés de vous incliner, cela est bien évident, mais dont vous pouvez cependant tenir compte, comme la Chambre peut tenir compte des votes du Sénat. Cette intention a été, manifestement, d'opérer un dégrèvement — la Chambre en a même indiqué le chiffre — devant recevoir son application à partir du 1er octobre; elle a voulu s'assurer, en arrêtant une date fixe, que le dégrèvement serait opéré, ou qu'une loi instituant un nouveau régime des pétroles serait présentée, d'ici au 1er octobre, laissant ainsi aux deux Assemblées un délai suffisant pour se mettre d'accord.

M. le Ministre du Commerce. Si les deux Chambres ne parvenaient pas à s'entendre, ce serait l'entrée en franchise!

M. Tolain. C'est mon avis, monsieur le Ministre; je suis absolument convaincu comme vous que si, dans la situation actuelle, nous n'arrivions pas à nous entendre sur le régime nouveau des pétroles, que vous viendrez nous proposer d'ici au 1er octobre, les pétroles entreraient en franchise.

M. le Ministre du Commerce. Voilà le vrai dégrèvement!

M. Tolain. Ce serait un dégrèvement beaucoup trop considérable probablement à votre avis.

M. le Ministre du Commerce. Assurément!

M. Tolain. Vous seriez donc obligés, alors, en face d'un désaccord entre la Chambre et le Sénat, de maintenir le *statu quo,* c'est-à-dire le droit actuel, en attendant que l'accord s'établisse. Je dis qu'il y a là une foule d'hypothèses qui se présentent...

Un sénateur à droite. C'est évident!

M. Tolain. ...et quand on examine la loi votée par la Chambre des députés, qui garantit le budget contre tout déficit jusqu'au 1er octobre — ce qui vous donne le temps d'étudier le régime des pétroles, — quand on est partisan du dégrèvement des pétroles, estimant que ce dégrèvement est utile, légitime, qu'il est le meilleur peut-être de tous ceux qu'il était possible d'opérer dans le budget actuel, quand on considère que ce dégrèvement, par l'augmentation de la consommation, ne peut créer qu'un déficit passager dans le budget, on comprend bien quelle a été l'intention de la Chambre en fixant les droits et en arrêtant une date pour leur application dans le cas où le Gouvernement et les Chambres ne se seraient pas mis d'accord sur le régime à appliquer aux pétroles.

Dans ces conditions, je ne vois aucun inconvénient à adopter la décision prise par la Chambre à diverses reprises; au contraire, je vois dans la proposition de la Commission des douanes, telle qu'elle vous est faite, une sorte d'ajournement qu'on ne comprendra pas dans le pays.

Vous aurez rendu un vote qui sera, pour beaucoup de personnes, inintelligible, et vous n'aurez pas fait avancer d'un pas la question qui vous est soumise.

Par tous ces motifs, je vous demande de vouloir bien voter les droits adoptés par la Chambre des députés.

M. le Président. La parole est à M. le Ministre des Finances.

M. le Ministre des Finances. Messieurs, je dois d'abord rectifier un fait et préciser la situation

13

qui découle du vote de la Chambre des députés. Je m'expliquerai ensuite sur les raisons qui déterminent le Gouvernement à se rallier à la proposition de la Commission des douanes du Sénat.

Le fait qu'il faut préciser est celui-ci : Alors même que le Sénat voudrait accepter les droits votés par la Chambre pour le 1er octobre, il serait encore nécessaire de retourner devant la Chambre pour lui faire fixer le régime douanier des pétroles du 1er janvier au 1er octobre, régime qu'elle a négligé d'inscrire dans le tarif général des douanes. Comme un tarif abroge le tarif antérieur, la question de savoir si on peut, en ne visant que la pensée du législateur et sans se reporter au texte, continuer à percevoir les droits existants, serait au moins douteuse.

Donc, en toute hypothèse, la première partie de la proposition de la Commission des douanes doit être nécessairement votée. Si le Sénat voulait ensuite se rallier à la proposition de la Chambre, il n'y a pas de contradiction entre les deux. Mais telle n'est pas la proposition que vous fait votre Commission : elle prend, si l'on peut ainsi parler, la contre-partie de la proposition adoptée par la Chambre des députés.

La Chambre a dit quel serait le régime des pétroles à partir du 1er octobre ; le Sénat propose de dire quel sera le régime jusqu'au 1er octobre.

Cette question du dégrèvement des droits du pétrole a surgi devant la Chambre des députés, pour la première fois, vous le savez tous, au cours de la discussion du budget. Un membre de la Chambre proposa la réduction qui vient d'être votée dans la discussion du budget. Je m'y suis opposé comme c'était mon devoir de Ministre des Finances.

Mais au cours des explications que j'ai données à la Chambre des députés, et que j'ai eues à répéter depuis devant la Commission des douanes du Sénat, j'ai toujours déclaré que le Gouvernement n'était pas hostile au principe du dégrèvement, qu'il considérait que c'était un des articles du tarif général qui, ayant un caractère plutôt fiscal, devraient être réduits dès qu'on connaîtrait exactement le rendement du tarif que l'on votait ; mais qu'il nous paraissait prudent d'attendre jusqu'à ce moment, c'est-à-dire d'ajourner jusqu'au budget de 1893, jusqu'au 1er janvier 1893, par conséquent, toute réduction de droit sur les pétroles.

Quelqu'effort qu'ait fait le Gouvernement à ce moment, ses vues ne prévalurent pas et ce ne fut que par suite d'une défectuosité de rédaction dans l'amendement de M. Viette que la réduction de droit ne fut pas libellée dans le projet même de budget de 1892.

On se borna à réduire de 600.000 francs les produits des droits sur les pétroles ; mais l'amendement n'avait pas formulé une proposition ferme tendant à la réduction du droit lui-même, si bien que la question restait indécise.

Une deuxième fois, dans la discussion du tarif des douanes, la Chambre des députés vota la proposition de M. Viette et réduisit le droit du pétrole à 12 francs. Vous êtes revenus sur cette proposition et vous l'avez renvoyée à la Chambre en maintenant, à 1 franc près, si je ne me trompe, la tarification actuelle.

La Chambre a encore persisté dans sa volonté arrêtée de dégrever les pétroles, après un nouveau débat, — débat complet, cette fois, — dans lequel M. le Ministre du Commerce a exposé de nouveau toutes les raisons qui pouvaient être invoquées pour que la détaxe des pétroles ne fût pas l'objet d'une improvisation, pour qu'elle fût renvoyée au Gouvernement, qui s'engageait à l'étudier et à présenter un projet.

Elle a ensuite, par une décision subséquente, résolu de ne faire partir l'application du dégrèvement qu'à partir du 1er octobre.

Le Gouvernement n'a pas demandé à la Commission du Sénat, il ne demande pas au Sénat lui-même de repousser les propositions de la Chambre, pas plus qu'il ne lui demande de les adopter.

Il nous paraît que la proposition de la Commission laisse la question entière en ce sens que le Gouvernement est, comme il l'a dit dès le début, résolu à saisir le Parlement d'une proposition de détaxe des pétroles.

Cette proposition de détaxe — et c'est là l'avantage de la formule qui vous est soumise et qui nous paraît de nature à rallier la majorité dans l'autre Chambre, — cette proposition de détaxe devra nécessairement être présentée par le Gouvernement avant le 1er octobre, parce que si le Gouvernement ne la présentait pas ou qu'il ne réussît pas à obtenir un vote des deux Chambres, il y aurait alors nécessairement, fatalement, au 1er octobre prochain, comme le disait tout à l'heure, dans une interruption, mon honorable collègue M. Jules Roche, suppression complète de tout droit sur les pétroles.

C'est là certainement une éventualité que, ni la Chambre des députés, ni la Commission des douanes du Sénat, ni le Sénat lui-même, pas plus que le Gouvernement, n'envisagent comme acceptable. Il en résulte donc pour nous plus qu'un engagement ferme, mais une obligation matérielle, inéluctable, d'apporter devant les Chambres en temps utile pour qu'elle puisse être appliquée au 1er octobre au plus tard, une loi de détaxe des pétroles. Ma déclaration donnera, je l'espère, satisfaction aux scrupules de l'honorable M. Tolain.

Je ne vais pas jusqu'à dire que la réforme que nous apporterons sera exactement celle qui a été votée par la Chambre. Il y a dans cette affaire — et c'est pour cela que je vais faire, de concert avec mon collègue

M. le Ministre du Commerce, une enquête approfondie — il y a, dis-je, des questions d'une très grande complexité à examiner et à résoudre.

Vous savez à combien de discussions elles ont donné lieu depuis nombre d'années, notamment en ce qui touche l'écart à établir entre le pétrole brut et le pétrole raffiné, si l'on veut ne pas donner de trop larges subventions à une industrie qui certainement est intéressante, comme toutes les industries, mais dont la prospérité ne paraît pas justifier un abandon aussi large que celui qui lui serait fait si l'on sanctionnait les deux chiffres votés par la Chambre. *(Très bien ! très bien !)*

Sur ce point, Messieurs, je formule à nouveau la réserve que j'indiquais tout à l'heure : nous ne disons pas que, dans notre projet, l'écart entre le brut et le raffiné sera semblable à celui de la Chambre, mais nous vous promettons de vous apporter une loi conçue dans un esprit de dégrèvement de nature à donner satisfaction à la volonté manifestée par la Chambre.

J'ajouterai un mot, parce qu'il n'est pas possible, même avec une rédaction nouvelle, de s'expliquer sur cette question, sans parler de la répercussion qu'elle peut avoir sur le budget, qui n'est pas encore définitivement voté par le Sénat. Nous considérons que l'adoption d'une tarification nouvelle sur le pétrole, répondant aux vœux qui ont eu l'approbation de la Chambre, représente une perte d'environ 5 millions pour le dernier trimestre. Ce serait donc, pour le budget qui vous est soumis, un déficit de 5 millions, si nous ne trouvions pas le moyen de le compenser.

Je dis tout de suite que le moyen qui nous apparaît comme le plus simple et aussi le plus naturel, puisqu'il découle de la situation qui nous est faite par le retard apporté au vote du budget, c'est de faire état du retard correspondant d'un mois qu'il est dès maintenant nécessaire d'apporter au dégrèvement de la grande vitesse.

Ce retard d'un mois dans le dégrèvement de la grande vitesse nous donne précisément, à quelques centaines de mille francs près, peut-être un million, une disponibilité budgétaire égale à celle qu'il nous faudrait pour opérer un dégrèvement sur les pétroles équivalant à celui qui est demandé par la Chambre, pour le dernier trimestre de 1892. *(Mouvements divers.)*

Un ajournement d'un mois du dégrèvement de l'impôt sur la grande vitesse s'impose, du moment que le budget n'a pu être promulgué au 31 décembre.

Dès le mois de février dernier, dans l'exposé des motifs du budget, je vous indiquais déjà qu'il fallait un délai de trois mois entre le vote de la loi de finances et la réalisation matérielle de la réforme pour que les services intéressés puissent recevoir leurs instructions, pour pouvoir modifier les imprimés, les barèmes. M. le Ministre des Travaux publics vous expliquera ces nécessités plus en détail, quand ce point du budget viendra en discussion.

Je pense que ces explications, allant au-devant des questions qui auraient pu être posées au Gouvernement, rassureront le Sénat sur les effets budgétaires de la proposition qui lui est faite par la Commission des douanes. Je déclare très nettement que la loi que le Gouvernement apportera sera une loi de dégrèvement...

M. Buffet. Vous réservez les chiffres.

M. le Ministre des Finances. Je ne donne pas de chiffres. Je parle d'une détaxe suffisante pour qu'il soit possible d'espérer que l'augmentation de la consommation, au bout d'un temps à déterminer, nous rendra l'ancien produit, dans une certaine période, ce qui suppose une détaxe suffisamment large. *(Très bien ! très bien ! sur divers bancs.)*

M. Dauphin, *rapporteur général.* Je demande la parole.

M. le Président. La parole est à M. le Rapporteur général.

M. le Rapporteur général. Messieurs, je crois qu'il est du devoir de la Commission d'exposer au Sénat les motifs pour lesquels elle a pris la décision qui a été consignée dans son rapport. Nous sommes parfaitement d'accord, le Gouvernement et la Commission, sur les conclusions à vous proposer; mais nous ne le sommes peut-être pas tout à fait sur quelques appréciations.

Je crois que si, au lieu des conclusions qu'elle a apportées, la Commission avait demandé au Sénat de persister dans son premier vote, elle aurait obtenu une majorité parmi vous. Il faudrait peut-être, par conséquent, de la part du Gouvernement, oserai-je ajouter de la part de la Chambre, nous savoir un peu gré du sacrifice que nous faisons en ce moment, car il y a sacrifice.

La Commission consent à entrer dans une voie de dégrèvement; c'est la première fois qu'elle dit cela en matière de pétroles. Elle avait soutenu jusqu'ici que l'heure n'était pas arrivée d'y songer, et elle était incitée à le dire, non seulement par ses propres inspirations, mais encore par celles qu'elle recevait du Gouvernement. *(Très bien ! très bien ! sur un grand nombre de bancs.)*

Le Gouvernement, en effet, s'est opposé par trois fois au vote de la Chambre des députés en la personne de M. le Ministre des Finances, il nous a demandé de maintenir les droits que nous avions votés dans notre dernière délibération ; et, si je comprends qu'en présence des votes répétés de la Chambre, le

Gouvernement, par des nécessités parlementaires qui n'échappent à personne et surtout à ses amis, se croit obligé de renoncer à persister dans la lutte, il n'en est pas moins vrai que de la part de votre Commission, plus libre peut-être dans ses allures, de la part du Sénat, plus libre encore que la Commission dans ses votes, la transaction que nous offrons est le sacrifice le plus grand que nous puissions faire.

En effet, Messieurs, il faut bien rappeler les faits, les arguments, non pas avec la force que leur ont donnée les membres du Gouvernement dans les récentes discussions, mais avec nos faibles moyens. Il faut le faire, au moins, avec une certaine fermeté. Nous persistons à croire que l'équilibre budgétaire est altéré par le vote de la Chambre des députés, et que si ce vote était maintenu, nous serions en déficit.

Les chiffres ont été donnés ; ils s'amoindrissent quelque peu, en ce moment, dans la bouche de M. le Ministre des Finances, mais en reprenant ceux qui ont été déclarés, il en résulte que si la mesure avait été appliquée à partir du 1er février, c'était un déficit de 20 millions qu'il fallait prévoir, et même de 24 millions, si j'ai bien lu le dernier discours de M. le Ministre du Commerce à la Chambre des députés.

J'admets que ces 24 millions seraient réduits dans une certaine mesure par l'augmentation de la consommation ; mais je me méfie de ces prévisions en matière de dégrèvements.

Il a été fait depuis quelque temps, à cette tribune, bien des *mea culpa* ; il en est un que j'ai déjà fait moi-même et que je ne saurais trop répéter ; je me reproche toujours d'avoir, comme rapporteur général du budget en 1878 et 1879, participé à ces dégrèvements dont l'effet a pesé si longtemps sur nos bugets et qui ont été une des causes principales de nos embarras financiers. (*Très bien ! très bien ! sur un grand nombre de bancs.*)

J'admets pourtant qu'il y ait une réduction à faire sur les 24 millions ; mais il m'est impossible d'accepter que la perte s'abaisse à 5 millions, si l'on ne donne effet de loi qu'à partir du 1er octobre prochain. M. le Ministre des Finances me paraît faire le calcul d'une façon un peu trop simple.

Préférant le chiffre de 20 millions à celui de 24, il le divise par quatre : trois mois sont le quart de l'année ; 5 millions sont le quart de 20 millions. Cela est très régulièrement mathématique ; mais M. le Ministre oublie que si les importateurs savent dès aujourd'hui qu'ils n'auront plus à payer que 7 francs sur les pétroles bruts à partir du 1er octobre, ils épuiseront leur stock, et qu'avec le peu de consommation qui se fait pendant l'été, la perte des trois derniers mois montera à plus de 5 millions et le déficit sera plus grand qu'on ne le dit.

Voilà pourquoi votre Commission vous propose de ne pas fixer, dès à présent, une date déterminée, et de laisser encore dans l'inconnu les chiffres définitifs qui pourront être un jour votés. Cet inconnu diminuera la perte.

Et le budget de 1893 ?

Messieurs, voilà encore une raison pour laquelle nous vous demandons d'attendre d'être mieux informés pour fixer le chiffre du dégrèvement. Quelqu'un ici connaît-il aujourd'hui les ressources de ce budget ? (*Marques d'approbation.*) Quelqu'un l'a-t-il étudié ? le Gouvernement lui-même n'en a autre chose qu'une idée d'ensemble ; en a-t-il examiné les détails ? Sur quoi sont fondés ces dégrèvements ? Sur l'espérance des recettes de douanes ? Qui les connaît ?

M. Buffet. Personne !

M. le Rapporteur général. Qui les connaît à cette heure pour l'année présente ? Qui les connaît pour l'année 1893 ? 70 millions, a dit la Chambre des députés d'accord avec le Gouvernement. 70 millions ! L'administration des douanes nous a distribué un gros livre bien qui indique quel sera le résultat vraisemblable des augmentations de droits de douane ; mais elle a bien soin d'ajouter en bas de chaque page, comme si elle jugeait utile de ne pas le laisser oublier un seul instant, que les évaluations de tout le travail sont fondées sur les entrées de 1889 et que personne ne peut savoir quelles seront les entrées de 1892 et 1893.

L'effet même des droits de douane est de diminuer les importations au profit du travail national. En 1892, particulièrement, il est évident que jusqu'au 1er février, des approvisionnements considérables seront faits qui feront échec aux nouveaux droits. Donc il y a intérêt à attendre. D'ici quelques mois nous aurons des éléments d'appréciation sur le jeu du nouveau tarif des douanes ; nous saurons les points sur lesquels on gagnera et ceux sur lesquels on perdra, et alors, plus raisonnablement, ayant devant nous des ressources qui ne seront pas encore peut-être bien certaines, mais qui, néanmoins, auront une réalité plus frappante pour les esprits, nous pourrons savoir dans quelle mesure le dégrèvement des pétroles peut être opéré. Il n'est pas possible de dire à cette heure — car il ne faut pas prendre des engagements que l'on n'est pas sûr de tenir, — et de promettre à la Chambre des députés qu'il aura lieu dans les proportions exactes des chiffres qu'elle a elle-même adoptées. (*Très bien ! très bien !*) Nous ne pouvons pas aller aussi loin qu'elle.

L'examen de ces nécessités est peut-être mal placé dans la bouche du Rapporteur de la Commission des douanes, mais il est impossible de se dédoubler quand on est législateur ; on ne peut pas être pour moitié seulement un homme de douane et perdre sa seconde moitié qui appartient au budget ; ces deux préoccupations doivent coexister.

Je veux parler maintenant de la question économique.

On ne peut pas nier que le projet de loi adopté par la Chambre des députés est en désaccord avec la politique économique du Sénat et même avec celle de la Chambre des députés.

Qu'avons-nous cherché dans le long travail que nous avons élaboré ? C'est de soutenir à la fois le marché intérieur et le commerce d'exportation, de les mettre en balance, donnant à regret quelquefois l'avantage à l'un et quelquefois à l'autre ; obéissant surtout au désir d'augmenter la richesse du pays.

Il y a ceci d'extraordinaire dans la mesure qui nous est proposée dès aujourd'hui, que le projet se heurte à la fois à l'un et à l'autre de ces deux intérêts. Dans notre espèce, par une singulière bizarrerie, la fabrication pour le marché intérieur et l'exportation seraient également lésées. La Commission des douanes a été assiégée de réclamations. Elle a reçu de nombreuses pétitions, et notre honorable collègue, M. Chantemille, en a une entre les mains qui est revêtue de sept cents signatures légalisées d'ouvriers de Saône-et-Loire, je crois...

Un sénateur au centre. De l'Allier.

M. le Rapporteur général. ...et de l'Allier, qui travaillent les huiles de schiste et déclarent leur industrie écrasée par les tarifs adoptés. Les stéarineries de Bordeaux jettent également un cri de détresse.

Il n'est pas possible que nous ne pensions pas à tous ces intéressés.

Nous devons demander au Gouvernement d'étudier, dans le projet de loi qu'il nous promet, les moyens de laisser vivre ces importantes industries.

A côté de la fabrication pour le marché intérieur apparaît le commerce d'exportation.

Je ne peux pas comprendre comment ceux dont l'esprit se porte plus volontiers vers la liberté des échanges demandent aussi énergiquement, aussi rapidement surtout, — car c'est le seul point que je veuille traiter en ce moment, — l'abaissement du droit sur le pétrole.

L'Amérique a une immense production de pétrole qui nous arrive et nous est nécessaire, mais dont l'importation en France ne manque pas non plus d'intérêt pour elle.

Nous allons donc désarmer du premier coup ?

Nous l'avons déjà fait une fois, dernièrement, pour les viandes salées. Sur la demande du Gouvernement — il voit la déférence que nous avons pour lui — sur la demande du Gouvernement, et bien à regret, nous avons consenti sans réciprocité, sans avantage obtenu en échange, à lever la défense sur les viandes salées. Et vous voudriez aujourd'hui, tout d'un coup, faire passer de 18 à 7 francs le droit sur le pétrole brut, c'est-à-dire lui ouvrir absolument nos portes et ne pas nous réserver ce moyen d'entamer dans des négociations qui sont, je le reconnais, difficiles, mais dont il ne faut pas désespérer ?

C'est alors que, reprenant l'idée que je vous indiquais tout à l'heure, je demande aux partisans de la liberté des échanges, s'il n'y a pas un intérêt immense, pour notre production française, à tâcher, sinon de rouvrir les marchés de l'Amérique, au moins de diminuer les difficultés dont on y entoure nos introductions.

L'industrie des laines, Messieurs, depuis le fameux bill, quelle que soit sa puissance, est dans un état de difficultés que chacun connaît et apprécie.

Je suppose le projet de loi voté. L'Amérique sait que le 1er octobre les tarifs tomberont à 7 francs : elle attend l'heure et ne se prête à aucune négociation. Nous ne voulons pas cela.

M. le Ministre des Finances. Vous avez raison.

M. le Rapporteur général. Aussi insistons pour la modification que nous avons apportée à la rédaction de la Chambre des députés. Nous ne voulons pas que, dès aujourd'hui, l'Amérique sache que, par une loi fixe, déterminée, elle aura, le 1er octobre, le droit d'importer en France tous ses pétroles, à 7 francs.

M. le Ministre des Finances. Très bien !

M. le Rapporteur général. Il faut au moins que nous ayons le temps d'examiner si nous pouvons entrer en négociations avec elle.

On répond : « Mais elle saura bien néanmoins qu'on fera quelque chose de nouveau le 1er octobre. » Soit ! mais elle ne saura pas quoi. *(Très bien! très bien! à gauche.)* Elle ignorera les conditions qui seront faites aux pétroles.

Nous donnons, par conséquent, au Gouvernement, par notre proposition qu'il accepte, une marge, une facilité qui ne doit pas aller, nous l'espérons, à l'encontre de la décision de la Chambre des députés.

Telles sont les raisons qui ont déterminé votre commission.

Je crois qu'il était utile de les exposer, et j'ai la confiance que vous accepterez nos conclusions. Je suis convaincu, comme je l'ai dit dans le rapport, que la Chambre des députés examinera avec bienveillance cette nouvelle solution, et qu'ayant acquis la certitude que nos intentions ne sont pas hostiles et qu'un projet de loi sera déposé, elle acceptera de laisser au Gouvernement le temps de faire son enquête et de combiner un régime nouveau. Les plus ardents défenseurs du dégrèvement ne peuvent donc concevoir aucune inquiétude. Notre proposition ne maintient les droits actuels que jusqu'au 1er octobre, et la nécessité de statuer avant cette époque est un gage pour eux de succès. La Chambre des députés voudra bien, dis-je, attendre quelques mois ce projet, qui, réunissant l'accord des deux Chambres, sera, je crois, meilleur que celui qu'elle a adopté. *(Très bien ! très bien ! — Vive approbation à gauche.)*

M. Tolain. Je demande la parole.

M. le Président. La parole est à M. Tolain.

M. Tolain. Messieurs, je crois que j'avais raison tout à l'heure d'exprimer quelque défiance sur le sens que la Commission donne à ses propositions. Il n'aura échappé à personne, dans cette Assemblée, qu'il existe une différence marquée entre le langage tenu à cette tribune par M. le Ministre des Finances, et les paroles que vient de prononcer M. le Rapporteur général.

Si l'on veut se donner la peine de réfléchir aux arguments que ce dernier a fait valoir, aux considérations qu'il a présentées, il est bien clair que M. le Rapporteur général, organe de la Commission des douanes, voit avec le plus grand regret cette tentative de dégrèvement sur les pétroles. Il ne veut pas dire : « Il n'y en aura pas ; » le mot dégrèvement se trouve même, je l'ai dit tout à l'heure, dans son rapport ; mais il fait entrevoir, dès aujourd'hui, qu'il en résultera un défaut d'équilibre et dans le budget de 1892, et dans celui de 1893. Il vous donne ce conseil : « Attendez ! » *(Interruptions à gauche.)*

Tout son discours, en un mot, prouve, comme je le disais, que c'est avec le plus grand regret qu'il acquiesce à un dégrèvement.

« Je ne veux pas, vous dit-il, qu'on donne des chiffres ; le dégrèvement sera ce qu'il sera ; nous tâcherons, quand le moment sera venu, de nous mettre d'accord, en sauvegardant autant que possible les intérêts du Trésor... »

En un mot, le langage de M. le Rapporteur général, qui est celui de la Commission des douanes, puisqu'il a été chaudement félicité par elle, quand il est descendu de la tribune, est le langage de quelqu'un qui désire que le dégrèvement n'ait pas lieu.

M. le Rapporteur général. Vous vous trompez absolument.

M. Tolain. Mon cher collègue, je vous assure que j'exprime très sincèrement et très loyalement l'impression que j'ai ressentie en vous écoutant tout à l'heure.

Quant au dégrèvement et au déficit créés pour le budget de 1892, je crois qu'il faut les réduire de la manière la plus exacte au dernier trimestre de 1892 ; et quand M. le Rapporteur a essayé de vous dire qu'on ne payerait pas le droit sur le pétrole et qu'on n'en introduirait en France qu'à partir du 1er octobre, afin de payer le droit réduit, j'affirme qu'il se trompe.

Le régime des pétroles ne comporte pas ce procédé et ce moyen d'échapper aux droits. Les pétroles bruts introduits d'Amérique en France sont dans nos ports à l'état d'entrepôt, et le raffineur de pétrole ne paye pas le droit qu'au moment où il le fait sortir de l'entrepôt pour le conduire à son usine. Le stock des raffineurs de pétrole peut constituer, selon les époques de l'année, un approvisionnement de deux ou trois mois. Par conséquent, ils sont obligés, jusqu'au 1er octobre, de fournir à la consommation et de payer les droits sur tout le pétrole consommé.

Ce n'est donc, en réalité, qu'à partir du 1er octobre, que le déficit peut être réel. Eh bien, ce déficit, vous pouvez l'examiner, il est de 5 millions à peu près, mettez 6 millions, comme on l'a dit, si vous voulez.

Quant à savoir si le Gouvernement aura par le vote que vous allez émettre, une arme efficace pour arracher à l'Amérique telle ou telle compensation en échange du dégrèvement, je ne veux pas examiner cette question. Elle est trop délicate, à l'heure présente, pour qu'on puisse la trancher.

Seulement, ce que je sais, c'est que si je demande le dégrèvement du pétrole, je ne le fais pas pour faire plaisir aux Américains, mais parce que je considère que ce dégrèvement, au point de vue industriel, est de la plus grande importance, qu'il peut non seulement développer la consommation, mais rendre de grands services au point de vue de l'industrie. C'est le moteur de l'avenir pour toute la France, je ne dis pas pour Paris...

M. Jules Ferry, *président de la Commission des douanes.* Le pétrole paye de 20 à 30 francs à Paris.

M. Tolain. Je retiens l'interruption de M. le Président de la Commission des douanes et celle de M. Buffet, qui l'approuve ; mais cela démontre qu'ils ne m'ont pas entendu. J'ai eu soin de dire qu'il ne s'agissait pas de Paris, qui trouve dans le gaz un moyen de faire marcher ses petits moteurs. Le gaz est, il est vrai, un peu cher en ce moment, mais on peut espérer que son prix s'abaissera. J'ai parlé, je le répète, du reste de la France et des localités où le gaz ne pouvant être employé, on se sert du pétrole pour faire marcher les petites machines. Je dis qu'il y a, de ce côté, des intérêts à sauvegarder et comme une sorte de décentralisation industrielle qu'il est de notre devoir d'encourager.

A tous ces points de vue, c'est donc au profit de la nation française et de ses procédés industriels que je plaide en ce moment la cause du dégrèvement. Ce n'est certes pas l'Amérique que je veux favoriser.

Telles sont, Messieurs, les raisons qui me font insister sur la proposition que j'ai développée tout à l'heure devant vous, surtout après avoir entendu le discours de M. le Rapporteur général de la Commission des douanes.

M. le Rapporteur général. Je demande la parole.

Plusieurs sénateurs à gauche. Aux voix ! aux voix !

M. le Président. La parole est à M. le Rapporteur général.

M. le Rapporteur général. Je vous demande pardon, Messieurs, de monter une seconde fois à la tribune dans la même séance, mais il y a des malentendus qu'il ne faut pas laisser subsister.

L'honorable M. Tolain, dans son discours, n'a pas facilité la conciliation entre le Sénat et la Chambre des députés. Il a tenu à exposer que nous donnions une espérance qui n'était qu'un leurre, et que lorsqu'arriverait le moment de prendre une décision définitive, le Sénat probablement, tout au moins sa Commission des douanes, oublierait ses bonnes intentions d'aujourd'hui.

Je ne veux pas qu'il puisse y avoir une erreur sur ce point. Comment peut-on croire qu'il y ait quelqu'un, dans cette Asssemblée, qui ne désire pas les dégrèvements ? Mais je les désirerais tous, moi, les dégrèvements ! *(Rires approbatifs à gauche.)* Il est bien évident que l'intention de dégrever, et de dégrever surtout les pétroles, ajoutons-y, si vous voulez, les cafés, d'alléger les charges qui frappent sur l'universalité des consommateurs, est commune à tout le monde. Il n'est personne, je le répète, qui ne souhaite ces dégrèvements. Mais il faut en trouver les moyens.

La pensée de la Commission est qu'elle a l'espoir de les trouver dans le projet annoncé par le Gouvernement, sans imposer au Trésor des charges trop lourdes.

Si je suis monté une seconde fois à la tribune, c'est que je n'ai pas voulu que les paroles de M. Tolain laissassent planer une certaine inquiétude sur des dispositions qui seraient douteuses, tandis qu'elles sont très formelles et très nettes.

Quant à les réaliser immédiatement, je vous ai expliqué pourquoi c'est impossible. C'est impossible parce que nous ne savons pas ce que sera le budget.

On a parlé des entrepôts qui feront qu'il n'y aura pas de pertes jusque-là. Il n'y a que trois usines qui soient entreposées. Toutes les autres payent à l'entrée. Laissons donc la question d'entrepôt.

On comblera dit-on, au point de vue budgétaire, le déficit d'une autre manière, et à la dernière séance, l'honorable M. Tolain disait : Cela ne nous regarde pas ; cela regarde la Chambre des députés ; c'est à elle à trouver des ressources. Laquelle a-t-on trouvée ? Quelle est la ressource qui est venue ? On ne peut pas faire un dégrèvement sans créer d'autres charges, lorsqu'on n'a pas de ressources prêtes. Et c'est ici, Messieurs, qu'en finissant je tiens à faire remarquer à M. le Ministre des Finances que véritablement il n'est pas possible de présenter comme devant équilibrer les 5 millions, suivant lui, la somme beaucoup plus considérable, selon moi, de pertes à subir, par le procédé qui consisterait à retarder d'un mois le dégrèvement de la grande vitesse.

M. le Ministre des Finances. Pourquoi ?

M. le Rapporteur général. Parce qu'on demande l'acceptera pas, parce que le dégrèvement de la grande vitesse est réclamé, permettez-moi de vous le dire, par le pays avec bien plus d'instance qu'on ne réclame le dégrèvement sur le pétrole, *(Très bien ! Très bien !)* et que, par conséquent, vous occasionneriez une déception sans égale si vous retardiez d'un mois le dégrèvement de la grande vitesse, tandis que, si vous retardiez de trois mois le dégrèvement sur les pétroles, il n'en résulterait, soyez en sûrs, ni un grand inconvénient ni une grande tristesse dans le pays.

Voilà, Messieurs, ce que j'avais à dire. Je tenais à bien établir qu'on ne peut pas, dans le budget actuel et dès aujourd'hui, sans un projet de loi sur les pétroles qui diminue la dépense, faire le dégrèvement à partir du 1er octobre, sans risquer de troubler l'équilibre du budget. Il est nécessaire aussi d'attendre les négociations possibles, que l'honorable M. Tolain paraît négliger. Je me contenterai de dire que, comme la question est trop délicate, il ne veut pas la traiter. Je l'ai traitée devant vous, elle est dans vos esprits, et je suis convaincu qu'elle déterminera votre vote. *(Très bien ! très bien !)*

M. le Président. Personne ne demande plus la parole ?...

Je mets aux voix la rédaction du n° 197, proposée par le Gouvernement et par la Commission : « Huiles de pétrole, de schiste et autres huiles minérales propres à l'éclairage, avec la note A, déjà votée par la Chambre des députés et par le Sénat.

« Brutes, par 100 kilogrammes 18 francs ;

» Raffinées et essences, par 100 kilogrammes 25 francs. »

J'ai reçu une demande de scrutin signée de MM. Tolain, Thurel, Alexandre Lefèvre, Margaine, Velten, Fousset, Tirard, Chaix, Humbert et Mercier.

Il va être procédé au scrutin.

(Le scrutin a lieu. — MM. les secrétaires opèrent le dépouillement des votes.)

M. le Président. Voici le résultat du scrutin :

Nombre des votants	241
Majorité absolue	121
Pour	223
Contre	18

Le Sénat a adopté.

M. le Rapporteur général. Le Gouvernement demande l'insertion d'une note B ainsi conçue : « Sous les réserves prévues par l'article 19 de la présente loi. » La Commission accepte la note.

Je prie M. le Président de faire voter d'abord l'article 19 en réservant le vote de la note B.

M. le Président. Le Sénat a entendu les observations de M. le Rapporteur général. Je mets en conséquence, en délibération l'article 19.

La Commission propose de remplacer la rédaction adoptée par la Chambre et qui est conçue en ces termes :

« L'application de la présente loi, en ce qui concerne le n° 197, n'aura lieu qu'à partir du 1er octobre 1892, » par la disposition suivante :

« Les droits résultant de la loi du 7 mai 1881, et portés sous le n° 197 du tableau A annexé à la présente loi ne seront perçus que jusqu'au 30 septembre 1892 inclusivement. »

Quelqu'un demande-t-il la parole sur cette nouvelle rédaction ?...

Je la mets aux voix.

(La proposition de la Commission est adoptée.)

M. le Président. Nous revenons au n° 197. Le Gouvernement et la Commission proposent de placer une note, B, après chacun des deux chiffres de 18 et 25 francs.

Cette note est ainsi conçue :

B. — Sous les réserves prévues par l'article 19 de la présente loi.

Personne ne demande la parole ?...

Je mets aux voix la note B.

(La note B est adoptée.)

M. le Président. Je mets aux voix l'ensemble du n° 197, qui est ainsi rédigé :

« N° 197. — Huiles de pétrole, de schiste et autres huiles minérales propres à l'éclairage (avec la note A déjà votée par la Chambre des députés et par le Sénat).

« Brutes, les 100 kilogrammes net : 18 francs. (B. sous les réserves prévues par l'article 19 de la présente loi.)

(L'ensemble du n° 197 est adopté.)

M. le Président. Je mets aux voix l'ensemble du tableau A.

(L'ensemble du tableau A est adopté.)

M. le Président. Je mets aux voix l'ensemble de l'article premier qui contient la mention du tableau A.

L' article premier est adopté.)

CHAMBRE DES DÉPUTÉS

Séance du 7 janvier 1892.

Discussion du projet de loi, modifié par le Sénat, relatif à l'établissement
du Tarif général des Douanes.

M. le Président. La parole est à M. Georges Graux, au nom de la Commission des douanes, pour donner lecture d'un rapport.

M. Georges Graux, *rapporteur.* J'ai l'honneur de déposer sur le bureau de la Chambre, au nom de la Commission générale des douanes, un nouveau rapport sur la question des pétroles.

Au nom de la Commission générale des douanes et au nom du Gouvernement, je demande l'urgence et la discussion immédiate. *(Lisez! lisez!)*

M. le Président. La parole est à M. Graux pour donner lecture de son rapport.

M. Georges Graux, *rapporteur, lisant.* Messieurs, l'accord existerait entre les deux Chambres sur les sept cent vingt-deux articles qui composent le nouveau tarif général des douanes, si l'article 197 ne donnait lieu à un dernier dissentiment, qui porte moins, il faut le reconnaître, sur les chiffres devant être actuellement inscrits au tarif que sur les indications que chacune des Chambres croit devoir donner au Gouvernement pour l'élaboration de la législation nouvelle qui déterminera le régime des pétroles.

Le Sénat et la Chambre des députés reconnaissent l'un et l'autre la nécessité de soumettre la tarification des pétroles à un régime provisoire. Les deux Assemblées fixent au 1er octobre la date à laquelle cette tarification devra prendre fin, et à partir de laquelle un régime nouveau devra fonctionner. Elles sollicitent l'une et l'autre du Gouvernement le dépôt d'un projet de loi qui devra recevoir son application dès le 1er octobre, sous peine d'exposer le budget à un déficit considérable et de jeter la perturbation dans une industrie importante.

Elles ont enfin manifesté leur énergique volonté de réaliser un dégrèvement effectif sur les pétroles.

Régime provisoire, cessation de ce régime le 1er octobre, obligation pour le Gouvernement de proposer une législation nouvelle avant cette date, détaxe des droits actuels assez sensible pour en faire bénéficier le consommateur : tels sont les points sur lesquels l'accord existe entre le Sénat et la Chambre.

Il n'y aurait donc aucun dissentiment entre les deux Assemblées, s'il ne fallait prévoir l'éventualité d'un retard dans la législation nouvelle, s'il ne fallait, en d'autres termes, régler le régime des pétroles après le 1er octobre dans l'hypothèse où, à cette date, une nouvelle loi ne serait pas votée.

Dans la prévision de cette hypothèse, la Chambre a décidé qu'à partir du 1er octobre les droits seraient sur les pétroles bruts de 7 francs, sur les pétroles raffinés de 12 francs. Le Sénat a décidé, au contraire, que les huiles minérales servant à l'éclairage seraient exemptes de tout droit. Tel est le point du désaccord qui existe entre les deux Assemblées.

M. Viette. Je demande la parole.

M. Georges Graux, *rapporteur.* La question nettement posée, votre rapporteur a le devoir de vous rappeler brièvement dans quelles conditions ont été émis les votes de la Chambre et du Sénat.

Sans remonter aux discussions déjà si longues auxquelles a donné lieu un produit dont l'usage en France remonte à moins de trente ans, sans soulever les questions si complexes de l'écart entre le brut et le raffiné, du caractère à la fois fiscal et douanier des droits, sans rappeler les votes si nombreux émis sur le régime du pétrole, il suffit, pour trancher le débat actuel, de se reporter à la séance de la Chambre du 31 décembre 1891 et à celle du Sénat du 5 janvier dernier.

Le 31 décembre, la Chambre repoussa successivement les droits de 18 francs et de 13 francs sur les pétroles bruts, et de 25 francs et 18 francs sur les pétroles raffinés. Elle vota l'amendement de l'honorable M. Viette proposant 12 francs sur les raffinés et 7 francs sur les bruts. Ce dernier vote était d'ailleurs la confirmation de deux votes antérieurs.

Au cours de la discussion du budget, notre honorable collègue avait fait adopter par la Chambre un

14

amendement ayant pour objet de réduire de 600.000 francs le montant des recettes des douanes, en indiquant que le but de cette réduction était l'abaissement à 12 francs des droits sur les pétroles raffinés.

Appelée à délibérer à la suite de ce vote de la Chambre, pour déterminer l'écart entre les bruts et les raffinés, la Commission des douanes proposa à la Chambre, qui adopta ses propositions, de maintenir à 12 francs le droit sur les pétroles bruts et de fixer à 7 francs le droit sur les raffinés. La Chambre a donc manifesté, par trois votes successifs, sa volonté de voir opérer le dégrèvement des pétroles.

Il résulte de ces votes que, pendant la période provisoire prenant fin le 1er octobre, la Chambre a omis de déterminer les droits qui devront être perçus sur les pétroles. Il est inutile de soulever la question de savoir si le silence du législateur sur l'application d'un droit nouveau implique ou n'implique pas le maintien du droit ancien, puisque le Sénat a voté formellement les droits actuellement inscrits au tarif, de 18 francs sur les pétroles bruts et de 25 francs sur les raffinés. Cette constatation, qui était nécessaire, prouve une fois de plus que les difficultés ne portent pas sur le régime provisoire.

Une autre constatation souligne au contraire le dissentiment qui existe entre les deux Chambres au sujet de la législation qui devra être appliquée après le 1er octobre, s'il y a lieu. La direction des débats et le cours qu'a suivi la discussion ont amené la Chambre à donner aux droits de 7 et 12 francs votés par elle le caractère d'un régime dont l'application a été ajournée par un vote ultérieur.

Devant le Sénat, la première question posée fut celle du régime intérimaire auquel devaient être soumis les pétroles jusqu'au 30 septembre. Pour éviter de nouveaux débats sur les chiffres des droits et sur l'écart entre les bruts et les raffinés, en même temps que pour accentuer le caractère provisoire de ce régime, le Sénat maintint, pendant la période transitoire, les chiffres de 18 francs sur les bruts et de 25 francs sur les raffinés actuellement inscrits au tarif, en ajoutant la note suivante : « sous les réserves prévues par l'article 19 de la présente loi ».

Cet article 19 fut ainsi rédigé :

« Les droits résultant de la loi du 7 mai 1881 et portés sous le n° 197 du tableau A annexé à la présente loi ne seront perçus que jusqu'au 30 septembre 1892 inclusivement ».

Cet article détermine par prétérition le régime auquel seraient soumis les pétroles à partir du 1er octobre, si une législation nouvelle n'était pas votée à cette date. Ce régime serait l'exemption de droits pour les bruts et les raffinés.

Les deux Assemblées ont en somme poursuivi le même but par deux moyens différents. Ce but est le dégrèvement par une législation nouvelle. Pour mettre le Gouvernement dans l'obligation de hâter la présentation d'un nouveau projet de loi, les deux Chambres posent la date du 1er octobre comme le terme de la perception des droits provisoirement fixés.

Seulement, la Chambre détermine les droits qui constituent le dégrèvement et qui seront perçus postérieurement au 1er octobre, si la législation nouvelle n'est pas appliquée à cette date, tandis que le Sénat supprime tous les droits si une nouvelle loi ne les a pas fixés. En d'autres termes, la Chambre organise dès le 1er octobre le dégrèvement des pétroles si ce dégrèvement n'est pas effectué par l'accord entre les pouvoirs publics ; le Sénat place les pouvoirs publics dans la nécessité de se mettre d'accord pour opérer le dégrèvement, sous peine de voir supprimer un impôt. Voilà la différence entre les solutions adoptées par les deux Chambres.

Votre Commission générale des douanes, appelée à délibérer sur le texte du Sénat, a été saisie d'un amendement de l'honorable M. Peytral, défendu par nos honorables collègues MM. Viette et Camille Dreyfus, qui est ainsi conçu :

« Les droits de 18 francs sur le pétrole brut et de 25 francs sur le pétrole raffiné inscrits à l'article 197, seront maintenus jusqu'au 30 septembre 1892 inclusivement. A partir du 1er octobre 1892, le droit sur le pétrole raffiné sera fixé à 12 francs. Une loi spéciale déterminera le régime du pétrole brut. »

A l'appui de son amendement, l'honorable M. Peytral fait valoir les considérations suivantes :

Le Sénat n'apporte aucune solution à la question des pétroles au point de vue douanier. Il maintient provisoirement entre le brut et le raffiné l'écart de 7 francs, que M. le Ministre du Commerce trouve excessif. La volonté manifestée par la Chambre de réaliser le dégrèvement dès le 1er octobre est affaiblie, sinon écartée par le Sénat, qui, en n'organisant pas un régime à partir de cette date, nous conduit à l'inconnu. Les engagements pris par le Gouvernement peuvent être entravés par les circonstances. En août et septembre, les Chambres sont en vacances. Il faut que le nouveau projet sur les pétroles soit voté en juillet. Le Gouvernement va envoyer une mission aux États-Unis et en Russie pour étudier sur place la nature des huiles brutes, leur mode de transport et de chargement ; quand cette mission aura terminé son travail, il faudra consulter le Comité consultatif des arts et manufactures. Si le Gouvernement a préparé pour le mois de juillet un projet qui ne peut être voté à ce moment, et s'il demande une prorogation du régime provisoire, le Sénat et la Chambre pourront-ils refuser cette prorogation ? Le dégrèvement sera donc encore ajourné.

Les seuls dégrèvements profitables au consommateur, ajoute notre honorable collègue, sont ceux qui abaissent brusquement les droits dans une proportion sensible. Qu'on se rappelle le dégrèvement des sucres! Quand les droits ont été abaissés de 70 francs à 40 francs, le prix du sucre a diminué de 30 centimes par kilogramme. L'indication de 12 francs comme droits sur le pétrole raffiné est indispensable pour assurer aux consommateurs de pétrole le bénéfice de l'abaissement des droits. L'article additionnel réserve la réglementation de l'écart entre le brut et le raffiné à l'époque où le ministère aura pour cette réglementation de nouveaux éléments d'appréciation.

Tels sont, Messieurs, brièvement résumés, les arguments qu'a fait valoir l'honorable M. Peytral à l'appui de son amendement. Ces arguments n'ont pas paru décisifs à la Commission générale des douanes, qui a repoussé la proposition de notre honorable collègue.

Votre Commisssion estime, en effet, que la Chambre doit exiger toutes les garanties nécessaires pour aboutir au dégrèvement du pétrole. Le texte du Sénat lui donne-t-il ces garanties? Voilà la question.

Nous rappelons que le Sénat supprime à partir du 1er octobre tous les droits sur le pétrole si ces droits ne sont fixés par une législation nouvelle. Cette disposition n'impose-t-elle pas au Gouvernement une obligation absolue, inéluctable?

En admettant l'hypothèse, prévue par notre honorable collègue, d'un retard dans la discussion du nouveau régime des pétroles et de la demande par le Gouvernement, au mois de juillet, d'une prorogation du régime actuel, la Chambre ne sera-t-elle pas maîtresse de décider qu'elle veut, à partir du 1er octobre, non pas le maintien du *statu quo*, mais l'application des droits de 7 francs sur les bruts et de 12 francs sur les raffinés? Et le Sénat sanctionnera nécessairement le vote de la Chambre, puisque, s'il ne le sanctionnait pas, les pétroles entreraient en franchise.

Les droits de la Chambre sont donc sauvegardés. La Chambre reste maîtresse de réaliser le 1er octobre le dégrèvement sur les pétroles. Quant aux chiffres des droits, qui sont nécessaires pour assurer au consommateur le bénéfice du dégrèvement, la Chambre les discutera quand le Gouvernement lui apportera un nouveau projet de loi. Mais il y a lieu d'observer — et l'honorable M. Peytral l'a reconnu lui-même — que le chiffre des droits n'est pas le seul élément dont il faille tenir compte dans la question si complexe des pétroles; l'exercice des raffineries est notamment un moyen de réduire l'écart entre les bruts et les raffinés.

Au sujet de cet écart qui constitue principalement, mais non exclusivement, le caractère douanier de la question des pétroles, une objection a été faite à l'honorable M. Peytral. Notre honorable collègue, qui a reproché au Sénat de ne pas avoir discuté l'écart entre le brut et le raffiné, ne détermine pas lui-même cet écart. Aussi l'un des membres de la Commission des douanes avait-il proposé de substituer au dernier paragraphe de l'amendement de M. Peytral la disposition suivante : « Le droit sur le pétrole brut, à partir de la même date (1er octobre), sera de 7 francs. »

Cette disposition additionnelle n'a pas été soumise au vote de la Commission, la proposition de l'honorable M. Peytral ayant été repoussée.

Nous aurions terminé ce rapport si nous n'avions à vous rendre compte de deux documents renvoyés à votre Commission.

Le premier de ces documents est une série de pétitions émanant d'industriels et d'ouvriers de Saône-et-Loire et de l'Allier et de délibérations des conseils municipaux de ces départements, ayant pour objet de demander à la Chambre de repousser toute diminution des droits de douane sur le pétrole. On sait que l'exploitation des huiles de schiste est l'une des industries des départements de l'Allier et de Saône-et-Loire, et que cette industrie occupe plus de 5.000 ouvriers.

Le second document est une protestation des raffineurs de pétrole contre l'allégation souvent produite et qui consiste à prétendre que des pétroles raffinés ayant subi une dénaturation entrent comme pétroles bruts. Pour répondre à ces allégations, les raffineurs renouvellent la demande qu'ils ont déjà faite. Ils réclament :

1° L'exercice de leurs usines ;

2° La nomination par le Gouvernement d'une Commission spéciale chargée de se rendre aux États-Unis pour étudier la nature des huiles brutes aux sources mêmes, leur mode de transport et de déchargement ;

3° L'établissement près de Paris d'une usine spéciale travaillant les huiles de pétrole brut sous la direction des agents de l'État.

La Chambre a statué sur le premier document; elle n'a pas à statuer sur le second.

Votre Commission générale des douanes vous demande, Messieurs, de repousser l'amendement de l'honorable M. Peytral et de voter le texte du Sénat. Elle estime que ce texte nous donne toutes les facilités pour opérer, à partir du 1er octobre, le dégrèvement sur les pétroles. Elle pense que le régime provisoire qui nous est proposé ne peut donner lieu à aucune contestation. Elle considère enfin qu'il est d'un suprême intérêt de ne pas ajourner plus longtemps le vote du tarif général des douanes.

Il est inutile, Messieurs, d'insister sur cette dernière considération, qui domine tout le débat. En votant le nouveau régime douanier, la Chambre a voulu assurer son fonctionnement. Elle ne voudra apporter aucune entrave à l'application prochaine du tarif de douanes, qui, depuis un an, a tenu une si large part dans vos délibérations.

Tels sont, Messieurs, les motifs pour lesquels votre Commission générale des douanes vous propose de voter le projet de loi dont la teneur suit :

Art. 1er. Le tarif général des douanes et le tarif minimum relatifs à l'importation et à l'exportation sont établis conformément aux tableaux A et B annexés à la présente loi.

« Le tarif minimum pourra être appliqué aux marchandises originaires des pays qui feront bénéficier les marchandises françaises d'avantages corrélatifs, et qui leur appliqueront leurs tarifs les plus réduits. »

Voici l'article du tarif qui doit être modifié :

« N° 197. — Huiles de pétrole, de schiste et autres huiles minérales propres à l'éclairage, les 100 kilogrammes net :

» Brutes, 18 francs;

» Raffinées et essences, 25 francs », avec la mention suivante :

» Sous les réserves prévues par l'article 19 de la présente loi. »

L'article 19 est ainsi conçu :

« Art. 19. — Les droits résultant de la loi du 7 mai 1881 et portés sous le n° 197 du tableau A annexé à la présente loi ne seront perçus que jusqu'au 30 septembre 1892 inclusivement. »

M. le Président. La Commission et le Gouvernement demandent la discussion immédiate.

Il n'y a pas d'opposition ?....

La discussion est ouverte.

La parole est à M. Viette.

M. Viette. Messieurs, le Sénat a décidé que le tarif des douanes sur le pétrole expirera le 30 septembre prochain, c'est-à-dire que, le 1er octobre, les huiles minérales entreront en franchise, si les deux Chambres ne se sont pas mises d'accord avant cette époque.

Au cours de la discussion, M. le Ministre des Finances a fait la déclaration suivante:

« Je ne donne pas de chiffre. Je parle d'une détaxe suffisante pour qu'il soit possible d'espérer que l'augmentation de la consommation, au bout d'un temps à déterminer, nous rendra l'ancien produit dans une certaine période, ce qui suppose une détaxe suffisamment large. »

M. le Ministre du Commerce nous avait dit auparavant que l'abaissement du droit à 12 francs était peut-être insuffisant et que pour ce motif on n'était pas bien sûr que le consommateur bénéficierait de ce dégrèvement.

Si je rapproche les paroles de M. le Ministre du Commerce de celles de M. le Ministre des Finances, j'en viens forcément cette conséquence que le Gouvernement ne proposera pas un chiffre supérieur à celui que nous avons voté nous-mêmes, c'est-à-dire supérieur à 12 francs.

J'ai pleine confiance dans les promesses que le Gouvernement a bien voulu faire à la Chambre et au Sénat, et je demande à M. le Ministre des Finances de commencer immédiatement ces négociations pour lesquelles nous ne voulons pas le désarmer, soit avec les États-Unis, soit avec la Russie.

Je lui demande aussi d'établir son budget de 1893 de manière qu'il puisse supporter le dégrèvement, même d'après ses propres prévisions.

Si M. le Ministre des Finances accepte ces deux propositions, nous serons d'accord. *(Très bien ! très bien !)*

M. Maurice Rouvier, *ministre des Finances, de son banc.* Le Gouvernement partage les vues exposées par M. Viette. Il a pris devant le Sénat, et il renouvelle ici l'engagement d'apporter une loi qui constitue un dégrèvement équivalent à celui que la Chambre a voulu faire.

M. Peytral. Que veut dire « équivalent », monsieur le Ministre ? *(Exclamations.)*

M. le Ministre des Finances. Je vais vous l'expliquer.

Je demande la parole.

M. le Président. Vous avez la parole.

M. le Ministre des Finances. Il me semblait que la position de la question telle qu'elle résulte du rapport lu au nom de la Commission et des déclarations de M. Viette était tellement simplifiée qu'il suffisait d'un mot dit de mon banc pour dissiper les hésitations qui peuvent encore exister dans certains esprits : il paraît que je me trompais.

M. Viette a bien voulu reproduire ici les déclarations que j'ai faites au Sénat : à savoir que le Gouvernement prenait l'engagement d'apporter, dans les délais nécessaires pour que les deux Chambres puissent le ratifier, un projet de dégrèvement, et que ce dégrèvement serait suffisamment large pour que, conformément à la pensée qui a inspiré l'honorable M. Viette, le développement de la consommation pût, dans un délai à déterminer — trois ou quatre ans, par exemple — permettre au Trésor de retrouver le montant des droits dont il aurait fait abandon.

Voulant donner plus de précision à ma pensée, je disais de ma place : « Nous ferons un dégrèvement équivalent. »

L'honorable M. Peytral me demande ce que veut dire « équivalent »; je pourrais le renvoyer au dictionnaire. (Rires sur quelques bancs.)

« Équivalent » veut dire « équivalent ». (Nouveaux rires.) « Équivalent » veut dire dans ma pensée : conçu dans le même esprit, ayant une étendue fiscale numériquement égale.

L'amendement de l'honorable M. Viette, puisqu'il faut préciser, paraît devoir faire perdre une somme qui, si on prend le résultat mathématique de l'application du nouveau tarif aux quantités entrées durant la dernière année connue, serait d'une vingtaine de millions. Eh bien, dans le courant de l'année, nous vous apporterons un projet de loi dégrevant le pétrole d'une vingtaine de millions, somme que nous espérons retrouver en trois ou quatre ans par suite de l'augmentation de la consommation qui résultera inévitablement d'une détaxe de cette importance. Voilà ce que j'appelle un dégrèvement équivalent. (Très bien !)

Il faut bien que j'indique, très brièvement d'ailleurs, les raisons qui nous ont portés à considérer que le texte du Sénat était en définitive analogue à celui de la Chambre, sous une forme différente. C'est que la Chambre est bien certaine d'obtenir le résultat qu'elle poursuit, puisque, comme le rappelait tout à l'heure M. le Rapporteur, si d'aventure le Gouvernement n'apportait pas une loi de dégrèvement ou s'il apportait une loi qui ne fût pas de nature à être sanctionnée par les deux Chambres, il n'y aurait plus de droits de douane sur le pétrole à partir du 1er octobre, ce qui donnerait à l'honorable M. Viette et à l'honorable M. Peytral une satisfaction beaucoup plus large que celle que celle qu'ils ont sollicitée.

A droite. Ce n'est pas ce que nous voulons !

M. Peytral. Je n'ai jamais réclamé cela, monsieur le Ministre.

M. le Ministre des Finances. Une autre raison pour laquelle il me paraît que la Chambre peut, sans rien indiquer, se rallier à la rédaction du Sénat, qui, je le répète, est, sous une autre forme, identique à la sienne, c'est que cette question est complexe. Il n'y a pas seulement l'écart entre le brut et le raffiné, sur lequel on a déjà discuté beaucoup et sur lequel je ne veux pas insister; il n'a pas seulement à envisager le traitement qui peut être fait aux huiles minérales indigènes, mais je tiens à indiquer un point qui vaut bien la peine d'être examiné.

M. Peytral. Les négociations !

M. le Ministre. Je ne parlerai pas des négociations avec l'étranger, puisque je sais que cet argument n'a aucun mérite à vos yeux, et que je voudrais — voyez quelle est mon ambition ! — conquérir votre adhésion.

M. Peytral. J'en suis très flatté, monsieur le Ministre.

M. le Ministre des Finances. Je ne parle donc pas des négociations avec l'étranger; mais, Messieurs, le but que poursuit M. Viette, c'est de faire un dégrèvement — il l'a indiqué très nettement et très clairement à cette tribune — un dégrèvement qui profite à l'extension de la consommation et qui par là, reconstitue, au bout d'un délai à déterminer, le produit que le Trésor aura momentanément abandonné.

Or, il y a des villes qui perçoivent sur les huiles minérales des droits d'octroi fort élevés; je citerai par exemple la ville de Paris qui perçoit un droit d'octroi de 21 francs par hectolitre. Il ne s'agit plus de 100 kilogrammes, car, si je ne me trompe, la densité du pétrole étant de 800, cela représente 26 fr. 50 c. par 100 kilogrammes de pétrole. Donc, si nous voulons que le dégrèvement que nous allons consentir, au préjudice momentané du Trésor, soit fécond, largement reconstitutif des droits abandonnés, il faut encore nous donner le temps et les moyens soit de négocier, soit de peser sur les décisions de ceux de qui dépend la tarification des droits; soit encore, si nous ne pouvons rien obtenir, d'examiner s'il n'est pas possible d'introduire dans la législation sur les pétroles une clause, comme celle qui existe pour les huiles végétales, qui laisse peser sur les populations des villes qui ne veulent pas consentir à un abaissement du tarif d'octroi, des sommes équivalentes au profit du Trésor. (Très bien ! très bien !)

J'en ai dit assez pour que la Chambre comprenne que c'est la complexité et la délicatesse de certains aspects de la question qui nous ont déterminé à nous rallier à la décision du Sénat. Je prie la Chambre de s'y rallier à son tour.

Bien que je n'aie pas pris part à la discussion du tarif des douanes, il me sera permis de dire que nous sommes arrivés à une heure où il est nécessaire que ce tarif soit promulgué, si vous voulez qu'il puisse être utilement appliqué à la date du 1er février.

Au surplus, M. Viette ne me paraît pas insister sur son amendement. J'espère que les explications que je viens de donner l'auront rassuré.

Il me reste donc à prier la Chambre, en donnant sa sanction à ce dernier article d'un travail si long, de permettre au Gouvernement de le promulguer. (Très bien! très bien!)

M. Viette. D'accord avec M. Peytral, je retire l'amendement qu'il avait signé avec moi.

M. le Président. Avant d'appeler la Chambre à statuer de nouveau sur le n° 197 du tableau A qui a été modifié par le Sénat, je donne lecture de l'article 1er :

« Art. 1er. — Le tarif général des douanes et le tarif minimum relatifs à l'importation et à l'exportation sont établis conformément au tableau A et B annexés à la présente loi.

» Le tarif minimum pourra être appliqué aux marchandises originaires des pays qui feront bénéficier les marchandises françaises d'avantages corrélatifs, et qui leur appliqueront leurs tarifs les plus réduits.

» N° 197. — Huiles de pétrole, de schiste ou autres; huiles minérales propres à l'éclairage. »

La Chambre se souvient qu'elle a maintenu son vote sur les pétroles, c'est-à-dire 7 francs sur les brut et 12 francs sur les raffinés, les 100 kilogrammes, et au tarif général seulement.

Le Sénat propose 18 francs les 100 kilogrammes net pour les pétroles bruts, et 25 francs les 100 kilogrammes pour les pétroles raffinés, au tarif général.

Il propose, en outre, de placer une note B après chacun de ces deux chiffres : 18 francs et 25 francs. Cette note B est ainsi conçue :

« B. — Sous les réserves prévues par l'article 19 de la présente loi. »

L'article 19 était ainsi rédigé par la Chambre :

« L'application de la présente loi, en ce qui concerne le n° 197, n'aura lieu qu'à partir du 1er octobre 1892. »

Le Sénat propose de rédiger ainsi cet article :

« Art. 19. — Les droits résultant de la loi du 7 mai 1881 et portés sous le n° 197 du tableau A annexé à la présente loi ne seront perçus que jusqu'au 30 septembre 1892 inclusivement. »

M. Jolibois. Je demande la parole.

M. le Président. La parole est à M. Jolibois.

M. Jolibois. Messieurs, je demande la parole pour dissiper toute équivoque et pour que chacun de nous puisse se rendre exactement compte de la portée de la décision qui va intervenir.

M. le Ministre des Finances, dans les explications qu'il a apportées à la tribune, a surtout insisté sur un point : il a déclaré à plusieurs reprises que la résolution prise par le Sénat était au fond la même que celle votée par la Chambre des députés et que, véritablement, il n'y avait entre l'une et l'autre qu'un changement de rédaction.

Je crois, Messieurs, que telle n'est pas la réalité des choses. En effet, qu'a décidé la Chambre des députés? C'est qu'à partir du 1er octobre prochain, les droits qui grèvent le pétrole à son entrée en France seront de 12 francs sur le raffiné et de 7 francs sur le brut, ce qui constitue un écart de 5 francs entre le raffiné et le brut.

D'autre part, qu'a décidé le Sénat? Que le tarif actuel des droits qui grèvent les pétroles continuera d'être appliqué jusqu'au 1er octobre prochain; et il ajoute une deuxième prescription très importante : c'est que si, à cette date du 1er octobre, les pouvoirs publics, c'est-à-dire les deux Chambres, ne se sont pas mis d'accord sur un tarif nouveau à établir, les pétroles entreront en franchise, exempts complètement de tous droits. (C'est cela. — Très bien! sur divers bancs.)

Vous voyez bien la différence profonde qui existe entre les deux décisions; elle est palpable et elle éclate aux yeux. Je la signale suffisamment, je crois, en faisant remarquer que, parmi ceux de nos collègues qui ont voté les droits de 12 et 7 francs — et je suis de ceux-là, — il en est un grand nombre qui ne veulent qu'à aucune époque les pétroles soient admis en franchise, avec exemption de toute espèce de droits.

Mais, dit-on, l'accord se fera en octobre prochain, et la proposition que le ministère apportera à la Chambre sera équivalente à celle votée par elle, et pour atteindre ce but promis par le ministre on nous annonce qu'on va procéder à des négociations. Singulière manière de faire aboutir des négociations, que de faire connaître à l'avance l'engagement qu'on prend devant la Chambre d'établir, quoi qu'il arrive, entre le brut et le raffiné un écart de 5 francs....

M. Jules Roche, ministre du Commerce, de l'Industrie et des Colonies. Non! Ce n'est pas du tout cet engagement que nous avons pris.

M. Jolibois. Si on n'a pas pris cet engagement, qu'est-ce qu'on nous apportera donc d'ici au 1er octobre? Une proposition nouvelle, ne se basant que sur cet écart de 5 francs? Et si l'accord ne se fait pas entre les deux Chambres, qu'arrivera-t-il?

Il ne faut donc pas dire que le texte voté par le Sénat a exactement le même sens que celui voté par la Chambre des députés.

Ce qu'on nous demande, c'est d'abandonner, de renier le vote que nous avons émis, c'est de faire dire par les intéressés et par le public entier que la Chambre a voulu faire une réforme, que le Sénat s'y est opposé et que nous nous sommes humblement inclinés devant la volonté du Sénat. (*Très bien ! sur divers bancs.* — *Réclamations sur d'autres.*)

Vos réclamations, Messieurs, ne feront pas que le pays n'interprète votre vote d'adhésion à la résolution du Sénat comme je viens de le faire et qu'il ne dise que vous vous êtes laissé forcer la main par le Sénat, et qu'au mois d'octobre prochain vous serez encore forcés de vous soumettre à la décision qu'il lui plaira de prendre : car vous serez alors sous le coup de cette menace qu'en cas de non-accord avec lui le pétrole entrera désormais en franchise.

M. le Ministre des Finances. Ce n'est pas le Sénat qui l'a dit, c'est moi, sous forme d'argument.

A droite. Le Sénat ne l'a pas dit, mais il l'a voté !

M. Jolibois. Comment ! Il ne l'a pas dit. Mais il a fait mieux, il l'a voté !

En tout cas, je demanderai alors à M. le Ministre des Finances de nous éclairer sur ce point.

Dans l'hypothèse où l'accord ne se ferait pas entre les deux Chambres au 1er octobre prochain, quel sera le droit perçu sur le pétrole ? Il n'y aura plus de droit, ce sera l'exemption. Le Sénat l'a dit ; ce n'est pas ce que la Chambre a voulu, ce n'est pas ce qu'elle veut. Par conséquent, si nous votons la résolution du Sénat, il est bien entendu que nous cédons devant le Sénat.

Je ne pense pas qu'il convienne de le faire en cette matière et en cette circonstance, et, pour cette raison, je reprends comme amendement la décision antérieurement prise par la Chambre des députés, et fixant les droits à 7 et à 12 francs. (*Très bien ! très bien ! à droite.*)

M. le Président. Je répète qu'au n° 197 la Chambre avait maintenu son vote sur les pétroles, c'est-à-dire 7 francs sur les bruts et 12 francs sur les raffinés, les 100 kilogrammes pour les raffinés au tarif général.

Le Sénat propose 18 francs les 100 kilogrammes net pour les bruts et 25 francs les 100 kilogrammes pour les raffinés au tarif général.

Il propose, en outre, de placer une note B après chacun des deux chiffres de 18 francs et de 25 francs. Cette note est ainsi conçue : « B. — Sous les réserves prévues par l'article 19 de la présente loi », article dont j'ai donné lecture tout à l'heure.

M. Jolibois reprend à titre d'amendement les anciens chiffres de la Chambre, à savoir : 7 francs pour les bruts et 12 francs pour les raffinés.

Je mets aux voix l'amendement de M. Jolibois.

(L'amendement, mis aux voix, n'est pas adopté).

M. Marius Martin. La Chambre reprend, après les étrennes, ce qu'elle avait voté le 31 décembre 1891.

M. le Ministre des Finances. La Chambre ne reprend rien du tout. Votre observation est contraire à la réalité des faits.

M. le Président. Je mets aux voix le chiffres proposés par le Sénat : 18 francs pour les pétroles bruts et 25 francs pour les raffinés, les 100 kilogrammes, avec la note B ainsi conçue, après chaque chiffre : « sous la réserve prévue par l'article 19 de la présente loi ».

(La rédaction proposée par le Sénat, mise aux voix, est adoptée.)

M. le Président. Je mets aux voix l'ensemble de l'article premier, qui contient la mention du tableau A, et dont j'ai déjà donné lecture.

(L'ensemble de l'article premier, mis aux voix, est adopté.)

M. le Président. Les articles 2 et 18 ne sont pas modifiés.

L'article 19 voté par la Chambre était ainsi conçu :

« ART. 19. — L'application de la présente loi en ce qui concerne le n° 197 n'aura lieu qu'à partir du 1er octobre 1892. »

Le Sénat propose de rédiger ainsi cet article :

« ART. 19. — Les droits résultant de la loi du 7 mai 1881 et portés sous le n° 197 du tableau A annexé à la présente loi ne seront perçus que jusqu'au 30 septembre 1892 inclusivement. »

(L'article, ainsi rédigé, est mis aux voix et adopté.)

M. le Président. Il y a lieu de procéder au scrutin public sur l'ensemble du projet de loi. Le scrutin est ouvert.

(Les votes sont recueillis. — MM. les secrétaires en font le dépouillement.)

M. le Président. Voici le résultat du dépouillement du scrutin :

Nombre de votants.	512
Majorité absolue.	257
Pour l'adoption.	396
Contre.	116

La Chambre des députés a adopté.

ANNEXE N° 1393

SESSION ORDINAIRE

Séance du 30 avril 1891.

RAPPORT fait au nom de la Commission des Douanes[1] chargée d'examiner le projet de loi
relatif à l'établissement du Tarif général des Douanes
(Huiles minérales, paraffine, vaseline. — N°s 197 à 199 du Tarif général),
par M. Georges GRAUX, député.

MESSIEURS,

La question du pétrole, comme celle des sucres, paraît destinée à exercer la patience des pouvoirs publics.

Cette question n'est pas en effet seulement une question douanière, elle est en même temps une question fiscale.

Le droit sur le pétrole, comme le droit sur le café, se justifie par les sommes qu'il rapporte au Trésor. L'abaissement des droits sur le pétrole doit être considéré comme un dégrèvement. A ce titre, c'est au moment de la discussion du budget, et non à l'occasion du tarif des douanes, que la solution doit intervenir.

Au point de vue de la tarification douanière, la question du pétrole doit être posée comme celle des cotons. L'Amérique a presque le monopole des deux produits. Les États-Unis, ayant à vil prix la matière première du pétrole et du coton, peuvent inonder l'Europe des produits fabriqués. Ne faut-il pas protéger les raffineries de pétrole contre les filatures de coton ?

La lutte est engagée, au sujet des pétroles comme de tous les autres produits, entre les importateurs et les fabricants français, entre les représentants de l'industrie étrangère et les représentants du travail national.

A l'intérêt des raffineurs de pétrole se sont joints l'intérêt des fabricants d'huiles végétales et des agriculteurs produisant des graines oléagineuses. Dans la discussion relative à ce dernier produit, les adversaires du droit sur les graines oléagineuses n'ont cessé de répéter : « Laissez entrer en franchise les graines exotiques ; elles ne font pas concurrence aux graines indigènes. Le seul concurrent du colza, c'est le pétrole. » Il a donc été reconnu que les droits sur le pétrole étaient une protection pour l'agriculture.

En résumé, les questions si diverses qui s'engagent au sujet des droits sur le pétrole et les huiles minérales se résument dans les trois questions suivantes :

1° Faut-il maintenir comme droit fiscal un droit élevé sur les huiles minérales brutes ?
2° Quel est l'écart nécessaire entre le droit sur les huiles brutes et celui sur les huiles raffinées ?
3° Faut-il assimiler les huiles minérales servant au graissage aux huiles destinées à l'éclairage ?

Par qui sont réclamés les droits ?

Il suffit de poser les questions pour connaître les partisans et les adversaires des droits sur le pétrole.

Les sociétés d'agriculture, les fabricants d'huiles végétales, et les raffineurs de pétrole sont unanimes à réclamer, pour des raisons différentes, des droits élevés sur les pétroles bruts, et un écart suffisant entre les bruts et les raffinés.

---

(1) Cette Commission est composée de MM. Méline, président ; Viette, Raynal, comte de Maillé, vice-présidents ; Jonnart, Emile Jamais, Deloncle, Adolphe Turrel, secrétaires ; Flourens, Sarrien, Félix Faure (Seine-Inférieure), Maurice-Faure (Drôme), Charles Roux, Thomson, Bourgeois (Jura), Mir, Mézières, Letellier, Armez, Albin Rozet, Georges Graux, Leydet, Philippon, Prevet, Pierre Legrand (Nord), Milochau, Henri Lavertujon, du Périer de Larsan (Gironde), Balsan, Deniau, Ricard, baron des Rotours, Edouard Lockroy, Salis, Bigot, Camille Dreyfus, Peytral, Vigier, Edouard Aynard, Bathaut, Emmanuel Arène, Deandreit, Marty, Léon Say, Deluns-Montaud, Georges Berger (Seine), Boucher (Vosges), Fougeirol, vicomte de Villebois-Mareuil, Bourlier, Tailliandier, Fairé, Flachère, Brincard, Le Gavrian. — (Voir les n°s 932 et annexe, 1257 et annexe.)

Un grand nombre de chambres de commerce se font les organes des intéressés.

La chambre de commerce de Nîmes a réclamé la modification du tarif général à l'égard des dérivés du pétrole (huile lourde pour graissage, paraffine et vaseline) ainsi que l'établissement d'un droit différentiel entre la matière première (goudron de pétrole et de naphte) et la matière fabriquée.

« Ces goudrons de pétrole et de naphte, dit le rapporteur de cette chambre de commerce, ont été frappés uniformément du droit de 12 0/0. Cette taxe atteint dans les mêmes proportions la matière première et la matière fabriquée pour les huiles de graissage. Quant à la paraffine, le droit qui la frappe est inférieur à celui que paye la matière première dont elle est extraite.

» Il conviendrait donc d'assimiler aux huiles lampantes les huiles lourdes pour graissage, en leur appliquant le droit de 25 francs par 100 kilogrammes, et de soumettre la paraffine à ce même droit. »

La Chambre de commerce de Fécamp et les fabricants d'huile de la région de l'Ouest voudraient voir surélever le droit sur le pétrole raffiné. On surélève les droits sur les huiles végétales, pourquoi accorder aux huiles minérales un régime d'exception et de faveur?

Réclamations de l'industrie des huiles végétales.

L'Association syndicale du commerce des huiles de Paris, qui a joint ses revendications à la Chambre syndicale des grains, graines, farines et huiles, en ce qui concerne les droits sur les plantes oléagineuses et les huiles végétales, s'est refusée à donner son appréciation sur l'écart qui doit exister entre les droits sur les pétroles bruts et les raffinés, mais a réclamé la surélévation des droits sur les huiles minérales.

Cette surélévation devrait être de 5 francs sur les pétroles bruts, payant 18 francs, et les raffinés qui payent 25 francs, de façon à élever à 23 francs le droit sur les premiers et à 30 francs le droit sur les seconds. Elle devrait être de 18 francs sur les résidus, qui payent actuellement 12 francs, de façon à élever à 30 francs le droit sur ce produit. Enfin, la vaseline et les produits concrets payeraient 30 francs.

Pour justifier ces droits, la Commission des huiles déclare que « le commerce et l'industrie des huiles végétales, s'appuyant sur une production essentiellement nationale à qui une législation douanière bien établie peut donner une importance nouvelle, doivent être protégées par préférence à ceux qui tirent seulement leurs éléments de l'étranger et que, pour rendre cette production effective, il est indispensable que les droits sur les huiles minérales soient surélevés dans une proportion qui, tout en permettant à ce commerce de maintenir sa situation acquise, l'empêche d'absorber complètement celui des huiles minérales.

Les chambres de commerce de la région du Nord ne réclament pas seulement une augmentation de droits sur les pétroles et les huiles minérales, mais aussi un examen plus sévère de la qualité réelle des huiles introduites comme huiles de pétrole brutes (1).

Nécessité d'un droit élevé sur les huiles minérales.

Ces industriels insistent pour qu'un droit plus élevé frappe les huiles minérales. Ils admettent que l'agriculture soit protégée par un droit sur les graines oléagineuses; ils acceptent la légère surélévation des droits sur les huiles végétales, qui est la conséquence des droits sur les graines oléagineuses; mais ils demandent très instamment l'élévation des droits sur les huiles minérales, comme une conséquence des droits qui frappent leur matière première et les produits similaires de leur fabrication. Ils acceptent les charges qu'on leur impose, et ils veulent que les mêmes charges soient imposées à leurs concurrents.

Si quelques usines ont disparu par suite de la concurrence qui leur était faite par l'invasion des huiles minérales, l'industrie des huiles végétales a pu lutter contre cette invasion, grâce à la perfection de ses produits et grâce à l'emploi des graines exotiques. Elle veut bien lier son sort à celui de l'agriculture, mais elle veut que ses produits soient protégés contre leur concurrente la plus redoutable : l'huile de pétrole.

A l'objection que le pétrole est l'éclairage du pauvre et que l'impôt dont il est frappé est très élevé par rapport à la valeur de l'huile minérale, les fabricants d'huile végétale répondent que le pétrole est devenu un éclairage de luxe et qu'il peut d'autant mieux supporter un droit élevé que son prix est plus bas. Le montant du droit, ajouté à la valeur du produit, représente un chiffre accessible aux fortunes les plus modestes. Au surplus, les droits réclamés sur le pétrole par les fabricants d'huiles végétales, droits qui sont de 21 francs sur les huiles minérales brutes et de 24 francs sur les huiles minérales raffinées et les essences, n'augmenteront pas le prix actuel du pétrole.

A l'objection que les huiles de graissage dérivées du pétrole sont utiles à l'industrie, les fabricants d'huile végétale répondent que, dans une industrie le graissage des machines ne représente qu'une dépense absolument insignifiante.

---

(1) Nous publions aux *Annexes* les réclamations d'un certain nombre de chambres de commerce.

Droits réclamés par les fabricants d'huiles végétales.

Parmi les industriels qui réclament l'exemption sur les graines oléagineuses et qui considèrent le pétrole comme l'unique concurrent du colza, il en est qui demandent principalement un droit élevé sur les huiles minérales lourdes servant au graissage. Ces huiles ont trop souvent été confondues, disent-ils, avec les huiles de pétrole servant à l'éclairage et ont trop rarement appelé l'attention du législateur.

Elles se captent aux sources naturelles, dont la production est illimitée; elles sont extraites presque sans travail et sans dépense de main-d'œuvre; elles ne représentent aucun prix d'acquisition et n'ont en réalité d'autre valeur que les frais de transport.

En France, elles sont employées à l'état brut, ne subissent aucune manipulation ni épuration, et n'apportent par conséquent aucun élément de travail national et de richesse industrielle.

Pendant l'année 1889, l'importation de ces huiles (tableau général du commerce de la France, folio 198) s'est élevée à 32.047.603 kilogrammes.

Les huiles minérales de graissage représentent 72.000 hectares de colza.

Si on calcule que le rendement moyen d'un hectare de colza est de 20 hectolitres ou de 1,320 kilogrammes et qu'il faut 300 kilogrammes de graines pour produire 100 kilogrammes d'huile, on reconnaît que les 32.047.603 kilogrammes d'huiles minérales importées représentent 96.142.809 kilogrammes de graines. Par conséquent, si ces 96.142.809 kilogrammes de graines avaient été récoltées en France, il eût fallu, pour les produire

$$\frac{96.142.809}{1.320} = 72.835 \text{ hectares.}$$

Il suffit par conséquent, pour rendre 72.000 hectares à la culture du colza, d'arrêter l'importation des huiles minérales lourdes servant au graissage.

Progression des importations.

En 1887, elle était de . . . . 21.748.303 kilogrammes.
En 1888 — . . . . 30.936.172 —
En 1889 — . . . . 32.047.603 —

Le marché français, déjà encombré par ces huiles, est donc menacé d'une véritable inondation.

Les raffineurs de pétrole n'ont pas demandé l'élévation du droit sur les huiles minérales; mais, appelés à donner leur avis, ils ont soutenu, soit dans les chambres de commerce, soit au Comité consultatif, que l'huile minérale lourde servant au graissage peut plus facilement supporter un droit élevé que l'huile minérale qui n'est utilisée que pour l'éclairage, parce que la classe des consommateurs est toute différente. Alors que pour l'ouvrier l'éclairage à bon marché est de grande importance, il n'y a pas un grand intérêt pour un industriel de payer quelques francs de plus ou de moins pour le graissage de sa machine. D'autant plus que ce n'est réellement que depuis très peu d'années, cinq ou six ans, que l'huile minérale est entrée absolument dans les habitudes de la consommation, et que jusqu'à cette époque les industriels utilisaient, pour le graissage, des huiles de colza, d'olives ou de pied de bœuf, dont les prix varient entre 80 et 200 francs, alors qu'aujourd'hui l'huile minérale lourde dont ils se servent, vaut de 30 à 50 francs, droits compris.

Concurrence aux huiles végétales.

Non seulement l'huile de pétrole a un pouvoir éclairant très supérieur à l'huile de colza, mais elle coûte un prix très inférieur. L'huile de colza, vaut, à Paris, au 1er décembre 1890 *(Bulletin des halles)*, de 73 fr. 50 c. à 75 fr. 50 c. les 100 kilogrammes, suivant la marque et le logement, tandis que le pétrole raffiné est offert à la même date, en gare de Paris, à 44 fr. 50 c., soit une différence de 29 francs.

Si pour les huiles d'éclairage l'écart de prix est considérable entre les huiles minérales et les huiles végétales indigènes servant à l'éclairage, cet écart s'accroît encore lorsqu'il s'agit de ces mêmes huiles servant au graissage.

Huiles servant au graissage.

Tandis que les huiles de colza brutes sont cotées à Paris 63 fr. 50 c. les 100 kilogrammes (décembre 1890), les huiles minérales de graissage sont offertes à Dunkerque, sur wagon, droits de douane compris (ces droits sont de 12 francs), de 27 à 32 fr. 75 c., suivant les qualités. Ces mêmes huiles sont livrables à Paris avec une augmentation de droit de 1 franc par 100 kilogrammes. La différence avec les huiles de colza est donc de 29 fr. 75 c. à 35 fr. 50 c. Au 1er décembre 1890, *the Linlithgow oil Company*, d'Edimbourg, offrait les huiles de graissage de toutes qualités aux prix suivants :

DÉSIGNATION		DEGRÉS	FRANCO A BORD LEITH	SUR WAGON DIEPPE (droits actuels de douane compris)
			par tonne.	les 100 kilogrammes.
Huiles de graissage.	extrapâles	865 à 870	5-5-0	27 fr. 50 net.
	brunes	865 à 870	5-0-0	27 fr. »
	. . . .	885	6-10-0	30 fr. 25 —
	. . . .	890 à 895	7-0-0	31 fr. 50 —
	supérieures	890 à 895	7-10-0	32 fr. 75 —
	sans reflet minéral.	865 à 870	8-0-0	34 fr. »
	sans reflet minéral.	885	9-0-0	36 fr. 50 —
	sans reflet minéral	890 à 895	10-10-0	40 fr. 50 —
Huiles à gaz.		865 à 870	5-0-0	27 fr. »
Pétrole raffiné impérial blanc. . . .		800	5d par gallon ou les 100 litres .	43 fr. 50 —
				34 fr. 75 —

Dans les circulaires offrant ces marchandises, il était dit que ces livraisons pourraient être faites en gare de Paris à raison de 1 franc de plus par 100 kilogrammes.

A la même date, les huiles de graissage sans reflet minéral, et par conséquent susceptibles d'être mélangés avec les huiles de colza, sont proposées à des prix qui varient avec la densité, mais sont toujours très peu élevés. La concurrence faite par ces huiles aux huiles indigènes est au surplus démontrée par ce fait, que le prix des huiles minérales s'élève d'autant plus que leur densité se rapproche davantage de celle des huiles de colza.

Huiles minérales favorisées par les tarifs de chemins de fer.

Ces huiles minérales ont un autre avantage sur leurs rivales. Elles sont protégées par les compagnies de chemins de fer. Le tarif de la compagnie du Nord porte en effet à 17 fr. 50 c. et 30 francs le transport par 1.000 kilogrammes d'huile de colza de Dunkerque à Paris : le premier prix représente le transport par wagon complet, et le second le transport par tonneau. Le même tarif fixe seulement à 12 francs et 18 francs le transport des mêmes quantités d'huiles minérales, suivant leur transport par tonneau ou par wagon complet.

Tarifs étrangers.

Nous empruntons aux *Annales du commerce extérieur* le tableau comparé des droits sur les huiles de pétrole, huiles de schiste, les huiles lourdes et les goudrons en France et à l'étranger.

DÉSIGNATION	BASES	DROITS	BASES	DROITS
Allemagne.				
Pétroles :		m. pf.		fr. c.
a. — Pétrole et autres huiles minérales non dénommées, brutes ou épurées ailleurs, non compris les huiles à graisser les machines.	100 kgr. nets.	6 »	100 kgr. nets.	7 50
b. — Huiles minérales à graisser les machines. . . .	—	10 »	—	12 50

DÉSIGNATION	BASES	DROITS	BASES	DROITS
Nota 1. — Le Conseil fédéral est autorisé à admettre en franchise de droit, sans contrôle de l'emploi qui en sera fait, l'huile minérale destinée à d'autres usages industriels que la fabrication de l'huile à graisser ou de l'huile d'éclairage.				
Nota 2. — Le Conseil fédéral est autorisé à permettre l'acquittement du droit d'entrée sur le pétrole, d'après le nombre des contenants (barils), après fixation d'un taux correspondant au poids maximum des contenants en usage dans le commerce.				
Nota 3. — Le Conseil fédéral est autorisé à admettre en franchise des droits d'entrée, sans contrôle administratif, l'huile minérale destinée à l'épuration, au raffinage, à la distillation dans les fabriques indigènes; de sorte que les produits obtenus, tels que benzine, ligroïne, à condition qu'ils ne puissent servir pour l'éclairage ou le graissage, restent exempts, moyennant contrôle de l'emploi et sur permis spécial; et que les autres acquittent les mêmes droits que les produits importés à l'étranger.				
Angleterre.				
Huiles, goudron, graisses, etc.	100 kgr. nets.	Exempts.	100 kgr. nets.	Exempts.
Autriche-Hongrie.				
Huiles minérales, goudrons d'anthracite et de schiste :		fl. kr.		fr. c.
Bruts, à l'exception de ceux dénommés au n° 120, ou non susceptibles de servir à l'éclairage sans avoir été préalablement épurés ou raffinés et avoir subi une distillation :				
a. — Lourds, dont la densité, à la température de 12 degrés Réaumur, dépasse 830, celle de l'eau pure étant prise pour unité.	—	2 »	—	5 »
b. — Légers, dont la densité est de 830 degrés au moins	—	2 40	—	6 »
Bruts, pouvant servir à l'éclairage, sans avoir été préalablement épurés ou raffinés	—	10 »	—	25 »
Raffinés ou demi-raffinés :				
a. — Lourds, dont la densité dépasse 880 degrés, bruns, y compris les résidus de la distillation ou de l'épuration des huiles minérales . . . . . . •. . .	—	3 »	—	7 50
b. — Lourds, dont la densité dépasse 880 degrés, jaunes ou rougeâtres, ainsi que les huiles à graisser les machines, même mélangées d'huiles végétales ou animales ou de graisses.	—	5 »	—	12 50
c. — Légers, dont la densité est de 880 degrés au moins	—	10 »	—	25 »
Nota 1. — Le droit de consommation est compris dans les droits de douane fixés aux nos 120 et 121 c.				
Ce droit de consommation est étendu à l'huile minérale obtenue par l'épuration dans les royaumes et pays représentés au Reichsrath, à l'exception des pays non compris dans le territoire douanier, comme Trieste, et dont la densité, à la température de 12 degrés Réaumur, dépasse 870 degrés, mais non 880 degrés.				
Nota 2. — Huile minérale brute et ne pouvant servir à l'éclairage sans avoir été préalablement épurée ou raffinée, de provenance roumaine, dont la densité à la température de 12 degrés Réaumur, dépasse 830 degrés (n° 119. a.) importée par la frontière roumaine avec certificat d'origine, sans accomplissement des conditions et mesures de contrôle à établir par ordonnance, pour une quantité annuelle maxima de 200.000 quintaux métriques.	—	0 68	—	1 70

DÉSIGNATION	BASES	DROITS	BASES	DROITS
Cette quantité maxima sera répartie entre les différents royaumes et pays représentés au Reischrath et les pays de la couronne hongroise. Dans les proportions moyennes des années 1884 et 1885.				
NOTA 3. — Huiles minérales raffinées d'une densité inférieure à 77°, employées dans l'industrie comme agents de solution et d'extraction, sous accomplissement des conditions et mesures de contrôle à déterminer par voie d'ordonnance.	100 kgr. nets.	fl. kr. 3 »	100 kilogr.	fr. c. 7 50
Résidus solides de la fabrication des huiles grasses, même moulus	—	Exempts.	—	Exempts.

Danemark.

		rigod. sk.		
Goudron végétal et minéral.	Tonne.	0 56	Hectolitre.	1 41

Espagne.

Pétroles et autres huiles minérales rectifiées, benzines et gazoline.	100 kilogr.	32 »	100 kilogr.	32 »
Pétroles bruts. — Résidus.	—	21 »	—	21 »

France.

Huiles de pétrole, de schiste et autres huiles minérales propres à l'éclairage : Brutes.		fr. c.		
D'origine européenne :				
Importées des pays de production.	—	18 »	»	»
Importées d'ailleurs.	—	23 »	»	»
D'origine extra-européenne	—	»	18 »	23 »
D'origine européenne :				
Importées des pays de production	—	25 »	»	»
Importées d'ailleurs.	—	30 »	»	»
D'origine extra-européenne	—	»	25 »	30 ».
Huiles lourdes et goudrons de pétrole, de schiste et d'autres huiles minérales (les goudrons de houille et les huiles de houille exceptés) :				
Originaires du pays d'importation.	100 kgr. nets.	12 »	»	»
Originaires d'ailleurs	—	17 »	»	»

Grèce.

		dr. lept.		
Pétrole raffiné ou brut et autres huiles minérales (monopoles).	oeque.	» 43	100 kilogr.	33 59

Italie.

		lire. c.		
Huiles minérales et de résine :				
a. — Brutes.	100 kilogr.	38 »	—	38 »
b. — Rectifiées	—	47 »	—	47 »
NOTA. — Les huiles minérales, brutes ou rectifiées, importées : En dames-jeannes ou dans des récipients, acquittent par 100 kilogrammes : les huiles brutes, un droit de 41 francs et les huiles raffinées, un droit de 51 francs avec réfaction de 15 0/0 sur le poids brut total ; En fûts, caisses ou estagnons, elles acquittent le droit sur le poids net légal établi en déduisant de chaque 100 kilogrammes du poids brut les tares suivantes : En fûts et barils urdés en fer, 15 0/0.				

DÉSIGNATION	BASES	DROITS	BASES	DROITS
En caisses de bois renfermant chacune deux récipients en fer-blanc, 13 0/0. En récipients de fer-blanc, 4 0/0. NOTA. — Les huiles importées dans des récipients autres que ceux qui viennent d'être dénommés acquittent le droit sur le poids brut. NOTA. — Les huiles brutes ou rectifiées importées dans des wagons ou des navires-réservoirs acquittent le droit sur le poids brut réel. c. — Lourdes, renfermant :		lires c.		fr. c.
1. — Jusqu'à 20 0/0 d'huile légère distillant à la température de 310 degrés.	100 kilogr.	6 »	100 kilogr.	6 »
2. — Plus de 20 0/0 jusqu'à 30 d'huile légère distillant à la température de 310 degrés	—	12 »	—	12 »
NOTA. — Les huiles lourdes importées dans un récipient d'origine acquittent le droit sur le poids brut. Si elles sont importées dans des wagons ou des navires-réservoirs, elles acquittent le droit sur le poids net réel accru de 20 0/0 (1).				

Norvège.

DÉSIGNATION	BASES	DROITS	BASES	DROITS
2. — Volatiles : a. — Camphine, paraffine, huile de bois et produits similaires, y compris les huiles minérales d'Amérique (Crédit d'entrepôt, 1.800 kilogrammes).	—	» 10	—	» 14

Roumanie.

DÉSIGNATION	BASES	DROITS	BASES	DROITS
Pétrole de toute qualité, brut, et huile de schiste brute. .	—	20 »	—	20 »
Pétrole raffiné, dit gaz, et huile de schiste raffinée	—	30 »	—	30 »
Bitumes fluides non dénommés (y compris : naphte, malthe, ou piss-asphalte, et autres semblables)	—	» 70	—	» 70
Ozokérite, paraffine et cérosine	—	300 »	—	300 »

Suède.

DÉSIGNATION	BASES	DROITS	BASES	DROITS
		fl. kr.		
Brai et huile de brai, y compris le poids du fût	»	2 »	»	2 78
Huiles minérales fossiles et produites par la dissolution sèche :				
Huiles natives ou brutes, bitumées ou galipots, et non épurées d'une nuance variant du brun sombre au brun noir.	»	»	»	»•
Huiles rectifiées, incolores ou d'une nuance variant du jaune au jaune d'or : huile de houille rectifiée ou photogène, essence minérale rectifiée, naphte, pétrole, soléine, huile de paraffine et autres fluides employés pour l'éclairage : A partir de 1889	»	»	»	»
Les fluides employés pour l'éclairage, composés d'huiles volatiles et d'esprit, suivent le régime indiqué à l'article eaux-de-vie et spiritueux. (Voir boissons.)				

États-Unis.

DÉSIGNATION	BASES	DROITS	BASES	DROITS
	livre.	doll. c.	kilogr.	
Huiles de naphte, benzine, benzole, huile lourde (dead oil et poix) (2)	»	20 0/0	»	20 0/0

(1) Cette tarification a été modifiée tout récemment. Nous donnons au cours de ce rapport le texte de la loi nouvelle.

(2) Pour compléter ces tarifs comparés, nous publions aux annexes les textes des lois étrangères relatives aux huiles minérales.

HISTORIQUE

Historique des droits sur les pétroles.

Les Américains commencèrent en 1861 à faire usage du pétrole, et en 1863, cette huile fit en France son apparition. Elle fut alors assimilée aux huiles et essences de houille. C'est le 4 juin 1861 qu'elle fit l'objet d'une loi spéciale. C'est à cette date que furent établis les premiers droits sur les pétroles.

Les pétroles raffinés et les essences furent frappés d'un droit de 3 francs, plus le double décime, soit 3 fr. 60 c. par 100 kilogrammes.

Les pétroles bruts furent exempts.

Le droit fut fixé à 5 0/0 *ad valorem* pour les pays avec lesquels nous étions liés par des traités de commerce.

C'est à l'abri de ce droit que les raffineries de pétrole se sont créées et se sont développées jusqu'en 1871.

Loi du 8 juillet 1871.

Le 8 juillet de cette année, au milieu de la réaction qui s'était produite contre ces huiles par suite des incendies de la Commune, l'Assemblée nationale vota une loi aux termes de laquelle la circulation et la vente des pétroles étaient soumises à l'autorisation préalable de l'autorité préfectorale. Voulant en même temps encourager l'industrie de la raffinerie, l'Assemblée nationale, aux termes de cette même loi, accordait aux pétroles raffinés une protection de 12 francs. Voici quel était le tarif :

Les pétroles bruts étaient soumis à un droit de 20 francs les 100 kilogrammes.

Les pétroles raffinés étaient soumis à un droit de 32 francs les 100 kilogrammes.

Les essences étaient soumises à un droit de 42 francs les 100 kilogrammes.

La protection accordée aux raffinés était donc de 12 francs.

Loi du 26 juillet 1872.

La loi du 26 juillet 1872, qui ne fut jamais appliquée, mais avait été savamment étudiée, frappait les huiles de schiste et de pétrole des droits suivants :

Huiles de schiste et de pétrole, brutes, des pays hors d'Europe, 32 francs.

Huiles de schiste et de pétrole, brutes, d'ailleurs, 37 francs.

Huiles de schiste et de pétrole, raffinées ou essences, des pays hors d'Europe, 52 francs.

Huiles de schiste et de pétrole, raffinées ou essences, d'ailleurs, 57 francs.

Boghead, bitume d'Écosse, 8 francs.

Loi du 30 décembre 1873.

La loi du 30 décembre 1873 éleva le droit à 37 francs pour 100 kilogrammes pour les huiles raffinées, marquant au densimètre 800 degrés, avec un supplément de 10 centimes par degré au-dessous de 800, et à 47 francs par 100 kilogrammes pour les essences.

Quant aux huiles de pétrole brutes, la loi stipulait que l'administration réglerait les quantités d'huile lampante et d'essence qu'elles renfermaient, et elle les taxait à raison de :

30 francs par 100 kilogrammes d'huile lampante.

40 — d'essence.

Le législateur avait escompté les progrès de la science.

La science ne permit pas de déterminer d'une façon précise la quantité d'huile lampante ou d'essence contenue dans l'huile de pétrole brute, et l'administration des douanes dut se contenter de prendre une moyenne, en fixant le rendement à 78 0/0. Cette moyenne donnait :

63 kilogrammes d'huile lampante payant 30 francs les 100 kilogrammes, soit . . . . . . Fr.	18 90
14 kilogrammes d'essence payant 40 francs les 100 kilogrammes, soit	6 »
TOTAL du droit par 100 kilogrammes d'huile brute. . . . . Fr.	**24 90**

D'autre part, à la suite des réclamations de l'Angleterre, les droits du tarif général furent réduits au tarif conventionnel de 3 francs par 100 kilogrammes. Les huiles minérales originaires des pays contractants furent frappées, à l'entrée, d'un droit de 5 0/0 *ad valorem*, majoré de la taxe intérieure, fixée comme suit par la loi du 30 décembre 1873 :

22 centimes pour l'huile brute par chaque kilogramme net d'huile lampante à 800 degrés.

32 centimes pour l'huile brute par chaque kilogramme net d'essence à 700 degrés.

34 fr. 50 c. par 100 kilogrammes pour l'huile lampante marquant 800 degrés au plus.

Même droit, majoré de 10 centimes en plus par degré en moins, pour l'huile lampante tirant 800 degrés et au-dessous.

44 fr. 50 c. pour l'essence titrant 700 degrés au moins. La protection accordée aux raffinés était de 7 francs.

Tarif douanier de 1881.

Tel était le régime en vigueur en 1879, lorsque le Gouvernement proposa un nouveau tarif général, dont l'examen fut confié à la Commission des douanes. Le Gouvernement proposa de simplifier le régime antérieur en fixant ainsi les droits :

Huiles de pétrole et autres huiles minérales :

Brutes, 35 francs les 100 kilogrammes.

Raffinées, 42 francs les 100 kilogrammes.

Ainsi les huiles de pétrole, de schiste et toutes les huiles minérales étaient assimilées. La seule distinction était celle des huiles brutes et des raffinées. L'écart de 7 francs protégeait l'industrie des raffineries de pétrole.

La Commission des douanes de 1880, qui chargea l'honorable M. Rouvier du rapport sur les pétroles, entendit les réclamations des industriels et se livra à une enquête.

Nous allons en même temps résumer cette enquête et analyser le rapport de l'honorable M. Rouvier.

Protestation contre l'écart de 12 francs entre les bruts et les raffinés.

Au nom du commerce du pétrole et des autres huiles minérales, les importateurs présentèrent un mémoire dans lequel ils protestèrent contre l'écart de 12 francs entre les pétroles bruts et les raffinés.

Il est intéressant de rappeler les motifs produits dans cette protestation, parce que les mêmes arguments sont encore invoqués aujourd'hui au nom des mêmes intérêts.

Et d'abord, la constatation d'un fait. La raffinerie de pétrole a pu vivre et même prospérer avec un droit protecteur de 3 fr. 60 c., lorsque les huiles minérales brutes étrangères étaient exemptées et que les raffinées exotiques payaient 3 francs. De 1866 à 1871, les raffineurs luttèrent avec avantages contre les importateurs, puisque les premiers importaient 775.779 barils de pétrole brut, tandis que les seconds n'importaient que 586.740 barils de pétrole raffiné. La lutte a donc été possible pour les importateurs tant que les raffineurs n'ont été protégés que par un droit de 3 fr. 60 c.

Lutte impossible de l'importation avec l'écart de 12 francs.

Mais, avec la protection exagérée de 12 francs par 100 kilogrammes accordée aux raffineurs par la loi du 8 juillet 1871, l'équilibre entre les industries rivales de l'importation et de la raffinerie est rompu. Les importateurs sont vaincus. De 97.000 barils, moyenne des pétroles raffinés importés d'Amérique de 1866 à 1871, l'importation tombe, en 1878, à 44.000 barils. La part de la France, dans le trafic général du pétrole, qui était de 8,67 0/0 en 1871, n'est plus, en 1879, que de 6,58 0/0. De ce fait, les importateurs concluent qu'une industrie factice, la raffinerie, se crée et se développe en France à l'abri et à la faveur de la législation douanière, tandis que dans l'Europe entière tous les peuples comprennent qu'ils ont intérêt à importer des pétroles raffinés.

Protection accrue par le chiffre du rendement légal.

Les importateurs ajoutent que si la loi de 1871 accordait une protection de 12 francs par 100 kilogrammes aux raffineurs, cette protection était encore accrue par le rendement effectif qui était de 92 à 94 0/0, tandis que le rendement légal était fixé à 78 0/0. De tels avantages accordés à la raffinerie équivalent, disent-ils, à la prohibition des huiles raffinées d'Amérique et à la constitution d'un monopole au profit d'une douzaine d'industriels qui occupent à peine trois cents ouvriers.

16

La France devrait être l'entrepôt de l'Europe.

La France qui, par sa situation géographique, devrait être, pour ses pétroles, l'entrepôt de l'Europe, n'a pas de marché de pétrole, tandis qu'Anvers, Brême, Hambourg et Londres ont sans cesse des stocks de plusieurs centaines de milliers de barils.

Intérêt du consommateur et du Trésor.

Le consommateur paie les prix du monopole et a un produit de qualité inférieure, par suite de l'absence de concurrence, et le Trésor subit une double perte : à raison du rendement conventionnel de 78 0/0, au lieu du rendement réel de 92 0/0, et à raison du faible droit de 25 francs sur les pétroles bruts, au lieu du droit fort de 37 francs sur les raffinés.

Le droit de 7 francs est trop élevé.

Réduit de 12 à 7 francs, l'écart entre les bruts et les raffinés serait encore injustifiable et placerait la raffinerie elle-même dans la situation dangereuse de toute industrie qui ne vit que par le bénéfice d'un régime privilégié.

L'honorable rapporteur, M. Rouvier, fit observer dans son rapport que, sauf le dernier argument, toutes les autres objections produites dans le mémoire des importateurs de pétrole portaient bien plus contre le régime de la loi de 1873 que contre le projet présenté par le Gouvernement en 1879.

Écart demandé par les importateurs.

La conclusion du mémoire était que, si le droit de 42 francs devait être maintenu pour les pétroles raffinés, il fallait fixer à 34 fr. 64 c. le droit sur les pétroles bruts, ce chiffre correspondant au rendement effectif de 92 0/0 de l'huile brute en raffinée.

Enquête de 1880.

Dans l'enquête qu'ouvrit la Commission des douanes de 1879, furent entendus successivement, ou ont présenté des mémoires, les signataires du mémoire ci-dessus résumé, le directeur d'une société ayant pour objet l'épuration des huiles minérales, le syndicat des raffineurs de pétrole, M. Coignet, expert au Ministère du Commerce, et M. Labouret, directeur de la Société des Huiles minérales de Colombes.

Prétention des courtiers et négociants.

MM. Loze, Capel, Verrier, Debeauchamp, courtiers et négociants en huiles, à Paris, signataires du mémoire, soutinrent que l'écart de 3 fr. 36 c. entre les pétroles bruts et les raffinés suffisait pour protéger la raffinerie. Ils affirmèrent que les raffineurs, non contents de réaliser des bénéfices scandaleux, se livraient à des fraudes consistant à importer d'Amérique des pétroles composés d'huiles et d'essence, afin de bénéficier de l'écart du droit de 10 francs entre les essences et les huiles raffinées. Ils s'appuyèrent sur l'autorité de M. Coignet, ancien industriel, expert du Ministère de l'Agriculture et du Commerce, qui obtenait, comme industriel, des rendements de 83 0/0 sur des quantités de 100.000 kilogrammes et, comme chimiste, des moyennes de 92 0/0 sur les différentes espèces présentées à son analyse. Ils estimèrent que l'abaissement du droit, qui était fixé auparavant à 47 francs sur les essences, compensait l'élévation à 42 francs du droit sur les raffinés, et répondant à l'écart du prix du pétrole à Paris et en Allemagne (90 centimes sur les bords de la Seine et 30 centimes sur les bords de la Sprée), ils expliquèrent que le pétrole raffiné vaut en France 27 à 28 francs, mais paie 42 francs de douane et 22 fr. 50 c. de droit d'octroi à Paris.

Intérêt du Trésor à percevoir un droit élevé sur les raffinés.

L'intérêt du Trésor, ajoutaient les déposants, est de percevoir un droit élevé sur le pétrole **raffiné**, parce que ce pétrole paie la totalité du droit, tandis que, sous l'apparence de pétrole brut, il entre 65 0/0 de pétrole épuré qui bénéficent du droit réduit.

Avant 1870, il y avait à Paris quarante à cinquante négociants faisant le commerce des pétroles raffinés d'Amérique. En 1880, il n'y en avait plus que deux. Avec leurs immenses réservoirs, les raffineurs peuvent recevoir des raffinés d'Amérique, faire la hausse ou la baisse à leur volonté. La loi de 1873, qui prescrivait des recensements dans toutes les usines, chez tous les commerçants et dans les entrepôts, n'a jamais été, au dire des courtiers, appliquée aux raffineurs.

Partisans de l'écart supérieur à 7 francs entre les bruts et les raffinés.

Dans le sens opposé à celui des courtiers en huile et des importateurs de pétrole, la Commission des douanes de 1879 a entendu M. Mathei, directeur, à Lille, d'une société ayant pour objet l'épuration des huiles minérales.

Deux groupes de raffineurs.

Partisan du projet du Gouvernement, avec cette réserve que l'écart de 7 francs est insuffisant, cet industriel expose que les raffineurs de pétrole forment deux groupes : celui des experts et celui des expertisés. Appartenant au dernier groupe, l'exposant se plaint d'être parfois jugé par ses concurrents. Quand la douane trouve, à l'entrée, plus de 18 0/0 ou moins de 11 0/0 d'essence, elle envoie un échantillon à Paris, où les experts recherchent : 1° si l'huile brute est naturelle : 2° quelle est la quantité d'essence contenue et formant la base du droit. Pour éviter l'abus des expertises, ce droit doit être perçu sur le produit brut et être fixe, sans proportionnalité avec la richesse lampante.

Le pétrole peut supporter un droit élevé. Il rapporterait au Trésor 50 millions, si son industrie n'était pas entourée de tant d'entraves. En 1875, nous n'avons importé que 565.000 barils de pétrole raffiné, tandis que l'Allemagne, la Belgique et la Hollande, avec une population de 50 millions d'habitants, ont importé cette même année, 3.161.000 barils du même pétrole.

Écart de 7 francs insuffisant.

L'écart de 7 francs proposé entre le pétrole brut et le raffiné est insuffisant. Il n'est pas possible de comparer la raffinerie française à la raffinerie américaine. Le raffineur américain a la matière première à très bon marché, sans frais de transport, sans droit, à un prix maximum de 10 francs les 100 kilogrammes à la porte de son usine. Il lui est possible de ne pas pousser la distillation au delà de 75 0/0 d'huile et d'essence. Le sous-produit qu'il obtient est un goudron liquide ayant quelque valeur.

Le raffineur français travaille une matière première qui représente 50 francs avec les 25 francs de droits d'entrée. Il pousse la distillation jusqu'à son extrême limite et n'a pour résidu que le coke.

Néanmoins, les rendements de 92 0/0 attribués aux raffineurs français sont des fantaisies de laboratoire. Après avoir distillé, il faut laver aux acides les produits de la distillation, et le rendement commercial est à peine de 85 0/0. Il n'y a donc, comme écart de rendement entre le raffineur français et le raffineur américain, que 10 0/0. et ces 10 0/0 coûtent cher, parce que plus la matière première s'alourdit, plus il faut de combustible, de temps, de travail et d'appareils perfectionnés.

Si l'on objecte le petit nombre d'ouvriers employés dans les raffineries de pétrole, on oublie de tenir compte de tous les ouvriers qui travaillent dans toutes les industries dépendant de ces raffineries : fabriques de colle, de couleur, d'acide sulfurique, de soude caustique, etc.

M. Mathei estime à 10 francs l'écart qui doit exister entre le pétrole brut et le pétrole raffiné, et il établit ce chiffre sur les calculs suivants :

Étant donné le droit actuel de 25 francs sur le pétrole brut, la matière première coûte en moyenne 50 francs, rendue à l'usine. Le rendement étant de 85 0/0, le raffineur perd, du chef de la fabrication, 15 0/0 sur 50 francs, soit . . . . Fr.   7 50

L'extraction des 10 0/0 en plus du rendement de 75 0/0 obtenu en Amérique coûte au moins.   1 »

L'intérêt des droits d'entrée, commission aux banquiers, etc., peuvent être évalués à . . . .   » 50

Déchet de fabrication, évaporation, etc. . . . .   1 »

Total. . . . . Fr.   <u>10 »</u>

M. Mathei conclut au droit de 25 francs sur les pétroles bruts et de 35 francs sur les raffinés et les essences.

Syndicat des raffineurs de pétrole.

Après avoir entendu ce déposant, la Commission des douanes de 1879 a entendu MM. Fraissinet, Deutsch, Fenaille, Despeaux et Trystram, représentant le syndicat des raffineurs de pétrole. Voici le résumé des observations présentées par ces déposants :

Écart de 12 francs nécessaire avec le droit de 35 francs sur les pétroles bruts.

Il n'y a pas, quoi qu'on en dise, de scission entre les raffineurs. L'écart de 10 francs par 100 kilogrammes entre les pétroles bruts et les raffinés est admissible avec les droits de 25 francs sur les bruts et 35 francs sur les raffinés, mais est insuffisant avec le chiffre de 35 francs sur les bruts et 42 francs sur les raffinés. Avec ces chiffres, l'écart doit être porté à 12 francs, soit 35 francs pour les huiles brutes et 47 francs pour les huiles épurées.

Les chiffres de M. Coignet sont contestables. Comme industriel, M. Coignet aurait eu un rendement de 82,29 0/0. Il aurait obtenu, comme chimiste, 92 0/0. Mais ce produit, pour être négociable, devait être fixé par la soude caustique et l'acide sulfurique. Cette opération du fixage lui faisait perdre 2 à 3 0/0. Il ne restait donc que 78,80 ou 80 0/0 au maximum d'huile lampante.

Il en est de même des 100.000 kilogrammes de pétrole dont a parlé M. Coignet. Ces 100.000 kilogrammes entrés à l'usine de Nanterre représentent 103.000 kilogrammes achetés aux États-Unis, attendu que le coulage et l'évaporation font perdre dans le transport 3 0/0 au produit acheté en Amérique.

Avec ce nouvel élément, le rendement de 83 0/0 indiqué par M. Coignet est réduit à 80 0/0.

L'écart de 12 francs entre les pétroles bruts et les raffinés peut être justifié par un autre mode de calcul. Le prix moyen de 100 kilogrammes de pétrole au Havre est de 28 francs environ, soit, avec les frais de réception et de transport à l'usine à raison de 3 francs les 100 kilogrammes, 31 francs. Pour le raffineur américain, ces 100 kilogrammes de pétrole reviennent en moyenne à 10 francs, d'où une différence de 21 francs sur le coût de la matière première dans les deux pays.

En admettant le rendement nouveau de 83 0/0, il faudra 120 kilogrammes de pétrole brut pour produire 100 kilogrammes de raffiné. Ces 20 kilogrammes, à 21 francs les 100 kilogrammes, représentent une différence de 4 fr. 20 c. indépendante de toute taxe ; mais il faut tenir compte du droit de 35 francs, qui, ajoutés aux 21 francs d'écart sur le coût, portent la différence à 56 francs ; 20 kilogrammes à 56 francs donnent pour résultat une différence de 11 fr. 20. En y ajoutant les coulages, les assurances, l'intérêt de l'argent qui ne peuvent guère être évalués à moins de 1 fr. 25 c., on trouve une différence de 12 fr. 50 c.; en chiffres ronds : 12 francs les 100 kilogrammes.

Réfutation de l'argument tiré du droit protecteur de 3 fr. 60 c.

Quant au raisonnement qui consiste à prétendre que l'industrie du pétrole a été suffisamment protégée par un écart de 3 fr. 60 c., il est facile à réfuter. Cet écart existait, en effet, quand les pétroles bruts étaient indemnes. Mais lorsque l'huile lampante et l'essence contenues dans le produit brut paient : la première 30 francs et la seconde 40 francs, le droit de 7 francs accordé à la raffinerie devient identique au droit antérieur de 3 fr. 60 c. sous le régime de la franchise des pétroles bruts.

Les huiles végétales sont d'ailleurs protégées d'un droit bien plus élevé que les huiles de pétrole épurées, puisque, jouissant de la franchise sur leur matière première, les graines oléagineuses, elles ont un droit protecteur de 7 francs aux 100 kilogrammes.

Services rendus par les raffineurs.

Enfin les raffineurs de pétrole invoquent les services rendus par leur industrie. Astreints à des constructions dispendieuses, à des isolements particuliers, à des dépenses énormes, ils donnent toute sécurité contre les explosions et les incendies, en même temps qu'ils peuvent avoir des stocks de produits mettant le consommateur français à l'abri des spéculations des producteurs américains.

Exemple des puissances étrangères.

L'Espagne et l'Autriche-Hongrie ont si bien compris les services rendus par la raffinerie, que ces deux pays ont frappé de droits élevés les pétroles raffinés des États-Unis, afin de permettre l'établissement d'épuration d'huiles minérales.

Déposition de M. Coignet.

M. Coignet et les importateurs, auxquels se joignirent le président de la Chambre syndicale de l'épicerie et le vice-président de la Chambre syndicale des produits chimiques, adressèrent à la Commission des douanes de 1879 des opuscules en réponse à ces dépositions.

On relève dans ces opuscules la plupart des objections formulées dans les dépositions que nous avons analysées.

Exercice des raffineries.

L'exercice des raffineries est indiqué comme un moyen d'empêcher les fraudes. Le rendement de 92 0/0 est fixé comme devant être la base du droit à percevoir. Il est inadmissible qu'un droit de 12 francs protège une industrie, disent les auteurs du mémoire, dans le but d'éviter des spéculations faites par des étrangers, spéculations qui, en vingt ans, n'ont produit qu'une seule fois une hausse injustifiable.

L'écart de 3 fr. 60 c. est suffisant.

Les raffineries ne sont pas nécessaires pour empêcher les périls du maniement d'un liquide qui se trouve dans tous les magasins d'épicier et de lampiste. Les accidents ne sont pas plus fréquents dans les pays où le commerce du pétrole est libre, qu'ils ne le sont en France.

Si les huiles végétales sont protégées par un droit de 7 francs, c'est, dit M. Coignet, parce qu'il s'agit d'une production nationale considérable et d'une industrie ancienne qui compte des centains d'usines.

La raffinerie de pétrole ne sauvegarde pas les mêmes intérêts. L'infériorité des raffineurs français, par rapport aux Américains, peut se chiffrer par un écart de 3 fr. 60 c. et non de 10 francs.

Inconvénients du droit fixe sur les pétroles bruts.

Le système du droit fixe sur les pétroles bruts, sans tenir compte de la richesse, offre de graves inconvénients.

Ce système encouragera l'importation des pétroles riches des États-Unis et privera la France de l'importation d'espèces contenant une petite quantité d'essence et d'huile lampante, mais utiles à l'industrie et particulièrement au graissage mécanique. L'industriel a, en effet, intérêt à introduire un produit d'une valeur supérieure, s'il est astreint à payer un droit identique quelle que soit la valeur du produit.

Monopole des huiles américaines en France.

Le monopole des huiles minérales américaines en France sera d'autant mieux établi qu'un usage commercial des États-Unis supprime, au profit des importateurs français, toutes les pertes pouvant résulter du coulage et de l'évaporation pendant le transport.

Le pétrole est vendu aux États-Unis au gallon américain de la contenance réelle de 3¹,785 ; mais, sur les factures, le gallon est réduit au poids conventionnel de 2ᵏᵍ,850. Or, la densité moyenne du pétrole brut étant de 801 grammes au litre, le poids du gallon de pétrole est de . . . . Kilogr. 3.028

tandis que le raffineur ne paie que 2.850

D'où une différence de. . . . . Kilogr. 178

par gallon, soit pour 100 kilogrammes, 5ᵏᵍ,885, bonification plus que suffisante pour couvrir la déperdition pour coulage, évaporation, etc., que le pétrole supporte pendant le voyage.

Prix de revient.

Pour mieux mettre en relief les affirmations contradictoires des raffineurs et des importateurs relatives aux prix de revient de la fabrication, et par suite à l'écart nécessaire entre les droits sur les pétroles bruts et les pétroles raffinés, nous empruntons au remarquable rapport de l'honorable M. Rouvier, présenté au nom de la Commission des douanes en janvier 1880, le tableau suivant :

DÉCOMPTE DE M. COIGNET		DÉCOMPTE DE M. MATHEI	
Expert du Ministère du Commerce.		Épurateur d'huiles minérales.	
Au rendement de 90 0/0, le déficit est de 10 kilogrammes, qu'il faut calculer en tenant compte de : 15 francs, plus-value du pétrole rendu en France ; 25 francs, droit de douane, soit à : 40 francs, les 100 kilogr. $\left(\frac{10 \times 40}{100}\right)$ . . .	4 »	Au rendement de 85 kilogrammes, le déficit est de 15 kilogrammes, à raison de 50 francs les 100 kilogrammes, droits compris $\left(\frac{15 \times 50}{100}\right)$	7 50
Dépenses nécessaires pour élever le rendement : 600 kilogrammes d'huile donnent 100 kilogrammes de goudron dont la décomposition (1) coûte 2 fr. 50 c., soit pour un sixième	» 40	Dépenses nécessaires pour produire 10 0/0 de plus que les Américains, estimées à. . .	1 »
Le service financier étant tout aussi onéreux pour le distillateur américain que pour le distillateur français	»	Service financier, agio, commissions, etc..	» 50
Le déchet étant compris dans le rendement, il n'y a pas lieu de le compter de nouveau	»	Déchet de coulage, évaporation, etc.. . .	1 »
Droit compensateur.	4 40	Droit compensateur.	10 »

(1) D'après M. Coignet, les frais de décomposition et de transformation pour 100 kilogrammes de goudron sont :

Charbon . . . . Fr.	» 75
Main-d'œuvre	» 50
Usure d'appareils	» 25
Produits chimiques . . . . Fr.	1 »
Total	2 50

Écart entre le pétrole et l'essence.

Il n'y a pas seulement à rechercher l'écart du droit sur le pétrole brut et le pétrole raffiné, il y aurait lieu, si on tenait compte de certaines réclamations d'augmenter l'écart entre le pétrole et l'essence.

Devant la Commission des douanes de 1880, M. Labouret, directeur de la Société des Huiles minérales de Colombes, demanda un droit de 65 francs sur les essences et un droit de 30 francs sur les huiles raffinées inflammables au-dessus de 45 degrés. Pour justifier cet écart entre les droits, le déposant faisait valoir l'intérêt de la sécurité publique et la protection de la loyauté commerciale.

Les sinistres attribués au pétrole ont souvent pour cause la présence dans l'huile des hydrocarbures légers qui entrent dans la composition de l'essence.

Comme l'essence coûte en Amérique moins cher que le pétrole, si les deux produits paient le même droit, le raffineur n'a pas intérêt à pousser l'épuration de façon à éliminer de l'huile les essences qui abaissent son degré d'inflammabilité. D'autre part, les spéculateurs opéreront des mélanges d'huile de pétrole ayant 0,760 à 0,765 de densité avec des huiles lourdes de Boghead et de schiste, qui, à une densité de 0,810, seront presque aussi inflammables que l'essence.

Il faut donc élever le droit sur l'essence pour empêcher les sophistications et encourager la fabrication à élever le degré de l'inflammabilité de l'huile.

Le Trésor bénéficierait d'un système qui, en réduisant la consommation de l'essence, développerait celle du pétrole, parce que son prix de revient serait diminué. Le budget et la sécurité publique trouveraient, dans l'application de ce système, une égale satisfaction.

Seconde déposition de M. Mathei.

M. J. Mathei, après avoir déposé devant la Commission des douanes, fit un voyage aux États-Unis, et modifia, à son retour en France, certains points de sa déposition. Ce n'est pas à 85 0/0, mais à 80 0/0 qu'on doit évaluer le rendement des pétroles bruts en raffinés, parce que le monopole américain ne permet pas l'exportation d'huiles brutes devant donner un rendement supérieur. Ce monopole est tout-puissant. Il dispose d'un capital de 355 millions ; il est le maître des compagnies de chemins de fer. Il obtient une remise de 3 fr. 70 c. par 100 kilogrammes sur le transport de ses produits, de la source au port d'embarquement, et empêche les raffineurs français de s'approvisionner aux centres de production. Si la raffinerie doit vivre, il faut que l'écart entre le brut et le raffiné soit de 11 fr. 25 c. aux 100 kilogrammes, avec le droit de 20 francs, et de 12 francs avec le droit de 25 francs sur le brut.

En face des raffineurs demandant un écart considérable, bien que différent selon l'importance et l'ancienneté de leur industrie, les négociants en huiles, les commissionnaires et courtiers et les vendeurs au détail réclamaient un écart insignifiant, accusant la raffinerie d'être une industrie factice, créée à la faveur d'une législation rétrograde, et vivant d'un monopole, aux dépens du Trésor et des consommateurs.

Propositions adoptées primitivement par le Gouvernement et la Commission.

En 1880, le Gouvernement proposait un droit de 35 francs sur les pétroles bruts. Au nom de la Commission des douanes, M. Rouvier proposa de voter ce droit, en faisant observer qu'il avait surtout un caractère fiscal ; il pourrait être abaissé quand on entrerait dans la voie de dégrèvements.

La Commission admit également l'écart de 10 francs entre les bruts et les raffinés, écart établi après 1871, ayant contribué à la création des raffineries, justifié par la récente création des usines n'ayant pas encore amorti leur capital, et rendu nécessaire par la forte constitution du monopole américain. Le Gouvernement n'avait proposé qu'un écart de 7 francs ; mais l'écart de 12 francs ayant été vivement réclamé par l'immense majorité des déposants, le Gouvernement se mit d'accord avec la Commission et accepta la fixation à 45 francs du droit sur les pétroles raffinés.

Vote de la Chambre.

La discussion du rapport de l'honorable M. Rouvier s'ouvrit à la Chambre, le 30 avril 1880.

Le rapporteur fit un exposé aussi complet que lumineux de la question des pétroles, sans en négliger le côté historique. La discussion sur le pétrole comprend quatre questions : assiette du droit, quotité du droit sur le brut, écart entre le brut et le raffiné, rapport entre le régime des pétroles et celui des huiles indigènes.

Avant le projet soumis à la Chambre, l'assiette de l'impôt reposait sur deux droits : celui de 30 centimes sur l'huile lampante et 40 centimes sur l'essence par kilogramme compris dans l'huile brute. Les difficultés d'analyse ont rendu difficile le fonctionnement de l'impôt ainsi établi. De là est née la proposition du droit unique sur le pétrole brut, droit fixe d'abord à 35 francs, puis à 27 francs les 100 kilogrammes.

La difficulté des analyses n'est pas la seule raison justifiant la modification de l'assiette de l'impôt. Les pétroles proviennent principalement de deux pays : des États-Unis et de l'Angleterre, qui importe les huiles de schiste d'Écosse, appelées huiles de Boghead. La Grande-Bretagne, invoquant les traités de commerce, prétendait ne payer que le droit de 5 0/0. A la suite de négociations, un traité conclu en 1873 fixa le droit de douane à 5 0/0, mais en ajoutant un droit d'accise de 22 centimes par kilogramme, représentation du droit payé par nos huiles minérales indigènes.

L'honorable rapporteur justifiait la nécessité de percevoir les droits sur les quantités d'huiles lampantes par la difficulté de résoudre cette question internationale.

La difficulté des analyses était invoquée par le Gouvernement en faveur de la distinction pure et simple entre les bruts et les raffinés.

L'accord se fit entre le Gouvernement et la Commission, et après le rejet des amendements de MM. Michaut et Haentjens, demandant l'entrée en franchise, après la prise en considération, puis le rejet de l'amendement de M. Lorois demandant la fixation à 10 francs des droits sur les bruts et de 15 francs sur les raffinés, la Chambre vota les droits de 18 et de 25 francs.

M. Tirard, ministre du Commerce, avait fait, en effet, cette très juste observation :

« Le Gouvernement a pensé que, pour simplifier les opérations très compliquées auxquelles ont donné lieu jusqu'à présent les introductions de pétrole, il est nécessaire de ne pas établir dans le tarif d'autre distinction que celle-ci : « Pétroles bruts, pétroles raffinés », laissant au Gouvernement le soin de déterminer les moyens à l'aide desquels on reconnaîtrait le pétrole brut et le pétrole raffiné. »

Le Sénat confirma le vote de la Chambre des députés.

Depuis 1881, la protection accordée aux raffineurs fut de 7 francs. Les droits actuels sont de :

18 francs par 100 kilogrammes, pétrole brut ;

25 francs par 100 kilogrammes, pétrole raffiné et essence.

ADVERSAIRES DE L'ÉCART DE 7 FRANCS
Réclamations en faveur d'un écart de 3 francs entre les bruts et les raffinés.

Le 27 juin 1890, des fabricants épurateurs d'huile de graines, importateurs d'huile minérales et négociants en huiles, se réunissaient pour protester contre l'écart de 7 francs existant entre les 100 kilogrammes de pétrole brut et la même quantité de raffiné et pour réclamer la fixation à 3 francs de cet écart.

La réduction de cet écart auraient, disent-ils, pour avantages :

De permettre d'élever le droit sur les huiles brutes sans l'élever sur les huiles raffinées, par conséquent d'augmenter les recettes du Trésor sans accroître les charges du consommateur ;

De donner aux raffineurs une rémunération suffisante de leur travail, puisque la raffinerie du pétrole a prospéré avec un droit de 3 francs sur les raffineries, et puisque l'écart entre les pétroles bruts et les raffinés n'est que de 1 franc aux États-Unis ;

De permettre l'importation des pétroles raffinés, monopolisée dans les mains des raffineurs, maîtres du marché et empêchant les tentatives d'importation faites par leurs concurrents ;

D'organiser, par suite, la concurrence entre les importateurs et les raffineurs, et de provoquer l'abaissement du prix des huiles minérales.

Protestation des importateurs d'huiles minérales lourdes contre le relèvement des droits de douane sur ces huiles.

Le 21 novembre 1890, M. André, au nom d'un groupe d'épurateurs d'huiles de graine et d'importateurs d'huiles minérales, protestait contre le relèvement des droits de douane sur les huiles minérales lourdes, devant le comité consultatif des arts et manufactures.

Le déposant attribuait aux raffineurs de pétrole l'initiative de cette proposition de relèvement des droits. Menacés de voir la Commission du budget augmenter les recettes des droits perçus sur les pétroles en diminuant l'écart entre les pétroles bruts et les raffinés, les raffineurs ont proposé, disait-il, de faire payer sur les huiles lourdes l'augmentation des droits, et, par suite, l'accroissement des recettes.

La concurrence des huiles minérales lourdes.

La presse (*Justice* du 20 juin 1890) a fait valoir que les huiles minérales lourdes faisaient une concurrence écrasante aux huiles de graissage végétales fabriquées en France (1).

A la séance du 31 janvier 1887, notre collègue, M. Lechevallier, se faisant l'organe des doléances des Chambres de commerce de Caen et de Fécamp, avait attribué aux huiles minérales lourdes employées au graissage des machines la dépréciation subie par les huiles de colza.

Les importateurs d'huiles minérales répondirent, à cette époque, dans un mémoire adressé à M. le Ministre du Commerce, que la dépréciation des huiles de colza avait trois causes :

1° L'importation en franchise des graines de colza exotiques ;

2° Le développement de l'usage du pétrole comme huile d'éclairage ;

3° La dépréciation subie depuis plusieurs années par toutes les huiles grasses, animales ou végétales.

La Chambre des députés n'admit pas les réclamations des importateurs d'huiles minérales, et à partir du 2 avril 1888 les huiles minérales lourdes furent frappées d'une surélévation de droits de 6 francs par 100 kilogrammes.

Développement des importations.

Ce relèvement de droits n'empêcha pas la progression constante des importations, comme le montre le tableau ci-dessous.

ANNÉES	HUILES DE PÉTROLE BRUTES ou raffinées	HUILES MINÉRALES LOURDES	ANNÉES	HUILES DE PÉTROLE BRUTES ou raffinées	HUILES MINÉRALES LOURDES
	kilogrammes.	kilogrammes.		kilogrammes.	kilogrammes.
1874.	47.776.171	Néant.	1882.	100.084.226	8.500.849
1875.	44.196.759	Néant.	1883.	125.273.237	15.836.506
1876.	59.519.123	643.033	1884.	136.214.636	21.439.302
1877.	83.809.786	578.576	1885.	147.652.924	22.023.497
1878.	57.096.983	1.658.156	1886.	144.831.353	20.076.340
1879.	72.270.666	2.171.081	1887.	162.363.479	21.748.303
1880.	89.629.053	3.004.223	1888.	184.574.206	30.536.172
1881.	119.641.642	4.702.602	1889.	195.240.879	32.047.608

(1) L'article de la *Justice* citait des chiffres inexacts. Les importateurs se sont emparés de ces chiffres erronés pour en tirer argument contre les réclamations des raffineurs.

Importation d'huile raffinée.

	1889	1890
Des Etats-Unis	18.519.418	16.344.021
D'ailleurs	4.739.881	8.704.382

Le tableau officiel des douanes pour 1889 indique qu'en dehors des huiles raffinées venant des Etats-Unis, il a été importé 4.739.881 kilos huile raffinée, d'ailleurs.

Le relèvement des droits sur les huiles minérales a été sans effet sur les huiles de colza.

Mais si le relèvement des droits sur les huiles minérales n'eut pas pour conséquence d'accroître l'importation de ces huiles, il n'eut pas non plus, selon M. André, pour résultat, de relever le cours des huiles de colza. C'est, suivant ce négociant, sous l'influence de la diminution de l'importation des graines exotiques et du change de l'argent aux Indes que les huiles de colza se relevèrent. Le même phénomène se produisit en Hollande et en Belgique. Dans ces pays, producteurs de graines et exempts de tous droits sur les huiles minérales lourdes, les huiles de colza ont été, depuis trois ans, cotées au même prix qu'en France.

Préjudice aux industries.

L'augmentation du droit sur les huiles minérales lourdes, ajoute M. André, atteindrait les industries qui font usage de ces huiles et les placerait dans un état d'infériorité vis-à-vis de leurs rivales étrangères, puisque l'Angleterre et la Belgique laissent entrer en franchise les huiles minérales lourdes et que l'Allemagne songe à supprimer le droit de 12 fr. 50 c. aux 100 kilogrammes.

L'importation de ces huiles ne serait pas entravée, car elles sont devenues indispensables, non seulement à raison de leurs bas prix par rapport aux autres matières lubrifiantes, mais à cause de leurs qualités. Elles sont neutres, ne produisent pas de cambouis, diminuent l'usure du matériel et réduisent la dépense de force. Une différence de 8 à 10 francs par 100 kilogrammes n'en empêcherait pas l'usage industriel, mais cet usage est limité au mouvement de notre outillage industriel.

Proposition de la Commission du budget.

La Commission du budget de 1890 proposait un relèvement de :
4 francs par 100 kilogrammes pour les huiles lourdes noires ou brutes.
8 francs par 100 kilogrammes pour les huiles claires ou raffinées.

Provenance des huiles minérales.

Les huiles minérales importées en France sont de trois provenances différentes :
1° De provenance russe, pour 55 0/0 environ de la quantité totale ;
2° De provenance américaine, pour 27 0/0 environ de la quantité totale ;
3° De provenance anglaise, pour 15 0/0 environ de la quantité totale.

Les huiles de provenance russe sont représentées par trois qualités raffinées et une brute, soit :
Oléonaphte n° 0 ou 00, huile orange foncé, densité 0,910, employée pour le graissage des cylindres, vendue 35 francs les 100 kilogrammes à l'entrepôt de douane dans les ports français.

Oléonaphte n° 1, huile orange, densité 0,905 à 0,907, employée pour le graissage des machines, transmissions, et pour le mélange avec les huiles de graissage animales ou végétales, vendue 26 francs les 100 kilogrammes à l'entrepôt de la douane.

Oléonaphte n° 2, huile orange claire, densité de 0,895 à 0,897, employée pour le graissage des métiers de tissage, broches de filatures, etc. : vendue 22 francs les 100 kilogrammes à l'entrepôt de la douane.

Et enfin la qualité dite mazout. Cette huile de couleur noire, d'une densité de 0,910 à 0,912 est le résidu de la distillation du pétrole ; elle ne subit aucun traitement de raffinage, et s'emploie telle pour le graissage du matériel roulant des chemins de fer ; elle est vendue de 14 à 15 francs les 100 kilogrammes à l'entrepôt de la douane.

Les huiles de provenance anglaise sont surtout destinées aux mélanges, soit avec des huiles minérales plus denses ou plus légères, soit avec des huiles végétales ou animales ; elles sont presque toujours raffinées, d'une densité de 0,865 à 0,890, et vendues de 16 à 18 francs les 100 kilogrammes à l'entrepôt de la douane.

Les huiles américaines présentent une très grande variété de qualités, surtout celles destinées au

17

graissage des cylindres ; certaines de ces huiles, quoique de couleur noire, atteignent des prix beaucoup plus élevés que les huiles claires raffinées.

Ainsi, par exemple, l'huile machinery, densité 0,905 à 0,910, couleur jaune clair, de la maison Thompson et Bedfort, de New-York, est vendue 22 francs les 100 kilogrammes à l'entrepôt de douane au Havre, alors que l'huile n. cylinder, de couleur noire, de la même provenance, est vendue 31 francs les 100 kilogrammes au même entrepôt.

Prix et couleurs des huiles minérales.

Voici les couleurs et les prix des 100 kilogrammes à l'entrepôt de douane au Havre, des principales qualités d'huiles américaines.

N° 1. Machinery, 0,905/910, jaune, 22 francs ; Medium Dark machinery, noire, 20 fr. 50 c. ; Summer Dark machinery, noire, 19 fr. 50 c. ; Ajax cylinder oil, noire, 18 francs ; A. cylinder oil, noire, 22 fr. 50 c. ; N. cylinder oil, noire, 31 francs ; Dark filtered N. cylinder oil, noire, 36 francs ; Extra filtered cylinder oil, rougeâtre, 34 fr. 50 c.

Quantités d'huiles lourdes consommées.

Les quantités d'huiles lourdes consommées en France en 1887 et 1888 ont été les suivantes :

1887

Quantités d'huiles lourdes mises à la consommation en France pendant l'année 1887.

		Au net.	
Russie :			
Mer Baltique	2.145.721 kilog.	9.291.682 kilog.	soit 50 0/0 de la quantité totale.
Mer Noire	7.145.961 »		
Allemagne		815.662 »	
Belgique		506.684 »	
Angleterre		3.051.085 »	soit 17 0/0 de la quantité totale.
Turquie		124.948 »	
Etats-Unis		6.029.298 »	soit 27 0/0 de la quantité totale.
Autres pays		»	
Total		18.873.492 kilog.	

Goudrons (exempts).

Russie :		
Mer Noire	762.990 kilog.	11.537 367 kilog.
Etats-Unis	10.742.315 »	
Autres pays	32.062 »	

1888

Quantités d'huiles lourdes mises à la consommation en France pendant l'année 1888.

		Au net.	
Russie :			
Mer Baltique	879.525 kilog.	14.636.215 kilog.	soit 55 0/0 de la quantité totale.
Mer Noire	13.756.960 »		
Allemagne		364.622 »	
Belgique		492.163 »	
Angleterre		3.810.219 »	soit 15 0/0 de la quantité totale.
Italie		2.775 »	
Etats-Unis		6.949.785 »	soit 27 0/0 de la quantité totale.
Autres pays		»	
Total		26.303.848 kilog.	

Goudrons (exempts).

Belgique	95.720 kilog.	824.953 kilog.
Angleterre	728.233 »	
Etats-Unis	Néant.	

Critique des propositions de la Commission du budget.

Les importateurs d'huiles minérales lourdes reprochent à la Commission du budget de n'avoir pas, par son projet d'élever de 4 francs le droit des huiles noires par rapport au droit des huiles raffinées, atteint le but qu'elle se proposait.

Elle voulait, en effet, accorder un avantage aux produits à bon marché. Mais la distinction entre les huiles noires et les raffinées n'est vrai que pour les provenances russes. Il y a, dit M. André, des huiles américaines noires qui sont épurées et ont une valeur supérieure à certaines huiles claires raffinées.

Il résulterait des propositions de la Commission du budget que les huiles anglaises, qui se vendent 16 francs les 100 kilogrammes, tandis que les huiles américaines type N. Cylinder, se vendant 31 francs les 100 kilogrammes. Cif le Havre, n'acquitteraient que le droit de 16 francs. Les unes payeraient 125 0/0 de leur valeur, les autres 50 0/0. Les fraudes seraient faciles, il suffirait d'ajouter 1 ou 2 0/0 de goudron à des huiles raffinées pour les faire entrer avec un bénéfice de 4 francs sur le droit. Les importateurs loyaux seraient placés dans un état d'infériorité en face de leurs concurrents peu scrupuleux.

Droit unique sur toutes les huiles minérales.

Les protestataires concluaient au *statu quo*, c'est-à-dire au droit de 12 francs, établi depuis trois ans. Ils ajoutaient que si des considérations budgétaires nécessitaient l'augmentation de ce droit, cette augmentation devrait porter indistinctement sur toutes les huiles minérales lourdes. Les huiles noires représentent le quart de l'importation totale ; un droit uniforme de 18 francs sur toutes les huiles donnerait au Trésor la même recette que celle qui résulterait de l'application des propositions de la Commission du budget.

Protestation des importateurs de pétrole contre l'écart entre les bruts et les raffinés.

Les importateurs de pétrole protestent contre l'écart des droits proposés pour les pétroles bruts et les raffinés. Ils invoquent l'histoire de la raffinerie de pétrole. Avant 1871, lorsque les pétroles raffinés ne supportaient qu'un droit de 3 francs supérieur au droit sur les pétroles bruts, des raffineries de pétroles ont été créées et ont prospéré. Les frais de distillation et de raffinage n'ont pas augmenté depuis cette époque. Sans doute, il faut tenir compte du travail national, mais les transformations qui se sont produites dans l'industrie de la raffinerie, et l'intérêt général justifient une réduction de l'écart proposé entre les droits sur les pétroles bruts et les raffinés.

Écart de 3 francs.

Dès 1879, des négociants en pétroles réclamaient la fixation à 3 francs de cet écart, et ils couvrirent leur revendication de l'autorité de M. Coignet, dont la compétence était indiscutable, puisqu'à ses fonctions d'expert du Ministère du Commerce M. Coignet joignait la qualité d'ancien raffineur.

Frais de raffinage.

Ils invoquaient au surplus le prix du raffinage en Amérique et en Russie. Aux États-Unis, l'écart entre le pétrole brut et le raffiné n'a jamais été, depuis dix ans, supérieur à 1 franc par 100 kilogrammes. Souvent, par suite de la spéculation, le prix du brut a été de 1 franc plus élevé que celui du raffiné (1).

Le bénéfice de 1 franc est donc suffisant pour les raffineurs américains.

À Bakou, les frais de raffinage sont de 80 centimes à 1 fr. 20 c. suivant l'importance des usines, et on tient compte dans ces chiffres des frais généraux, de l'entretien et de l'amortissement du matériel. Cependant, les matières employées pour le raffinage du pétrole coûtent beaucoup plus cher en Russie qu'en France. En Russie, l'acide sulfurique vaut 95 kopecks le poud, ou 19 francs les 100 kilogrammes. Il vaut en France 9 fr. 50 c. En Russie, la soude caustique vaut 54 à 55 francs. En France elle vaut 30 francs. La raffinerie française paye donc la matière première de son industrie à un prix sensiblement inférieur au prix payé par le raffineur russe.

_____

(1) Au 15 mars 1891, le cours du pétrole à New York était franc bord en vrac : raffiné : 8 fr. 30 c. les 100 kilogrammes ; brut préparé pour la France 45 à 46 degrés Baumé, pesant 800 à 805 : 7 fr. 75 c. Donc 55 centimes d'écart. Les Américains nous envoient, sous cette apparence de pétroles bruts, des pétroles qui ont déjà subi une épuration et peuvent être considérés comme raffinés.

Bénéfice résultant de la différence du rendement réel et du rendement légal.

Une autre source de bénéfices pour les raffineurs français résulterait au dire de M. André, de l'écart entre le rendement réel et le rendement présumé du pétrole brut. Le Ministère du Commerce et l'administration des douanes évaluaient, en 1881, de 83 à 85 0/0 le rendement en raffiné. Les raffineries obtiennent en réalité un rendement de 95 à 98 0/0.

Le résultat de tous ces avantages, accordés à la raffinerie a été la uppression des importations de pétrole raffiné. Il y a cependant intérêt à établir en France un marché de pétrole. Le consommateur en bénéficiera et le Trésor y trouvera son compte.

Pétroles raffinés importés par les raffineurs.

La statistique démontre, dit le représentant de la société Nobel, qu'en 1886. tous les pétroles raffinés importés en France sont arrivés dans les raffineries, pour suppléer à la production insuffisante de ces usines et ont consolidé leur monopole. au lieu de constituer, au profit des importateurs, un élément de concurrence contre les raffineurs.

Les importations de pétrole raffiné ou d'essence, relevées sur les statistiques de la douane donnent, pour l'année 1889, un chiffre de 20.097.003 kilogrammes. Or le chiffre officiel des expéditions de pétrole brut ou raffiné, faites des ports d'Amérique à destination des ports français pendant la même année, donne pour le raffiné un chiffre de 20.208.500 kilogrammes environ. composé comme suit :

30.564 barils de pétrole raffiné.

91.764 barils d'essence.

165.014 caisses de pétrole raffiné.

500 caisses d'essence.

Sur les 30.564 barils de pétrole raffiné, nous voyons, dit M. André, que 28.464 barils ont été reçus à Port-de-Bouc par un raffineur de Marseille.

La totalité des 91.764 barils d'essence a été importée par les raffineurs eux-mêmes. Sur les 165.514 caisses de pétrole raffiné et d'essence, 145.424 ont été importées en Algérie, où il n'existe aucune raffinerie, et où les acheteurs ne veulent pas recevoir en barils.

Il ne reste donc que 2.100 barils et 20.090 caisses de pétrole raffiné, reçus par le port de Marseille et que l'on peut considérer comme importés en dehors des raffineurs.

Importation de pétroles provenant des ports d'Amérique.

Voici d'ailleurs les tableaux complets des quantités de pétrole brut et raffiné expédiées des ports d'Amérique, à destination des ports français pendant l'année 1889 :

Quantités de pétrole brut expédiées des ports d'Amérique à destination des ports français, pendant l'année 1889.

PORTS DESTINATAIRES	BARILS	PORTS DESTINATAIRES	BARILS
Dunkerque	225.961	Report	933.674
Rouen	246.339	Saint-Loubès	23.983
Dieppe	59.937	Cette	109.489
Le Havre	240.397	Port-de-Bouc	2.993
Sables-d'Olonne	17.893	Port Saint-Louis	34.450
Blaye	64.605	Marseille	93.443
Bordeaux	78.552	Calais	11.320
A reporter	933.674	TOTAL	1.209.352

Quantités de pétrole raffiné et d'essence expédiées des ports d'Amérique à destination des ports français, pendant l'année 1889, d'après le relevé officiel.

PRODUITS		PORTS DESTINATAIRES	PORTS D'EMBARQUEMENT
			kilogrammes.
Pétrole raffiné.	28.464 barils	Port-de-Bouc.	»
	2.100 —	Marseille.	»
	30.563 barils à 150 kilogrammes environ		4.400.000
	20.090 caisses.	Marseille.	»
	73.244 —	Alger.	»
	51.680 —	Oran.	»
	20.000 —	Philippeville.	»
	165.014 caisses à 29 kilogrammes		4.785.000
Essence	14.737 barils	Rouen.	»
	2.200 —	Dieppe.	»
	15.999 —	Le Havre.	»
	5.665 —	Sables-d'Olonne.	»
	10.831 —	Blaye.	»
	19.109 —	Bordeaux.	»
	17.361 —	Saint-Loubès.	»
	5.362 —	Port-de-Bouc.	»
	500 —	Marseille.	»
	91.764 barils à 120 kilogrammes.		11.011.000
	500 caisses à 25 kilogrammes	Alger.	12.500
	TOTAL.		20.208.500

La proportionnalité du droit à la richesse en huile lampante.

Les importateurs protestent contre le retour à la législation antérieure à 1881, c'est-à-dire à la proportionnalité entre le droit et la richesse du pétrole en huile lampante. Pour obtenir le rétablissement de cette proportionnalité, les raffineurs invoquent la nécessité de la concurrence du pétrole russe et du pétrole américain ; ils prétendent que le pétrole russe, qui n'a que 35 0/0 d'huile lampante, ne peut entrer qu'avec le système du droit proportionnel, puisque le pétrole américain donne 85 0/0. Mais, sans parler des difficultés d'application que présente ce système au point de vue de la douane, un fait d'une importance capitale empêche l'établissement du droit gradué suivant la richesse lampante.

Impossibilité d'exporter de Russie le pétrole brut.

L'importation du pétrole brut est en effet impossible en France, dit M. André, parce que l'exportation de ce pétrole est impossible en Russie. Voici les raisons de cette impossibilité :

1° Le Gouvernement russe, d'accord avec les industriels de Bakou, est décidé à conserver à la Russie l'exploitation de cette industrie, et il s'est toujours réservé de prohiber, quand il le jugerait convenable, l'exportation du naphte brut et des produits non raffinés, ou de mettre un impôt sur cette exportation ;

2° La Russie ne dispose, pour le transport des produits de naphte vers la Méditerranée, que du chemin de fer de Bakou à Batoum, lequel ne comporte qu'une seule voie et ne peut transporter plus de 700.000 tonnes par année.

Or, comme l'exportation du pétrole raffiné par Batoum absorbe complètement les moyens de transport du chemin de fer, il s'ensuit que les industriels de Bakou n'ont aucun intérêt à les utiliser pour transporter un produit brut, au lieu de leurs produits raffinés.

Le droit proportionnel à la richesse en huile lampante ne favorise donc pas l'importation du pétrole russe, et, avec ce droit, les raffineurs resteraient soumis au monopole américain.

La seule forme d'importation pour les pétroles russes est celle des pétroles raffinés. C'est sous cette forme que ce pétrole est introduit sur tous les marchés d'Europe, sauf en Espagne.

L'exportation du pétrole raffiné russe, sur les ports du continent et du Royaume-Uni, a été, pendant 'année 1889, de :

314.092.095 kilogrammes par la mer Noire.
83.866.861 — par la mer Baltique.

397.958.956 kilogrammes ensemble, sur lesquels il n'a été exporté que 1.390.390 à destination de la France.

Effets de l'abaissement du droit.

Les importateurs soutiennent que, si les droits sur le pétrole étaient moins élevés, la consommation augmenterait dans une proportion considérable et le Trésor percevrait une recette beaucoup plus élevée.

Si on examine le tableau des importations de pétrole en France depuis dix ans, on constate que la consommation a doublé en moins de huit ans. Voici ce tableau :

ANNÉES	BRUT	RAFFINÉ	TOTAUX	ANNÉES	BRUT	RAFFINÉ	TOTAUX
	kilogrammes.	kilogrammes.	kilogrammes.		kilogrammes.	kilogrammes.	kilogrammes.
				A reporter.	420.081.679	94.302.164	514.383.843
1880. . .	61.098.696	13.920.865	75.019.561	1885. . .	122.813.444	15.279.199	138.092.643
1881. . .	86.204.890	22.580.829	108.785.719	1886. . .	123.909.294	17.100.504	141.009.798
1882. . .	72.950.419	20.184.576	93.134.995	1887. . .	129.785.495	23.828.678	153.614.173
1883. . .	93.435.934	19.739.236	113.175.170	1888. . .	155.771.251	17.172.254	172.943.505
1884. . .	106.391.740	17.876.658	124.268.398	1889. . .	164.338.203	20.097.003	184.435.206
Report.	420.081.679	94.302.164	514.383.843	TOTAUX.	1.116.699.366	187.779.802	1.304.479.168

Quantités de pétrole brut et raffiné mises à la consommation en France pendant les dix dernières années.
Insuffisance de la consommation du pétrole en France.

Malgré cette progression, la consommation n'a été, pour l'année 1889, que de 4 kilogr. 500 par habitant, pour la population française, y compris l'Algérie.

Pendant la même année 1889, la consommation dans Paris a été d'environ 250.000 hectolitres, équivalant à 20 millions de kilogrammes, ce qui donne pour Paris seul une consommation de 8 kilogr. 500 gr. par habitant, et réduit à 4 kilogr. 200 gr. par habitant la consommation du reste de la France.

Pendant la même année 1889, il a été importé en Angleterre :

Pétrole raffiné américain . . . . 1.355.590 barils.
Pétrole raffiné russe . . . . 771.227 —

TOTAL. . . . . . . 2.426.817 barils.

Soit en kilogrammes, environ 310.500.000
auxquels il faut ajouter la quantité d'huiles de Boghead pour éclairage produite en Écosse,
laquelle est évaluée officiellement à 550.000 barils soit en kilogrammes. 80.300.000

TOTAL. 390.800.000

ce qui, pour le Royaume-Uni, équivaut à une consommation de 15 kilogr. 450 gr. environ par habitant.

Cette consommation a atteint, pendant la même année : 16 à 18 kilogrammes par habitant pour la Belgique et les Pays-Bas (droits de douane, 40 centimes pour 100 kilogrammes, de 85 centimes pour 100 kilogrammes en Hollande) ; 15 à 16 kilogrammes pour la Suisse (droits fédéraux, 1 fr. 25 c. pour 100 kilogrammes.)

Cette consommation du pétrole est d'autant plus à considérer que le gaz est meilleur marché en Angleterre et en Belgique qu'en France : à Bruxelles, il coûte 20 centimes le mètre cube.

En Allemagne, malgré un droit de 7 fr. 50 c. pour 100 kilogrammes, la consommation est de 14 kilogrammes par habitant.

Par contre, en Espagne et en Italie, où les droits qui frappent le pétrole sont plus élevés qu'en France, la consommation n'atteint pas 3 kilogrammes par habitant.

Les importateurs de pétrole, énumérant les droits de douane et les comparant à la consommation, concluent de cette comparaison que c'est l'élévation du droit qui entrave le développement de la consommation.

En Espagne, les droits sont de 21 francs sur le pétrole brut et de 32 francs les 100 kilogrammes sur le pétrole raffiné.

En Italie, les droits sont de : en fûts et en caisse, 38 francs les 100 kilogrammes sur le brut, 47 francs les 100 kilogrammes sur le raffiné.

En dames-jeannes, 41 francs les 100 kilogrammes sur le brut, 51 francs les 100 kilogrammes sur le raffiné.

Entraves à la consommation du pétrole en France.

Le développement de la consommation en France serait, d'autre part, entravé, selon les importateurs, par les prix exagérés qu'imposent les raffineurs avec leur monopole, et par l'élévation des droits sur les pétroles bruts (18 francs) qui oblige les raffineurs à pousser la distillation jusqu'à ses extrêmes limites et à vendre des pétroles mélangés de résidus et d'huiles lourdes, très imparfaitement combustibles et lampants.

En Amérique et en Russie au contraire, la matière première est presque sans valeur et les résidus se vendent presque aussi cher que l'huile raffinée ; il en résulte que les parties très lampantes sont seules distillées.

La plus grande consommation de Paris résulte du progrès réalisé par les raffineurs, obligés de fournir pour les lampes de luxe une huile parfaitement épurée. La province, qui n'a pas les mêmes lampes, est moins exigeante et consomme des huiles très inférieures.

L'abaissement du droit augmenterait la consommation.

Il serait facile d'obtenir en France une consommation de pétrole égale à celle de l'Allemagne, soit 14 kilogrammes par tête ; il suffirait de réduire à 12 francs les 100 kilogrammes les droits sur les pétroles raffinés.

Avec ce droit, la consommation étant en France la même qu'en Allemagne, le Trésor, au lieu de percevoir 34.600.000 francs comme en 1889, recevrait 63.800.000 francs et le trafic de nos ports passerait de 185.000 tonnes à 530.000. Le consommateur bénéficierait de ce développement du marché et payerait, hors Paris, 30 centimes le litre de pétrole raffiné, au lieu de 50.

Protestation des importateurs contre la différence de droits sur les huiles minérales brutes et les raffinées.

De même qu'ils ne veulent qu'un écart très limité entre les huiles et les pétroles bruts et les raffinés, les importateurs demandent qu'il ne soit fait aucune différence entre les huiles minérales noires ou brutes et les huiles minérales raffinées et que toutes les huiles minérales lourdes soient soumises au même traitement.

Ils reconnaissent que la Commission des douanes, en laissant un écart de 6 francs entre les huiles minérales lourdes, brutes et les raffinées et en créant, sous le nom de résidu, une catégorie ne payant que 12 francs, a poursuivi un double but : d'une part, protéger l'agriculture ; d'autre part, faciliter le traitement du pétrole brut d'origine russe, en favorisant la fabrication et le raffinage des huiles lourdes en France.

Mais l'élévation des droits sur les huiles lourdes ne saurait avoir aucune influence sur le cours des huiles de colza, et par suite sur celui des graines de colza. Ainsi, bien que l'importation des huiles minérales lourdes pour l'exercice 1890 ait été de 41 millions de kilogrammes alors qu'elle ne dépassait pas de 27 à 29 kilogrammes en 1888 et 1889, nous voyons les huiles de colza cotées à 70 francs les 100 kilogrammes à la Bourse de Paris, et, pendant l'année 1890, elles ont atteint le cours de 78 francs, alors qu'en 1886, elles étaient tombées à 52 francs les 100 kilogrammes, avec une importation d'huiles lourdes de 21 millions de kilogrammes seulement.

Il n'y a donc aucune relation à établir entre les cours des huiles de colza, et les importations d'huiles lourdes, et ce serait une erreur de frapper ces dernières dans le but de protéger l'agriculture nationale : la seule conséquence qu'aurait un relèvement de droits sur ces huiles serait d'augmenter les charges de nos industriels et de nos compagnies de chemins de fer, qui ont absolument besoin de ces produits pour le graissage de leur matériel.

Protestation contre la classification des résidus.

Les importateurs protestent contre la création d'une catégorie spéciale d'huiles de graissage sous le nom de résidus. Ils veulent que toutes les huiles à graisser, comme toutes les huiles lampantes, forment une seule catégorie. Ils signalent spécialement le mazout russe comme ne devant pas figurer dans la catégorie des résidus.

Le mazout est en effet un résidu, c'est-à-dire un produit de la distillation du pétrole d'éclairage, le naphte russe donnant :

35 0/0 de pétrole d'éclairage ;

65 0/0 de mazout ou résidu servant à la fabrication des huiles de graissage.

Mais ce résidu est également une huile, employée telle quelle au graissage du matériel roulant de nos compagnies de chemins de fer, et ayant pour cet usage toutes les qualités d'une huile raffinée.

Il est donc injuste de faire payer 6 francs de moins au mazout qu'à d'autres huiles minérales lourdes qui ont les mêmes propriétés (1).

C'est une erreur, disent les importateurs, de considérer l'écart de droits entre les résidus et les huiles minérales lourdes brutes et raffinées comme un moyen de permettre aux raffineurs français d'importer les pétroles bruts provenant de la Russie. La Russie ne permettra jamais cette exportation.

Les raffineurs n'importeront, par conséquent, que des huiles brutes américaines. Il en résultera un double monopole : monopole pour les Américains de l'importation en France des huiles lourdes brutes ; monopole pour les raffineurs du commerce des huiles lourdes raffinées, l'importation de ces huiles étant devenue impossible par la protection du droit de 6 francs.

Les maisons françaises qui ont fait des dépenses considérables pour constituer le marché de ces huiles en France, qui ont pris l'initiative de leur transport en vrac (2), qui ont établi dans les ports des installations importantes, qui emploient un personnel d'ouvriers presque égal à celui des raffineurs, ne peuvent être condamnées à disparaître.

Impossibilité de distinguer les huiles lourdes brutes ou raffinées.

Les tarifs actuellement en vigueur, dit M. André, n'établissent aucune distinction entre les huiles lourdes raffinées et les brutes ; le comité consultatif des arts et manufactures s'est prononcé, au mois de novembre dernier, contre cette distinction ; le projet du Gouvernement n'établit pas cette différence ; la science, enfin, ne permet pas de reconnaître les huiles lourdes brutes et les huiles lourdes raffinées. Dans les huiles russes, par exemple, il est facile de distinguer le mazout de l'huile raffinée pour machines, blonde, densité 0,905 ; mais comment classera-t-on le distillat qui est le résultat de la distillation du mazout, mais qui n'est pas raffiné ?

Les importateurs seront fondés à demander son admission comme huile brute, et, dans ce cas, avec une dépense de moins de 1 franc par 100 kilogrammes, ils pourront raffiner cette huile qui sera absolument identique à l'huile, pour machines, blonde, densité 0,905, et ils auront une protection de 6 francs par 100 kilogrammes pour faire ce travail.

Dans les huiles américaines, il y a des huiles noires ayant toutes les apparences du mazout russe, qui ont cependant subi une certaine épuration, qui se vendent plus cher que les huiles raffinées, et dont les importateurs demanderont l'admission au droit des huiles brutes : telles sont, par exemple, les huiles N. Cylinder et Dark Filtered N. Cylinder, qui se vendent 31 à 36 francs les 100 kilogrammes au Havre, non acquittées. Il en résultera que ces huiles entreront au droit des huiles brutes (18 francs) ou même à 12 francs si on les admet comme résidus, tandis que les huiles raffinées, telles que les huiles anglaises, densité 0.865, valant 16 francs les 100 kilogrammes, acquitteront le droit de 24 francs, c'est-à-dire qu'une marchandise payera 150 0/0 de sa valeur, et l'autre 50 0/0 ou même 35 0/0, et cela uniquement pour une différence de couleur.

Les importateurs concluent que le droit de douane doit être le même pour les huiles lourdes brutes ou raffinées et pour les résidus. Ils ajoutent qu'en aucun cas ce droit ne saurait être supérieur au chiffre de 18 francs, c'est-à-dire au droit sur les pétroles bruts. Ils demandent, en conséquence, que les huiles lourdes et résidus de pétrole, de schiste et d'autres huiles minérales, impropres à l'éclairage, soient frappées d'un droit uniforme de 12 francs.

---

(1) La Commission des douanes n'a pas commis l'injustice qui lui est reprochée. Le mazout ayant une densité de 910 à 912 payera le droit de 18 francs.

(2) Sur 1.250.000 barils importés en 1889, 700.000 ont été importés en vrac.

Protestation des importateurs contre le droit protecteur de 6 francs au profit des raffineurs.

Si le raffinage ne coûte que 1 franc par 100 kilogrammes en Russie et en Amérique, il ne coûte pas beaucoup plus cher en France, malgré la cherté du combustible et la perte provenant du déchet de fabrication. Cette dernière perte est en effet compensée par la vente des sous-produits: huiles lourdes, goudron, sulfate d'ammoniaque, etc. C'est pourquoi, avant 1871, le droit de 3 francs a suffi pour assurer la prospérité de la raffinerie. Après une protection de 15 francs pour les huiles raffinées et de 25 francs pour les essences en 1871, cette industrie a joui d'une protection de 20 fr. 70 c. par 100 kilogrammes de 1872 à 1880. En 1881, cette protection fut réduite à 7 francs, malgré la prétention des raffineurs, qui affirmaient que, sans un droit de 12 francs, ils ne pourraient continuer à travailler. Cependant, depuis 1881, l'importation des pétroles bruts a suivi une progression constante, et celle des pétroles raffinés est stationnaire.

Les raffineurs ont sensiblement amélioré leur situation depuis 1881. A cette époque, le rendement du pétrole brut en huile lampante n'était que de 80 à 83 0/0. Aujourd'hui, ils reconnaissent eux-mêmes que ce rendement est de 90 0/0. Il serait de 95 0/0, selon l'administration. Le déchet de fabrication n'est donc que de 5 0/0. Or, le pétrole brut, acquitté de douane, revient, en moyenne, aux raffineurs à 30 francs les 100 kilogrammes (non compris la valeur du baril, sur lequel ne porte pas le déchet): il s'ensuit que la perte du raffineur serait, de ce chef, de 1 fr. 50 c. par 100 kilogrammes au maximum : il convient d'ajouter à ce chiffre une somme de 1 franc à 1 fr. 25 c. pour le couvrir des frais de distillation et de raffinage. On a donc, pour le traitement de 100 kilogrammes de pétrole brut :

1° Frais de distillation et de raffinage . . . . Fr.   1 25
2° Déchet de fabrication, 5 0/0 sur 30 francs 1 50

Soit en tout. . . . . Fr.   2 75

Soit en tout 2 fr. 75 c. pour les frais de distillation et de raffinage de 95 kilogrammes de pétrole raffiné, soit 2 fr. 90 par 100 kilogrammes.

Par conséquent, avec une protection de 3 francs et au maximum de 3 fr. 50 c. par 100 kilogrammes, les raffineurs français peuvent soutenir avantageusement la concurrence des importations de raffiné.

Les importateurs de pétrole concluent en demandant le tarif ci-dessous :

Huiles de pétrole, de schiste et autres huiles minérales propres à l'éclairage :

Tarif maximum

Huiles brutes . . . . 18 francs les 100 kilogrammes.
Huiles raffinées . . . . 12 fr. 50 c.   —

Huiles lourdes et résidus de pétrole, de schiste, et d'autres huiles minérales, impropres à l'éclairage :

Tarif maximum

Huiles brutes et raffinées . . . . 12 francs les 100 kilogrammes.
Vaseline paraffine :
Devraient suivre le régime des huiles lourdes. . . . . 21 francs   —

Réponse au mémoire de M. André.

Si les raffineurs de pétrole sont accusés de bénéficier d'un monopole, ils adressent le même reproche aux importateurs. La société Nobel, de Bakou, aurait monopolisé en France l'importation directe des huiles raffinées pour l'éclairage et le graissage. Quant à l'importation des huiles minérales lourdes, elle serait monopolisée dans les mains de deux importateurs pour les provenances russes et d'un importateur pour les provenances d'Amérique.

Ces trois ou quatre agents auraient l'exclusivité de la vente des produits des grandes sociétés russes ou américaines : quiconque veut acheter de l'huile lourde pour graissage est obligé d'en passer par ces agents exclusifs, qui tiennent en leurs mains tout le commerce des huiles minérales lourdes.

Dans quelles mains est le monopole ?

En France il n'y a pas de monopole pour le raffinage du pétrole. Il y en a au contraire deux très puissants, dont l'un est la Standard-Oil en Amérique et la Société Nobel en Russie.

Nécessité pour l'industrie française de pouvoir travailler les huiles de graissage.

On conçoit, disent les raffineurs, la crainte qu'ont ces agents de voir l'industrie française obtenir la faculté de travailler dans ses usines des produits similaires et pratiquer concurremment avec eux le commerce des huiles minérales lourdes pour le graissage, travail et commerce que la législation actuelle leur rend absolument impossibles.

Si l'écart actuel existant entre les pétroles bruts et les pétroles raffinés était supprimé, il en serait pour les huiles d'éclairage comme pour les huiles de graissage; l'industrie de notre pays serait supprimée, et tout le commerce passerait entre les mains des agents des grandes sociétés russes et américaines.

Exemple des autres pays.

C'est ce qui existe actuellement dans tous les pays d'Europe dans lesquels des droits de douane différentiels n'ont pas été établis ou sont insuffisants pour permettre l'existence de l'industrie des huiles minérales.

Ainsi, en Angleterre, en Belgique, en Hollande, en Allemagne et en Italie, où il n'y a pas de droits différentiels, les grands marchés d'autrefois de Londres, Anvers, Rotterdam, Brême et Gênes n'existent pour ainsi dire plus. Ils ont été remplacés par des agences des grandes sociétés américaines et russes, lesquelles fabriquent, transportent et vendent directement leurs produits en supprimant tous intermédiaires. Les anciens importateurs de ces pays, négociants, courtiers, ont été dépossédés de leurs affaires.

Comment se constitue le monopole de la « Standard oil Company ».

Dans tous les pays où les droits sur les pétroles bruts et les raffinés ont été les mêmes, la toute-puissante Compagnie américaine s'est emparée exclusivement du marché et a évincé tous ses concurrents. Elle a constitué à la fois à son profit le monopole des raffineries et le monopole de l'importation, avec la tendance à faire disparaître tout travail en Europe et à expédier directement des États-Unis le produit fabriqué.

ANGLETERRE

L'Angleterre a été le premier pays envahi par la « Standard oil ». Sous le nom « d'Anglo-american company », dont les sièges principaux sont à Londres, Liverpool, une succursale du « Standard » détient tout le marché anglais. Tous les intermédiaires sont dépossédés; il n'y a plus un litre de pétrole importé en dehors du monopole de la « Standard ».

ALLEMAGNE

Après s'être emparée de l'Angleterre, la *Standard* a conquis l'Allemagne et a détruit les marchés si importants de Brême et de Hambourg.

Un article de la *Gazette de Francfort* et une circulaire commerciale ne permettent pas de douter de la constitution du monopole en Allemagne.

Voici ces deux documents :

Deutsch-Amerikanische Petroleum-Gesellschaft, Bremen. Die Petroleum-Geschäfte der Herren August Sanders und Co und G. J. H. Siemers und Co, in Hamburg, sowie deren Tankdampfer, Tankleichter und sämmtliche Tankanlagen an der Elbe einschliesslich der Anlagen in Rosslau und Riesa sind nach der « Weser Ztg. » von der oben genannten Gesellschaft erworben worden, welche demnach in Hamburg eine Niederlassung errichten wird. Ferner soll das Petroleum-Geschäft der Herren August Sanders Söhne und Co in Stettin demnächst ebenfalls an die Deustch-Amerikanische Petroleum Gesellschaft übergehen. Ihre sonstigen Geschäfte werden die genannten Firmen unverändert weiterführen.

(Gazette de Francfort du 27 octobre 1890.)

Société de pétrole allemande-américaine, Brême. — Les entreprises de pétrole de MM. August Sanders und Co et G.-J.-H. Siemers und Co, à Hambourg, ainsi que leurs tanksteamers, allèges-citernes et toutes leurs installations sur l'Elbe, y compris celles de Rosslau et Riesa, ont été achetés, d'après le *Journal de la Weser*, par la Société susmentionnée, qui établira prochainement une succursale à Hambourg. En outre, l'entreprise de pétrole de MM. August Sanders Sohne und Co, à Stettin, passerait également dans les mains de la Société de pétrole allemande-américaine dans très peu de temps. Les maisons ci-dessus continueraient leurs autres affaires comme par le passé.

SOCIÉTÉ DE PÉTROLE ALLEMANDE-AMÉRICAINE.

Brême, le 15 avril 1890.

Monsieur,

Nous avons l'honneur de vous informer que par contrat du 22 février dernier la Standard Oil Comp., à New-York, MM. F.-E. Schütte et Carl Schütte, à Brême, ainsi que MM. Wih.-A. Riedemann, à Geestemünde, ont créé la Société par actions soussignée, qui s'est rendue acquéreur de toutes les installations et navires qui servaient à l'affaire de pétrole et à l'entreprise d'armements des maisons Wilh. A. Riedemann à Geestemünde, et Albert-Nicolas Schütte et fils à Brême, dans le but de continuer la même exploitation.

Le siège central de la Société est à Brême avec succursales à Geestemünde et Harburg, et on a l'intention d'établir des succursales à d'autres endroits.

Les affaires de la direction seront gérées par MM. F.-E. Schütte, Carl Schütte et Wilh. A. Riedemann et nous vous prions de vouloir bien prendre connaissance de leur signature.

Agréez, etc.

Société de pétrole alllemande-américaine,

F.-E. SCHUTTE, CARL SCHUTTE,
W.-A. RIEDEMANN.

HOLLANDE ET BELGIQUE

Maitresse de l'Angleterre et de l'Allemagne, la *Standard Oil* a pris possession de la Belgique et de la Hollande.

AMERICAN PETROLEUM COMPANY
Société anonyme.

Rotterdam-Anvers, le 1er avril 1891.

Monsieur,

Nous avons l'honneur de vous informer que, sous la date du 11 mars dernier, MM. Hermann Stureber et Co à New-York, Fr. Speth et Co à Anvers, Horstmann et Co à Rotterdam, ont fondé, avec le concours de la Standard Oil Company de New-York, une Société anonyme sous la dénomination « American petroleum Company ».

Celle-ci reprend les navires à réservoirs et les établissements pour la réception du pétrole, appartenant aux trois firmes susmentionnées.

Le siège principal de la Société est à Rotterdam, avec une succursale à Anvers.

La gestion des affaires de la Société est confiée à MM. Otto Randebrock, F.-W. Randebrock, O. Horstmann, Fr. Speth et A. Maquinay.

Veuillez prendre note de leurs signatures au bas de la présente et agréer, M   , nos salutations distinguées.

American petrolum Company :

M. Otto Randebrock signera : OTTO RANDEBROCK.
M.-F.-Wm Randebrock signera : F.-Wm RANDEBROCK.
M. O. Hortsmann signera : O. HORSTMANN.
M. Fr. Speth signera : FR. SPETH.
M. A. Maquinay signera : A. MAQUINAY.

ITALIE

Enfin, à peine l'Italie avait-elle modifié sa législation, supprimé tout droit protecteur pour les raffineries, édicté l'exercice de cette industrie, en faisant payer le même droit à la sortie sur le raffiné que sur le brut à l'entrée en ne laissant par conséquent aux raffineurs que l'écart du déchet, à peine la loi nouvelle était-elle promulguée que toute l'industrie du pétrole en Italie passait aux mains de la « Standard Oil ».

En voici la preuve :

SOCIETA ITALO-AMERICANA PEL PETROLIO
Società anonima. Capitale L. 2.500.000 interamente cersato.

Venezia, sede principale.
Genova, vendita petrolio e noleggio bastimenti.
Savona, deposito petrolio.
Arth-Goldau, deposito petrolio.

Venezia, 10 giugno 1891.

Signore,

La Società italo-americana pel petrolio constituitasi ad opera della Standard Oil C° di New-York e della ditta Walter et C° con atto 16 Maggio a. c., rogiti De Toni, debitamente publicato, si pregia partecipare alla S. V. ch'essa ha dato principio ai propri affari d'importazione e vendita di petrolio Americano e Russo in continuazione a quelli della stessa ditta Walter et C°, ora in liquidazione.

La sua sede principale é in Venezia, avendo filiali a Genova, Savona ed Arth-Goldan in Svizzera, ed altre in prospettiva.

La gestione sociale é affidata ai sigg. Paul Wedekind e Benedict Walter, membri del Consiglio di Amministrazione, ed a cio specialmente delegati.

Voglia V. S. prender nota delle rispettive loro firme qui in calce.

Società italo-americana pel petrolio:

Paul Wedekind firmera: PAUL WEDEKIND.

Benedict Walter firmera: BENEDICT WALTER.

(Traduction littérale.)

SOCIÉTÉ ITALO-AMÉRICAINE POUR LE PÉTROLE

Société anonyme. Capital 2.500.000 francs entièrement versés.

Venise, siège principal.

Gênes, vente du pétrole et location (fret) de bateaux.'

Savone, dépôt de pétrole.

Arth-Goldan, dépôt de pétrole.

Venise, 10 juin 1891.

Monsieur,

La Société Italo-Américaine pour le pétrole qui vient de se former (s'associer) par la Standard Oil C° de New-York et la maison Walter et Cie — par acte du 16 mai année courante (de Toni, notaire) dûment publié — a l'honneur de vous prévenir qu'elle a commencé ses affaires d'importation et vente du pétrole américain et russe, tout en donnant suite à celles de la même maison Walter et Cie, actuellement en liquidation.

Son siège principal est à Venise, les autres sont à Gênes, Savone et Arth-Goldan en Suisse, et compte en prendre d'autres.

La gestion sociale est confiée à MM. Paul Wedekind et Benedict Walter, membres du Conseil d'administration et spécialement délégués pour cela.

Veuillez, Monsieur, prendre note de leurs signatures respectives ci-dessous:

Société Italo-Américaine pour le pétrole:

Paul Wedekind signera: PAUL WEDEKIND.

Benedict Walter signera: B. WALTER.

En même temps que se constituait le monopole américain, les importateurs italiens entraient en liquidation.

Venezia, 10 Giugno 1891.

Signore,

Ci pregiamo parteciparvi che la nostra ditta Walter et C° stante la costituzione della Società Italo Americana pel Petrolio, in cui prese larga parte, entra oggi in liquidazione.

Ringraziandovi della fiducia accortaci preghiano di voler la continuare alla nuova società.

WALTER Y C°.

(Traduction littérale.)

Venise, 10 juin 1891.

Monsieur,

Nous avons l'honneur de vous prévenir que notre maison Walter et Cie, par suite d'une combinaison avec la Société Italo-Américaine sur le pétrole dans laquelle elle a pris une partie, entre aujourd'hui en liquidation.

En vous remerciant de la confiance que vous avez bien voulu nous accorder nous vous prions de vouloir la continuer à la nouvelle Société.

WALTER ET Cie.

La conclusion qu'il y a lieu de tirer des faits accomplis en Angleterre, en Allemagne, en Belgique, en Hollande et en Italie, c'est que les trois pays où l'industrie de la raffinerie luttent contre le monopole américain sont : l'Autriche, l'Espagne et la France. En Autriche, l'écart des droits sur les pétroles bruts et raffinés est de 8 francs. En Espagne, il est de 11 francs.

Danger du droit unique pour les huiles de graissage.

Les Sociétés américaines et russes constitueraient en France le monopole des huiles de graissage si on admettait l'égalité des droits pour les huiles brutes et les huiles raffinées de graissage, et un écart de 3 fr. 50 c. au lieu de 7 francs entre le pétrole brut et le pétrole raffiné américain.

La nécessité de donner à nos raffineries la faculté de pouvoir travailler à la fois les huiles d'éclairage et les huiles de graissage s'impose.

Mais, pour que cette fabrication puisse se pratiquer, il est nécessaire qu'il y ait entre la matière lourde brute, qui sert de matière première, et l'huile de graissage raffinée, un écart de droits suffisant représentant le remboursement du déchet et un droit compensateur pour placer le fabricant français dans les mêmes conditions que son concurrent étranger.

Insuffisance de l'écart de 6 francs.

L'écart de 6 francs demandé par la Commission des douanes entre l'huile lourde brute et l'huile lourde raffinée est insuffisant.

En effet, l'huile lourde brute donne au travail de raffinerie 15 0/0 de déchet environ, lesquels ont acquitté 18 francs par 100 kilogrammes, soit 2 fr. 70 c. Si on ajoute le droit compensateur de 4 francs, on arrive au chiffre de 6 fr. 70 c., alors que la Commission ne propose que 6 francs.

Justification de l'écart entre les résidus et l'huile de graissage.

Quant à l'écart entre les résidus et l'huile de graissage raffinée, il est amplement justifié par les déchets considérables que donnent ces résidus dans le travail qui consiste à les transformer en huile de graissage raffinées ayant le pouvoir lubrifiant et la viscosité exigés par le commerce. Ces déchets étant évalués à 60 0/0 environ et le droit compensateur à 4 francs on voit que l'écart de 21 francs est à peine suffisant.

Justification de l'écart de 7 francs entre les bruts et les raffinés servant à l'éclairage.

Si les raffineurs, au lieu d'être protégés par le droit de 7 francs, ne bénéficient plus que d'une protection de 6 francs, cette légère réduction du bénéfice se fera surtout sentir dans les petites usines. Les grandes maisons ont installé l'importation en vrac, qui diminue leurs dépenses.

L'écart de 6 francs proposé par la Commission des douanes pourra suffire aux raffineries placées sur l'Atlantique, qui ont moins à souffrir de la concurrence du raffiné russe, mais sera insuffisant pour celles de la Méditerranée qui déjà maintenant, avec l'écart de 7 francs, luttent difficilement contre cette concurrence (voir la lettre au Ministère du Commerce, juin 1890, annexe n° 3).

A l'argument qui consiste à prétendre que les raffineries ont un avantage résultant de l'importation en vrac, il est facile de répondre que si quelques raffineries sont organisées pour recevoir leurs huiles brutes en vrac, il en est ou il peut en être de même pour les importateurs. Ainsi, la maison André a établi sur la Méditerranée, à Saint-Louis-du-Rhône, et sur la Manche, à Dunkerque, des installations dans lesquelles elle reçoit en vrac ses huiles d'éclairage et de graissage.

Le prix de revient en Russie.

C'est à tort, disent les raffineurs, que les importateurs de pétrole prétendent que l'écart entre les bruts et les raffinés n'est, en Russie, que de 80 centimes à 1 fr. 20 c. En mars 1891, les pétroles bruts valaient en effet, en Russie, 72 centimes. A cette même date, ils valaient à Bakou, sur wagon citerne, 2 fr. 75 c. Chaque année à la même époque, les cours fléchissent par suite de l'interruption de la navigation sur le Volga. Mais le prix normal du pétrole raffiné à Bakou est de 3 fr. 30 c. à 3 fr. 60 c. et celui du pétrole brut, 72 centimes à 75 centimes les 100 kilogrammes.

Il est également facile de répondre à l'argument que tirent les importateurs de la différence de prix de l'acide sulfurique et de la soude caustique en France et en Russie et de l'avantage qu'aurait le travail de l'épuration en France par suite du plus bas prix des produits chimiques. Il faut en effet, pour raffiner 100 kilogrammes de pétrole, 1 0/0 d'acide sulfurique *représentant 19 centimes, et 1/8 0/0 de soude caustique représentant 13 centimes*. Le bénéfice du raffineur français, par rapport au raffineur russe, serait donc de 15 centimes environ, par suite du meilleur marché des produits chimiques en France. Mais le combustible et la main-d'œuvre, plus chers en France, compensent ce léger avantage. Les conditions du raffinage en Russie et en France peuvent donc être considérées comme identiques.

Le bénéfice réalisé par les raffineurs sur le rendement.

A l'argument tiré par les importateurs du prétendu bénéfice que tireraient les raffineurs d'un rendement qui atteindrait 97 0/0, ceux-ci répondent par des documents officiels émanant du Gouvernement américain :

RENDEMENT DU PÉTROLE BRUT D'APRÈS LE BUREAU DE STATISTIQUE DU DÉPARTEMENT DE L'INTÉRIEUR
AUX ÉTATS-UNIS

Extrait du livre : *Production, technologie et usage du pétrole et de ses produits*, par J.-F. Peckham, publié par le bureau de l'Imprimerie nationale, à Washington, 1884 :

Page 109 : Le pétrole brut du marché de New-York fournit généralement de :

12 à 15 0/0 de naphte à 0.700, gravité spécifique de 9 à 12 0/0 de benzine à 0.730, gravité spécifique, et environ 60 0/0 d'huile d'éclairage à 0,795, gravité spécifique. Le résidu contient 2 1/2 0/0 de paraffine sèche en calculant sur la quantité d'huile soumise à la distillation.

Le Gouvernement des États-Unis, qui a tous les éléments d'appréciation, admet donc que le rendement du pétrole brut varie entre 83 1/2 et 89 1/2 0/0.

Pourcentage moyen des produits commerciaux du pétrole brut de 45 degrés de New-York, de Pensylvanie, d'Ohio ou de la Virginie de l'Ouest :

Gazoline.	1	à	1.5
Naphte C	10	à	10
Naphte B	2.5	à	2.5
Naphte A	2	à	2.5
	15.5	à	16.5
Huile d'éclairage.	50	à	54
Huile de graissage	17.5	à	17.5
Cire de paraffine.	2	à	2
Perte.	15	à	10
	100 0/0		100 0/0

Il résulte donc que les huiles brutes de 45° Beaumé, c'est-à-dire les huiles les plus riches en produits utilisables, laissent une perte de 10 à 15 0/0. Nous sommes loin, comme on le voit, du rendement de 97 0/0 (1).

DÉCOMPOSITION DU DÉCHET DE 11 0/0

	Par 100 kilogrammes de brut.
Eau et sédiments.	» 50 0/0
Évaporation au dépotage	» 17 0/0
Déperdition par pompage, circulation et séjour en réservoir. . .	» 50 0/0

(1) En France l'administration et le comité consultatif ont reconnu que le pétrole brut ne donne pas un rendement industriel supérieur à 90 0/0 en poids avec les meilleures huiles brutes de la Pensylvanie.
Ce rendement, d'ailleurs, n'est pas atteint dans la plupart des usines.
En 1881, le droit a été établi sur un rendement minimum de 85 0/0, *et les règlements de douane indiquent que les huiles brutes ont des rendements variant de 85 à 90 0/0.*
Il n'a jamais été possible de prouver que la moyenne des rendements fût supérieure à cette moyenne de 1881, et le comité consultatif des Arts et Manufactures a adopté le chiffre de 90 0/0 en poids.

Par 100 kilogrammes
de brut.

Première distillation.

Pertes en gaz non condensables. 2 25 0/0

Deuxième distillation.

Sur 30 kilogrammes de résidus de la première distillation, 3 0/0 de déchet.

Troisième distillation.

TRAVAIL DE DÉCOMPOSITION

Sur 22 kil. 500 d'huile lourde provenant des 30 kilogrammes de la deuxième distillation, 10 0/0 de déchet. 2 25 0/0
Rectification des 20 kilogrammes essence et benzines provenant de la distillation du brut (distillation à la vapeur), 3 1/4 0/0 de déchet . . . .   » 65 0/0
Traitement chimique avec l'acide sulfurique, la soude caustique, l'eau, agitations par l'air, sur 39 kilogrammes de produits raffinés, 2 0/0 déchet.   1 78 0/0
Perte en coke. . . . .   2 . » 0/0
Total des déchets et perte par 100 kilogrammes de brut.   11 » 0/0

Voici, d'autre part, les prix de vente et de revient du pétrole en France :

ÉTABLISSEMENT DES PRIX DE VENTE ET DE REVIENT DU PÉTROLE.

		Kilogr.	Francs.	Les 100 kil.
11 kil. 236 de brut rendent :				
15 0/0	essence, soit	16 85	à 55 »	9 26
74 0/0	pétrole, —	83 15	à 48 625	40 43
		100 »		
2 0/0	coke, —	2 25	à 4 »	» 09
91 0/0				
Perte :				
9 0/0	—	10 11		
100 0/0	soit	112 36		49 78

(Voir au tableau ci-dessus la décomposition des 9 0/0.)

Dépenses.

112 kil. 36 gr. de brut à 16 fr. 875.

Coût, fret, Havre. 18 96
Assurance maritime. 1/4 0/0 . . . .   » 24
Droits de douane, 18 francs les 100 kilogrammes. 20 22
Statistique, 0 fr. 10 c. par baril. . . . .   » 08
Frais de débarquement au Havre, 0 fr. 35 c. par baril . . . . . .   » 40
A reporter. . . .   39 90

Frais de fabrication.

Pour 100 kilogrammes de produits raffinés.

Charbon, 40 kilogrammes à 25 francs la tonne.	1 »	
Acide, 4 kilogrammes, à 10 francs les 100 kilogrammes. .	» 40	
Soude, 2 kilogrammes, à 30 francs les 100 kilogrammes. .	» 60	
Colle	» 20	3 95
Peinture	» 15	
Fourniture de tonnellerie	» 10	
Main-d'œuvre.	1 50	

43 85

Frais généraux.

Courtages (1 franc par baril), impôts, assurance contre l'incendie,
intérêts 1 70

Frais de transports du Havre à Paris.

Camionnage de l'usine à la gare du Havre	» 20	
Chemin de fer du Havre à Paris.	1 44	2 36
Déchet de route 1/2 0/0.	» 22	
Camionnage dans Paris	» 50	

47 91

Prix de vente au gros (rendu domicile)	49 78
Prix de revient.	47 91
Bénéfice. . . Fr.	1 87

Les importateurs prétendent que l'industrie du raffinage est une industrie parasite ne représentant aucun travail national.

Voici le tableau des dépenses annuelles :

DÉPENSES ANNUELLES FAITES EN FRANCE POUR LE RAFFINAGE DU PÉTROLE

3.000 ouvriers représentant en salaire . . . . Fr.	4.500.000
100.000 tonnes de houille	2.500.000
8.000.000 de kilogrammes acide sulfurique.	800.000
2.000.000 de kilogrammes soude caustique.	600.000
1.000.000 de kilogrammes colle.	600.000
500.000 kilogrammes de peinture	400.000
Chaudronnerie en fer, cuivre, fonte, etc.	3.000.000
Constructions, fumisterie, etc.	600.000
Fr.	13.000.000

Concurrence des huiles minérales lourdes aux huiles végétales.

Contrairement à l'opinion exprimée par les importateurs, les huiles minérales lourdes ont porté un grand préjudice à la consommation des huiles végétales et animales de production française.

Ce qui se passe en France s'est passé en Espagne il y a quelques années. L'introduction des huiles minérales lourdes a porté un tel préjudice à la production des huiles d'olives que le gouvernement espagnol a relevé de 41 centimes à 21 francs par 100 kilogrammes les droits sur ces huiles.

Il en est de même ici. Les huiles de colza travaillées spécialement qui servaient à l'ensimage des laines et au graissage dans les filatures; ainsi que celles qui servaient au graissage des machines et des chemins de fer ainsi que les huiles animales de pied de bœuf, etc., ont été remplacées par l'huile minérale lourde.

Distinction facile des résidus.

Contrairement à l'opinion émise, le distillat ou produit brut de la distillation du mazout se distingue très facilement du mazout du résidu de naphte.

Sa couleur est sombre, mais n'est pas noire. Il suffit d'un traitement à l'acide sulfurique pour le reconnaître.

Du reste, les importateurs reconnaissent eux-mêmes que pour les huiles russes l'erreur n'est pas possible.

Quant aux huiles américaines de couleur noire, dont il est parlé dans le mémoire de M. André et qui sont connues sous les dénominations variées de « Medium Dark, Summer Dark, Ajax Cylinder, etc. », elles sont noires, il est vrai; mais, ayant été filtrées, elles sont plutôt transparentes et du reste absolument reconnaissables.

Les importations de ces qualités spéciales sont au surplus de si faible importance qu'il n'y a pas à s'y arrêter.

Intérêt du Trésor.

Dans l'intérêt du Trésor, il y a un grand avantage à établir l'unification des taxes pour les huiles destinées soit au graissage, soit à l'éclairage, sauf à laisser un écart entre les produits bruts et raffinés.

De cette façon, en effet, on évite ce qui se produit sur une vaste échelle, l'introduction, à un droit minime de 12 francs, d'huiles classées dans la catégorie des huiles lourdes et qui sont ensuite mélangées avec des huiles légères d'éclairage qui, elles, payent 25 francs. Ce fait est très connu et signalé par l'Administration elle-même.

La légende de raffineries ayant prospéré avec le droit de 3 fr. 60 c.

Sous le régime du libre échange, en 1864, les droits sur le pétrole étaient :

Pétrole brut : Exempt.

Pétrole raffiné : 3 fr. 60 c. les 100 kilogrammes (et non pas 3 francs).

Cet écart protecteur de 3 fr. 60 c. aurait été insuffisant à cette époque pour l'établissement de raffineries en France, s'il n'y avait pas eu en même temps un écart très important entre le prix de l'huile brute et celui de l'huile raffinée, soit 20 francs environ par 100 kilogrammes.

Plus de la moitié des usines était tombée pendant cette première période (1).

Aujourd'hui, avec les droits de 18 francs sur l'huile brute et 25 francs sur l'huile raffinée, l'écart de 7 francs correspond exactement à l'ancien écart de 3 fr. 60c.; la différence de 3 fr. 40 c. comprenant le remboursement des droits perçus sur le déchet et l'intérêt d'argent.

117 kilogrammes de pétrole brut étant nécessaires pour produire 100 kilogrammes de pétrole raffiné, remboursement du droit perçu sur ces 17 kilogrammes, à 18 francs les 100 kilogrammes . . Fr. 3 06
Intérêts pour avances de fonds, coulage risques augmentés par le droit sur le brut 0 34
Droit compensateur 3 60

ENSEMBLE. . . Fr. 7 »

(Journal officiel du 5 mars 1881, page 271.)

_____

(1) La Pensylvanienne, à Marseille.
Michaut, à Bonnières.
Cléry, à Origny-Sainte-Benoîte.
Coignet-Maréchal, à Colombes.
Debeauchamp, à Colombes.
Darcet et Cie, à Colombes.
Rougié, à Nanterre.
La Philadelphienne, à Ris-Orangis.
Pasquier de Ribeaucourt, à Saint-Denis.
Vaudoré, à Issy.
Borel et Roguier, à Aubervilliers.
Roche, à Marseille.
Dalican, à Saint-Denis.

L'introduction en vrac profite aux importateurs de raffinés.

Il s'est produit, en effet, certaines transformations dans l'industrie du pétrole; mais ces transformations existent tant en France qu'en Amérique et les transports en navires-citernes se faisant évidemment mieux encore pour des huiles raffinées que pour des huiles brutes, le même écart compensateur reste toujours nécessaire.

Prix des pétroles aux États-Unis.

L'écart entre le prix du pétrole raffiné et du pétrole brut en Amérique a beaucoup varié depuis dix ans et suit plutôt l'influence de la concurrence internationale que la différence réelle du **prix** entre les deux produits.

Cet écart a varié de 2 fr. 50 c. par 100 kilogrammes à 0 fr. 00 c.; mais il convient de remarquer que les huiles brutes dont il est question sont des huiles brutes spéciales, les plus riches des États-Unis, et par conséquent les plus élevées de prix, huiles qui ne servent jamais à la fabrication des raffinées d'exportation.

Il convient de remarquer, d'autre part, que si les raffineurs américains font parfois des sacrifices dans la vente du raffiné d'exportation, ils ont une compensation considérable dans la vente du raffiné de consommation des deux Amériques, dont le coût est de 4 à 6 francs par 100 kilogrammes plus élevé que le raffiné d'exportation.

La consommation des deux Amériques représente 45 0/0 de la production totale des États-Unis.

Prix du raffinage en Russie.

Le coût du raffinage à Bakou est d'environ 8 kopecks par poud, soit 8 kopecks à 4 centimes = 32 × 6 pouds pour 100 kilos = 1 fr. 95 c. les 100 kilos.

La prétendue infériorité des pétroles français.

L'allégation produite par les importateurs au sujet de la qualité inférieure des pétroles raffinés en France n'est pas justifiée.

Les huiles brutes importées en France sont de qualité exceptionnelle; ces huiles produisent des raffinés de qualité bien supérieure aux huiles raffinées importées directement soit d'Amérique, soit de Belgique ou d'Angleterre.

Les raffineurs utilisent une partie de leurs huiles lourdes pour la fabrication des huiles de graissage, la paraffine et la vaseline; ces deux derniers produits surtout qui ont pris un grand développement.

Les exigences des décrets réglementant la vente et le transport des pétroles ne permettent pas de faire différentes qualités pour Paris et pour la province.

Densité de la population en Angleterre et en Belgique.

En raison de la position climatérique de la France, sa consommation du pétrole n'est pas appelée à augmenter dans les proportions de l'Angleterre, la Belgique et l'Allemagne. Principalement dans le Midi, de même qu'en Espagne et en Italie, on consomme peu de pétrole.

Causes de la cherté du pétrole à Paris.

Voici le tableau de comparaison du coût du pétrole raffiné en Belgique et à Paris :

	LE LITRE
A Bruxelles, le pétrole se vend au consommateur . . . . Fr.	» 15
A Paris, le pétrole se vend au consommateur	» 61
ÉCART . . . Fr.	» 46

Les frais supplémentaires qui grèvent le pétrole vendu à Paris se décomposent ainsi :

LE LITRE

1º Fret supplémentaire de New-York au Havre sur New-York à Anvers . . . . Fr. » 01
2º Excédents de transports et camionnage entre le Havre et Paris et Anvers-Bruxelles. . . . » 02
3º Droits de douane . . . . » 20
4º Droit d'octroi . . . . » 22
5º Le déchet produit depuis le port jusqu'après le débit du liquide au consommateur étant au

minimum de 4 0/0, il en résulte que ce déchet coûte à Paris : $\dfrac{4 \times 0 \text{ fr. } 61}{100}$ = 0 fr. 0244 le litre,

alors qu'il ne coûte à Bruxelles que $\dfrac{4 \times 0 \text{ fr. } 15}{100}$ = 0 fr. 0060 le litre.

Différence ; 0 fr. 0184 ou . . . . » 02
6º Les droits de 42 centimes par litre nécessitent des avances de capitaux, des risques, des
primes d'assurances et frais supplémentaires d'au moins 20 0/0. . . . . » 01

Fr. » 48

D'où il résulte que, tenant compte des conditions inégales qui grèvent l'huile à Paris, elle est vendue 2 centimes de moins à Paris qu'à Bruxelles, bien que la qualité du produit raffiné en France soit supérieure et que l'inflammabilité réglementaire soit de 35º alors que l'huile vendue à Bruxelles s'enflamme à 25º.

Liberté du commerce du pétrole.

Il a été importé, en 1889, de pays autres que les États-Unis, 33.000 barils qui ont tous été importés en dehors des raffineurs et sur lesquels la Société Nobel a reçu plus de 15.000 fûts. Cette quantité ne peut être négligée et prouve bien qu'il existe un commerce libre de pétrole en dehors des raffineurs.

En 1890, la quantité de raffiné importée d'ailleurs que des États-Unis s'est élevée à 8.704.382 kilos, soit 61.000 barils.

Le fait seul de cette importation indique suffisamment que le commerce du pétrole n'est pas dans la main exclusive des raffineurs.

Taxation à la richesse.

Il est exact que les raffineurs ont demandé que le pétrole brut fût taxé suivant sa richesse et cela pour leur permettre de travailler toutes sortes d'huiles brutes et pour s'affranchir du monopole d'une certaine catégorie de producteurs américains.

Les huiles riches qui sont importées en France et avec lesquelles les raffineurs peuvent obtenir les rendements prévus par la loi proviennent toutes d'un certain district de la Pensylvanie aux environs de Pittsburg. Ces huiles, par suite de la demande importante de la raffinerie française et de certaines industries américaines, sont d'un prix beaucoup plus élevé que les huiles ordinaires dont les cours sont cotés sur les marchés d'Amérique.

En demandant que le droit fût payé suivant la richesse de l'huile, les raffineurs ont cherché à étendre leurs achats à toutes les huiles brutes, non seulement d'Amérique mais encore de Russie et de tous les points du globe où la présence de l'huile de pétrole a été signalée.

Possibilité de l'exportation du pétrole russe.

Il y a actuellement certaines difficultés réelles à l'exportation du brut russe ; mais cette exportation n'est pas impossible, et il est certain que le jour où les moyens de transport seront améliorés entre Bakou et Batoum, soit par une nouvelle ligne de chemin de fer, soit par un pipe-line, le gouvernement russe ne mettra aucune entrave à la sortie de cette matière première.

Le chemin de fer de Bakou à Batoum, dont les transports ont été considérablement facilités par la construction d'un tunnel, peut actuellement transporter 11 à 1.200.000 tonnes.

Les raffineurs ont intérêt à se transformer en importateurs.

Les importations de 1889 indiquent, en effet, que 28.000 barils de raffiné américain ont été reçus par un raffineur à Port-de-Bouc ; mais il convient de remarquer que ce raffineur n'a reçu pendant la même période que 3.000 barils d'huile brute. Il a donc trouvé préférable d'abandonner le bénéfice de la protection dont il jouit comme raffineur et de se faire importateur.

Ces quantités de raffiné n'ont donc pas servi à combler le déficit de fabrication des autres raffineurs français, et, contrairement à ce que disent les importateurs, il n'y a pas un si grand avantage à raffiner en France.

Protestation des fabricants d'huiles végétales contre la réclamation des importateurs.

Un grand nombre de fabricants d'huiles appartenant à toutes les régions et particulièrement les fabricants de Marseille ont adressé la protestation suivante en réponse au mémoire de M. André :

A Monsieur le Président de la Commission des Douanes,

MONSIEUR LE PRÉSIDENT,

Nous apprenons que M. André, 11, rue de la Tour-des-Dames, à Paris, importateur d'huiles minérales, organise un pétitionnement par lequel il demande que le droit sur les huiles minérales pour le graissage soit maintenu au chiffre actuel de 12 francs les 100 kilogrammes.

Pour donner à sa pétition un caractère d'intérêt général, M. André prend sans autorisation le titre de « délégué des fabricants et épurateurs d'huiles de graines ».

Nous venons, Monsieur le Président, protester énergiquement contre cette manœuvre, faite dans le but de jeter la confusion dans l'esprit du Gouvernement, et vous dire à nouveau que, conformément aux vœux exprimés à diverses reprises par la plupart des chambres de commerce, l'intérêt de l'agriculture et de l'unanimité des fabricants et épurateurs d'huiles de graines est que les droits de douane sur les huiles minérales soient notablement relevés, parce que ces huiles, toutes de provenances étrangères, causent à notre culture et à notre industrie un préjudice considérable, leur introduction toujours croissante a notamment fait depuis dix ans baisser de 40 0/0 la valeur du colza.

Le prix de l'huile minérale de graissage est de 25 à 30 francs les 100 kilogrammes, alors que le colza qui coûtait 100 francs au minimum n'a obtenu, dans ces dernières années, que le prix moyen de 65 francs les 100 kilogrammes.

En conséquence, nous venons, monsieur le Président, vous prier instamment, dans l'intérêt national, de proposer un relèvement important des droits sur les huiles minérales.

Veuillez agréer, monsieur le Président, l'assurance du profond respect de vos très humbles et très dévoués serviteurs.

L'exercice des raffineries.

Les huiles américaines et les huiles russes ont des rendements très différents. L'huile brute payant un droit unique, quelle que soit sa richesse, les raffineries ont intérêt à importer les huiles les plus riches, qui viennent d'un district d'Amérique, et ne peuvent employer les huiles minérales russes.

Pour pouvoir s'approvisionner aux deux grandes sources de pétrole qui existent dans le monde, la Russie et les États-Unis, et établir la concurrence entre les deux grands marchés, les raffineurs ont demandé à travailler sous le régime de l'exercice et adressé la lettre ci-dessous à M. le Ministre du Commerce et de l'Industrie :

Paris, le 27 janvier 1891.

A Monsieur le Ministre du Commerce et de l'Industrie,

MONSIEUR LE MINISTRE,

Dans le projet de tarif général des douanes, récemment présenté par vous à la Chambre des députés, le chapitre relatif aux huiles minérales est resté en blanc ; estimant que vous aurez prochainement affaire aux pouvoirs publics vos propositions sur les différents droits à appliquer à ces matières, les raffineurs de pétrole en France se sont réunis pour se mettre d'accord sur un projet à vous présenter qui devra mettre fin à toutes les difficultés qui menacent l'existence même de leur industrie.

L'huile minérale brute est une matière première qui provient presque exclusivement des États-Unis et de Russie; ces deux pays produisent des huiles de composition et de densité très différentes.

Sous la législation actuelle, les raffineurs sont obligés de tirer leurs produits bruts d'un seul district des États-Unis qui produit des huiles dont le rendement correspond aux prévisions de la loi.

L'industriel français réclame un régime fiscal qui lui permette de travailler indifféremment toutes les huiles minérales pour en tirer tous les produits d'éclairage, graissage, vaseline, paraffine, etc., comme le fait l'industrie étrangère, qui est parvenue à servir directement la consommation française pour une partie importante de ces produits.

Tant que l'Administration n'aura pas trouvé un système basé sur l'analyse ou la densité des huiles brutes, les raffineurs croient que le régime le mieux à même de sauvegarder l'existence de leur industrie, tout en assurant les intérêts du Trésor en présence de produits si divers ayant des rendements différents, est le régime de l'exercice, parce que l'impôt est perçu exactement sur toutes les quantités raffinées à la sortie des usines.

Les raffineurs français peuvent démontrer qu'un écart compensateur net de 4 fr. 50 c. aux 100 kilogrammes est indispensable pour en maintenir à égalité des raffineurs étrangers et affranchir la consommation française du monopole si menaçant d'une importante Société américaine.

L'industriel payerait les prix du tarif des douanes correspondant aux mêmes produits d'éclairage, graissage, vaseline, paraffine, etc., diminués de l'écart de 4 fr. 50 c. aux 100 kilogrammes.

Les soussignés, représentant la totalité des raffineurs de pétrole en France, viennent à l'unanimité vous demander, monsieur le Ministre, de baser le nouveau régime des huiles minérales sur l'exercice des raffineries.

Ils ne se dissimulent pas les inconvénients qui résulteront pour eux de l'application de l'exercice, mais ils s'y résignent dans l'espoir que leur industrie y trouvera désormais une stabilité qui lui a toujours fait défaut.

Veuillez agréer, etc.

P. Clère,	Desmarais frères,
Trystram et Cie,	Fenaille et Despeaux,
Delannoy et Mulliez,	Les fils de A. Deutsch,
Société de Lille et Bonnières,	Compagnie générale de Marseille,
Paul Paix et Cie,	Lamouroux frères,
Chantreuil-Boitot,	Liron et Brunel,
Société de Colombes,	Pluche et Cie.
Lesourd,	

Après avoir consulté le Comité consultatif des Arts et Manufactures, M. le Ministre du Commerce adressa aux intéressés la réponse dont la teneur suit :

Paris, le 14 mars 1891.

Monsieur,

Par une lettre du 27 janvier dernier, de concert avec plusieurs raffineurs de pétrole, vous avez demandé au nom de la totalité des raffineurs de pétrole en France, que le nouveau régime des huiles minérales soit basé sur l'exercice des raffineries. Vous offrez, en substance, de travailler vos huiles brutes sous la surveillance permanente du service des douanes et de payer sur les huiles raffinées, sur les essences, sur la paraffine, sur la vaseline et sur les huiles lourdes sortant de vos usines, les droits de douane afférents à ces produits, mais avec un écart compensateur de 4 fr. 50 c.

J'ai saisi le Comité consultatif des Arts et Manufactures de l'examen de votre demande, en le priant de porter son attention sur le point de savoir si le système combiné de l'exercice avec un droit de fabrication pourrait remplacer avantageusement un droit fixe sur les huiles brutes, et si, en pratique, le même système paraît pouvoir fonctionner sans inconvénients.

Le Comité, par un avis du 15 février dernier, a fait observer que, dans le régime tel qu'il est proposé, c'est-à-dire avec l'entrée en franchise des pétroles et acquittement des droits à la sortie, il faudrait, comme dans le régime actuel, distinguer à l'arrivée, l'huile regardée comme brute, de l'huile raffinée pour éviter l'entrée à l'usine d'huile raffinée ou les mélanges d'huiles brutes et d'huiles raffinées qui n'auraient qu'à traverser l'établissement sans y donner lieu à autre chose qu'à un travail nul ou insignifiant pour acquérir le droit compensateur. Donc, de ce côté, il n'y a aucune simplification ;

2° Il faudra vérifier à la sortie si on ne déclare pas comme huile lourde payant seulement 12 francs des huiles raffinées qui devraient payer 25 francs ou des mélanges d'huile lourde et d'huile raffinée, brûlant très bien dans des lampes convenables (on introduit déjà dans la consommation, sous le nom de pétrole, des mélanges d'huile raffinée avec des huiles de schistes, avec des boghed d'Écosse et même avec des huiles lourdes américaines). Cette vérification, indispensable à la sortie, amènerait une complication plus grande que le régime actuel ;

3° On ne pourrait faire aux huiles lourdes de graissage, à leur sortie de la raffinerie, la remise que l'on fera aux huiles d'éclairage, puisque ces huiles lourdes sont également imposées, qu'elles soient brutes ou raffinées. Les raffineurs n'auront donc aucun intérêt à en produire ; ils auront, avec le régime de l'exercice, le même intérêt qu'avec le régime actuel, à importer les huiles minérales riches et à éviter les huiles minérales pauvres, dont le transport d'Amérique en Europe est aussi coûteux que celui des huiles raffinées. L'établissement d'un écart entre le droit sur l'huile lourde brute et le droit sur l'huile lourde raffinée pour permettre de donner aux raffineurs un droit compensateur sur ces huiles lourdes, comme sur l'essence et sur l'huile lampante, aurait, outre les inconvénients déjà signalés, celui de faciliter l'introduction d'huile lourde noire raffinée difficile à distinguer du pétrole brut, et qui pourrait ressortir, après un travail de clarification insignifiant, avec le bénéfice du droit protecteur.

Le Comité, en résumé, a reconnu que l'exercice ne supprimerait pas les difficultés du régime actuel, et il a conclu à ce que la demande présentée ne soit pas accueillie.

Les conclusions du Comité ne me permettent pas de donner d'autre suite à votre demande. Je vous en exprime le regret.

Je vous prie d'informer de cette décision vos co-signataires de la lettre du 27 janvier dernier.

Recevez, Monsieur, l'assurance de ma parfaite considération.

Signé : *Par le Ministre du Commerce, de l'Industrie et des Colonies*

La Commission générale des douanes, à sa séance du 25 février 1891, par conséquent dans l'intervalle entre la demande des raffineurs adressée à M. le Ministre du Commerce et la réponse ministérielle, vota l'application du principe de l'exercice aux raffineries, le droit de 22 francs sur les huiles brutes et le boni de fabrication de 4 francs au profit des raffineurs sur chaque quintal de produits (huile d'éclairage ou de graissage, paraffine, vaseline, etc.) sortant de leurs usines.

Pour justifier l'écart de 4 fr. 50 c. par eux réclamé, les raffineurs produisaient un tableau duquel il ressort que l'écart entre le prix de fabrication d'un quintal de pétrole raffiné en France et aux États-Unis est de 4 fr. 66 c.

Voici ce tableau :

Décomposition de l'écart compensateur réclamé par les industriels français sous le régime de l'exercice des usines.

DÉSIGNATION	FRAIS par 100 kilogr. DE RAFFINÉ		DÉSIGNATION	FRAIS par 100 kilogr. DE RAFFINÉ	
	En France	En Amérique		En France	En Amérique
	fr. c.	fr. c.		fr. c.	fr. c.
1° Charges causées par l'excédent de poids sur la matière première :			Assurance incendie dans les usines, 40 francs le mille par an :		
Commission en Amérique, 1 1/2 0/0 sur prix d'achat 13 francs les 100 kilogr.. . . . . . . Fr.	» 20		Soit en France, pendant 3 mois, 10 francs; sur 23 francs	» 23	»
Frais de mise à bord, arrimage, inspection	» 20		Soit en Amérique, pendant 1 mois, 3 fr. 33 c.; sur 14 fr. 95 c.	»	5 »
Déchet de mer 3 0/0 sur 20 francs les 100 kilogr.	» 60		Déchet d'entrepôt et circulation du brut dans les usines avant fabrication :		
Coût moyen du fret pour nos divers ports	4 »		1 0/0 sur 115 kilogr. = 1 kg,150, à 20 francs les 100 kilogr. (France).	» 23	»
Assurance maritime 1 1/4 0/0 sur 13 francs les 100 kilogr.	» 17		1 0/0 sur 115 kilogr. = 1 kg,150, à 13 francs les 100 kilogr. (Amérique)	»	» 15
Frais de déchargement, opérations douane, commission de transit, camionnage en gare.	» 30		Déchet de fabrication, 15 kilogr. par 100 kilogr. de raffiné :		
Statistique, 0 fr. 10 c. le baril de 145 kilogr.	» 07		En France, 15 kilogr. à 20 francs les 100 kilogr.	3 »	»
Déchet depuis le débarquement jusqu'aux usines, 1/2 0/0. .	» 10		En Amérique. 15 kilogr. à 13 francs les 100 kilogr.	»	1 95
Transport du Havre à Paris. .	1 36		Charbon :		
	7 »		40 0/0 sur 115 kilogr. — 46 kilogr. en France, à 25 francs la tonne. .	1 15	»
Au rendement moyen de 87 kilogr. 5 0/0, il faut 115 kilogr. de brut pour produire 100 kilogr. de raffiné, soit un excédent de poids de 15 kilogr. + 7 fr. les 100 kilogr.	1 05		40 0/0 sur 115 kilogr. — 46 kilogr. en Amérique, à 15 francs la tonne. .	»	» 69
			Acide et soude.	» 45	» 40
2° Différence sur le taux du fret entre le brut inflammable et le raffiné (3 d. les 40 gallons, soit, sur 115 kilogr. de brut)	» 32		Colle, peinture, bondes, etc.	» 30	» 25
			Matériel, chaudronnerie, maçonnerie, fumisterie, tuyauterie, etc.	» 50	» 30
3° Comparaison des frais généraux (entre le raffinage en France et en Amérique :			Impôts divers, frais de douane . . .	15 »	» 05
Intérêts 5 0/0 sur 23 francs pendant 4 mois (115 kilogr. de brut à 20 fr. = 23 francs).	» 38		Main-d'œuvre, employés, directeurs (en France, avec le double travail de tonnellerie que n'ont pas à faire les Américains)	1 30	»
Intérêts 5 0/0 sur 14 fr. 95 c. pendant 1 mois (115 kilogr. de brut à 13 fr. = 14 fr. 95 c.)	»	» 06	En Amérique, ces faits sont proportionnellement très restreints en raison du tonnage (20 fois plus qu'en France) des huiles travaillées dans les usines	»	» 50
				23 91	9 35

Les 100 kilogrammes.

Frais de l'industrie française . . . . Fr.   9 06

Frais de l'industrie américaine 4 40

Écart compensateur . . . . Fr.   4 66

NOTA. — En outre, il convient de tenir compte que l'industrie américaine étant monopolisée entre les mains d'une puissante Société, la Standard Oil Cᵒ, ayant un capital connu de 1 milliard de francs, transporte annuellement dans ses usines 25 millions de barils, alors que les raffineries françaises transportent isolément 1.250.000 barils. Cette énorme disproportion permet aux Américains d'obtenir de grandes réductions sur le transport de l'huile, des puits à leurs usines, par leur organisation de « pipes lines », réductions qui s'élèvent à 1 franc par 100 kilogrammes de brut.

Avant d'avoir reçu l'avis du Comité consultatif, le Gouvernement avait admis, sous réserve, l'exercice des raffineries, et proposé l'écart de 3 fr. 60 c. entre les produits bruts entrant à l'usine et les huiles raffinées en sortant. Ce chiffre de 3 fr. 60 c. était emprunté à la législation antérieure à 1871.

La Commission des douanes admit l'écart de 4 francs au lieu de celui de 4 fr. 80 c., parce qu'elle estima que, dans le tableau des charges imposées aux raffineurs français, le fret d'Amérique aux ports français était fixé à un chiffre supérieur au prix moyen du fret.

Amendement de M. Viette.

A cette même séance du 14 février, la Commission des douanes repoussa l'amendement de M. Viette, demandant un droit de 5 francs sur les pétroles bruts et de 9 fr. 50 c. sur les raffinés. Notre honorable collègue avait déclaré qu'il considérait le dégrèvement sur le pétrole comme une nécessité sociale. Les raffineurs ne sont pas les seuls importateurs d'huiles brutes. L'abaissement du droit profitera à tous les consommateurs. Parmi ces consommateurs, il est une catégorie très intéressante : celle des ouvriers des villes et des campagnes qui se servent de petits moteurs actionnés par le pétrole. Si l'on considère uniquement le droit sur le pétrole comme un droit fiscal, l'État doit prendre le monopole de ce produit comme il a le monopole du tabac. Si c'est un droit de douane il ne peut être de 100 0/0.

L'amendement a été repoussé par cette raison que le droit sur le pétrole a, avant tout, un caractère fiscal. Il n'appartient pas à la Commission d'examiner les avantages ou les inconvénients du monopole de l'État. Au sujet des moteurs très intéressants dont a parlé M. Viette, il a été répondu que l'emploi du pétrole brut pour le chauffage des machines avait été reconnu défectueux. On y a substitué le gaz de pétrole, produit d'une troisième distillation.

Renonciation à l'exercice.

Lorsque M. le Ministre du Commerce avisa la Commission générale des douanes que le Comité consultatif des Arts et Manufactures trouvait à l'exercice des raffineries de pétrole les plus graves inconvénients, la Commission dut prendre de nouvelles résolutions.

Elle reçut en même temps du Gouvernement le projet de tarif ci-dessous :

NUMÉROS	DÉSIGNATION DES ARTICLES	UNITÉS	TARIF	
			GÉNÉRAL	MINIMUM
			fr.	fr.
197	Huiles de pétrole, de schiste et autres (brutes . . . . huiles minérales propres à l'éclairage. / raffinées et essences. . . . . La distinction entre le brut et le raffiné sera fixée par un règlement d'administration publique, après avis du Comité consultatif des Arts et Manufactures. Dans le cas où les déclarants, contestant les essais faits dans les laboratoires de douane, réclameraient l'expertise légale, celle-ci sera faite par des chimistes inscrits sur la liste générale prévue par l'article 5 de la présente loi et statuant dans les conditions fixées par l'article 4 de la loi du 7 mai 1881.	les 100 kgr. —	20 25	20 25
198	Huiles lourdes pour graissage, brutes ou raffinées et goudrons de pétrole, de schiste et d'autres huiles minérales (les goudrons de houille et les huiles de houille exceptés)	—	12	12
199	Vaseline et paraffine.	—	25	25

A la date du 24 février 1891, la Commission des douanes statua sur les propositions du Gouvernement.

La première question qui se posait devant la Commission était celle de savoir s'il y avait lieu de maintenir un droit élevé sur le pétrole.

Pour maintenir ce droit, la Commission n'avait qu'à se souvenir des réclamations des Sociétés agricoles et des fabricants d'huiles végétales et à se rappeler le langage tenu par l'honorable M. Rouvier en 1880.

Droit élevé sur les huiles minérales.

A la séance du 1er mai 1880, l'honorable M. Rouvier, rapporteur de la Commission des douanes, faisait repousser l'amendement de M. Lorois, qui voulait réduire à 10 francs le droit sur les pétroles bruts, et à 15 francs le droit sur les raffinés, par les arguments suivants :

« Si vous pensez qu'il faut donner la préférence, sur tous les autres, au dégrèvement du pétrole, est-ce que votre droit ne reste pas entier, intact ?

« Vous n'aurez, au moment où on votera le budget, qu'à réduire l'impôt sur les huiles minérales, sur les pétroles. Vous aurez le choix entre ce dégrèvement et celui des vins et du sucre, et à ce moment vous pourrez librement décider si vous préférez dégrever l'éclairage du pauvre, plutôt que le vin qu'il consomme.

« A côté de ces considérations, il en est une dernière qui a déterminé le vote de votre Commission des douanes : c'est que le tarif qui vous est soumis en ce moment est un tarif général, c'est-à-dire — on l'a rappelé bien souvent depuis le commencement de la discussion, mais il faut le rappeler encore — un instrument de négociation pour conclure des traités de commerce.

« Or, Messieurs, il est un pays avec lequel il serait bien désirable d'avoir un traité de commerce, un pays avec lequel jusqu'à présent nous n'avons pas pu réussir à nouer une convention de ce genre : ce sont les États-Unis d'Amérique. »

Le dernier argument invoqué par l'éminent rapporteur pourrait s'appliquer également à la Russie, avec cette nuance que la Commission des douanes s'est énergiquement prononcée contre tout traité de commerce, mais a adopté le régime des conventions temporaires consistant à concéder le tarif minimum aux puissances qui nous accorderaient le régime de la nation la plus favorisée.

Écart entre le brut et le raffiné.

La seconde question à résoudre était l'écart entre les bruts et les raffinés.

Pour déterminer cet écart, il faut d'abord comparer les conditions industrielles de notre époque et celles de 1870.

Lorsqu'il y a vingt-cinq ans, le droit de 3 fr. 60 c. avait été établi, les conditions de travail étaient toutes différentes des conditions actuelles. L'industrie du pétrole était naissante aux États-Unis, les moyens de transformation y étaient plus coûteux. De 1865 à 1870, l'écart des bruts et des raffinés a atteint 20 francs. Il a varié de 10 à 20 francs.

Aujourd'hui, l'industrie française supporte des charges nouvelles ; les fer, la fonte, le charbon coûtent plus cher en France qu'en Amérique.

L'outillage américain et russe est formidable : une seule société, en Amérique, travaille en un jour ce que les vingt-six raffineries établies à grands frais sur le territoire français produisent en un an.

A la séance du 30 avril 1880, l'honorable M. Rouvier, rapporteur de la Commission des douanes, fit ressortir, avec une lumineuse clarté, les deux éléments qui constituent l'écart nécessaire entre le pétrole brut et le raffiné.

« L'écart à établir, dit-il, se compose de deux éléments : l'un fixe, l'autre variable.

« L'élément fixe, c'est le droit qui protégeait les raffineurs à l'époque où ils ont créé leur industrie, à l'époque où le pétrole brut était admis en franchise. Ce droit était de 3 francs (1), en tenant compte du poids de l'emballage qu'il faut faire entrer en ligne quand le droit devient supérieur à 10 francs.

« **M. Tirard,** *ministre de l'Agriculture et du Commerce.* C'est la tare.

« **M. Maurice Rouvier.** Vous avez raison, c'est la tare. — Le droit ressortait à 3 fr. 60 c. Voilà un droit fixe.

« Quel que soit le droit que vous adopterez sur le pétrole brut, il faudra toujours tenir compte aux raffineurs, — et personne ne le conteste, — de cet écart de 3 fr. 60 c.

« Mais il est un côté il y a, comme je l'ai dit, un élément variable. En effet, quand on importe 100 kilogrammes de pétrole brut, le raffineur paye sur 100 kilogrammes. Cependant, l'opération à laquelle il se livre, le raffinage, a pour effet d'anéantir, de faire disparaître, ou tout au moins de transformer une portion de ces 100 kilogrammes de matière importée. »

Cet élément variable est facile à déterminer.

Le Comité consultatif des Arts et Manufactures a reconnu que les pétroles ont un rendement moyen de

_____

(1) Il était de 3 francs, plus le double décime, c'est-à-dire 3 fr. 50 c.

90 0/0. Il faut 111 kilogrammes de pétrole brut pour produire 100 kilogrammes de raffiné. Le raffineur paye donc 1 fr. 98 c. de droit pour sa matière inutilisée. Cette somme (2 francs en chiffres ronds), représente exactement le supplément de droits nécessaires aux raffineurs avec le régime du non exercice des raffineries.

L'écart de 6 francs proposé par la Commission avec les droits de 18 francs sur le brut correspond exactement au droit de 4 francs avec le régime de l'exercice des raffineries.

La Commission avait d'abord proposé l'exercice des raffineries avec la base d'un droit compensateur de 4 francs pour 100 kilogrammes, c'est-à-dire que le brut devait entrer en franchise dans les usines et les produits raffinés sortant de ces usines devaient acquitter le droit des produits d'importation directe, diminués de 4 francs.

En supposant le droit du raffiné importé à 24 francs, les produits raffinés sortant des usines devaient payer 20 francs.

Le Gouvernement ayant repoussé le système de l'exercice, la Commission, en votant un écart de 6 francs entre les huiles brutes et les huiles raffinées, a entendu maintenir ce même droit compensateur de 4 francs en y ajoutant le montant du remboursement des déchets, soit 2 francs, conformément au vœu du Gouvernement et du Comité consultatif des arts et manufactures.

En d'autres termes, en prenant pour bases le rendement maximum en poids du pétrole brut américain de 90 0/0 et le droit de 18 francs sur les pétroles bruts, on a calculé ainsi pour déterminer le droit sur le raffiné :

Il faut 111 kilogrammes de brut pour produire 100 kilogrammes de raffiné.

111 kilogrammes $\times$ 18 francs = 19,98, soit en chiffres ronds. . . . . Fr.	20	«
Droit compensateur	4	»
Donc, brut 18 francs, soit, pour le raffiné. . . . . Fr.	24	»

Une troisième question restait à examiner :

L'assimilation des huiles de graissage aux huiles d'éclairage.

La Commission des douanes a pensé que, pour éviter les fraudes dont se plaint avec raison l'Administration et qui sont signalées par la lettre ministérielle du 14 mars 1891, il y avait lieu d'assimiler les huiles lourdes de graissage aux huiles de pétrole et de schiste et de maintenir le même écart de droit entre les huiles minérales brutes de toute nature et les huiles minérales raffinées sans distinction.

Les droits de 12 francs pour les huiles lourdes et de 25 francs pour les huiles de pétrole brut permettraient de continuer la vente, sous le nom de pétrole, de mélanges d'huile raffinée avec des huiles de schiste, des bogheadl d'Écosse et des huiles lourdes américaines.

Il n'est pas admissible, pour cette raison, d'assimiler les huiles lourdes raffinées aux goudrons de pétrole. Aussi, la Commission a-t-elle pensé qu'il fallait créer une troisième catégorie de produits, payant un droit inférieur. Cette troisième catégorie se compose des résidus ayant plus de 930 de densité.

Les trois catégories.

La Commission des douanes distingue, en conséquence, au point de vue des droits :

Les huiles de pétrole, de schiste et autres huiles minérales propres à l'éclairage et au graissage, en les soumettant au droit de 18 francs si elles sont brutes, de 24 francs si elles sont raffinées.

Les goudrons de pétroles, de schiste et d'autres huiles minérales ayant une densité supérieure à 930 supportent un droit de 12 francs.

Bien qu'un règlement d'administration publique doive, après avis du Comité consultatif des Arts et Manufactures, faire les distinctions entre les produits, la Commission des douanes a cru devoir donner quelques indications pour justifier les catégories qu'elle a établies.

Actuellement, l'huile de pétrole raffinée est considérée comme huile d'éclairage quand sa densité est inférieure à 865. L'huile minérale, qui a une densité supérieure, est considérée comme huile de graissage. La première paye un droit de 25 francs ; la seconde, un droit de 12 francs.

La fraude qu'il s'agit d'empêcher consiste à passer au droit de 12 francs des huiles ayant une densité de 866 à 870, à les mélanger avec des huiles de pétrole légères et à vendre le mélange comme huile pure d'éclairage.

Un règlement d'administration publique déterminera la différence des huiles brutes et des raffinées.

Mais comme l'huile de graissage raffinée est désormais distincte des résidus ou goudrons de pétrole, il y a lieu de définir ces deux catégories de produits :

L'huile de graissage raffinée est celle qui a subi le travail de distillation, d'épuration par les agents chimiques, ou même la filtration. Elle est rougeâtre, jaunâtre, transparente ou semi-transparente. La loi autrichienne range cette huile dans une catégorie spéciale. Cet exemple prouve qu'il est facile de la reconnaître. Cette huile sera soumise au droit de 24 francs.

L'huile de graissage brute et les résidus ou goudrons, qui seront soumis au droit de 18 francs, seront les produits ayant une densité inférieure à 930.

Les goudrons de schiste et de pétrole et les résidus ayant une densité supérieure à 930 ne payeront que 12 francs.

Malgré le droit minime que supporteront ces résidus, ils ne pourront devenir pour les raffineurs l'élément d'un bénéfice excessif. Ces résidus ayant une densité supérieure à 930 ne donnent en effet que 25 0/0 d'huile de graissage.

Les huiles de graissage russes se fabriquent avec des astatkis (mazout) ou résidus de la première distillation du naphte. La densité de ces résidus varie entre 900 à 915°.

Il faut, en Russie, 3 pouds de résidus pour produire 1 poud de graissage.

Il y a donc 67 0/0 de déchet.

La fabrication se subdivise en deux parties :

1° La distillation du mazout de laquelle on obtient environ 38 0/0 de distillat d'huile de graissage.

2° De l'épuration par les réactifs chimiques, des filtrations donnant un déchet de 15 0/0 sur les 38 0/0, d'où 33 0/0.

100 kilogrammes de résidus ou mazout à une densité de 918° donneront donc 33 kilogrammes d'huile de graissage de la viscosité réclamée par l'industrie.

100 kilogrammes de résidus d'une densité supérieure à 930 degrés n'en donneraient que 25 0/0 environ.

Proposition de loi de M. Laur.

L'honorable M. Francis Laur a déposé une proposition de loi dont la teneur suit :

A partir de la promulgation de la présente loi, les droits de douane à percevoir sur les essences minérales, huiles de pétrole, de schiste et autres huiles et goudrons minéraux seront fixés ainsi qu'il suit :

Essences minérales, huiles de pétrole et autres huiles minérales propres à l'éclairage, raffinées ou brutes.

Originaires des pays de production, les 100 kilogrammes net, 25 francs.
Originaires d'ailleurs, les 100 kilogrammes net, 27 francs.

Huiles lourdes et goudrons de pétrole, de schiste et d'autres huiles minérales.

Originaires des pays de production, les 100 kilogrammes net, 18 francs.
Originaires d'ailleurs, les 100 kilogrammes, 20 francs.

Le but poursuivi par notre collègue est : 1° de supprimer les bénéfices des raffineurs en assimilant les pétroles bruts aux raffinés ; 2° d'empêcher les fraudes en élevant le droit sur les huiles lourdes et goudrons ; 3° de protéger les huiles végétales et minérales en maintenant un droit élevé.

L'honorable M. Francis Laur a satisfaction sur deux points. Les huiles végétales sont protégées par les droits de 18 et de 24 francs proposés par la Commission des douanes. L'assimilation des huiles de graissage aux huiles lampantes empêchera les fraudes. Quant à l'unification du droit sur les pétroles bruts et les raffinés, elle aurait pour conséquence la fermeture des raffineries, et la Commission des douanes a voulu limiter les bénéfices de cette industrie, mais non les anéantir.

Amendement de M. Barodet.

Notre honorable collègue M. Barodet a déposé un amendement ayant pour objet l'abaissement des droits sur le pétrole.

Au cours de ce rapport, nous avons fait connaître la raison qui a fait repousser l'amendement de l'honorable M. Viette. La même raison ne permet pas d'accepter celui de l'honorable M. Barodet. L'abaissement du droit doit avoir le caractère d'un dégrèvement, puisque le caractère dominant du droit est le caractère fiscal. Il faut donc ajourner à la discussion de la loi de finances la discussion de l'abaissement du droit.

Paraffine et vaseline

L'industrie des huiles minérales et de leurs dérivés a fait les réponses suivantes au questionnaire du Ministère du Commerce, en ce qui concerne la paraffine et la vaseline :

« Paraffine. — La consommation de la paraffine a pris, ces dernières années, un développement considérable. Elle est importée en France par quantités énormes soit à l'état de bougies, soit à l'état de plaquettes, et entre sous ces différentes formes, comme nous l'avons indiqué ci-dessus, au droit de 10 francs au tarif général, et 8 francs au tarif conventionnel.

» Sur la loi du tarif indiqué ci-dessus pour les goudrons, des installations considérables ont été établies pour la fabrication de la paraffine.

» Depuis que ce tarif a été modifié et qu'aujourd'hui le droit sur la paraffine est de 40 à 50 0/0 moins élevé que le droit sur la matière première, c'est-à-dire depuis que l'on a pratiqué cette protection à rebours, la fabrication de ce produit est devenue absolument impossible et le travail de nos usines a cessé. La concurrence des Anglais et des Allemands a repris son libre essor.

» Cette situation qui fait que notre marché de paraffine est maintenant entre les mains de l'Allemagne et de l'Angleterre, en supposant que l'on ne tienne pas compte du dommage causé à notre industrie, offre des inconvénients d'une gravité exceptionnelle, puisque, aujourd'hui, la plus grande partie de la paraffine qui entre en France est réservée à la fabrication des cartouches de dynamite et des cartouches de guerre, et que la consommation de ce produit grandit au point de devenir un des éléments les plus importants de fabrication dans nos poudreries et cartoucheries nationales. Or, si l'on considère que cette matière, pour laquelle nous sommes exclusivement tributaires de l'étranger, peut, à un moment donné, faire défaut ou être traitée comme contrebande de guerre, on doit comprendre tout l'intérêt qu'il y a pour l'État et pour la défense nationale à posséder, comme l'ont elles-mêmes l'Allemagne, l'Autriche-Hongrie et l'Angleterre, des fabriques de paraffine.

» Nous demandons donc que l'on revise le tarif sur la paraffine et que l'on crée un droit différentiel suffisant entre la matière première et le produit fabriqué pour permettre à nos industriels de reprendre cette fabrication.

» L'industrie de la stéarinerie bénéficierait, en outre, de ce relèvement de droits par ce fait que la concurrence des bougies de paraffine anglaises et allemandes serait moins à craindre pour la bougie stéarique.

» Vaseline. — Ces mêmes considérations doivent être appliquées au dérivé du pétrole, la vaseline, qui, actuellement, paye le même droit que la paraffine.

» L'industrie de la vaseline qui avait commencé à s'établir en France lorsque les goudrons de pétrole entraient en franchise, n'a pas pu continuer dans les mêmes conditions et, aujourd'hui l'Amérique et l'Allemagne ont presque exclusivement le monopole de la fabrication et de la vente de ce produit.

» En demandant une surélévation de droits sur la vaseline, nous ne faisons que revenir sur une mesure à l'abri de laquelle l'industrie de ce produit s'était créée. »

Réclamations des importateurs.

Les importateurs de pétrole demandent que les droits sur les vaselines et les paraffines soient les mêmes que celui des huiles lourdes, c'est-à-dire de 12 francs.

Ils font valoir que les importations de ces produits sont insignifiantes et que le tarif actuel est suffisant. Au surplus, l'emploi de la paraffine est limité : on l'emploie mélangée avec la cire et la stéarine pour la fabrication des cierges : elle trouve également un emploi très restreint dans la parfumerie et dans quelques autres industries. Mais la grande consommation qui s'en fait en Angleterre pour la fabrication des bougies de paraffine n'est pas possible en France, à cause de notre climat, qui ne permet qu'un usage très restreint de ces bougies.

Quant à la vaseline, son emploi est limité à la parfumerie et à la pharmacie; la véritable vaseline s'obtient du pétrole brut américain qui donne 10 0/0 de son poids en vaseline brute. Le droit de 35 francs proposé par la Commission permettra aux raffineurs de la produire à peu de frais, mais le consommateur (et, dans ce cas, ce sont les malades) la payera d'autant plus cher. Ce tarif facilitera la falsification qui se fait déjà de ce produit: en mélangeant des huiles douces de faible densité, décolorées, avec des paraffines et des cérésines : ces mélanges revenant à bien meilleur marché que la véritable vaseline, auront la plupart du temps la préférence.

La Commission générale des douanes vous propose d'inscrire au tarif général le droit de 35 francs pour la vaseline et de 32 francs pour la paraffine; au tarif minimum le droit de 30 francs pour le premier et de 28 francs pour le second.

La vaseline coûte de 225 à 325 francs les 100 kilogrammes. La paraffine vaut de 100 à 150 francs. Le premier de ces produits sert principalement à la parfumerie et à la chirurgie ; le second à la stéarinerie de luxe. Ces deux sous-produits des huiles minérales sont frappés de droits proportionnellement très inférieurs à ceux qui frappent les huiles elles-mêmes, parce que ces droits n'ont pas de caractère fiscal. Pour les fixer, il y a lieu cependant de tenir compte du droit qui frappe les matières premières.

Protestation.

M. Lesieur du Chambon, demeurant à Paris, a protesté, au nom de la maison Chesebraugh et C°, de New-York, contre l'emploi du mot « vaseline » dans la liste des objets soumis aux droits de douane.

Ce nom, étant, dit-il, la propriété exclusive de cette maison et ne pouvant servir pour la dénomination générique des divers produits similaires.

Votre Commission générale des douanes n'a pas cru devoir s'arrêter à cette protestation. Le mot « vaseline » est en effet le nom général donné dans le commerce à un produit qui a des similaires vendus sous le même nom ou sous des noms différents. L'administration des douanes ne peut donner au produit une autre dénomination que sa dénomination commerciale. Cette dénomination au tarif des douanes ne cause aucun préjudice à l'inventeur de la vaseline.

Dans tous les tarifs douaniers, c'est la même expression qui désigne ce produit. Il n'y a aucune raison pour admettre en France une expression différente de celle qui figure au tarif des autres pays et qui est employée dans le commerce.

Les pétroles employés au chauffage des bateaux à vapeur.

La question des combustibles liquides commencera à être résolue scientifiquement. Elle a, dès à présent, attiré l'attention de la Commission des douanes, qui a reçu communication d'un important rapport, qui doit être placé sous les yeux de la Chambre.

RAPPORT

PRÉSENTÉ A LA COMMISSION DES DOUANES SUR LES COMBUSTIBLES LIQUIDES DESTINÉS AU CHAUFFAGE DES NAVIRES, CHAUDIÈRES A VAPEUR ET A L'INDUSTRIE DU GAZ

Le combustible liquide est certainement appelé à jouer un grand rôle dans l'industrie du siècle prochain.

Des dépôts de pétrole, sous différentes formes et qualités, existent dans de nombreuses parties du monde.

Jusqu'ici deux dépôts énormes — celui des Etats-Unis d'Amérique et celui du Caucase — ont seuls été largement exploités, parce que jusqu'à ces dernières années, l'exploitation du pétrole ayant pour but la production de l'huile d'éclairage, on ne s'attaquait qu'aux dépôts les plus riches en matières légères et les plus abondants.

Plus ou moins disséminés, mais représentant ensemble une masse importante, les autres gisements contenant des naphtes plus visqueux et plus lourds, ne sont pas encore développés. Mais le jour, prochain sans doute, où de larges applications industrielles de cette matière auront lieu, ces gisements nombreux seront mis en valeur et donneront une production considérable.

Il importe donc, au moment où la France va renouveler pour de longues années son régime douanier, d'envisager sérieusement cette question, et de prendre des mesures qui ne placent pas la France dans une situation d'infériorité, en l'empêchant de mettre à exécution des progrès industriels qu'adopteraient d'autres pays.

Les résidus ou goudrons de naphte du Caucase (Russie) reçoivent actuellement des applications nouvelles qui devraient, lorsqu'elles ont lieu et si l'administration des douanes peut s'assurer que ces produits ne sont pas détournés de cet emploi, les faire classer, non plus comme produits oléagineux, mais comme combustibles, et les faire, par suite, affranchir des droits de douane.

Ces applications constituent des progrès industriels considérables, qui se réalisent actuellement, notamment en Russie et en Angleterre, et y seront suivis sûrement d'autres progrès, mais qui seront impossibles à réaliser en France si la marchandise est grevée de droits d'entrée.

Ces applications sont, en Russie, le chauffage des chaudières à vapeur, et en Angleterre la fabrication du gaz d'eau carburé pour l'éclairage et aussi pour des emplois métallurgiques.

Le chauffage des chaudières par le résidu de naphte ou astatki représente des avantages importants.

Pouvoir calorique beaucoup plus fort (100 kilogrammes astatki vaporisant pratiquement la même quantité d'eau que 150 à 160 kilogrammes de charbon de qualité moyenne).

Réduction du nombre des chauffeurs, le combustible arrivant au foyer simplement par un tuyau d'amenée.

Diminution (condition importante à bord des navires) de la place nécessaire pour loger le combustible, et possibilité par suite, à capacité de soutes égales, de charger du combustible pour un plus long voyage.

Facilité d'éteindre, de suspendre et d'allumer de nouveau les feux à tout instant et de régler la pression à volonté et sans perte de combustible.

Rapidité et facilité de chargement. Pas de fumée ni d'escarbilles. — Sans parler d'autres avantages indirects.

Ce mode de chauffage est très largement appliqué en Russie, soit par les usines du Caucase, par la navigation à vapeur de la Caspienne et du Volga et par plusieurs steamers sur la mer Noire, par plusieurs chemins de fer du Sud-Est et par une partie importante des usines de la région de Moscou et du Volga.

Sans parler de la consommation de Bakou même, les quantités d'astatki expédiées de cette ville se sont élevées en 1890 à environ 1.600.000 tonnes, dont la presque totalité destinée au combustible.

Les marines militaires se sont préoccupées de l'emploi de ce combustible liquide, riche sous un faible volume, notamment pour les torpilleurs, qui ne peuvent avoir que des soutes très restreintes, qui doivent parfois développer des pressions considérables et qui pourraient même à la mer se réapprovisionner en se mettant en communication par un simple tuyau flexible avec le navire qu'ils escortent, sans l'accoster.

Des applications importantes ont été faites par la marine de guerre italienne. En France des essais ont été faits à Toulon et à Cherbourg; d'autres seront sans doute poursuivis prochainement.

La fabrication du gaz d'eau carburé au moyen de résidus de naphte se pratique depuis quelques années très largement en Amérique : divers systèmes y sont actuellement en pleine activité et assurent une grande partie de l'éclairage de nombreuses villes.

Depuis deux ans les fabricants de gaz d'éclairage en Angleterre se sont trouvés amenés par plusieurs circonstances à examiner d'abord, puis à commencer à adopter cette fabrication, qui paraît devoir sous peu se développer largement.

Les principales causes de cette évolution sont : la hausse du charbon; — la nécessité de lutter contre l'éclairage électrique en produisant en cas de besoin un gaz riche, qui s'obtient actuellement par l'adjonction de charbon dit « cannel », lequel, devenant de plus en plus rare, a atteint des prix très élevés; — l'avantage, avec la nouvelle fabrication, de graduer à volonté la richesse du gaz, de le produire en cas de besoin urgent (par exemple en hiver) dans un temps très court, et de trouver dans cette fabrication même l'utilisation d'une partie du coke produit par la fabrication du gaz de houille; — les menaces fréquentes de grèves qui mettent en péril l'industrie même et compromettent un grand service public, celui de l'éclairage d'une ville, la production du gaz d'eau carburé n'exigeant que le quart de la main-d'œuvre nécessaire pour celle du gaz de houille; l'avantage d'un travail continu, sans refroidissements, utilisant et ménageant mieux le matériel employé, etc.

Une seule compagnie à Londres a déjà, après des essais préliminaires, établi et mis en travail des appareils pouvant produire par jour 2 millions de pieds cubes de gaz d'eau carburé. Dans une communication officielle faite à l'Assemblée générale de la « Institution et Gaz engineers », l'ingénieur en chef de cette compagnie a annoncé que cette dernière avait décidé de construire d'ici à l'hiver prochain de nouveaux appareils portant la production à 8 millions de pieds cubes de ce même gaz par jour.

C'est de la Russie (Caucase) que viennent les dérivés du naphte alimentant ces appareils. Les achats faits ces derniers mois par l'Angleterre dans ce but atteignent un tonnage qui n'est pas sans importance (30,000 tonnes environ). Mais il est à remarquer que ces produits n'ont aucun droit à acquitter à l'entrée en Angleterre. Il est aisé de comprendre que le moindre droit sur un produit destiné à lutter avec une matière d'un prix aussi réduit que le charbon en rendait l'importation impossible.

On peut considérer que l'astatki a, dans un port de la mer Noire, une valeur de 36 à 45 francs la tonne, variant suivant le cours du change, ce qui représente un revient de 56 à 70 francs la tonne environ, franco, dans un port français. Si à ces prix on ajoutait le droit actuellement perçu par la douane française, soit 120 francs par tonne, on arriverait à un prix de revient tel qu'il n'y aurait même pas à songer à un des emplois industriels qui viennent d'être indiqués.

Pour marcher dans la voie de progrès que la Russie d'une part, l'Amérique et l'Angleterre d'autre part, ont tracée, la franchise absolue est nécessaire.

Pour l'atteindre, sans que les intérêts de la production et de l'industrie nationale et ceux du Trésor en soient lésés, on proposerait d'exempter du droit les astatkis livrés : 1° aux arsenaux de la marine de l'Etat français ; 2° aux navires à vapeur naviguant au cabotage et les employant comme combustible ; 3° aux usines les employant soit comme combustible, soit pour la fabrication du gaz.

Pour s'assurer que la marchandise n'y est pas distraite de cet emploi, l'administration des douanes pourrait exercer ces usines.

Tel est le document que la Chambre devait connaître. Si la Commission des douanes a reconnu que la question posée devait être un jour résolue, elle n'a pas pensé que, dans l'état actuel de notre marine, l'exemption fût justifiée.

Votre Commission générale des douanes a, en conséquence, l'honneur de vous proposer la tarification suivante :

NUMÉROS D'ORDRE	DÉSIGNATION DES PRODUITS		UNITÉS sur lesquelles portent les droits	TARIF	
				général	minimum
197 et 198	Huiles de schiste, de pétrole et huiles lourdes.	brutes (a)	100 kilog.	18 »	18 »
		raffinées (a)	—	24 »	24 »
		résidus et goudrons de pétrole, de schiste et d'autres huiles minérales (les goudrons de houille et les huiles de houille exceptés), ayant une densité supérieure à 930	—	12 »	12 »
199	Paraffine		—	35 »	30 »
	Vaseline		—	32 »	28 »

(a) La distinction entre le brut et le raffiné sera fixée par un règlement d'administration publique après avis du Comité consultatif des arts et manufactures.

Dans le cas où les déclarants, contestant les essais faits dans les laboratoires des douanes, réclameraient l'expertise légale, celle-ci sera faite par des chimistes inscrits sur la liste générale prévue par l'article 5 de la présente loi, et statuant dans les conditions fixées par l'article 4 de la loi du 7 mai 1881.

ANNEXE N° 68

SESSION EXTRAORDINAIRE

Séance du 16 novembre 1891.

RAPPORT fait au nom de la Commission générale des Douanes [1] chargée d'examiner le projet de loi, adopté par la Chambre des Députés, relatif à l'établissement du Tarif général des Douanes, par M. Georges LESUEUR, Sénateur.

N° 197.

La Chambre a voté :

		Tarif général.	Tarif minimum.
		Par 100 kilogrammes.	
Huiles de pétrole, de schiste et autres huiles minérales propres à l'éclairage.	Brutes.	18 »	18 »
	Raffinées et essences. . . .	23 »	23 »

soit un écart de 5 francs.

Les droits actuels sont : 18 francs et 25 francs ; écart, 7 francs. Les raffineurs demandent que cet écart soit maintenu, c'est-à-dire que le droit sur les huiles raffinées et essences soit comme aujourd'hui de 25 francs, et pour justifier leur demande, ils donnent les motifs suivants :

1° En admettant un rendement de 90 0/0 (au lieu de 87) de pétrole raffiné par rapport au pétrole brut, ce qui, industriellement, peut être considéré comme un maximum, il faut, pour tenir compte des pertes résultant du coulage, du chargement, de la route, du déchargement, des transports divers, de l'évaporation, etc., acheter 111 kilogrammes de pétrole brut pour obtenir 100 kilogrammes de produits raffinés, c'est-à-dire subir un déchet de 11 kilogrammes de brut. En prenant pour prix d'achat 16 francs les 100 kilogrammes de brut, la valeur de ce déchet représente $\frac{11 \times 16}{100}$ de produits raffinés obtenus = 1 fr. 76 c.

2° Les frais de fabrication sont très variables d'une usine à l'autre ; ils dépendent de circonstances locales et augmentent avec le rendement, la qualité et l'inflammabilité. Ils sont évalués, en moyenne, à 3 fr. 50 c. par 100 kilogrammes de produits fabriqués et se décomposent comme suit :

Valeur des 11 kilos de déchet . . . . Fr.	1 76	
Déchargement et frais jusqu'à l'usine . . . . Fr.	» 20	
Charbon pour distillation et chaudières à vapeur	1 »	
Produits chimiques pour le raffinage et les emballages.	» 70	
Personnel employé à la fabrication.	1 25	
Assurance, impôt foncier	» 35	
TOTAL. . . . . Fr.	3 50	3 50
Amortissement du capital (risques spéciaux)		1 »
Droits de douane payés sur la matière première perdue par suite du déchet $\frac{11 \times 18}{100} = 1.98$.		1.98
ENSEMBLE. . . . . Fr.		8 24

---

(1) Cette Commission était composée de MM. Jules Ferry, *Président ;* Challemel-Lacour, Adolphe Cochery, *Vice-Présidents ;* Isaac, Paul Decauville, Sébline, Hugot, *Secrétaires ;* Cordier, Vinet, Dietz-Monnin, Buffet, Brossard, Chantemille, Garrisson, Franck-Chauveau, Fresneau, Tirard, Reymond, Poirrier, Edouard Millaud, Claeys, comte de la Monneraye, Trarieux, Gouin, Guyot-Lavaline, A. Huguet, marquis de Carné, Griffe, baron de Lareinty, Gailly, Malézieux, Tolain, Wallon, Emile Loubet, Lesueur, Dauphin.

M. Emile Ganneron, *Secrétaire-Rédacteur au Sénat, Secrétaire-adjoint.*

Report. . . . 8 24

Pour le raffineur américain, qui tire l'huile de ses propres puits, la perte de matière brute est presque nulle. Quant à ses frais de fabrication, dans la situation actuelle et pour le pétrole qu'il nous livre (pétrole qui est inflammable à 22°), il ne fait qu'une différence de 1 franc environ par 100 kilogrammes entre le brut et le raffiné.

A déduire. . . . . 1 »

Reste. . . . . Fr. 7 24

ce qui justifierait l'écart de 7 francs, alors que le droit sur le brut est de 18 francs.

On nous a déclaré que si cet écart était maintenu aux 5 francs votés par la Chambre, les quelques grandes raffineries qui ont déjà pu amortir leurs frais de première installation sous les régimes douaniers antérieurs à 1881 pourraient peut-être s'en contenter et même le désirer afin de voir disparaître les usines créées depuis lors, mais que toutes les usines moyennes étant frappées à mort et la concurrence disparaissant, cela aboutirait à livrer le marché au monopole du fait de deux ou trois puissantes maisons.

A l'appui de ce dire, on nous a signalé la situation de deux Sociétés, l'une, la Raffinerie française, qui fait construire une usine à La Rochelle ; l'autre, la Raffinerie du Nord, qui fait construire une usine à Roubaix. Dès que les droits avec cet écart de 5 francs ont été votés par la Chambre, ces deux Sociétés, après avoir réuni leurs actionnaires, ont décidé de suspendre leurs travaux et de procéder à une liquidation, parce que cet écart de 5 francs ne leur permettait pas de vivre.

Elles ont fait remarquer que ce n'est pas au moment où les Etats-Unis ferment leurs ports aux produits fabriqués en France que l'on doit favoriser l'introduction, dans notre pays, des produits fabriqués en Amérique, tels que les pétroles raffinés.

Au 15 mars de cette année, le pétrole raffiné Standard-White était à New-York à 8 fr. 30 c. les 100 kilogrammes, franco bord tank-steamer, fret 20 shellings la tonne de 1.015 kilogrammes.

C'est cette marchandise qu'on charge à l'entrée en France d'un droit de 23 francs, presque égal à trois fois sa valeur. Le droit a donc un caractère particulièrement fiscal et a rendu en 1889, au Trésor, 34.600.000 francs prélevés tant sur les bruts que sur les raffinés.

Dans ces conditions, comme le maintien à 25 francs du droit sur les raffinés n'aurait que des avantages pour le Trésor et permettrait de conserver d'une façon certaine la raffinerie de pétrole à la main-d'œuvre nationale, il semblerait naturel de maintenir l'écart de 7 francs.

Par une délibération en date du 7 août dernier, la Chambre de commerce de Dunkerque appuyait le maintien de l'écart de 7 francs.

Le 25 septembre, la Chambre de commerce de Cambrai confirmait, par lettre adressée au Président de la Commission des douanes du Sénat, en même temps qu'au Ministre du Commerce, au Ministre des Finances et aux sénateurs du département du Nord, la délibération du 29 août dans laquelle elle disait :

« Considérant qu'il importe essentiellement en l'espèce de maintenir l'écart de taxe douanière comme » indispensable à la raffinerie.

» Demande qu'en tout état de cause, la différence de 7 francs, existant actuellement entre les » droits frappant respectivement les pétroles bruts et les pétroles raffinés à leur entrée en France, soit » maintenue. »

Le 16 octobre, la Chambre de commerce de Lille protestait contre l'écart de 5 francs voté par la Chambre des députés, et disait :

« Cet écart est absolument insuffisant pour permettre l'existence de cette industrie, et celui de 7 francs » qui se pratique actuellement est loin d'être exagéré puisqu'il n'a pas encore permis aux usines de Mar- » seille d'alimenter l'Algérie, bien que le transport de Marseille à Alger ne coûte que 1 franc les 100 kilo- » grammes ; la France, du reste, est toujours tributaire de l'étranger pour une partie des pétroles raffinés » qu'elle consomme.

» Le maintien de l'industrie de la raffinerie du pétrole en France a un intérêt important en raison » des salaires qu'elle distribue, soit directement aux ouvriers qu'elle emploie, soit indirectement par sa » consommation de houille (environ 100.000 tonnes par an), par le renouvellement et les réparations que » réclame constamment son matériel, par l'emploi important qu'elle fait des produits chimiques, et enfin » par l'emploi important qu'elle fait des produits chimiques, et enfin par le trafic qu'elle assure à la » marine marchande et à l'industrie des transports, tant pour sa matière brute que pour ses produits » manufacturés.

» Est-il rationnel de marchander un droit de 2 francs indispensable à l'existence d'une industrie, » alors qu'on n'a pas hésité à autoriser sur ses produits une taxe d'octroi aussi importante que celle qui » frappe le pétrole à son entrée dans Paris, soit 27 francs les 100 kilogrammes ?

21

» Pour ces motifs, la Chambre de commerce de Lille insiste pour que l'écart entre le pétrole brut et
» le pétrole raffiné soit maintenu à 7 francs les 100 kilogrammes. »

Par délibération du 17 octobre dernier, la Chambre de commerce de Rouen réclame contre l'écart de
5 francs et déclare qu'on ne peut pas descendre au-dessous de 7 francs.

Les Chambres de commerce de Cette, Dieppe, Douai, Marseille, Orléans, Roubaix, Calais ont toutes
pris aussi des délibérations en faveur de l'écart de 7 francs.

Plusieurs grands constructeurs réclament le même écart, en donnant pour motif que la raffinerie de
pétrole emploie de grandes quantités de chaudronnerie de fer et de cuivre, et que si un abaissement de
droits venait à leur faire perdre ce débouché, ils seraient obligés de réduire, dans une forte proportion, le
nombre de leurs ouvriers.

La Chambre de commerce de Paris a demandé que les huiles de pétrole brutes fussent taxées à
18 francs, ce droit étant à percevoir sur un rendement en huile et en essence utilisables pour l'éclairage
de 80 à 85 0/0, et que tout rendement supérieur à ce maximum fût frappé d'un droit supplémentaire
proportionnel. Quant aux huiles de pétrole et essences raffinées, elle demande, comme les Chambres
précédemment citées, le droit de 25 francs.

Dans une lettre du 16 octobre adressée à M. le Ministre du Commerce, la Chambre de commerce de
Bordeaux disait :

« En réclamant l'exemption des droits de douane pour les matières premières proprement dites et la
» plus grande modération dans les taxes pour les produits qui, après avoir reçu une première préparation,
» servent à leur tour de matière première à d'autres industries plus perfectionnées, la Chambre de com-
» merce de Bordeaux a toujours reconnu la nécessité de maintenir entre les produits bruts et les produits
» travaillés un écart de droits suffisant pour compenser les déchets de fabrication et aider notre industrie
» nationale à lutter efficacement contre l'industrie étrangère.

» En appliquant ces considérations générales à l'industrie du raffinage du pétrole, qui a pris un
» développement marqué dans notre région malgré la concurrence redoutable résultant de la concentration
» dans les mêmes mains de toutes les usines des Etats-Unis sous la direction de la *Standard oil Company*,
» la Chambre de commerce de Bordeaux a été amenée à penser que la réduction récemment apportée par
» la Chambre des députés à l'écart qui existait précédemment entre les droits sur le pétrole brut et ceux
» sur le pétrole raffiné n'était pas justifiée, et que, lorsque tant d'autres industries ont obtenu une majora-
» tion sensible entre les droits pesant sur les produits travaillés et les droits dont sont frappés les produits
» bruts, il n'était pas équitable de frapper l'industrie du pétrole d'une réduction aussi sensible.

« En tenant compte de la taxe appliquée au pétrole raffiné au moment de la création de cette industrie,
» alors que le pétrole brut était exempt de droits, et de la charge pesant actuellement sur la fabrication
» par le payement du droit de 18 francs sur les déchets de raffinage des pétroles bruts, charge qui n'a
» jamais été évaluée à moins de 2 francs et qui peut parfois dépasser ce chiffre, la Chambre de commerce
» de Bordeaux estime que l'écart de droits entre le pétrole brut et le pétrole raffiné devrait être fixé à
» 6 francs par 100 kilogrammes, et elle compte, Monsieur le Ministre, que vous voudrez bien appuyer ce
» chiffre devant le Sénat, car il représente une protection moins élevée que celle obtenue devant la
» Chambre par bien d'autres industries. »

Les fabricants d'huile de schiste, industrie essentiellement française, demandaient aussi le maintien à
18 et à 25 francs des droits sur les pétroles étrangers.

A la Chambre des députés, la Commission des douanes concluait à 18 et 24 francs, soit un écart de
6 francs. Le Gouvernement proposait 20 et 25 francs, soit un écart de 5 francs, et dans la discussion,
M. le Ministre du Commerce s'appuyait sur un rapport de chimistes-experts pour soutenir que cet écart de
5 francs était suffisant. La Chambre, modifiant les propositions du Gouvernement, a voté 18 francs pour
les pétroles bruts et 23 francs pour les pétroles raffinés.

A plusieurs reprises, les raffineurs avaient proposé au Gouvernement de simplifier la question en
soumettant leurs usines à l'exercice. Cela leur aurait permis d'acheter leurs pétroles bruts à toutes les
sources, et cela aurait favorisé l'emploi des pétroles russes, alors qu'avec la législation actuelle ils ne
peuvent prendre leur matière première que dans le seul district des Etats-Unis, qui produit des huiles
dont le rendement correspond aux prévisions de la loi.

L'impôt aurait alors été perçu exactement sur toutes les quantités raffinées à la sortie des usines.

Quelque grands que pussent être les inconvénients devant résulter pour eux de l'application de
l'exercice, les raffineurs s'y résignaient, dans l'espoir d'assurer par là, à leur industrie, une stabilité qui
jusqu'ici lui a toujours fait défaut.

A chaque fois le Gouvernement, s'appuyant sur l'avis du Conseil consultatif des Arts et Manufactures,
a répondu qu'il considérait l'exercice comme trop difficilement applicable à cette industrie.

Malgré cet avis, les raffineurs, soutenus en cela par l'opinion de plusieurs notabilités industrielles absolument désintéressées dans la question, persistent à déclarer que l'exercice est parfaitement applicable et qu'il correspondrait à un progrès sérieux.

Si le Gouvernement pouvait résoudre la question dans ce sens, ce serait certainement la meilleure des solutions. Mais pour le moment, il ne s'agit de déterminer que des droits spécifiques.

Admettant *a priori* que le droit sur le pétrole brut doit être maintenu au taux de 18 francs voté par la Chambre des députés, la Commission des douanes a longuement étudié la question de l'écart. De tous les chiffres soumis à son examen, il est résulté pour elle la conviction qu'il y aurait certainement danger à réduire cet écart à 5 francs. Mais pour tenir compte tant des progrès réalisés dans la raffinerie du pétrole que d'une majoration des dépenses en charbon, produits chimiques et personnel figurant dans le prix de revient fourni par les raffineurs, elle a estimé qu'il y avait lieu de fixer l'écart à 6 francs. La Commission des douanes de la Chambre des députés était arrivée à ce même chiffre, qui a d'ailleurs été reconnu suffisant par les Chambres de commerce de Bordeaux et du Havre pour couvrir l'industrie du raffinage contre la concurrence étrangère.

La Commission propose donc les droits suivants :

N° 197 . Huiles de pétrole, de schiste et autres huiles minérales propres à l'éclairage (1). { Brutes : 18 francs les 100 kilogrammes aux deux tarifs. Raffinées et essences : 24 francs les 100 kilogrammes aux deux tarifs.

La Commission croit devoir appeler l'attention du Gouvernement sur l'importance extrême qu'il y aurait, au point de vue industriel, à admettre en franchise les pétroles destinés à d'autres usages que l'éclairage et le graissage. Dans ces dernières années, les moteurs à pétrole utilisables là où il n'y a pas d'usine à gaz ont été très perfectionnés et on les perfectionne chaque jour. La petite industrie les a adoptés, et personne ne peut contester que la généralisation de leur emploi permettait à beaucoup de petits ateliers où on emploie le travail familial de s'installer dans les campagnes avec des conditions d'hygiène et de vie à bon marché absolument supérieures à celles qu'offrent les villes.

D'autre part, des expériences très récentes faites sur des machines à grande puissance atteignant 100 chevaux, il résulte que la machine à gaz (et la machine à pétrole n'est qu'une forme de machine à gaz), disposant d'une grande chute de température, est plus parfaite *in genere* et donne un rendement plus élevé que la machine à vapeur. En un mot, avec une de ces machines, le kilogrammètre disponible coûte moins cher.

Enfin si les pétroles et leurs essences étaient dégrevés on pourrait en faire de très utiles applications à beaucoup d'industries.

Nous en citerons une fort importante, c'est l'extraction des huiles, des graisses et des parfums des corps qui les renferment.

Depuis nombre d'années, ceux de nos voisins qui ne sont pas gênés par des droits d'entrée sur le pétrole traitent par ce procédé les tourteaux de graines oléagineuses sortant des presses. Cela a permis à leurs huileries de réaliser des bénéfices considérables.

Les Anglais, grâce à une franchise absolue, les Allemands, grâce à une législation qui dégrève complètement les essences de pétrole employées dans cette industrie, sont arrivés à de tels résultats qu'en 1890 l'huilerie marseillaise, à elle seule, leur a envoyé à traiter 65 millions de kilogrammes de ses tourteaux les plus riches en huile, dont 55.700.000 kilogrammes pour Hambourg et 9.739.800 pour Liverpool.

Comme Marseille a produit cette même année, 344.001.000 kilogrammes de graines oléagineuses, 138.288.402 kilogrammes d'huile et 200.670.000 kilogrammes de tourteaux, on voit que si les usines avaient pu traiter elles-mêmes leurs tourteaux, elles en auraient à 8 0/0 retiré 16 millions de kilogrammes d'huile de plus, et les tourteaux, restés tous en France, auraient été utilisés par l'agriculture.

La même situation existe dans les autres ports où l'on traite les graines oléagineuses.

Si on accordait, ainsi que le font les Allemands, par des procédés très pratiques, la décharge de droits aux pétroles destinés à l'extraction des corps gras, il n'en résulterait aucun préjudice pour le Trésor, car cette industrie n'existant pas actuellement en France, et ne pouvant pas se créer en raison de l'élévation des droits, il n'y a aucune recette de ce fait.

L'intérêt fiscal n'existant pas, la seule objection qu'on puisse faire à la demande d'exemption des droits, c'est la question de contrôle. Cela rend la réponse facile, car ce contrôle existe et fonctionne chez

_____

(1) La distinction entre le brut et le raffiné sera fixée par un règlement d'administration publique après avis du Comité consultatif des Arts et Manufactures.

Dans le cas où les déclarants, contestant les essais faits dans les laboratoires des douanes, réclameraient l'expertise légale, celle-ci sera faite par des chimistes inscrits sur la liste générale prévue par l'article 5 de la présente loi et statuant dans les conditions fixées par l'article 4 de la loi du 7 mai.

nos voisins où il n'a jusqu'ici donné lieu à aucune plainte. (Voir aux annexes la réglementation qui régit la matière dans l'Empire allemand.)

Nº 198 et nº 199.

La Commission propose d'accepter les droits déjà votés par la Chambre des députés, c'est-à-dire :

	Tarif général.	Tarif minimum.
	Par 100 kilogrammes.	
Nº 198. — Huiles lourdes et résidus de pétrole et d'autres huiles minérales.	12 »	12 »
Nº 199. { Paraffine.	35 »	30 »
Vaseline.	32 »	28 »

PIÈCES NON OFFICIELLES

DÉLIBÉRATIONS

DES

CHAMBRES DE COMMERCE

CHAMBRE DE COMMERCE DU HAVRE

Séance du 29 mai 1891

Présidence de M. LATHAM, président,

Sont présents : MM. Latham, *président*, Couvert, *vice-président*, Masquelier, Blanchard, Coupery, Rispal, Lamotte, Mundler, Mignot, Violette et Pesle.

RÉGIME DOUANIER : EXAMEN DES NOUVEAUX TARIFS.

L'ordre du jour appelle l'examen des nouveaux tarifs de douanes . . . .
M. le président donne la parole à M. Pesle, rapporteur pour les matières minérales. . . . .
M. Pesle passe aux huiles de schiste, de pétrole et huiles lourdes . . . .
Voici les termes de son rapport :
« Des usines d'une importance considérable se sont créées aux environs de nos principaux ports pour le raffinage du pétrole brut.
» Cet article mérite donc une attention spéciale au double point de vue du travail national et de l'intérêt de nos établissements maritimes.
» Voici le tableau comparatif des droits actuels et des droits proposés :

	DROITS ACTUELS	DROITS PROPOSÉS	
		PAR LA COMMISSION DES DOUANES	PAR LE GOUVERNEMENT
	100 kilos	100 kilos	100 kilos
Huile brute.	18 »	18 »	20 »
Huile raffinée.	25 »	24 »	25 »
ÉCART. . .	7 »	6 »	5 »

« Comme nos raffineurs ont surtout à lutter contre les raffineurs des pays producteurs, c'est avant tout l'importance de l'écart qui les intéresse.

» La Commission des douanes propose de réduire l'écart à 6 francs par la diminution du droit sur l'huile raffinée, tandis que le Gouvernement propose de le réduire à 5 francs, mais par l'augmentation du droit sur les huiles brutes.

» Le Conseil supérieur du Commerce et de l'Industrie ne s'était pas tout d'abord prononcé sur les droits à appliquer au pétrole ; la question lui avait paru demander une étude approfondie. Voici, en effet, ce que nous trouvons dans le compte rendu de ses délibérations, page 338 :

« Les droits actuels sont de 25 francs pour les prétroles raffinés et de 18 francs pour le pétrole
» brut. Le rendement de ce dernier est calculé sur un chiffre de 85 0/0.

» L'industrie du raffinage du pétrole a pris un grand développement en France. Les raffineurs
» demandent que rien ne soit changé au régime actuel, la différence entre 18 francs et 25 francs,
» à un rendement de 85 0/0, leur étant nécessaire, disent-ils, à moins de voir leur industrie
» péricliter.

» D'un autre côté les épurateurs d'huiles de graines oléagineuses prétendent que la marge laissée
» au raffinage du pétrole est telle que les huiles végétales ne peuvent soutenir la concurrence
» des huiles minérales.

» De même, les négociants qui voudraient importer du pétrole raffiné assurent qu'ils ne peu-
» vent le faire à cause des avantages concédés aux raffineurs.

» Pour apprécier ce qu'il y a de fondé dans ces diverses allégations, une longue étude serait
» nécessaire à votre Commission des industries diverses, et le temps lui manque pour se procurer
» les documents nécessaires et faire une enquête indispensable. Elle n'est donc pas en mesure de
» formuler une opinion dans la session actuelle. Elle ne peut qu'appeler votre attention sur le dire
» de nos collègues. »

« Nous voyons bien que le Gouvernement propose aujourd'hui de relever les droits sur l'huile brute à 20 francs et de laisser ceux sur l'huile raffinée à 25 francs ; ne laissant plus qu'un écart de 5 francs aux raffineurs, mais nous ignorons les motifs qui ont fait adopter cette tarification.

» La nullité des importations du pétrole raffiné des États-Unis démontre que l'écart de 7 francs est favorable aux raffineurs.

» Il paraît cependant que, malgré cet écart, le pétrole raffiné de Russie s'importe déjà en assez fortes quantités pour faire concurrence, dans le midi de la France, aux huiles raffinées en France.

» En réduisant d'une manière trop sensible l'écart qui existe actuellement dans les droits qui frappent le pétrole brut et le pétrole raffiné, il est à craindre que nous ne favorisions l'importation du pétrole raffiné, au grand bénéfice des usines étrangères et au grand détriment de nos ports et des grandes usines qui s'y sont créées pour le raffinage des huiles de pétrole.

» C'est pourquoi nous vous proposons, dans l'intérêt des importations de nos ports de mer et des usines qui s'y sont créées, de vous rallier aux chiffres proposés par la Commission des douanes soit : 18 francs les 100 kilos sur l'huile brute et 24 francs sur l'huile raffinée. »

M. Pesle doit dire que la Commission ne s'est pas prononcée sur ces conclusions, ses membres ayant cru devoir, après examen, en référer à la Chambre. C'est donc en son nom personnel qu'il les a présentées.

Après discussion la Chambre adopte la proposition de M. Pesle par 8 voix contre 2.

Pour extrait :

Le Président
(Signé) R. E. LATHAM

CHAMBRE DE COMMERCE DE DUNKERQUE

Séance du vendredi 7 août 1891.

Présidence de M. Alf. PETYT, président.

DROITS SUR LES PÉTROLES

Monsieur le Président donne lecture de la lettre suivante :

Lille, le 31 juillet 1891.

A Monsieur le Président et à Messieurs les Membres de la Chambre de Commerce de Dunkerque.

MESSIEURS,

Par délibération en date du 3 Juillet 1890, votre Compagnie a bien voulu émettre le vœu que l'écart existant actuellement entre les droits sur le pétrole brut et sur le pétrole raffiné ne soit pas diminué.

La Chambre des députés vient de voter les droits de 18 francs sur le pétrole brut et 23 francs sur le pétrole raffiné, réduisant ainsi l'écart des deux droits à 5 francs au lieu de 7 francs, écart actuel.

Permettez-nous, Messieurs, de faire de nouveau appel à votre bienveillant concours, en vous demandant de vouloir bien prendre une nouvelle délibération, appuyant auprès du Sénat et du Gouvernement le maintien de la situation actuelle. Si, en effet, le vote de la Chambre était confirmé par le Sénat, l'industrie française du raffinage de pétrole serait ruinée à brève échéance.

Nous ne doutons pas que vous prendrez en considération l'importance de notre industrie et en vous priant d'agréer nos remerciements anticipés, nous vous présentons, Messieurs, nos salutations les plus empressées.

Les raffineurs de pétrole du Nord de la France :

E. Renard-Mareska, *Administrateur-Directeur de la Société Lille et Bonnières.*

Paul Paix, Delannoy et Milliez — Clère — Chantreuil — Boitot — Trystram et Cie.

Les intéressés appuient leur demande des considérations suivantes :

Les raisons principales mises en avant, à l'appui de la réduction à 5 francs de l'écart entre les droits sur les pétroles bruts et ceux sur les raffinés, sont au nombre de trois, savoir :

1º La protection de l'industrie du pétrole coûterait huit millions à la collectivité ;

2º Le Comité consultatif des Arts et Manufactures estime que l'écart de 5 francs est suffisant ;

3º Il ne faut pas s'arrêter aux réclamations des raffineurs, attendu qu'en 1881, avec un droit sur le pétrole brut de 35 francs aux 100 kilogrammes, il était demandé un écart de 10 fr.

Il paraît facile de répondre à cette argumentation, les observations ci-après justifieront pleinement que l'écart actuel de 7 francs doit être maintenu.

I. — Le premier argument peut se traduire comme suit :

S'il n'existait pas de raffineries de pétrole en France le droit de douane perçu sur les importations de raffiné produirait une augmentation de recettes de 8 millions.

On ne saurait sur cette considération légitimer une réduction de l'écart actuel ; il suffit, en effet, de faire remarquer que le même raisonnement pourrait s'appliquer aussi justement à toutes les autres industries et établir, par exemple, que si, toutes les peaux nécessaires à notre industrie étaient *préparées* au lieu d'être importées en France à *l'état brut*, les recettes de douane augmenteraient de plus de 50 millions.

Un pareil argument poussé jusqu'à l'extrême n'aurait d'autre conclusion que la suppression de toutes les industries françaises.

II. — En ce qui concerne l'avis du Comité consultatif des Arts et Manufactures, il est nécessaire de faire remarquer que la détermination de l'écart à adopter ne peut se faire qu'en considérant deux éléments bien distincts l'un de l'autre, savoir :

Le premier dérive du rendement du produit brut et est du domaine des hommes de science. Le Comité consultatif s'est prononcé pour un rendement moyen de 90 0/0 et il convient de l'admettre, tout en le considérant plutôt comme un maximum que comme une moyenne.

Le second élément à faire entrer en ligne de compte a trait à la situation dans laquelle doit être placée l'industrie du raffinage du pétrole, pour être à même de lutter contre la concurrence étrangère. C'est un élément d'ordre essentiellement économique et qui paraît devoir échapper à la compétence du Comité consultatif.

Or, il est facile d'établir que la situation actuelle est bien moins favorable qu'elle ne l'était au début de cette industrie.

Le charbon, le fer, la fonte, le cuivre, l'acide sulfurique, la soude, etc..., dont la consommation atteint des millions de kilogrammes, coûtent aujourd'hui plus cher qu'en Amérique.

Les perfectionnements apportés à l'outillage ne peuvent être non plus un motif d'abaissement d'écart, car il est certain qu'ils se sont opérés simultanément aux États-Unis. Les conditions de transport du pétrole en bateaux-citernes ont, au contraire, procuré un avantage aux raffineurs étrangers ; le fret et l'assurance maritime du pétrole raffiné transporté en vrac étant sensiblement moins élevés que pour le brut.

A ce point de vue, on serait plutôt amené à demander une augmentation de l'écart de 7 francs existant actuellement.

III. — En ce qui touche la demande formulée, en 1881, d'un écart de 10 francs avec un droit de 35 francs sur le pétrole brut, il est facile de démontrer que cet écart est l'équivalent de celui de 7 francs sous le régime actuel.

En 1881, on admettait en effet qu'il fallait 117 kilogrammes de pétrole brut pour obtenir 100 kilogrammes de raffiné ; on devait donc tenir compte aux raffineurs du droit sur 17 kilogrammes, valeur du déchet de fabrication.

Dans ces conditions, l'écart entre les droits sur le brut et sur le raffiné sera d'autant plus élevé que le quantum du premier sera plus important.

On peut, par suite, chiffrer exactement la différence résultant de l'abaissement du droit de 35 à 18 francs opéré en 1881.

Droit proposé alors par le Gouvernement. . . . . Fr.   35 » les 100 kilogrammes.
Droit voté par les Chambres . . . .   18 »   —

DIFFÉRENCE EN MOINS. . . . . Fr.   17 » aux 0/0.

Ce qui pour les 17 kilogrammes de déchet donne 2 89
L'écart voté avec 18 francs étant de . . . .   7 »
Celui correspondant à la taxe de 35 francs devrait être . . .   7 + 2 89 = 9 89.
soit en nombre rond 10 francs.

La demande formulée en 1881 par l'industrie du raffinage du pétrole était donc parfaitement justifiée.

On ne saurait nier que l'industrie pétrolière en France a eu, depuis 1881, un développement considérable ; mais il ne faut pas perdre de vue que ce résultat a été la conséquence de l'abaissement des droits. Il en serait de même aujourd'hui ; une nouvelle réduction entraînerait une augmentation de consommation, car il convient de faire observer que les droits actuels sont beaucoup plus élevés que le coût du pétrole.

De tout ce qui précède, il résulte qu'aucune raison concluante n'a été donnée à l'appui de la réduction proposée et, dans ces conditions, il convient de maintenir un écart de 7 francs, si le droit de 18 francs est voté.

La réduction à 5 francs de l'écart existant constituerait une véritable prime de 2 francs en faveur de l'industrie étrangère qui, en 1890 a déjà importé 22.500.000 kilogrammes de pétrole raffiné, alors que les importations de brut étaient de 178.000.000 de kilogrammes, et elle aurait pour conséquence l'envahissement du marché français par le pétrole raffiné américain et la disparition à brève échéance de la raffinerie française.

M. le Président, après cet exposé, fait remarquer que la délibération du 3 juillet 1890, rappelée par les pétionnaires, ne touchait en aucune façon le fond même de la question posée; notre Compagnie demandait simplement que les propositions relatives à des modifications de droits ou à des droits nouveaux ne pussent être votées par voie d'amendement à la loi de finances et qu'elles fussent toujours l'objet d'un projet de loi spécial soumis dans les formes ordinaires à l'examen du Parlement.

« **La Chambre** après examen, et vu les observations présentées par les raffineurs du Nord de la France, décide d'appuyer d'un avis favorable la demande tendant à maintenir à 7 francs l'écart existant entre le droit sur le pétrole brut et celui frappant le pétrole raffiné. »

Pour copie conforme :

Le President.

Alf. Petyt.

Dunkerque, le 22 août 1891.

CHAMBRE DE COMMERCE DE VALENCIENNES

VALENCIENNES, le 15 décembre 1891.

Monsieur le Ministre du Commerce et des Colonies,

MONSIEUR LE MINISTRE,

La Chambre des députés, conformément à la demande du Gouvernement, a, dans la discussion du futur tarif de douanes, le 15 juillet dernier, abaissé à 5 francs l'écart de 7 francs existant aujourd'hui entre les droits perçus à l'importation par 100 kilogrammes de pétrole brut et 100 kilogrammes de pétrole raffiné.

La Chambre de Commerce de Valenciennes, qui vient d'examiner la question, croit devoir vous exprimer le regret que lui cause le vote ainsi émis : elle craint qu'il n'ait de fâcheuses conséquences pour l'industrie française du raffinage de pétrole.

Plus que par toutes les déductions théoriques, notre Compagnie est frappée par ce fait que, depuis dix ans, sur vingt-six raffineries de pétrole, six ont disparu, dont une au moins placée cependant en situation très avantageuse au point de vue de la facilité des transports.

Il semble nettement résulter de cette observation que l'écart protecteur de 7 francs est à peine suffisant pour permettre à l'industrie dont il s'agit de se maintenir. Cet écart, au surplus, échappe au reproche d'exagération, quand on remarque qu'en Autriche il est de 9 francs, et de 12 francs en Espagne.

Il y a donc lieu de redouter que l'abaissement proposé par la Chambre des députés ne mette en position critique nos raffineries de pétrole. Une telle éventualité mérite attention : une industrie où sont engagés des capitaux aussi considérables ne périclite pas sans sérieux inconvénients. En outre, si elle ne résistait pas au nouveau régime, si l'importation des pétroles raffinés se développait avec succès à son détriment, les suites de ce phénomène économique seraient préjudiciables à d'autres égards encore : non seulement une certaine main d'œuvre serait enlevée à nos ouvriers au profit des travailleurs d'outre-mer, mais notre marine serait, elle aussi, éprouvée, car le transport des pétroles bruts par navires français serait remplacé par le transport des pétroles raffinés, qui se fait sur des navires américains; enfin, le jour où les raffineurs étrangers deviendraient les maîtres de notre marché, les consommateurs mêmes auraient peut-être à en pâtir, une richissime Société ayant réussi à s'attribuer en fait le monopole du raffinage des pétroles en Amérique.

Telles sont les considérations, Monsieur le Ministre, qui ont déterminé la Chambre de Commerce de Valenciennes à émettre le vœu que l'écart actuel de 7 francs entre les droits imposés aux pétroles bruts et aux pétroles raffinés soit maintenu dans le tarif douanier en discussion devant le Parlement.

Veuillez agréer, Monsieur le Ministre, l'hommage de notre profond respect.

Pour la Chambre de Commerce :

Le Président,
(Signé) Ch. DELAME.

Pour copie conforme :

Le Secrétaire,
(Signé) VICTOR HENRY.

CHAMBRE DE COMMERCE DE BORDEAUX

BORDEAUX, le 16 octobre 1891.

Le Président de la Chambre de Commerce de Bordeaux,
à Monsieur le Ministre du Commerce, de l'Industrie et des Colonies,
Paris.

MONSIEUR LE MINISTRE,

En réclamant l'exemption des droits de douane pour les matières premières proprement dites et la plus grande modération dans les taxes pour les produits qui, après avoir reçu une première préparation, servent à leur tour de matière première à d'autres industries plus perfectionnées, la Chambre de Commerce de Bordeaux a toujours reconnu la nécessité de maintenir entre les produits travaillés un écart de droits suffisants pour compenser les déchets de fabrication et aider notre industrie nationale à lutter efficacement contre l'industrie étrangère.

En appliquant des considérations générales à l'industrie du raffinage du pétrole qui a pris un développement marqué dans notre région malgré la concurrence redoutable résultant de la concentration dans les mêmes mains de toutes les usines des États-Unis, sous la direction de la « Standard Oil Company », la Chambre de Commerce de Bordeaux a été amenée à penser que la réduction récemment apportée par la Chambre des députés à l'écart qui existait précédemment entre les droits sur le pétrole brut et ceux sur le pétrole raffiné n'était pas justifiée, et que, lorsque tant d'autres industries ont obtenu une majoration sensible entre les droits pesant sur les produits travaillés les et droits dont sont frappés les produits bruts, il n'était pas équitable de frapper l'industrie du pétrole d'une réduction aussi sensible.

En tenant compte de la taxe appliquée au pétrole raffiné au moment de la création de cette industrie, alors que le pétrole brut était exempt de droits, et de la charge pesant actuellement sur la fabrication par le paiement du droit de 18 francs sur les déchets du raffinage des pétroles bruts, charge qui n'a jamais été évaluée à moins de 2 francs et qui peut parfois dépasser ce chiffre, la Chambre de Commerce de Bordeaux estime que l'écart de droits entre le pétrole brut et le pétrole raffiné devrait être fixé à 6 francs par 100 kilogrammes, et elle compte, Monsieur le Ministre, que vous voudrez bien appuyer ce chiffre devant le Sénat, car il représente une production moins élevée que celle obtenue devant la Chambre par bien d'autres industries.

Veuillez agréer, etc, etc.

Pour le Président :

Le Vice-Président,

(Signé) G. FAURE.

CHAMBRE DE COMMERCE DE ROUEN

Rouen, le 17 octobre 1891.

Monsieur le Ministre du Commerce, de l'Industrie et des Colonies,

à Paris.

Monsieur le Ministre,

La Chambre des députés, dans sa séance du 15 juillet dernier, a décidé que, dans le nouveau tarif douanier, l'huile de pétrole brute continuerait à être taxée à 18 francs les 100 kilogrammes, tandis que le droit actuel de 25 francs sur l'huile de pétrole raffinée serait réduit et fixé à 23 francs.

Les raffineurs de pétrole redoutant les conséquences de cette diminution de la protection qui leur est accordée, ont adressé une pétition à MM. les Sénateurs pour demander le maintien d'un écart de 2 francs entre les deux droits dont il s'agit.

Notre Chambre de Commerce qui, à plusieurs reprises, a déjà examiné cette question, dont elle a eu l'honneur de vous entretenir par lettres des 2 mars 1889 et 10 juillet 1890, l'a étudiée de nouveau dans sa séance du 8 de ce mois et a été d'avis d'appuyer la pétition des raffineurs de pétrole.

Depuis l'année 1881, époque à laquelle l'écart de 7 francs entre les droits sur l'huile brute et l'huile raffinée a été discuté, aucun fait ne s'est produit, de nature à justifier l'abaissement de cet écart.

Nous avons donc pensé que la diminution de 2 francs, votée par la Chambre des députés, pourrait faire péricliter une industrie devenue prospère à l'aide d'une protection qui n'a rien d'excessif.

Deux usines importantes se sont établies aux environs de Rouen, contribuant dans une importante mesure au trafic maritime de notre port et assurant l'existence d'un grand nombre d'ouvriers : il est donc naturel que la Chambre de Commerce de Rouen désire, dans l'intérêt de la région, le maintien d'un état de choses que modifierait certainement l'invasion du pétrole raffiné étranger ; aussi recommandons-nous à toute votre attention les justes revendications de nos raffineurs.

Agréez, Monsieur le Ministre, l'assurance de nos sentiments de haute considération.

Le Vice-Président,

Duchemin.

CHAMBRE DE COMMERCE DU HAVRE

RÉGIME DOUANIER : DROITS SUR LES HUILES DE PÉTROLE

Le Havre, le 17 Octobre 1891.

A Monsieur le Ministre du Commerce, de l'Industrie et des Colonies,

à Paris.

Monsieur le Ministre,

La Chambre de Commerce du Havre, d'accord avec la Commission parlementaire des douanes, avait demandé, par une délibération en date du 29 mai 1891, dont j'ai eu, en son temps, l'honneur de vous adresser copie, que les droits sur les huiles de pétrole fussent fixés comme suit :

Huiles brutes, par 100 kilogrammes, 18 francs.

Huiles raffinées, par 100 kilogrammes, 24 francs.

Elle jugeait surtout nécessaire de maintenir entre les deux droits un écart de 6 francs, au minimum, dans l'intérêt de la Raffinerie française, protègée aujourd'hui par un écart de 7 francs.

La Chambre des députés, dans les votes qu'elle a émis à ce sujet, a conservé le droit actuel de 18 francs pour les huiles raffinées, ne laissant ainsi subsister entre les deux qu'une différence de 5 francs ?

Cette tarification, Monsieur le Ministre, si elle était adoptée, aurait, dans la pensée de la Chambre de Commerce du Havre, de fâcheuses conséquences.

L'industrie du raffinage des huiles de pétrole a pris en France une grande importance, et sa prospérité intéresse le travail national. Elle a pu acquérir cette situation, grâce à l'écart de 7 francs qui lui a permis de lutter contre les raffineurs des pays producteurs, et une réduction de 2 francs, dans la protection qui lui est accordée, paraît réellement trop considérable pour qu'elle puisse la supporter sans trouble et sans risque d'être paralysée par l'importation des huiles raffinées étrangères.

Depuis quelque temps déjà, l'importation des huiles raffinées de Russie a pris dans la région du Midi, malgré l'écart de 7 francs, une certaine importance ; nul doute qu'à la faveur d'une différence moindre, elle ne s'accroisse de plus en plus et arrête l'essor de l'industrie française.

Ces considérations, Monsieur le Ministre, ont été exposées par la Chambre du Commerce du Havre, dans sa délibération précipitée du 29 mai dernier. Je prends la liberté de vous envoyer une nouvelle copie de cette délibération, en recommandant à votre bienveillante attention les raisons qui l'ont dictée.

Une réduction ayant paru justifiée, la Chambre de Commerce s'est arrêtée à l'écart de 6 francs, résultant des droits proposés par la Commission parlementaire des douanes, mais elle croit qu'on ne pourrait aller au delà sans compromettre des intérêts qui, au point de vue général, méritent l'attention.

Veuillez agréer, Monsieur le Ministre, etc., etc.

Le Président de la Chambre de Commerce,

(Signé) R. E. Lathaut.

CHAMBRE DE COMMERCE DE ROUBAIX

Séance du 18 septembre 1891.

Présidence de M. Henry MATHON.

Par sa délibération du 22 juillet 1890, la Chambre de Commerce de Roubaix avait émis le vœu que l'écart existait entre les droits sur le pétrole brut et sur le pétrole raffiné ne soit pas diminué; mais le Parlement a voté les droits de 18 francs sur le pétrole brut, réduisant ainsi l'écart entre les deux droits à 5 francs au lieu de 7 francs, écart actuel.

La Chambre de Commerce, considérant que cette réduction, si elle était maintenue, compromettrait gravement l'industrie française du raffinage du pétrole, décide qu'elle appuyera au près du Sénat et du Gouvernement le maintien de la situation actuelle, et, à cette fin, confirme sa délibération du 22 juillet 1890.

Pour copie conforme :

Pour le Président,

GEORGES MOLTE,
Secrétaire.

EXTRAIT DU PROJET DE BUDGET DE L'ANNÉE 1893

(Prévision de dégrèvement du Pétrole).

§ 2.

IMPOTS ET REVENUS INDIRECTS

§ 3.

PRODUITS DE MONOPOLES ET EXPLOITATIONS INDUSTRIELLES DE L'ÉTAT

§ 2. — IMPOTS ET REVENUS INDIRECTS

DOUANES

En ce qui concerne les pétroles, la réduction du droit de douane occasionnera une perte qui peut être évaluée à. . . . . Fr.   7.000.000

Les droits de douane dont sont passibles, à leur entrée en France, les huiles de pétrole et de schiste, ont en effet, fourni en 1890 et 1891, les recettes suivantes :

	1890	1891
	Francs.	Francs.
Huiles brutes	32.103.000 »	32.267.000 »
Huiles rectifiées et essences.	4.588.000 »	3.620.000 »
Huiles lourdes	4.933.000 »	3.072.000 »
ENSEMBLE.	41.624.000 »	38.959.000 »

La moins-value constatée en 1891 semble due au ralentissement qui s'est produit dans les acquittements, lorsqu'un amendement voté au cours de la discussion du budget a pu faire considérer comme très prochain le dégrèvement dont la date a été en suite reculée. Mais jusqu'en 1890, la consommation des pétroles avait progressé d'une manière très régulière : l'augmentation annuelle (huiles lourdes non comprises) ressort en moyenne, de 1882 à 1890, à 13 millions de kilogrammes et, par conséquent, dans l'hypothèse du *statu quo*, la consommation probable de 1893 aurait pu être évaluée à 39 millions de kilogrammes de plus que celle de 1890, soit : 197 + 39 = 236 millions de kilogrammes.

Dans quelle mesure la consommation pourra-t-elle être accélérée par un dégrèvement qui, à dater du 1er octobre 1892, réduirait le droit d'entrée des pétroles bruts de 18 francs à 7 francs et le droit d'entrée des pétroles raffinés de 25 francs à 12 francs ? Si délicate que soit la question, on peut y répondre en s'aidant de l'exemple des pays étrangers.

La consommation du pétrole ne dépend pas uniquement du prix de vente de la marchandise : elle dépend aussi du climat, de l'abondance ou de la rareté des huiles végétales dans les divers pays, des mœurs locales, du plus ou moins d'aisance des populations.

Cependant on ne peut pas ne pas être frappé du contraste que présentent, comme chiffres de consommation moyenne, les pays à lourdes taxes et les pays à taxe nulle et légère. D'après les renseignements recueillis par l'administration, voici le régime fiscal et la consommation moyenne des États voisins de la France et de la France elle-même, à des dates récentes :

PAYS	DROIT D'ENTRÉE DES PÉTROLES BRUTS par quintal.	CONSOMMATION MOYENNE par tête.
	Francs.	Kilogrammes.
Belgique.	Néant.	17
Angleterre.	Néant.	15 1/2
Pays-Bas	1 17	17
Suisse.	1 25	15 1/2
Allemagne	7 50	14
France	18 »	4 1/2
Espagne	21 »	3
Italie	38 »	3

L'examen de ce tableau autorise à croire que, si le droit d'entrée avait été fixé en France au même taux qu'en Allemagne ou à un taux voisin, la consommation y serait au moins double de ce qu'elle est actuellement. On peut donc compter, pour 1893, sur une consommation de 350 millions de kilogrammes, au lieu de 236, huiles grasses non comprises.

En divisant ces 350 millions de kilogrammes comme suit : pétrole brut, 300 ; pétrole raffiné, 50 ; on aurait 28 ou 29 millions de recettes, sans les huiles grasses ; et en supposant que les huiles grasses continuent à produire, comme recette, 12 0/0 du produit des pétroles bruts ou raffinés, on arriverait à plus de 31.900.000 francs.

La recette de 1893, dans ces conditions, ne serait inférieure que de 7 millions à celle de 1891.

PROTESTATION DE L'INDUSTRIE FRANÇAISE

Contre le vote de la Chambre des députés, du 15 juillet 1891, relatif au nouveau Tarif douanier des Pétroles.

TEXTE DE LA PROTESTATION

PARIS, le 1er octobre 1891.

Les soussignés, ayant pris connaissance du vote de la Chambre des députés, du 15 juillet dernier, relatif au nouveau tarif douanier des pétroles, protestons contre la réduction de la protection nécessaire à cette industrie.

Considérant :

1° Que cette industrie est un débouché considérable pour les produits qu'ils fabriquent ou qu'ils exploitent ;

2° Que les droits nouveaux auraient pour conséquence la fermeture du plus grand nombre des usines ;

3° Que toutes les industries nationales sont solidaires ;

Demandent, instamment au Gouvernement et au Parlement de ne pas modifier les droits portés au tarif actuel pour les huiles de pétrole.

Cette protestation a été adressée par les industries et les industriels dont les noms suivent :

LISTE DES INDUSTRIES

1.	Charbonnages	27
2.	Fabricants de Produits chimiques	36
3.	Fabricants de colle	4
4.	Fabricants de couleurs	18
5.	Ingénieurs, Constructeurs, Mécaniciens	85
6.	Chaudronniers	12
7.	Fondeurs	25
8.	Négociants en métaux	23
9.	Matériaux de construction	61
10.	Architectes	2
11.	Matériel, Outillage	85
12.	Fabricants de caoutchouc	9
13.	Entrepreneurs de transport, de débarquement	9
14.	Voitures, Charrons, Chevaux, etc.	8
15.	Fabricants de bidons	7
16.	Futailles et Caisses d'emballage	9
17.	Éclairage, Électricité	8
18.	Industries diverses	47
		475

LISTE DES INDUSTRIELS

Compagnies de Charbonnages.

1. Compagnie des Mines de Courrières . . . . Paris.
2. P. Barrois . . . . Rouen.
3. Cartier frères . . . . —
4. A. Lemoine. . . . . —
5. Compagnie des Mines de Campagnac . . . . Cransac.
6. Emile Moulinié . . . . Bordeaux.
7. Société des Houillères de Liévin . . . . Liévin (Pas-de-Calais).
8. S. Erno. . . . . Havre.
9. Gustave Marie . . . . Paris.
10. Hudson et Cie . . . . Bordeaux.
11. Compagnie des Mines de Lens. . . . . Lens (Pas-de-Calais).
12. Worms Josse et Cie. . . . . Bordeaux.
13. H. Astié et Cie. . . . . —
14. Compagnie du Ferfay . . . . Ferfay (Pas-de-Calais).
15. Baillien-Madelaine . . . . Dunkerque.
16. Mines de Béthune . . . . Béthune.
17. Delmas frères . . . . La Rochelle.
18. Houvenaghel . . . . La Bassée.
19. Jannin . . . . Dunkerque.
20. Vimille. . . . . —
21. Wancauwenberghe . . . . —
22. Dujardin frères . . . . Roubaix.
23. J. Petit père et fils . . . . —
24. Sajou. . . . . Nîmes.
25. J. Challier . . . . —
26. A. Granier . . . . —
27. Paoletti et fils . . . . Cette.

Fabricants de Produits chimiques.

1. Société de Saint-Gobain, Chauny et Cirey. . . . . . . Paris.
2. Levainville et Rambeau. . . . . —
3. Compagnie Parisienne des Asphaltes . . . . —
4. J. Fribourg et Hesse . . . . —
5. Levy Sadassin . . . . —
6. P. Lambin . . . . Rouen.
7. Établissements Malétra . . . . —
8. Tessier-Huyard. . . . . Bordeaux.
9. Rohe frères . . . . —
10. Fosse et Cie . . . . —
11. J. Charité. . . . . Havre.
12. A. Ullem-Chapman . . . . Honfleur.
13. Duboc-Decaux . . . . Forges-les-Eaux (Seine-Inférieure).
14. J. Lechevallier et Poitrimol . . . . Paris.
15. Daguin et Cie . . . . —
16. Billault . . . . —
17. H. Lizat. . . . . —
18. Gustave Desmazures . . . . —
19. H. Deiss fils . . . . —

20. Sirol et Bernard . . . . Paris.
21. Société de Produits chimiques. . . . . —
22. Fribourg et Horte . . . . —
23. Dubosc et Heuzey . . . . Rouen.
24. H. Quinsac . . . . Bordeaux.
25. Serbat . . . . Saint-Saulve (Nord).
26. Cambrai et Cie. . . . . Paris.
27. Solvay et Cie. . . . . —
28. Manufacture de Produits chimiques du Nord . . . . . . Lille.
29. Bertrand père, fils et Cie . . . . La Rochelle.
30. Ch. Deglorge . . . . Le Cateau.
31. Société anonyme des Usines de . . . . Haumont.
32. Leconte et Bouché . . . . Douai.
33. Goossens . . . . Lille.
34. F. Rousset . . . . Nîmes.
35. F. Cammal aîné . . . . —
36. N. Maurant . . . . —

Fabricants de Colle.

1. A. Tancrède. . . . . Paris.
2. Joudrain et Cie. . . . . —
3. Lechevallier et Poitrimol . . . . —
4. Levy Sarrazin . . . . —
5. Tessier-Huyard. . . . . Bordeaux.

Fabricants de Couleurs.

1. E. Ortemans . . . . Paris.
2. Morand . . . . —
3. Wergin aîné et ses fils . . . . —
4. A. Thibault . . . . —
5. Manufacture générale de Blancs minéraux . . . . —
6. Parquin, Gauchery et Zagorow . . . . Auxerre.
7. Bassié et fils. . . . . Bordeaux.
8. Ringaud et C. Meyer . . . . Paris.
9. Veuve Duvivier . . . . Havre.
10. G.-W. Donnemann. . . . . Loos-lès-Lille (Nord).
11. E. Boisset. . . . . Dieppedalle (Seine-Inférieure).
12. L. Malsac . . . . Meudon.
13. Brusset père. . . . . Darnetal (Seine-Inférieure).
14. Société l'Industrie . . . . Meudon.
15. J. Bruzon et Cie . . . . Tours.
16. J.-B. Ragons. . . . . Dunkerque.
17. Société des Peintures sous-marines. . . . . Marseille.
18. Béraud et Patriers . . . . Poitiers.

Ingénieurs, Constructeurs, Mécaniciens.

1. Chatel frères . . . . Paris.
2. Schaeffer et Budenberg . . . . —
3. Burton fils . . . . —
4. Pressard . . . . —
5. A. Wackernie et Cie . . . . —
6. P. Huré . . . . —
7. Archambault et Cie. . . . . —

8. H. Emonin . . . . Paris.
9. Pons-Artige . . . . —
10. Fryer et Cie . . . . Rouen.
11. E. Wyndoor . . . . —
12. E. Constantin fils . . . . —
13. L. Milsan aîné . . . . —
14. Viel père . . . . —
15. P. Mallard . . . . —
16. Matter et Cie . . . . —
17. Société de Construction et Galvanisation . . . . Anzin.
18. J. Bruzon et Cie . . . . Tours.
19. Lequin . . . . Autun.
20. B. Buffaut et Robatel . . . . Lyon.
21. H. Page . . . . —
22. B. Trayvore . . . . —
23. Bonnet, Sparzin et Cie . . . . —
24. E. Théodore et Cie . . . . Bordeaux.
25. Sohy et C. Duret . . . . Paris.
26. E. Augé . . . . —
27. Bellot (Henri) . . . . —
28. V. Clenet . . . . —
29. M. Coudin et Theard . . . . —
30. M. Wallors . . . . —
31. A. Pifre . . . . Paris-Amiens.
32. H. Cochard . . . . Paris.
33. Morane aîné . . . . —
34. H. Bossière . . . . Havre.
35. Dubus frères et A. Dupont . . . . —
36. A. Durenne . . . . Paris-Courbevoie.
37. F. Becco fils . . . . Valenciennes.
38. Devenne et A. Armand . . . . Marseille.
39. A. Petolat . . . . Dijon.
40. H. et G. Rose frères . . . . Poissy.
41. Établissements Decauville . . . . Petit-Bourg.
42. Vially et Cie . . . . Lyon.
43. J. Belleville et Cie . . . . Paris.
44. E. Chevallier . . . . —
45. Établissements de Quillac . . . . Anzin (Nord).
46. Compagnie des Ateliers d'Ivry . . . . Ivry.
47. Pombla . . . . Saint-Ouen.
48. Fougère jeune . . . . Rouen.
49. Société d'Entreprise et de Construction . . . . Anzin.
50. P. Mallard . . . . Rouen.
51. J. Durif . . . . Paris.
52. J. Genyer . . . . —
53. Société des Travaux Dyle et Bacalan . . . . —
54. H. Carpentier . . . . —
55. Société de Constructions mécaniques . . . . Saint-Quentin.
56. Warin . . . . Saint-Waast-le-Haut (Nord).
57. A. Paindavoine . . . . Lille.
58. Dewitte et Cie . . . . —
59. Meunier et Cie . . . . —
60. Société anonyme des Laminoirs . . . . Hautmont (Nord).
61. E. Fourcy et fils et Cie . . . . Corbehem (Pas-de-Calais).
62. Charpentier et Brousse . . . . Puteaux.
63. Ch. Lerefait et Veuve Babeuf . . . . La Rochelle.
64. Ulmar Villette . . . . Lille.
65. Lemuet et Guérin . . . . Nantes.

66. Imbert frères . . . . Saint-Chamond.
67. Lebeaupin et Perruchon . . . . La Rochelle.
68. Sinson, Saint-Albin et fils. . . . . Paris.
69. Lecerf-Valler . . . . Le Cateau.
70. L. Lefèvre. . . . . Péronne.
71. Veuve Debruile-Muriage. . . . . Le Cateau.
72. Louis Fontaine . . . . Lille.
73. G. Dumont et Cie. . . . . Louvroil.
74. De Ruyver. . . . . Lille.
75. H. Secret et Cie. . . . . —
76. Ziegler frères . . . . Dunkerque.
77. Delattre, Paulus et Courrier. . . . . Roubaix.
78. Félix Deschamps. . . . . —
79. Carrette père . . . . —
80. C. Chabaud . . . . Nîmes.
81. Pinaud . . . . —
82. Canu . . . . —
83. J. Allier . . . . —
84. Sivel . . . . —

Chaudronniers.

1. H. Alliot . . . . Paris.
2. Kotz . . . . —
3. Séraphin et ses fils. . . . . —
4. G. Lemonnier . . . ' . . . . Rouen.
5. Ecureux et Goudin. . . . . Lyon.
6. J. Théron et Cie . . . . Bordeaux.
7. Tautant. . . . . Dunkerque.
8. Rougris-Fontaine. . . . . Le Cateau.
9. J. Leveugle . . . . Roubaix.
10. E. Decock. . . . . —
11. Duhaud. . . . . Nîmes.
12. Tressand . . . . —

Fondeurs en fer et cuivre.

1. Muller et Roger . . . . Paris.
2. L. Pichet . . . . Rouen.
3. Veuve Ketin, Closson et Hermann-Ketin . . . . Arras.
4. Veuve Pieux. Bordeaux.
5. Fonderies de Brousseval . . . . Paris.
6. E. Baudry. . . . . —
7. A. Lechesne. Bolbec.
8. A. Wauthy . . . . Sin-le-Noble (Nord).
9. E. Legris et fils . . . . Maromme (Seine-Inférieure).
10. Arnaud . . . . Bordeaux.
11. Vergne . . . . Pantin.
12. Gosse fils . . . . Rouen.
13. Daperon-Lecull. . . . . Amiens.
14. Lefranc et Cie . . . . Paris.
15. Chatel frères . . . . —
16. Deschamps fils. . . . . Lille.
17. Debloch. . . . . Dunkerque.
18. Durot-Binauld.. . . . . Lille.
19. Valdelièvre . . . . —

20. Guérin . . . . Niort.
21. Martinet et Vinchon . . . . Le Cateau.
22. Jules Despa fils . . . . Roubaix.
23. Roll et Boyer frères . . . . Nîmes.
24. Durand frères . . . . —
25. E. Paul . . . . Cette.

Négociants en Métaux.

1. Société de la Vieille-Montagne . . . . Paris.
2. E. Coiffier . . . . —
3. Compagnie des Mines de Pontgibaud . . . . —
4. A. Holagray . . . . Bordeaux.
5. A. Laclaverie . . . . —
6. A. Mathet et Cⁱᵉ . . . . —
7. Level aîné . . . . —
8. J. Moret . . . . Paris.
9. Forges de Saint-Hippolyte . . . . Saint-Hippolyte (Doubs).
10. Félix Hubin . . . . Paris.
11. Auguste Rispal . . . . Havre.
12. Cailar et fils . . . . Paris.
13. Petit . . . . Rouen.
14. Carpié frères . . . . —
15. Dalifol et Cⁱᵉ . . . . Paris.
16. P. Huré . . . . —
17. Laparye . . . . —
18. Société anonyme de Louvroil . . . . Louvroil (Nord).
19. Maukerul . . . . Dunkerque.
20. Dreyfus frères . . . . Paris.
21. J. Dresendre . . . . Lille.
22. Guiho . . . . Nantes.
23. François Huet . . . . Tours.
24. Bracq-Poulet . . . . Le Cateau.
25. Compagnie royale Asturienne . . . . Dunkerque.

Matériaux de construction.

1. C. Fontaine . . . . Paris.
2. G. Wallart . . . . —
3. Thuillier frères . . . . —
4. E. Lancesseur . . . . Rouen.
5. Deglatigny et Larcher . . . . —
6. C. Vitton . . . . Lyon.
7. Lagut . . . . Bordeaux.
8. A. Brault . . . . Paris.
9. Coq. Préandat et Cⁱᵉ . . . . Courbevoie.
10. J. Hardy . . . . Paris.
11. Poujol . . . . —
12. P. Vivenot . . . . Ivry.
13. J. Thireau . . . . Havre.
14. J. Migraine . . . . —
15. P. Hébert . . . . Saint-Nicolas-de-la-Taille (Seine-Infér.).
16. A. Mesnil . . . . Bolbec.
17. L. Poubert . . . . Colombes.
18. Quémin fils aîné . . . . Montivilliers.
19. Société anonyme des Produits réfractaires . . . . Saint-Mars-la-Pile (Indre-et-Loire).

20. C. Papelard . . . . Montmorency.
21. Rossard . . . . Havre.
22. C. Humbert et A. Noël . . . . —
23. Ducourt . . . . Persac (Gironde).
24. Filliatre . . . . Preignac (Gironde).
25. J. Duclos . . . . Rouen.
26. Regnier . . . . —
27. Brunel fils . . . . —
28. Janin et Guérineau . . . . Paris.
29. P. Vivier et Cie . . . . —
30. Brochet . . . . Colombes.
31. Rousseau . . . . Nanterre.
32. Couvert . . . . Paris.
33. Compagnie des Ciments et Chaux . . . . Argenteuil.
34. L. Rigal et fils . . . . Paris.
35. Lefèvre et Gauthier . . . . Dunkerque.
36. C. et A. Outrebon . . . . Béthune.
37. François Canis . . . . Dunkerque.
38. A. Grandy . . . . —
39. Adrien Veil . . . . Valenciennes.
40. Delabry . . . . Lambres (Nord).
41. François Coste . . . . Gœuilzin (Nord).
42. Carré . . . . Gouy-sous-Bellonne (Pas-de-Calais).
43. Métayer . . . . Niort.
44. E. Jolly père et fils . . . . La Rochelle.
45. G. Guillon . . . . —
46. Fretel . . . . —
47. De la Provoté . . . . Nantes.
48. Perrusson et Cie . . . . Fontafié (Charente).
49. Polakowsky et Cie . . . . Roumazières (Charente).
50. C. de Boissimon . . . . Langeais (Indre-et-Loire).
51. Cardinal . . . . La Rochelle.
52. Vincent frères . . . . La Grève (Charente-Inférieure).
53. W. Morch . . . . La Rochelle.
54. Michelin . . . . —
55. Melzessard . . . . Paris.
56. Lesne-Lefebvre . . . . Le Cateau.
57. Briate-Lefebvre . . . . —
58. J. Debier . . . . Roubaix.
59 Georges Lehoucq . . . . —
60. Barbou . . . . Nîmes.
61. A. Teissonnière . . . . —

Architectes.

1. A. Goury . . . . Paris.
2. Boulheret et Tesseyres . . . . Bordeaux.
3. Ducastel . . . . Juvisy.
4. Dutarque . . . . Paris.

Matériel, Outillage divers.

1. Ph. Fabre . . . . Paris.
2. Calliet . . . . —
3. J. Douy . . . . —
4. E. Marchand et Cie . . . . —

5. E. Sergot . . . . Paris.
6. A. Grimault et Cⁱᵉ . . . . —
7. A. Trouillet . . . . —
8. J. Digeon . . . . —
9. Le Cerf . . . . —
10. Ch. Poullain-Jenrier . . . . —
11. Chevallier . . . . —
12. A. Domange . . . . —
13. E. Chouanard . . . . —
14. Busserd-Castilhac . . . . —
15. H. Prentout-Leblond et Boniface . . . . Rouen.
16. Naudin . . . . —
17. H. Valtier . . . . —
18. Hartcop . . . . —
19. E. Mignot et P. Herche . . . . —
20. E. Anneau . . . . —
21. E. Branchard . . . . Remalard (Orne).
22. Plisson . . . . Bordeaux.
23. G. Pasquier . . . . —
24. L. Roche . . . . —
25. E. Mongin . . . . Paris.
26. E. Bennequin . . . . —
27. Broquet . . . . —
28. Bertin frères . . . . Argenteuil.
29. Rouhette . . . . Paris.
30. E. Ravasse . . . . —
31. J. Lévy jeune et Cⁱᵉ . . . . —
32. Letestu . . . . —
33. J. Liet . . . . —
34. L. Gauthier . . . . —
35. C. Etienne . . . . —
36. Thevenon et Cⁱᵉ . . . . —
37. Félix Mercery jeune . . . . —
38. L. Lechevallier . . . . Havre.
39. C. Hancel . . . . —
40. C. Mangin . . . . —
41. Onfroy . . . . —
42. Burton fils . . . . Nogent (Oise).
43. J. Delos fils . . . . Lille.
44. J. Péchenart . . . . Château-Regnault (Ardennes).
45. Lefebvre frères . . . . Rouen.
46. Liaudat jeune et Cⁱᵉ . . . . Lyon.
47. A. Hamon . . . . Lisieux (Calvados).
48. Adrien Weil . . . . Marly (Nord).
49. Heluin-Morgan . . . . Saint-Sauveur (Somme).
50. A. Jubert frères . . . . Charleville (Ardennes).
51. Gaudon et Cⁱᵉ . . . . Havre.
52. A. Lecanu . . . . —
53. D. Robert . . . . Bordeaux.
54. Remion et Roger . . . . Paris.
55. Mignon-Rouart et Delimière . . . . —
56. Gourdin . . . . —
57. Mercery jeune . . . . —
58. A. Demichel . . . . —
59. Société française pour la fabrication des tubes . . . . . Louvroil (Nord).
60. Mignot et Herche . . . . Rouen.
61. N. Vuillaume . . . . Paris.
62. Carpentier . . . . —

63. Paupier . . . . Paris.
64. Clique . . . . Aubervilliers.
65. C. Etienne et Cⁱᵉ. . . . . Paris.
66. Compagnie du Procédé Raoul Pictet . . . . —
67. Société des Hauts Fourneaux et Fonderies. . . . . . . Pont-à-Mousson.
68. Dufour-Courbier . . . . Dunkerque.
69. Foucault . . . . Paris.
70. Brewer frères . . . . —
71. Foulon frères . . . . Dunkerque.
72. Bataille fils . . . . —
73. Wilkem et Chaigneau . . . . La Rochelle.
74. G. Gauchard. . . . . —
75. Macron . . . . Le Cateau.
76. Blanchard-Delporte . . . . —
77. J. Marenzi . . . . —
78. Ebstein frères . . . . Jarville
79. Ch. Salmon . . . . Saumur.
80. D. Hornez . . . . Bourlon.
81. Grandy . . . . Dunkerque.
82. Dufour-Bourbier . . . . —
83. Vanderluys . . . . —
84. F. Boudon. . . . . Nîmes.
85. E. Sergot . . . . Paris.

Fabricants de Caoutchouc.

1. Torrilhon et Cⁱᵉ . . . . Paris.
2. H. Brunesseaux . . . . —
3. Lanion et Ferminet. . . . . —
4. E. Bécus . . . . Bordeaux.
5. M. Renou . . . . Havre.
6. A. Welby et E. Noël . . . . —
7. Casassa et Cⁱᵉ . . . . Paris.
8. Martine . . . . Lille.
9. F. Rouvière . . . . Nîmes.

Entreprises de transport, débarquement.

1. Compagnie de Navigation Havre-Paris-Lyon . . . . . . Paris.
2. G. Langaney. . . . . Rouen.
3. P. Lamouque . . . . —
4. Vacher et Fortier . . . . —
5. H. Marais . . . . —
6. Dezoit. Niort.
7. E. Biet . . . . Nîmes.
8. F. Guérin . . . . —
9. Pommier . . . . Cette.

Voitures, Charrons, Chevaux, etc.

1. A. Renault. . . . . Paris.
2. A. Rousseau . . . . Rouen.
3. A. Langlois . . . . —
4. Chanoril frères . . . . Bordeaux.
5. M. Famery . . . . Havre.

6. J. Fiquet . . . . Cany-en-Caux.
7. Laurent Harrault. . . . . Paris.
8. A. Poisson . . . . —

Fabricants de Bidons.

1. Société générale de Fournitures militaires. . . . . Paris.
2. Veuve Bettenant . . . . —
3. H. Bellot . . . . . —
4. François et Cie. . . . . . —
5. F. Vinatié. . . . . Bordeaux.
6. P. Legrand . . . . Paris.
7. Roussel . . . . Le Cateau.

Futailles et Caisses d'emballage.

1. Bidault-Jamse et ses fils. . . . . Paris.
2. J. Adam . . . . Bordeaux.
3. J. Paris. . . . . . —
4. A. Bosquer . . . . Havre.
5. A. Hommet et Veuve Hommet. . . . . Paris.
6. Liagre frères. . . . . —
7. Baissin . . . . —
8. Société « La Caisse ». . . . . Levallois-Perret.
9. Collin frères. . . . . Prés-Saint-Gervais.

Éclairage, Électricité.

1. Compagnie Continentale Edison . . . . Paris.
2. E. Villette. . . . . —
3. J. Mosani et Cie . . . . Lyon.
4. Dieudonné et Malot. . . . . Reims.
5. Lévy . . . . Paris.
6. Fabius Henrion . . . . Nancy.
7. Paul Godot . . . . Paris.
8. Mildé fils et Cie . . . . —

Industries diverses.

1. V. Palyart et fils. . . . . Imprimeurs . . . . . . Paris.
2. A. Bondon. . . . . —
3. E. Robertet . . . . Prod. Parfumerie . . . —
4. E. Lecordier. . . . . Porcelaines . . . . . . Rouen.
5. E. Perier . . . . Laines . . . . —
6. Levasseur. . . . . Brosserie . . . . —
7. Robard . . . . Imprimeur . . . . . . —
8. J. Emery . . . . Coutellerie . . . . . . —
9. Tanery . . . . Papiers . . . . —
10. R. Berquier . . . . Distillateur . . . . . . —
11. Castex et fils. . . . . Chiffons. . . . . —
12. E. Oliveaux et fils . . . . Imprimeurs . . . . . . Bordeaux.
13. E. Guiraud . . . . Bâches . . . . —
14. C. Crullaud . . . . Papiers . . . . —
15. E. Viard . . . . Graveur. . . . . Rouen.

16. A. Lerebourg . . . . Toiles . . . . Rouen.
17. A. Villemot . . . . Paris,
18. Chapon frères . . . . Bâches . . . . —
19. C. Verneau . . . . Imprimeur . . . . . . —
20. Pichon-Laviallé . . . . Cuirs . . . . —
21. H. Paris . . . . Imprimeur . . . . . . —
22. A. Féret et Cie . . . . Papiers . . . . —
23. Demuth et Cie . . . . Bouchons . . . . —
24. H. Dufreney . . . . Brosserie . . . . —
25. J. Delbos . . . . Pelleterie . . . . —
26. Arcille . . . . Sciure . . . . —
27. Courtin fils . . . . — . . . . —
28. Ballarini . . . . Lampiste . . . . Havre.
29. A. Lefebvre . . . . Déchets de coton . . . . Rouen.
30. Senesrault frères . . . . Verreries . . . . Havre.
31. Philippe Marx . . . . —
32. G. Persac . . . . Sels . . . . —
33. A. Leclerc . . . . Brosserie . . . . —
34. Leparc . . . . Boissellier . . . . . . —
35. L. Bertren . . . . Cercles . . . . Saint-Martin-du-Manoir.
36. Fournier . . . . Cartonnier . . . . . . Paris.
37. Brejer et Javal . . . . Imprimeurs . . . . . . —
38. Dumont frères . . . . Brosserie . . . . —
39. Eugène Burger . . . . Imprimeur . . . . . . —
40. Bronne-Cabasson . . . . — . . . . —
41. Cahn et Durand . . . . — . . . . —
42. Dumont frères . . . . Brosses . . . . —
43. Boulommier . . . . Imprimeur . . . . . . —
44. Carton-Delestrous . . . . Désincrustants . . . . Lille.
45. Meyer-Beaugé et Meyer fils . . . . . . Courtiers . . . . La Rochelle.
46. A. Liénard . . . . Anticristallisants . . . Lille.
47. Woutermaeters . . . . Sels . . . . Dunkerque.

REVISION DU TARIF DOUANIER

(Extrait du Journal « LE GÉNIE CIVIL »)

LES DROITS DE DOUANE SUR LES PÉTROLES

Le Sénat est à la veille de délibérer sur les nouveaux tarifs des pétroles votés par la Chambre des députés au mois de juillet dernier.

Comme on le sait, la taxe sur les pétroles bruts a été maintenue à 18 francs les 100 kilogrammes, tandis que sur le pétrole raffiné le droit a été rabaissé de 25 à 23 francs. Cette diminution de taxe sur le pétrole raffiné, ou plutôt la réduction de l'écart de 7 francs existant actuellement entre la matière brute et le produit fabriqué, est-elle justifiée ?

La question du pétrole est fort complexe et souvent déjà elle a attiré l'attention des pouvoirs publics. Le droit sur le pétrole comme les droits sur le café ou autres produits exotiques, ne se justifie que par les ressources qu'il procure au Trésor. Mais au point de vue de la quotité des taxes, ce produit n'existant pas en France, il y a lieu d'établir une différence entre le pétrole brut, matière première, et le pétrole rectifié, produit fabriqué. Quel doit être le rapport entre les taxes dont seront frappées ces deux sortes de pétrole ? C'est sur ce point que la lutte est engagée entre les importateurs et les fabricants français, c'est-à-dire entre l'industrie étrangère et les représentants du travail national.

Le pétrole n'a commencé à être mis en usage en Amérique qu'en 1861, et il ne fit son apparition en France qu'en 1863 ; depuis cette époque la législation douanière qui le concerne a été modifiée bien des fois.

A l'origine, ce produit fut assimilé par la Douane aux huiles et essences de houille, puis il fut réglementé, pour la première fois, en 1864, par une loi spéciale qui exemptait le pétrole brut, mais frappait d'une taxe de 3 fr. 60 c. par 100 kilogrammes le pétrole raffiné.

Ce régime, à l'abri duquel se sont créées en France les raffineries de pétrole, a duré jusqu'en 1871, époque à laquelle l'Assemblée nationale, pour créer des ressources, a frappé le pétrole brut d'un droit d'entrée de 20 francs les 100 kilogrammes et le pétrole raffiné d'un droit de 32 francs, soit une protection de 12 francs pour les raffineries. Une loi du 30 décembre 1873 éleva le droit à 37 francs par 100 kilogrammes pour les huiles raffinées marquant au densimètre 800°, avec un supplément de 10 centimes par degré au-dessous de 800°, et à 47 francs pour les essences. La même loi stipulait que l'Administration aurait à apprécier les quantités d'huile lampante et d'essences contenues dans l'huile brute ; elle taxait celle-ci à 30 francs par 100 kilogrammes d'huile lampante et 40 francs par 100 kilogrammes d'essence. Mais aucun appareil ou procédé, n'ayant permis de déterminer avec précision la quantité d'huile lampante ou d'essence contenue dans le pétrole brut, l'Administration dut se contenter de prendre une moyenne en fixant le rendement à 78 0/0.

Telle était la situation au moment de la revision du Tarif général des douanes en 1881.

En 1881, le Gouvernement renonçant à baser les droits sur la richesse des pétroles bruts en produits raffinés, adopta les droits suivants votés par le Parlement, droits qui sont actuellement en vigueur.

18 francs les 100 kilogrammes pour les huiles brutes sans distinction.
25 francs   —   —   pour les essences et huiles raffinées.

Ce régime nouveau fut établi à la suite d'enquêtes minutieuses et d'un examen approfondi de la part de l'Administration et des Chambres (1). Aucune législation douanière ne fut l'objet de plus sérieuses études et de plus vives discussions.

L'écart, qui était antérieurement de 12 francs, fut donc ramené subitement à 7 francs en prenant pour base un rendement moyen de 85 0/0 au lieu de 78 0/0.

Cette diminution considérable du droit différentiel dont jouissaient nos raffineries fut le résultat d'une campagne ardente menée par un groupe de courtiers et importateurs. Ceux-ci rencontrèrent dans les dis-

---

(1) **Voir les comptes** rendus des Commissions des douanes, discours de M. Rouvier à la Chambre des députés et de M. Tirard au Sénat.

positions libre-échangistes du Gouvernement et de la Chambre des députés d'alors un écho facile de leurs réclamations.

Ainsi donc la raffinerie de pétrole subissait dans cette modification brutale de traitement une épreuve qui aurait causé sa ruine si elle n'avait rencontré dans l'augmentation de la consommation l'occasion de doubler l'importance de ses établissements, diminuant ainsi ses frais généraux. Les usines, au nombre de cinq ou six, qui ne furent pas en situation de modifier leurs installations, durent fermer.

Cette atténuation de la rigueur des conditions économiques produites par le nouveau Tarif était insuffisante pour protéger la raffinerie contre la concurrence étrangère. Elle eut, en 1886, à subir un assaut formidable de la part de l'industrie américaine qui voulut s'emparer de notre marché en créant des entrepôts sur divers points du littoral français, et si nos industriels ne s'étaient imposé de grands sacrifices et unis pour la défense commune, la concurrence se serait installée définitivement.

Au sortir de cette lutte les vaincus se réunirent à leur tour et entreprirent alors une nouvelle et cruelle campagne contre les raffineurs. Ne pouvant les atteindre commercialement, ils cherchèrent à les compromettre vis-à-vis de l'Administration en formulant des insinuations sur la nature des huiles brutes importées dans leurs usines et à les déconsidérer par des attaques d'une certaine presse auxquelles il leur eût été impraticable de répondre, tant était violent la polémique dirigée contre eux.

Le Ministre de la Justice fut l'objet d'une interpellation (1).

Ne pouvant prouver ni le monopole, ni l'accaparement, les adversaires concentrèrent tous leurs efforts dans le but d'exploiter la légende qu'ils avaient réussi à créer malgré tout, contre les raffineurs français, et profitèrent de l'occasion que leur offrait la revision du Tarif douanier pour porter un coup fatal et définitif à une industrie qui était une entrave à leurs desseins. Ils invoquèrent les soi-disant pertes que subissait le Trésor en percevant le droit de 18 francs sur des huiles brutes qui n'étaient autres que des mélanges de raffinés et contenant jusqu'à 98 0/0 de produits propres à l'éclairage au lieu de 85 0/0.

On en était déjà tellement convaincu, que des députés sérieux le proclamaient à la tribune à l'issue de l'interpellation que nous avons rappelée ci-dessus (2).

Depuis, le Comité consultatif des Arts et Manufactures, consulté à ce sujet, a déclaré que le rendement des pétroles importés n'excédait pas 90 0/0.

Les adversaires développèrent auprès de l'Administration et du Gouvernement la thèse de l'avantage qu'il y aurait pour le Trésor à recevoir des produits fabriqués au lieu de la matière brute, et enfin prétendirent que l'industrie du pétrole en France, n'occupant que 300 ouvriers, ne rendait aucun service au pays et pouvait par conséquent être aisément supprimée.

Tel était l'état d'esprit dans lequel on avait entretenu l'Administration lorsque se présenta l'examen de la question des pétroles devant la Chambre des députés.

La Commission des douanes émit le vœu, à propos de la discussion sur les rendements des huiles brutes, qu'il n'était pas juste d'imposer aux raffineurs de s'approvisionner exclusivement en huiles d'une certaine qualité et d'un rendement supérieur et qu'on taxât les huiles brutes suivant leur richesse. A défaut d'un instrument pour le dosage, elle demanda que les raffineries fussent soumises au régime de l'exercice, en maintenant un droit protecteur de 4 francs, c'est-à-dire que tous les produits raffinés sortant des usines, seraient soumis aux droits sur les raffinés avec une diminution de 4 francs, droit compensateur actuel.

Le Comité consultatif, repoussant cette combinaison sous prétexte de difficultés de perception, le Gouvernement refusa l'exercice et maintint l'écart de 5 francs qu'il soutint devant la Chambre des députés et qui fut voté à la suite d'une discussion trop courte et à la fin d'une session.

Si cet écart de 5 francs seulement était maintenu, ce serait la ruine d'une industrie qui date de 1863 et qui occupe une place considérable dans le travail national.

Ce qui était vrai en 1881, au moment où l'écart de 7 francs avait été voté par les Chambres, l'est encore aujourd'hui (3).

---

(1) Voir l'interpellation sur l'accaparement des pétroles et la réponse de M. le ministre Fallières (17 mai 1890).

(2) Voir le discours de M. Hubbart à la Chambre des députés (17 mai 1890).

(3) Décomposition de l'écart de 7 francs :
Il faut 117 kilogrammes d'huile brute pour faire 100 kilogrammes d'huile raffinée, soit 117 kilogrammes à
18 francs . . . . Fr. 21.06
Droit compensateur 3.60
Perte d'intérêt sur le droit 0.34

     TOTAL . . . . Fr. 25 »

Droit sur le brut . . . . 18 »

     TOTAL . . . . Fr. 7 »

Au point de vue du rendement, les huiles brutes importées depuis 1881 ont été sensiblement les mêmes qu'auparavant. Par conséquent au point de vue du remboursement des déchets produits dans les raffineries le chiffre est resté le même.

Si, comme l'a déclaré le Comité consultatif des Arts et Manufactures, le rendement des huiles brutes d'Amérique a atteint 90 0/0, cela ne peut s'appliquer qu'à des huiles d'une richesse exceptionnelle que l'on a pu se procurer dans ces dernières années mais dont les sources peuvent s'épuiser d'un jour à l'autre et que les Américains peuvent ne plus laisser exporter.

Quant au droit compensateur de 3 fr. 60 c. ou 3 fr. 94 c. (en tenant compte de l'intérêt de la perte du droit), soit 4 francs en chiffre rond, qui ajoutés aux 3 fr. 06 c., restitution de 17 kilogrammes de déchet, forment les 7 francs, il a été toujours accordé à la raffinerie. M. Rouvier, dans son discours de la séance du 30 avril 1880 à la Chambre des députés, le proclamait ainsi : « Quel que soit, disait-il, le droit que vous adopterez sur le pétrole brut, il faudra toujours tenir compte aux raffineurs, et *personne ne le leur conteste* de cet écart de 3 fr. 60 c. »

Non seulement l'industrie française se trouve en infériorité vis-à-vis de ses concurrents étrangers, mais depuis 1884, époque où le nouveau tarif a été appliqué, la plupart des matières nécessaires à l'industrie du pétrole ont augmenté sensiblement de valeur, tandis que le phénomène inverse s'est produit en Amérique.

En 1881, la houille, dont cette industrie fait une consommation énorme, le fer, la fonte, le cuivre, les produits chimiques et enfin toutes les matières diverses employées dans l'industrie du raffinage se vendaient sensiblement meilleur marché en France qu'aux Etats-Unis.

Aujourd'hui la situation est renversée : le prix des charbons est augmenté de près de 30 0/0, de même pour les produits de la métallurgie, alors qu'en Amérique existe une situation tout à fait différente. Le charbon y est infiniment meilleur marché qu'il n'était en 1881 et il en est de même pour toutes les matières que nous venons de citer.

L'industrie américaine travaille des quantités formidables et en rapport avec l'augmentation de la consommation du monde, tandis que les usines françaises, ne pouvant exporter leurs produits, ne fabriquent exclusivement que ce qui est nécessaire à l'alimentation de la France. En Amérique une seule usine produit à elle seule en un mois ce que les trente usines disséminées sur tout le territoire français produisent en une année.

La compensation qui est nécessaire à l'industrie française du pétrole, pour la dédommager de l'infériorité dans laquelle elle se trouve lorsqu'elle travaille une matière brute qu'elle est obligée de transporter à grands frais et que son concurrent étranger manipule sur les lieux de production, devrait donc être non seulement maintenue mais même relevée.

Nos industriels ne demandent pas ce relèvement, mais ils protestent énergiquement contre tout abaissement et demandent le maintien du *statu quo.* Il n'y a pas de bonnes raisons pour le leur disputer.

1° Au point de vue fiscal, si le Gouvernement veut augmenter les recettes du Trésor, qu'il relève les taxes sur le pétrole.

2° Au point de vue du consommateur, si le Gouvernement veut diminuer le prix du pétrole, qu'il en abaisse les taxes, mais en maintenant toujours l'écart nécessaire et indispensable entre la matière brute et la matière raffinée.

3° Au point de vue étranger, aucun traité de commerce, aucune revendication étrangère ne vient nécessiter le changement du régime actuel.

Les adversaires de la raffinerie ont prétendu que cette industrie n'avait qu'une importance secondaire. Il faut n'avoir jamais vu ces grands établissements industriels pour porter un tel jugement, contraire aux faits et à la vérité.

Il faut lire les protestations de toutes les Chambres de Commerce des ports ou des villes dans lesquels se trouvent ces établissements, pour se rendre compte de leur importance et de l'intérêt qu'elles y trouvent (1).

De plus, un nouveau facteur, l'huile russe, est venu jeter le trouble dans cette industrie déjà très attaquée. En 1881, la raffinerie française n'avait à lutter que contre le produit raffiné américain, tandis qu'aujourd'hui elle doit tenir tête à la fois à la concurrence des produits raffinés américains et des produits raffinés russes.

Déjà, avec le régime actuel des 7 francs d'écart, nos raffineries du bassin méditerranéen de Marseille et Cette ne peuvent plus soutenir la lutte contre le raffiné russe et ont demandé (voir la pétition des raffineurs marseillais de juin 1890) de porter l'écart de 7 francs à 9 francs. Une raffinerie est déjà fermée et fait de l'importation directe, et les autres, d'une importance beaucoup plus grande, ne peuvent même

(1) Voir les protestations des Chambres de Commerce du Havre, de Rouen, Dunkerque, Lille, Calais, Dieppe, Douai, Roubaix, Orléans, Bordeaux, Marseille et Cette, qui toutes se sont élevées contre la décision prise par la Chambre de modifier le régime actuel.

pas lutter contre l'importation étrangère en Algérie, malgré le faible coût du fret de Marseille à Alger (1 franc par 100 kilogrammes).

Pour soutenir cette lutte nouvelle contre le raffiné russe, il aurait fallu une législation permettant de travailler la matière brute russe qui est les 2/3 moins riche que la matière brute américaine, ce qui pouvait se faire par la taxation suivant la richesse ou, comme nous l'avons indiqué plus haut, par l'exercice des usines, mais tout leur a été refusé. De telle sorte qu'aujourd'hui nos établissements du midi subissent une crise terrible en attendant le coup de grâce qui leur sera donné définitivement si l'écart de 5 francs soutenu par le Gouvernement venait à être voté par le Sénat.

Nous espérons qu'il n'en sera pas ainsi. Il faut, au nom des industries nationales, protester contre toutes mesures qui, sans justifications sérieuses, viendraient compromettre leurs intérêts.

Les établissements de raffinage de pétrole, au nombre d'environ 30, représentent actuellement en France un intérêt considérable. Leur coût est évalué à plus de 50 millions et les capitaux nécessités pour le fonctionnement et l'approvisionnement de ces usines, à plus de 200 millions. Le nombre des ouvriers qu'elles occupent dépasse 3.000, sans compter le personnel supérieur nécessaire à la direction de ces établissements, composé d'ingénieurs sortis de l'École polytechnique, de l'École centrale des Arts et Manufactures, des Écoles nationales des Arts et Métiers, ainsi que de nombreux contremaitres, employés, etc.

La consommation de charbon dans ces établissements s'élève à près de 150.000 tonnes, celle d'acide sulfurique à 8.000 tonnes, celle de soude caustique à 2.000 tonnes; il faut y ajouter plus de 3.000 tonnes de matériaux et matières divers, tels que produits de la métallurgie, produits chimiques, etc.

Les dépenses de chaudronnerie, fonte, etc., nécessaires à son entretien peuvent être évaluées à plus de 3 millions de francs par an qui, ajoutées au chiffre des salaires des ouvriers et de la valeur des produits que nous venons de citer plus haut, portent les dépenses annuelles à près de 14 millions de francs.

Voilà l'industrie que l'on a prétendu ne pas rendre suffisamment de services au pays!

Déjà des protestations arrivent de tous côtés. Nous avons cité des représentants les plus autorisés du commerce et de l'industrie : les Chambres de commerce; nous citerons maintenant les protestations de l'industrie elle-même qui, sous la forme indiquée ci-dessous, s'élèvent contre toute modification du régime actuel des raffineries (1).

Par suite de la solidarité qui existe entre l'industrie du pétrole et les nombreuses industries qu'elle alimente, ces protestations ont déjà atteint le chiffre de 475 dont voici la nomenclature :

Protestations :

Compagnies de charbonnages.	27
Constructeurs mécaniciens.	85
Établissements métallurgiques	41
Chaudronniers en fer et cuivre.	16
Fondeurs en fer et cuivre	25
Fabricants de gros produits chimiques.	36
Fabricants de couleurs, colle, etc.	22
Matériaux de construction	61
Matériel et outillage divers.	85
Industries diverses	77
	475

Nous ne pouvons en donner ici le détail et les noms, mais toutes nos grandes Compagnies de charbonnages, tous nos établissements métallurgiques pour la production du fer, de l'acier, nos fonderies, nos constructeurs en fer, en cuivre, les grandes fabriques de produits chimiques, les entrepreneurs de construction, etc., ont signé ces protestations et ont fait voir l'intérêt considérable qui s'attache à cette industrie dont elles sont solidaires.

---

(1) PROTESTATION :

Paris, le 1er octobre 1891.

Nous soussignés,

Ayant pris connaissance du vote de la Chambre des Députés du 15 juillet dernier, relatif au nouveau tarif douanier des pétroles, protestons contre la réduction de la protection nécessaire à cette industrie.

Considérant :

1° Que les droits nouveaux auraient pour conséquence la fermeture du plus grand nombre des usines;

2° Que la raffinerie de pétrole en France offre un débouché considérable à nos produits;

3° Que toutes les industries nationales sont solidaires,

Demandons instamment au Gouvernement et au Parlement de ne pas modifier les droits portés au Tarif actuel pour les huiles de pétrole.

Il faut espérer que le Sénat, lors de la grave délibération qui va avoir lieu prochainement, prendra énergiquement la défense des raffineries de pétrole en demandant le maintien du *statu quo* qui, seul, peut permettre de soutenir la lutte contre la concurrence étrangère, et qu'il repoussera toute mesure de nature à compromettre une industrie qui occupe une place importante dans le patrimoine industriel de la France.

Émile Bert,

Docteur en droit,
Ingénieur des Arts et Manufactures,
Professeur à l'École commerciale de Paris.

(Extrait du Journal « LE TEMPS »)

Le Sénat a examiné, hier, entre autres droits de douane, ceux qu'il convient d'appliquer aux pétroles. Une discussion très intéressante s'est engagée à ce propos. Il ne nous semble pas, nous l'avouerons pourtant, qu'elle ait épuisé la question. Aucun débat n'eût été plus propre à faire toucher du doigt la singularité de certaines protections.

Nous sera-t-il permis de rappeler, tout d'abord, que la France ne produit pas de pétrole ? Comme elle en fait une consommation de plus en plus considérable, il semblerait qu'elle eût tout avantage à l'importer librement. Pour 20 ou 25 centimes, on pourrait acheter un litre de pétrole parfaitement raffiné. Mais l'État est intervenu. Il a eu une double inspiration.

Il s'est dit, en premier lieu : « Voici une marchandise qui va entrer largement dans la consommation. Si je la frappais d'un impôt élevé ? La taxe ne pourrait être éludée, car je la percevrais à la frontière. Pour pénétrer en France, le pétrole serait forcé d'acquitter les droits. Payez, sinon l'on ne passe pas ! » Ainsi dit, ainsi fait. A la décharge de l'État, ajoutons que cet impôt fut imaginé à un moment où le Trésor faisait flèche de tout bois. C'était en 1871. Jusqu'alors, les pétroles bruts avaient été admis en franchise. La loi du 9 juillet 1871 les assujettit à un droit de 20 francs par 100 kilogrammes. De l'argent était indispensable. L'État prend ses ressources où il peut. Jusque-là, rien que de très normal. Mais nos gouvernants avaient eu une autre idée.

Pourquoi ne susciterait-on pas en France une industrie nouvelle, celle de la raffinerie du pétrole ? Si les pétroles raffinés devaient acquitter à la frontière une taxe supérieure à celle des pétroles bruts, ceux-ci seraient importés par des industriels, qui les épureraient sur notre territoire au grand profit de la main-d'œuvre nationale. » On connaît ce raisonnement. Il reflète la théorie protectionniste dans toute sa beauté. Créer des raffineries de pétrole en France, ce n'était, en somme, nullement difficile. Le tout est d'y mettre le prix.

A l'époque où les pétroles bruts étaient admis librement, les pétroles raffinés eurent à subir, conformément à ces sages doctrines, un droit protecteur. Il fut fixé à 3 fr. 60 c. par 100 kilogrammes. C'était la prime qui semblait indispensable pour encourager l'installation des raffineries. Si l'on en juge d'après les résultats obtenus, il ne paraît pas qu'elle ait été bien établie : les raffinés continuèrent, en effet, à entrer. En 1871, l'importation monta, par exemple, à plus de 22 millions de kilogrammes, contre une importation de 15 millions seulement en pétroles bruts. Mais l'Assemblée nationale s'empressa de rectifier cette erreur. En même temps qu'elle élevait les droits sur les pétroles bruts à 20 francs, elle porta ceux sur les pétroles raffinés à 32 francs. L'écart entre les uns et les autres passait ainsi de 3 fr. 60 c. à 12 francs. L'année suivante, c'est-à-dire en 1873, il fut encore accru ; il ressortait alors à 13 fr. 60 c. L'entrée des pétroles raffinés se réduisit aussitôt, tandis que celle des pétroles bruts augmentait dans des proportions presque inespérées : contre 13 millions de kilogrammes de pétroles raffinés, il y eut, en 1874, 39 millions et demi de pétroles bruts. En 1880, ceux-ci étaient parvenus à 57 millions de kilogrammes, et ceux-là n'avaient pu progresser. Qu'on médise encore de la toute-puissance de l'État !

En 1881, l'impôt sur les pétroles bruts a été abaissé à 18 francs, et le droit sur les pétroles raffinés vu s'est fixé à 25 francs. L'écart tombait donc à 7 francs. Qu'on n'aille pas supposer, toutefois, que la raffinerie de pétrole voyait sa protection fléchir dans la même proportion. Plus l'impôt sur sa matière première est faible, en effet, moins elle a besoin d'un droit élevé pour être garantie contre les produits fabriqués par l'étranger ; et cela tient à un fait très simple. Elle importe du brut sur lequel elle subit des déchets. On calculait naguère que, pour obtenir 100 kilogrammes de pétrole raffiné, il faut 117 kilogrammes de pétrole brut. Dès lors, si l'impôt sur la matière première ressort à 35 francs, le raffineur perdra près de 6 francs dans les opérations auxquelles il se livre. Au contraire, si l'impôt descend à 18 francs, la perte correspondante ne sera plus que de 3 francs environ. En conséquence, la protection apparente, résultant du droit sur les raffinés, pourra baisser de 3 francs sans avoir été réellement entamée.

On ne s'est pas toujours suffisamment rendu compte de ce fait. De là, de curieux malentendus. Tour à tour, les raffineurs ont déclaré ne pas pouvoir vivre sans un écart qui, tantôt était évalué par eux à 7 francs tantôt à 10 francs. « Vous avez eu 12 et 13 francs, leur a-t-on dit, vous n'avez plus que 7 francs : êtes-vous morts ? L'importation des raffinés s'est, sans doute, relevée : elle a atteint, en 1889, 23 millions de kilogrammes; mais celle des pétroles bruts a passé, simultanément, à 172 millions de kilogrammes. Donc, vous êtes en mesure de supporter de nouvelles réductions. » Ils répondaient : « Vous vous trompez. La protection dont nous jouissons n'a pas diminué, comme vous le croyez. L'impôt ayant été réduit, nous regagnons d'un côté ce que nous paraissons perdre de l'autre. »

Sur ce point, les raffineurs avaient raison. Et il faut bien qu'il en soit ainsi : leur industrie est, en effet, une industrie purement artificielle. Elle n'existe que par la grâce de l'État. Ses conditions de vie sont si précaires, elle est si factice que, mise en contact avec la concurrence étrangère, elle disparaît. A deux pas de Marseille, en Algérie, elle est impuissante à lutter contre les pétroles d'Amérique. Un fret supplémentaire d'un franc à peine la tue. Ce fait a été signalé hier, au Sénat, et la haute Assemblée s'est trouvée fort en peine, car une industrie de cette nature, qui atteint à l'idéal du système protectionniste, puisqu'elle vit exclusivement sur l'État, devrait, à l'heure actuelle, être choyée, entourée de soins particuliers, gâtée au possible. La logique voudrait qu'on augmentât les avantages dont elle jouit : indirectement, ne va-t-elle pas être grevée par la répercussion du renchérissement de la plupart des matières qu'elle emploie ? Elle aurait droit, évidemment, à une compensation. Eh bien ! au lieu de l'obtenir, elle voit l'écart, qui est son unique défense, abaissé de 7 francs à 6 francs ! O protectionnisme, voilà de tes coups. Fondez-vous donc sous le régime de la protection et comptez sur l'avenir ! Vous serez à la merci du hasard.

PIÈCES DIVERSES

LETTRE ADRESSÉE PAR LES RAFFINEURS

A LA

COMMISSION DU BUDGET DE LA CHAMBRE DES DÉPUTÉS

« Paris, le 15 octobre 1890.

» *Monsieur le Président, Messieurs les Membres de la Commission du budget,*

» Messieurs,

» La proposition soumise à la Commission du budget au sujet du droit sur les pétroles en modifiant l'écart qui existe depuis 1881 entre le droit du brut et celui du raffiné compromet absolument l'existence de la distillerie française en livrant aux raffineurs américains, qui le convoitent depuis longtemps, notre marché national.

» Depuis que nous avons eu l'honneur d'être entendus par la Commission du budget, pour répondre à toutes les calomnies répandues contre nous et mettre un terme à tout soupçon de fraude, nous avons proposé à l'Administration des douanes plusieurs combinaisons, notamment l'exercice de nos usines, qui seraient de nature à sauvegarder complètement les intérêts du Trésor, sans faire le jeu de l'étranger.

» Ces combinaisons sont à l'étude et auraient en outre le mérite de taxer d'un droit proportionnel les huiles de pétrole brutes suivant leur provenance et leur richesse, alors que le projet de la Commission du budget a le tort de maintenir le droit uniforme du brut qui a donné naissance à tous les malentendus.

» Dans ces conditions, nous supplions la Commission de ne pas mettre en péril, par voie budgétaire, l'existence d'une industrie importante, et de surseoir à toute réduction d'écart entre le brut et le raffiné jusqu'à ce qu'il ressorte des études pendantes une mesure définitive.

» Nous sommes à la disposition de la Commission pour lui fournir de nouvelles observations si elle le désire, et nous vous prions d'agréer, Messieurs, l'assurance de notre considération la plus distinguée.

» LES RAFFINEURS DE PÉTROLE. »

LETTRE ADRESSÉE PAR LES RAFFINEURS

AUX DÉPUTÉS

Tous les membres de la Chambre ont reçu la lettre suivante :

« Monsieur le Député,

» Nous avons l'honneur d'appeler votre attention sur un projet de la Commission du budget qui, s'il était accepté par la Chambre, aurait pour résultat la ruine de l'industrie du pétrole en France.

» Par voie budgétaire, sans projet de loi spécial examiné par la Commission des douanes, on propose de relever le droit sur les huiles de pétrole brut de 3 francs aux 100 kilogrammes, soit 21 francs au lieu de 18 francs, tandis que le droit correspondant sur le raffiné ne le serait que de 1 fr. 26 c. au lieu de 25 francs.

» En d'autres termes, la Commission du budget propose tout simplement une prime de 2 francs aux 100 kilogrammes au profit des importateurs américains.

» C'est la protection de l'étranger au détriment des nationaux.

» Ce projet n'est même pas défendable au point de vue de l'intérêt des consommateurs. On reconnaît, en effet, qu'avec l'écart de droit actuel la raffinerie française a pu, dans une certaine mesure, limiter l'importation américaine, ce qui équivaut à dire que les cours pratiqués par les industriels français ont été suffisamment bas pour enrayer partiellement l'importation du raffiné, et c'est pour obvier à cette situation qui, pourtant, devrait être jugée des plus satisfaisantes que l'on propose un relèvement de droits inégal permettant l'importation du raffiné.

La Commission du budget voudrait donc provoquer une augmentation de prix de vente sur le raffiné afin de permettre l'importation, et faire ainsi payer par le consommateur une prime aux Américains.

» Est-ce logique ?

» Au reste la législation douanière sur les pétroles est défectueuse; nous avons soumis au Gouvernement un projet de législation permettant aux industriels français de s'affranchir de l'obligation dans laquelle ils se trouvent d'employer uniquement des pétroles américains au détriment des autres pays producteurs, notamment la Russie. Ce projet a, en outre, l'avantage de fournir au Trésor les sommes que la Commission du budget compte obtenir pour le relèvement inégal des droits.

» En présence de cette situation, nous sommes convaincus, Monsieur le Député, que vous n'adopterez pas le projet de la Commission du budget, et que vous renverrez la question du pétrole à la Commission des douanes, seule compétente pour examiner cette affaire.

» Le vote du relèvement inégal des droits aurait pour conséquence certaine la perte d'une industrie essentiellement française et équivaudrait pour le consommateur à un nouvel impôt.

» Veuillez agréer, etc.

» LES RAFFINEURS DE PÉTROLE.

» Paris, le 24 novembre 1890. »

LETTRE AU MINISTRE DU COMMERCE

CONCERNANT L'EXERCICE DES RAFFINERIES

Paris, 27 janvier 1891.

A Monsieur le Ministre du Commerce et de l'Industrie,

Monsieur le Ministre,

Dans le projet de tarif général des douanes, récemment présenté par vous à la Chambre des députés le chapitre relatif aux huiles minérales est resté en blanc ; estimant que vous aurez prochainement à faire aux pouvoirs publics vos propositions sur les différents droits à appliquer à ces matières, les raffineurs de pétrole en France, se sont réunis pour se mettre d'accord sur un projet à vous présenter qui devra mettre fin à toutes les difficultés qui menacent l'existence même de leur industrie.

L'huile minérale brute est une matière première qui provient presque uniquement des États-Unis et de Russie, ces deux pays produisent des huiles de compositions et de densités très différentes.

Sous la législation actuelle, les raffineurs sont obligés de tirer leurs produits bruts d'un seul district des États-Unis qui produit des huiles dont le rendement correspond aux prévisions de la loi.

L'industriel français réclame un régime fiscal qui lui permette de travailler indifféremment toutes les huiles minérales pour en tirer tous les produits d'éclairage, graissage, vaseline, paraffine, etc., comme le fait l'industrie étrangère qui est parvenue à servir directement la consommation française pour une partie importante de ces produits.

Tant que l'administration n'aura pas trouvé un système basé sur l'analyse ou la densité des huiles brutes, les raffineurs croient que le régime le mieux à même de sauvegarder l'existence de leur industrie, tout en assurant les intérêts du Trésor en présence de produits si divers, ayant des rendements différents ; est le régime de l'exercice parce que l'impôt est perçu exactement sur toutes les quantités raffinées à la sortie des usines.

Les raffineurs français peuvent démontrer qu'un écart compensateur net de 4 fr. 50 c. aux 100 kilogrammes est indispensable pour les maintenir à égalité des raffineurs étrangers et affranchir la consommation française du monopole si menaçant d'une importante Société américaine.

L'industriel paierait les prix du tarif des douanes correspondant aux mêmes produits d'éclairage, graissage, vaseline, paraffine, etc., diminués de l'écart de 4 fr. 50 c. aux 100 kilogrammes.

Les soussignés représentant la totalité des raffineurs de pétrole en France, viennent à l'unanimité vous demander, Monsieur le Ministre, de baser le nouveau régime des huiles minérales sur l'exercice des raffineries.

Ils ne se dissimulent pas les inconvénients qui résulteront pour eux de l'application de l'exercice mais ils s'y résignent dans l'espoir que leur industrie y trouvera désormais une stabilité qui leur a toujours fait défaut.

Veuillez agréer, etc.

Signé : P. CLÈRE.
    TRYSTRAM ET Cⁱᵉ.
    DELANNOY ET MULLIEZ.
    SOCIÉTÉ DE LILLE ET BONNIÈRES.
    PAUL PAIX ET Cⁱᵉ.
    CHANTREUIL-BOITOT.
    SOCIÉTÉ DE COLOMBES.
    LESOURD.

Signé : DESMARAIS FRÈRES.
    FENAILLE ET DESPEAUX.
    LES FILS DE A. DEUTSCH.
    COMPAGNIE GÉNÉRALE DE MARSEILLE.
    LAMOUROUX FRÈRES.
    LIRON ET BRUNEL.
    PLUCHE ET Cⁱᵉ.

RÉPONSE DU MINISTRE DU COMMERCE

ISTÈRE DU COMMERCE

Division du Commerce extérieur

TARIF DES DOUANES
gime des Huiles minérales

EXERCICE DES RAFFINERIES

PARIS, le 14 mars 1891.

MONSIEUR,

Par une lettre du 27 janvier dernier, de concert avec plusieurs raffineurs de pétrole, vous avez demandé, au nom de la totalité des raffineurs de pétrole en France, que le nouveau régime des huiles minérales soit basé sur l'exercice des raffineries. Vous offrez en substance, de travailler les huiles brutes sous la surveillance permanente du service des douanes et de payer sur les huiles raffinées, sur les essences, sur la paraffine, sur la vaseline et sur les huiles lourdes sortant de vos usines, les droits de douane afférents à ces produits, mais avec un écart compensateur de 4 fr. 50 c.

J'ai saisi le Comité consultatif des Arts et Manufactures de l'examen de votre demande, en le priant de porter son attention sur le point de savoir si le système combiné, de l'exercice avec un droit de fabrication pourrait remplacer avantageusement un droit fixe sur les huiles brutes, et si, en pratique le même système paraît pouvoir fonctionner sans inconvénients.

Le Comité, par un avis du 25 février dernier, a fait observer que, dans le régime de l'exercice tel qu'il est proposé, c'est-à-dire avec l'entrée en franchise des pétroles et acquittement des droits à la sortie, il faudrait :

1° Comme dans le régime actuel, distinguer à l'arrivée, l'huile regardée comme brute de l'huile raffinée, pour éviter l'entrée à l'usine d'huile raffinée ou les mélanges d'huiles brutes et d'huiles raffinées qui n'auraient qu'à traverser l'établissement sans y donner lieu à autre chose qu'à un travail nul ou insignifiant pour acquérir le droit compensateur. Donc, de ce côté, il n'y a aucune simplification ;

2° Il faudra vérifier à la sortie, si on ne déclare pas comme huile lourde payant seulement 12 francs des huiles raffinées qui devraient payer 25 francs ou des mélanges d'huile lourde et d'huile raffinée brûlant très bien dans des lampes convenables. (On introduit déjà dans la consommation, sous le nom de pétrole, des mélanges d'huile raffinée avec des huiles de schistes, avec des Boghed d'Écosse, et même des huiles lourdes américaines.) Cette vérification indispensable à la sortie, amènerait une complication plus grande que le régime actuel ;

3° On ne pourrait faire aux huiles lourdes de graissage, à leur sortie de la raffinerie, la remise que l'on fera aux huiles d'éclairage, puisque ces huiles lourdes sont également imposées, qu'elles soient brutes ou raffinées. Les raffineurs n'auront donc aucun intérêt à en produire ; ils auront avec le régime de l'exercice, le même intérêt qu'avec le régime actuel, à importer des huiles minérales riches et à éviter les huiles minérales pauvres, dont le transport d'Amérique en Europe est aussi coûteux que celui des huiles raffinées. L'établissement d'un écart entre le droit sur l'huile lourde brute et le droit sur l'huile lourde raffinée pour permettre de donner aux raffineurs un droit compensateur sur ces huiles lourdes, comme sur l'essence et sur l'huile lampante, aurait, outre les inconvénients déjà signalés, celui de faciliter l'introduction d'huile lourde noire raffinée difficile à distinguer du pétrole brut, et qui pourrait ressortir après un travail de clarification insignifiant, avec le bénéfice du droit protecteur.

Le Comité, en résumé, a reconnu que l'exercice ne supprimerait pas les difficultés du régime actuel, et il a conclu à ce que la demande présentée ne soit pas accueillie.

Les conclusions du Comité ne me permettent pas de donner d'autre suite à votre demande. Je vous en exprime le regret.

Je vous prie d'informer de cette décision, vos cosignataires de la lettre du 27 janvier dernier.

Recevez, Monsieur, l'assurance de ma parfaite considération,

SIGNÉ : *Par le Ministre du Commerce, de l'Industrie et des Colonies.*

RÉPONSE AU MINISTRE DU COMMERCE

EXERCICE DES RAFFINERIES

Paris, 21 mars 1891.

Monsieur le Ministre du Commerce, de l'Industrie et des Colonies,

Monsieur le Ministre,

En vous accusant réception de la lettre que vous nous avez fait l'honneur de nous adresser le 14 mars courant, nous nous permettons de répondre brièvement aux objections du Comité consultatif des Arts et Manufactures contre l'établissement de l'exercice des raffineries de pétrole.

1° Répondant à la première observation du Comité consultatif, il reste nécessaire dans l'exercice comme dans le régime actuel de distinguer à l'entrée l'huile brute de l'huile raffinée : il n'y a donc pas là de complication nouvelle; mais l'exercice donne double sécurité puisque au lieu d'être, comme dans le régime actuel, libérée dès l'entrée, l'huile brute est soumise au travail du raffinage sous les yeux de l'Administration, et tous les produits obtenus sont vérifiés et taxés à la sortie. D'autre part, la fraude qui consisterait à introduire du raffiné ou un mélange de raffiné au lieu de brut ne s'exercerait qu'avec l'écart compensateur de 4 fr. 50 c. au lieu de l'écart actuel de 7 francs.

2° L'objection basée sur la sortie frauduleuse d'huile d'éclairage sous couleur d'huile lourde tomberait d'elle-même si le Gouvernement acceptait le droit unique proposé par la Commission des douanes sur les huiles raffinées d'éclairage et de graissage.

Dans le cas où ce droit unique ne serait pas adopté, il serait très facile de vérifier à la sortie si les huiles déclarées huiles de graissage sont susceptibles de brûler dans des lampes convenables.

3° Avec l'exercice des usines, il est nécessaire que les industriels puissent fabriquer et sortir des huiles de graissage raffinées, bénéficiant du même écart compensateur, mais pour éviter les inconvénients et fraudes que le Comité signale à ce sujet, les raffineurs accepteraient de n'introduire dans les usines pour les travailler que des huiles minérales brutes, à l'exclusion des résidus. (On entend par huiles minérales brutes celles qui doivent subir les opérations de distillation et d'épuration.)

Les huiles lourdes, résidus ou Mazout, ne pourraient, en aucun cas, entrer dans les usines exercées, et ces mêmes huiles ou résidus provenant du travail de ces usines ne bénéficieraient pas à leur sortie de l'écart compensateur accordé aux produits raffinés.

La fraude qui consisterait à introduire en usine des huiles lourdes noires raffinées sous la déclaration d'huile brute serait impossible, car il suffirait pour les reconnaître de les soumettre notamment à une simple épuration.

En résumé, l'Administration aurait à reconnaître :

1° *A l'entrée,* des huiles minérales brutes à l'exclusion de toutes autres huiles distillées ou résidus de distillation ;

2° *A la sortie,* deux catégories de produits : les premiers bénéficiant de l'écart compensateur, les seconds payant les droits pleins sans aucun écart.

La première catégorie comprendrait toutes les huiles et essences d'éclairage, huiles de graissage, vaseline et paraffine.

La deuxième catégorie comprendrait les résidus et Mazout.

Dans le cas où le Comité consultatif trouverait un inconvénient à ce que les produits de la deuxième catégorie (résidus) puissent sortir des usines exercées, les raffineurs feraient encore le sacrifice de renoncer à la sortie de ces dits produits, et s'astreindraient à ne sortir que des produits raffinés.

Sous le bénéfice de ces observations, nous pensons que l'exercice présenterait un progrès sérieux sur le régime actuel, et en présence de la proposition du Gouvernement dont l'exécution nous mettrait dans l'impossibilité de lutter contre les raffineurs étrangers, nous vous prions, Monsieur le Ministre, de vouloir bien soumettre à nouveau notre demande à l'examen du Comité consultatif des Arts et Manufactures.

Veuillez agréer, Monsieur le Ministre, etc...

Signé : Fenaille et Despeaux. — Desmarais frères. — Les Fils de A. Deutsch. — Paul Paix et Cie. — Société de Colombes. — Société de Lille et Bonnières. — Pluche et Cie. — Trystram et Cie. — Leenhardt.

RÉPONSE DU MINISTRE DU COMMERCE

MINISTÈRE DU COMMERCE

Direction du Commerce extérieur

1er BUREAU

PARIS, le 21 mai 1891.

MESSIEURS,

De concert avec plusieurs raffineurs de pétrole, vous m'avez adressé une lettre dans laquelle vous m'exposez de nouvelles considérations à l'appui de la proposition qui avait été présentée en vue d'obtenir que l'industrie du pétrole soit soumise au régime de l'exercice.

Le Comité consultatif des Arts et Manufactures, qui, déjà, par un avis du 25 février dernier, s'était prononcé contre l'adoption de cette proposition, a été appelé à exprimer un nouvel avis.

Il a constaté, par l'examen détaillé des nouvelles considérations invoquées, qu'elles ne faisaient que reproduire, sous une forme un peu différente, les arguments précédemment apportés en faveur de l'exercice. Or, la discussion approfondie de ces arguments, faite d'abord par la Commission de pétrole, instituée au sein du Comité consultatif, puis par le Comité tout entier, a conduit à reconnaître que le système de l'exercice, non seulement ne supprimerait pas les difficultés du régime actuel, mais en créerait de nouvelles. Dans ces conditions, le Comité, par un second avis du 6 mai courant, a déclaré que les nouvelles considérations apportées par MM. les Raffineurs de pétrole ne sont pas de nature à modifier son précédent avis du 25 février dernier.

Recevez, Messieurs, etc.

Le Ministre du Commerce et de l'Industrie,
J. ROCHE.

NOTE SPÉCIALE SUR LES PÉTROLES

L'écart de 3 fr. 60 c. ou plutôt le droit de 3 fr. 60 c. appliqué au pétrole raffiné en 1864, lorsque le pétrole brut entrait en franchise, est-il encore nécessaire aujourd'hui ?

Les progrès de l'industrie n'ont-ils pas rendu cette protection excessive ?

La transformation de l'outillage transport comme de l'outillage industriel proprement dit ne permettrait-elle pas de réduire cette marge ?

Pour répondre à cette question, nous aurons à examiner successivement les points suivants :

1° Situation de l'industrie du pétrole en 1864 et en 1890 ;

2° Nature des améliorations apportées à l'industrie du raffinage ; ses conséquences en Amérique et en France ;

3° Situation économique générale pour les industriels des deux nations, en 1864 et en 1890.

I

Situation de l'industrie du pétrole en 1864 et en 1890.

A l'époque de la création de l'industrie du raffinage du pétrole en France, la valeur du pétrole brut était sensiblement moins élevée que celle du raffiné, l'écart entre les deux prix dépassait 20 francs aux 100 kilogrammes.

Les documents officiels en notre possession ne datent que de 1873 ; nous publions comme suit, pour la période de 1873 à 1880, les prix du pétrole brut et du pétrole raffiné à New-York ; ces prix ont été convertis en francs par 100 kilogrammes :

ANNÉES	PÉTROLE BRUT	PÉTROLE RAFFINÉ	ÉCART	ANNÉES	PÉTROLE BRUT	PÉTROLE RAFFINÉ	ÉCART
	fr. c.	fr. c.	fr. c.		fr. c.	fr. c.	fr. c.
1873 . .	14 04	33 54	19 50	1877 . .	16 80	28 95	12 15
1874 . .	10 90	24 11	13 21	1878 . .	11 73	19 84	8 11
1875 . .	12 »	23 80	11 80	1879 . .	13 08	14 88	1 80
1876 . .	19 34	35 34	16 »	1880 . .	13 15	16 80	3 65

A partir de 1880, l'écart tend vers 0, et l'on a pu voir, dans le courant de 1890, le pétrole brut coté un prix plus élevé que le raffiné.

En se plaçant donc à ce seul point de vue, la situation du raffinage de pétrole en France est sensiblement plus mauvaise en 1890 qu'en 1864. L'écart primitif de valeur a disparu et les 3 fr. 60 c. accordés au début de l'industrie ne seraient plus suffisants si l'amélioration de l'outillage n'avait pas, dans une certaine mesure, compensé cette cause d'infériorité.

La raison de la disparition de l'écart normal entre le pétrole brut et le pétrole raffiné est tout entière dans la concurrence qui s'est établie, sur les marchés européens et étrangers, entre les raffinés russes et les raffinés américains.

La même concurrence n'a pu s'établir entre les huiles brutes qui ne s'exportent pas de Russie.

Et alors que le prix du raffiné d'exportation aux États-Unis s'abaissait jusqu'à la limite du prix du pétrole brut, le prix du raffiné de consommation intérieure des États-Unis et de l'Amérique restait très élevé et de 8 francs par 100 kilogrammes supérieur au prix du raffiné d'exportation.

Les raffineurs américains conservaient donc un large bénéfice dans la vente du pétrole raffiné nécessaire à la consommation des deux Amériques, consommation qui absorbe plus de 40 0/0 du pétrole brut extrait aux États-Unis.

II

Nature des améliorations apportées à l'industrie du raffinage.

Les procédés du raffinage du pétrole n'ont pas été modifiés depuis 1864, ils consistent toujours en des distillations et des lavages en vue d'obtenir de l'essence rectifiée à 0,700 et de l'huile lampante à 0,800 ininflammable à + 35°.

Les améliorations ont donc porté sur deux points :
Amélioration des chaudières à distiller ;
Meilleure utilisation du combustible.

Ces améliorations se sont faites pour ainsi dire simultanément en Amérique et en France, mais la situation des deux pays n'était plus la même.

L'Amérique qui était en 1864 tributaire de l'Angleterre pour les fers ne l'est plus aujourd'hui ; en 1864, une chaudière à distiller coûtait plus cher à construire aux États-Unis qu'en France ; c'est le contraire aujourd'hui qui est vrai.

Pour la houille, la différence est encore plus sensible ; pendant que le cours de ce produit augmente sans cesse de valeur en France, nous voyons les Américains tenter des importations de charbon en Angleterre.

Reste la question du transport en vrac qui apporte à l'heure actuelle une amélioration sensible dans le transport du pétrole.

Ici l'infériorité sur 1864 est évidente.

Le fret pour le transport en vrac du raffiné est moins élevé que pour le brut, à cause des dangers d'incendie ; ce même danger se traduit par une augmentation de prime d'assurance et même par un coût plus élevé de manutentions au chargement et au déchargement.

III

Situation économique générale au point de vue des impôts supportés en 1864 et en 1890.

Tandis que la situation de l'industriel contribuable américain s'est plutôt améliorée depuis 1864, l'industriel français paie des patentes plus lourdes, des droits indirects l'atteignent dans tous les produits qu'il emploie, la soude, l'acide sulfurique, la colle, la peinture, le fer, le plomb.

En résumé, si 3 fr. 60 c. ont été jugés utiles en 1864, pour permettre à l'industrie du raffinage du pétrole de s'établir en France, il est certain qu'en 1890, il serait juste d'augmenter l'écart plutôt que de songer à le diminuer.

Nous donnons ci-dessous la moyenne annuelle des cours du pétrole brut et du pétrole raffiné à Anvers, entre les années 1863 et 1870 :

ANNÉES	COURS DU PÉTROLE BRUT	COURS DU PÉTROLE RAFFINÉ	ANNÉES	COURS DU PÉTROLE BRUT	COURS DU PÉTROLE RAFFINÉ
	fr. c.	fr. c.		fr. c.	fr. c.
1863	48 50	70 30	1867	33 30	47 30
1864	49 40	70 70	1868	35 10	48 30
1865	59 70	75 40	1869	41 40	55 80
1866	46 70	66 10	1870	37 40	53 75

Novembre 1890.

NOTE SPÉCIALE SUR L'INDUSTRIE DU PÉTROLE

Adressée

au Rapporteur de la Commission des Douanes du Sénat.

Matière première.

Le pétrole brut, matière première de l'industrie du pétrole, est un liquide verdâtre dont la densité varie de 788 à 920 grammes au litre. — Ce produit est constitué par une série de carbures d'hydrogène de densités différentes.

Le droit de douane qui frappe le pétrole brut à l'entrée en France étant sensiblement plus élevé que le coût de la matière elle-même et étant un droit unique, quelle que soit la qualité, le raffineur français se trouve dans l'obligation de ne travailler que les produits les plus riches, c'est-à-dire ceux qui donnent la plus forte proportion d'huile d'éclairage (densité 0.800) et d'essence (densité 0,700).

Seuls, certains pétroles bruts des États-Unis remplissent les conditions de richesse permettant le raffinage en France. — Ces huiles brutes ont une densité variant entre 0,788 et 0,805; elles donnent à la distillation une série de carbures d'hydrogène dont les densités oscillent entre 0,625 et 0,860.

Raffinage du pétrole brut.

Les opérations constituant le raffinage sont plus complexes qu'on ne le suppose généralement; elles ont pour but final de produire des essences de pétrole à 0,700 et des huiles d'éclairage à 0,800.

Voici en ses grandes lignes le fonctionnement d'une raffinerie de pétrole.

Le pétrole brut arrive aux usines, soit en fûts, soit en wagons, soit en bateaux-citernes; il est pompé dans de grands réservoirs d'où, après un repos plus ou moins long, on extrait l'eau qui existe toujours en suspension dans la matière première.

Cette opération faite, le pétrole est soumis à la distillation dans de grandes chaudières en tôle. — Les produits de l'opération sont divisés comme suit :

1° A. — Les essences légères brutes, densité 0,700 :
2° B. — Les essences lourdes, densité 0,740;
3° C. — Les huiles d'éclairage brutes, densité 0.800 ;
4° D. — Les huiles lourdes, densité 0,860.

Il reste dans la chaudière une matière appelée résidu ou goudron de pétrole et dont le poids dépasse 0,900.

A. — ESSENCES LÉGÈRES

Elles sont traitées à l'acide sulfurique, à l'eau, à la soude, puis envoyées dans un appareil à distiller spécial, qu'on chauffe au moyen de la vapeur d'eau. — Le produit distillé forme le produit commercial qu'on appelle l'essence de pétrole rectifiée; ce qui reste dans l'appareil distillatoire est renvoyé aux essences lourdes.

B. — ESSENCES LOURDES

On fait subir aux essences lourdes plusieurs distillations successives, de manière à les fractionner en deux groupes : essence légère brute: huile d'éclairage brute.

Chacune des distillations donne une certaine quantité d'essence et d'huile d'éclairage.

C. — HUILE D'ÉCLAIRAGE BRUTE

Ce produit est traité à l'acide sulfurique, à l'eau, à la soude et à l'eau. — L'opération consiste en un brassage énergique de l'huile avec chacun des réactifs au moyen d'un courant d'air qui, tout en réalisant le mélange des deux matières en présence, enlève les gaz dissous dans l'huile en traitement.

A la suite de cette opération qu'on appelle *épuration,* l'huile d'éclairage passe à travers des filtres destinés à enlever les moindres traces de matières étrangères.

D. — HUILES LOURDES

Les huiles lourdes subissent une série de distillations à haute température dans des chaudières en fonte jusqu'à ce que la décomposition de ces carbures donne d'une part des huiles d'éclairage brutes et d'autre part du coke.

RÉSIDUS OU GOUDRONS

Les résidus sont traités comme les huiles lourdes; le traitement ne diffère que par le nombre de distillations nécessaire pour arriver au fonctionnement complet et par la quantité de coke obtenue comme résidu final.

Au cours de ces distillations il se dégage de telles quantités de gaz que certaines usines les utilisent pour l'éclairage ou pour le chauffage des générateurs.

On voit par cet exposé sommaire que le raffinage du pétrole constitue une industrie assez compliquée bien que nous n'ayons pas parlé des manipulations accessoires. On sait que les fûts doivent être passés à la vapeur, réparés, collés et peints avant de pouvoir être remplis d'huile ou d'essence.

Rendement.

En faisant la description des opérations qui constituent le raffinage du pétrole, nous nous sommes abstenus intentionnellement de donner des chiffres quelconques, ces chiffres variant à l'infini suivant la qualité du pétrole brut travaillé; tel ou tel puits donnera une matière première produisant plus ou moins d'essence et naturellement moins ou plus d'huile d'éclairage. Mais il ressort nettement de la série d'opérations que nécessite le travail du pétrole brut que les rendements de 94, 95, 96 et même 97 et 98 0/0 qui ont été donnés par des personnes étrangères à notre industrie sont parfaitement irréalisables. — Le Comité consultatif des arts et manufactures a admis le rendement moyen de 90 0/0; nous sommes certains que ce rendement n'est pas atteint dans la presque totalité des usines.

Il est toutefois facile de se rendre compte de l'erreur que l'on commet généralement en cherchant à évaluer le rendement du pétrole. — Le chimiste qui examine un échantillon de pétrole brut se borne à distiller purement et simplement la matière brute et il base le calcul du rendement sur la quantité totale de liquides qui est sortie de son alambic; il est clair que dans ces conditions on arrive à un rendement très élevé, mais les carbures distillés ne sont pas des produits commerciaux, on les assimilerait plus justement à des marchandises en cours de fabrication qui doivent subir de nouvelles transformations et par suite de nouvelles pertes. — Nous ajoutons que ces pertes sont sensiblement plus considérables que celles qui proviennent de la première distillation.

Fraudes.

On a prétendu que les raffineurs de pétrole fraudaient, qu'ils importaient des produits teintés sous couleur de brut, qu'ils faisaient des mélanges de produits bruts et de produits raffinés, et que, ce qui était plus grave, l'Administration ne possédait aucun moyen de découvrir ces fraudes.

Nous croyons pouvoir faire entière justice de ces allégations.

Il est évident, tout d'abord, qu'on ne pourrait avoir intérêt à introduire que de l'huile raffinée pure ou de l'essence pure. — Un mélange d'huile et d'essence ne présenterait aucun avantage au point de vue pécuniaire; en effet, mélanger des produits raffinés qui coûtent 1 fr. 50 c. ou 2 francs aux 100 kilogrammes de plus que le pétrole brut pour gagner au maximum 4 ou 5 kilogrammes par le rendement sera une mauvaise opération puisqu'il faudrait une nouvelle distillation pour séparer les matières introduites. — 5 kilogrammes de droit à 18 francs les 100 kilogrammes donnent un profit de 90 centimes, tandis que le mélange constitue une augmentation de prix de 1 fr. 50 c. ou 2 francs.

Or, l'huile raffinée est toujours facile à reconnaître puisqu'à la distillation elle ne donne pas d'essences, comme le pétrole brut.

Quant à l'essence, elle se caractérise par sa densité (l'essence pèse 0,700 et l'huile brute de 0,788 à 0,805).

L'industrie du raffinage aux États-Unis.

Les premières sources importantes ont été découvertes aux États-Unis en 1854, mais l'exploitation régulière du pétrole n'a commencé qu'en 1859 pour suivre la progression suivante :

1859	production de	82.000	barils ;
1860	—	500.000	—
1870	—	5.700.000	—
1880	—	26.000.000	—
1890	—	29.000.000	—

En 1865 il existait en Amérique 250 Compagnies exploitant l'industrie du pétrole ; à peu près à cette époque une association puissante, La *Standard Oil Company*, prit naissance ; elle avait pour but l'accaparement des raffineries de pétrole aux États-Unis. — Son but a été atteint amplement. Aujourd'hui, cette Société, par suite de bénéfices considérables qu'elle a pu faire et l'extension de ses affaires possède un capital qui dépasse sans doute un milliard.

Elle est pour ainsi dire propriétaire de toutes les raffineries aux États-Unis, possède des lignes de tuyaux, sauf la production du pétrole brut aux puits qui se trouve dans les mains d'un nombre incalculable de petits propriétaires. la *Standard Oil Company* est donc la maîtresse pour ainsi dire absolue de l'industrie du pétrole et surtout du commerce des pétroles raffinés.

Pour agrandir son champ d'exploitation, après s'être assurée du monopole de la vente du pétrole raffiné aux États-Unis, la *Standard* a décidé de s'établir également en Europe dans les principaux centres de consommation achetant les installations existantes et s'organisant de façon à détenir aussi sur notre continent la vente exclusive de tout le pétrole américain.

Dès maintenant, elle est organisée dans les pays suivants :

Allemagne : Sous la raison sociale :

Société allemande et américaine de pétrole.

Angleterre :

Anglo-American C°.

Belgique :

Anciens Établissements Sputh.

Italie :

Italo-Americano pel petrolio.

Le but de la *Standard Oil Company* une fois atteint, elle deviendra complètement maîtresse de ces marchés, au moins pour l'huile américaine.

Les seuls pays où elle n'a pu étendre sa prépondérance absolue sont ceux où des droits suffisamment compensateurs ont permis à l'industrie de s'établir en concurrence avec elle ; la France, l'Autriche, l'Espagne.

L'industrie du pétrole en Russie.

Malgré l'ancienneté des exploitations d'huiles minérales dans la région du Caucase, l'industrie du pétrole n'a pris une extension sérieuse qu'à partir de 1872.

La production de l'année 1872 à été de 24.800.000 kilogrammes, celle de 1877 s'est élevée à 800 millions de kilogrammes et la production de 1890 dépasse 3.500.000.000 de kilogrammes.

Les huiles brutes du Caucase se distinguent des huiles américaines en ce qu'elles ne produisent que des quantités relativement faibles d'huile d'éclairage : 30 à 33 0/0 ; elles fournissent surtout des huiles de graissage et depuis quelques années elles ont presque complètement supplanté les huiles végétales.

Malgré sa faible teneur en huile lampante, le pétrole du Caucase a réussi à évincer complètement les huiles de pétrole américaines en Russie, grâce du reste au droit protecteur de 24 fr. 40 c. aux 100 kilogrammes qui frappe les huiles raffinées à l'importation. En Autriche, en Angleterre et même dans le midi de la France ces huiles russes ont commencé à entrer dans la consommation. Elles ont même jeté une telle perturbation dans le marché pétrolier du midi de la France que les raffineurs de pétrole de cette région ont réclamé par une lettre de juin 1890 à M. le Ministre du Commerce une augmentation de protection de 2 francs aux 100 kilogrammes pour leur permettre de lutter contre l'importation du raffiné russe.

Législation douanière en France.

Depuis la création de l'industrie du raffinage du pétrole en France, la législation douanière a été modifiée à différentes reprises.

A l'origine, en 1864, le pétrole brut entrait en franchise et le pétrole raffiné et l'essence payaient 3 fr. 60 c. de droit aux 100 kilogrammes.

En 1871, le pétrole brut fut taxé à raison de 20 francs aux 100 kilogrammes, tandis que le droit sur le pétrole raffiné était porté à 32 francs les 100 kilogrammes et le droit sur l'essence à 42 francs les 100 kilogrammes.

En 1873, le Gouvernement prenant comme base des droits la richesse du pétrole brut en huile raffinée et essence, adoptait le régime suivant :

Huile raffinée, 37 francs les 100 kilogrammes ;

Essence, 47 francs les 100 kilogrammes ;

Huile brute, 30 centimes par kilogramme d'huile contenue dans 100 kilogrammes de brut ;

Et 40 centimes par kilogramme d'essence contenue dans 100 kilogrammes de brut.

En l'absence d'un instrument pouvant déterminer la richesse exacte de l'huile brute, une décision de l'Administration des douanes avait fixé le rendement à 78 0/0.

Il est nécessaire de noter qu'à cette époque on ne connaissait pas le moyen de décomposer les huiles lourdes et les résidus en produits lampants.

Par suite, le rendement en huile d'éclairage et essence était bien inférieur aux rendements obtenus dans ces derniers temps.

En 1881, le Gouvernement, renonçant à baser les droits sur la richesse des pétroles bruts en produits raffinés, adopte les droits suivants qui sont actuellement en vigueur.

18 francs les 100 kilogrammes pour les huiles brutes ;

25 francs les 100 kilogrammes pour les essences et les huiles raffinées.

Nous résumons ces différentes législations dans le tableau suivant :

DROIT	BRUT		RAFFINÉ		ÉCART
					FR. C.
En 1864 . .	. . . . Exempt		. . . . Fr. 3 60		3 60
» 1871 . . .	. . . . Fr. 20 »		. . . . 32 »		12 »
» 1873 . . .	15 kᵍʳ. essᵉᵉ à 40 francs. . 6 » 63 kᵍʳ. huile à 36 francs . 18 90	24 90	15 kᵍʳ. essᵉᵉ à 47 francs. . 7 05 85 kᵍʳ. huile à 37 francs . 31 45	38 50	13 60
» 1881 . . .	. . . . 18 »		. . . . 25 »		7 »

L'écart qui ressort de la différence de droit entre le pétrole brut et le pétrole raffiné ne revient qu'en partie aux raffineurs ; une partie de cet écart constitue un remboursement du droit sur le déchet. Ainsi, en 1881, on a établi les droits actuels sur les bases suivantes :

On admettait qu'il fallait 117 kilogrammes de pétrole brut pour fabriquer 100 kilogrammes de raffiné, et, en partant du droit de 18 francs sur le brut, on calculait comme suit le droit sur le raffiné.

117 kilogrammes de pétrole brut qui est l'équivalent de 100 kilogrammes de raffiné paieront à l'entrée en France.

$$117 \times 18 \text{ ou fr.} \quad 21\ 06$$

Protection. 3 60

Perte d'intérêts sur le droit. . . » 34

Droit sur le raffiné. . Fr. 25 » les 100 kilogrammes.

L'écart compensateur était donc en réalité de 3 fr. 94 c. aux 100 kilogrammes.

Législation douanière à l'étranger.

Dans tous les états qui ont admis l'entrée en franchise du pétrole raffiné ou qui ont frappé d'un droit égal le pétrole brut et le pétrole raffiné, les raffineries ont disparu ; la consommation est uniquement alimentée par les pétroles raffinés d'Amérique ou de Russie.

En Europe, il n'existe de raffineries de pétrole qu'en Autriche où l'écart entre le brut et le raffiné est de 8 francs aux 100 kilogrammes, et en Espagne où cet écart est de 11 francs. En Italie, aucune usine n'a été créée depuis plusieurs années que les droits sur le pétrole ont été établis et cependant il existe un écart de 9 francs entre le brut et le raffiné ; cela tient à ce que, les droits étant de 47 francs sur le raffiné et de 38 francs sur le brut, on n'a pas jugé l'écart compensateur suffisant.

L'industrie du raffinage en France.

Afin de se rendre compte du développement de l'industrie du raffinage du pétrole en France, il est nécessaire de connaître les importations de pétrole brut et raffiné depuis la création de cette industrie (1863) jusqu'à ce jour.

Le tableau ci-bas donne les importations des deux produits réduits en barils de 145 kilogrammes de 1863 à 1889 :

	BRUT		RAFFINÉ	
	Barils.	Kilogrammes.	Barils.	Kilogrammes.
1863.	65.345	9.475.025	22.695	3.290.775
1864.	166.582	24.154.390	66.172	9.594.940
1865.	97.585	14.149.825	50.041	7.256.380
1866.	185.222	26.857.190	95.332	13.823.140
1867.	87.626	12.705.770	131.096	19.008.920
1868.	132.549	19.219.605	205.345	29.775.025
1869.	132.457	19.206.265	100.997	14.644.565
1870.	142.723	20.694.835	107.473	15.583.585
1871.	102.326	14.837.270	154.361	22.382.345
1872.	215.711	31.278.095	94.277	13.670.165
1873.	272.768	39.551.360	114.154	16.552.330
1874.	238.414	34.570.030	89.748	13.013.460
1875.	205.974	29.866.230	95.930	13.909.850
1876.	339.810	49.272.450	70.249	10.186.105
1877.	436.817	63.338.465	140.024	20.303.480
1878.	335.245	48.610.525	50.838	7.371.510
1879.	394.789	57.244.405	92.910	13.471.950
1880.	448.317	65.005.965	94.408	13.689.160
1881.	575.615	83.464.175	245.508	35.598.660
1882.	497.312	72.110.240	192.944	27.976.880
1883.	642.317	93.135.965	221.635	32.137.075
1884.	748.090	108.473.050	191.321	27.741.545
1885.	874.595	126.816.275	154.045	22.336.525
1886.	817.692	118.565.340	181.145	26.226.025
1887.	925.734	134.231.430	194.014	28.132.030
1888.	1.143.687	165.834.615	129.238	18.739.510
1889.	1.186.080	171.981.600	160.409	23.259.305

Cette statistique permet de suivre la progression du raffinage du pétrole en France. De 1863 à 1871, c'est-à-dire lorsque le pétrole brut entrait en franchise et que le raffiné payait 3 fr. 60 c. de droit de douane, l'industrie française bien que naissante périclitait, on peut constater que de 1863 à 1865, à l'origine des raffineries, les importations se chiffraient comme suit :

Pétrole brut. . . . . 329.512 barils.
Pétrole raffiné. . . . . . . 138.911 —

Soit un excédent de . . 190.601 barils de brut pendant ces trois années.

Par contre, si l'on prend comme terme de comparaison les importations de 1869 à 1871, époque de changement de législation, on se trouve en présence des chiffres suivants :

Importation de pétrole brut . . . . 377.506 barils.
Importation de pétrole raffiné . . . . 362.831 —

L'excédent pour trois ans n'est plus que de . . 14.675 barils.

Il est clair que, si la compensation de 3 fr. 60 c. n'avait pas été remplacée en 1871 par un régime meilleur, l'industrie du pétrole en France eût graduellement disparu.

A partir de 1872 l'écart entre le pétrole brut et le pétrole raffiné étant de 12 francs, les industriels français ont pu résister facilement à l'importation du raffiné et c'est en somme à partir de cette année que le raffinage français a pris une réelle importance.

Dès 1872, l'importation du brut augmentait de plus de 100.000 barils, tandis que l'importation du raffiné baissait de 60.000 barils.

Cet accroissement des raffineries françaises a continué sans désemparer jusqu'à ce jour, mais il est indispensable de constater qu'à partir de 1881, lorsque les droits d'entrée ont été abaissés à 18 francs pour le brut et à 25 francs pour le raffiné, réduisant ainsi l'écart à 7 francs, l'importation du raffiné qui jusque-là ne dépassait pas 100.000 barils, atteignait le chiffre de 200.000 qu'elle a conservé jusqu'aujourd'hui, sauf en 1888 et 1889, où elle a baissé de 60 et 40.000 barils. En 1890, l'importation du raffiné a été de 172.747 barils.

Il est encore utile de noter que l'abaissement des droits en 1881 a produit une augmentation d'importation sur 1880 de 278.398 barils contre une augmentation de seulement 55.026 barils entre les années 1879 et 1880.

Ces chiffres établissent d'une façon indiscutable :

1° Qu'à l'origine de l'industrie du pétrole l'écart de 3 fr. 60 c. n'était pas suffisant pour créer une industrie sérieuse du raffinage de pétrole en France;

2° Que cette industrie ne s'est créée réellement qu'à partir de 1873 avec un écart de 12 francs par 100 kilogrammes correspondant à une protection réelle de 7 francs par 100 kilogrammes;

3° Qu'avec l'écart de 7 francs le raffiné étranger a été introduit en France dans une proportion imposante.

C'est grâce aux efforts des raffineurs français que ces chiffres d'importation du raffiné n'ont pas été plus élevés.

Écart compensateur.

Il résulte de l'étude que nous venons de faire qu'il est indispensable d'établir un droit différentiel pour le pétrole brut et pour le raffiné si l'on veut conserver l'industrie du raffinage en France. L'exemple de ce qui se passe partout où cet écart n'existe pas est suffisamment probant pour que nous n'ayons pas à insister sur ce point.

Par contre, la quotité de l'écart semble présenter plus de difficultés ; on sait que, dans les deux pays européens où il existe des raffineries de pétrole, l'écart entre les droits est plus élevé qu'en France ; en Espagne, il est de 11 francs ; en Autriche, de 8 francs aux 100 kilogrammes.

Nous estimons que pour établir l'écart nécessaire à la raffinerie française il est inutile de se livrer à de longs calculs de prix de revient qui varient du reste suivant les lieux et suivant les époques. La question doit être résolue sur des bases plus larges et donnant surtout moins de prise à des discussions de chiffres.

L'écart entre les droits sur le pétrole brut et sur le raffiné se décompose en deux éléments bien distincts :

1° La restitution du droit payé par le déchet sur la matière brute lorsque ce produit paie un droit, comme c'est le cas en France;

2° La compensation nécessaire à l'industriel français pour le dédommager de l'infériorité dans laquelle il se trouve lorsqu'il travaille une matière brute qu'il est obligé de transporter à grands frais et que son concurrent étranger manipule sur les lieux de production ; dans cette compensation le législateur devra encore tenir compte de la valeur respective des produits employés dans le traitement du pétrole brut.

Le premier élément de l'écart a été fixé jusqu'ici par le Gouvernement, après avis du Comité consultatif des Arts et Manufactures.

Ce Comité avait décidé, en 1881, que le rendement du pétrole brut variait entre 83 et 90 0/0 (voir à ce sujet les discours de MM. Rouvier, rapporteur, et Tirard, ministre du Commerce, lors de la discussion dans les Chambres en 1881).

C'était pour sauvegarder absolument les intérêts des industriels qu'on avait admis de calculer le droit sur un chiffre moyen de 83 0/0 et on comptait sur un déchet de 17 kilogrammes de brut par 100 kilogrammes de raffiné.

En 1891, le Comité consultatif estime que ce rendement peut être porté à 90 0/0, ce qui revient à dire qu'il ne faut plus compter que sur un déchet de 11 kilogr. 11 gr. pour 100 kilogrammes de raffiné.

Nous ne voulons pas insister sur cette question de rendement, nous bornant à nous en référer à ce que nous avons dit plus haut en parlant du raffinage du pétrole et nous estimons que cette moyenne de rendement est exagérée, qu'on a pris un maximum qui non seulement retire toute marge à nos industriels mais rendra le raffinage impossible le jour où les qualités du pétrole brut donnerait des rendements moindres.

Quoi qu'il en soit, de ce chef, il conviendrait de réduire comme suit la première partie de l'écart en supposant que le droit sur le brut soit toujours de 18 francs les 100 kilogrammes.

En 1881, il fallait compter 17 kilogrammes de déchet à 18 francs, écart . . . . Fr.   3 06
En 1891, il faudrait compter 11 kilogr. 11 gr. de déchet à 18 francs, écart . . . .   2 »
La réduction d'écart serait donc de. . . . . . . Fr.   1 06

Le second élément de l'écart, la protection nécessaire à l'industriel français, ne peut être chiffré qu'en vertu d'une appréciation basée sur la situation économique et sur les bases de l'expérience acquise par les faits antérieurs.

Or, il est établi qu'au début de l'industrie du pétrole en France, l'écart entre le prix du pétrole brut et le prix du raffiné était relativement très important et malgré cette situation et le droit protecteur de 3 fr. 60 c., l'importation du raffiné prenait une grande prépondérance sur l'industrie nationale.

Il est à remarquer, en effet, que pendant cette période *plus de la moitié* des usines créées en France pour le raffinage durent abandonner cette industrie.

Voici la liste de toutes les raffineries qui se trouvèrent dans l'impossibilité de lutter avec le raffiné étranger.

Pasquier de Ribeaucourt, à Saint-Denis.
Debeauchamp, à Colombes.
Darcet et Cie, à Colombes.
Rougier, à Nanterre.
La Philadelphienne, à Nanterre.
Cogniet et Maréchal, à Colombes.
Vaudoré, à Issy.
Roche, à Marseille.
Souvignon, à Dunkerque.
Cléry, à Origny-Sainte-Benoîte.
Wustenfeld, à Bordeaux.
Veuve Liron, à Nîmes.
Muller, à Bonnières.
Dalicant, à Saint-Denis.

Il a fallu l'écart de 12 francs pour établir solidement la raffinerie française.

Depuis cette époque, les cours du brut et du raffiné se sont rapprochés et la protection ou le droit compensateur de 3 fr. 60 c., insuffisant avant 1871, serait désastreux en 1891.

Non seulement l'industrie française se trouve en infériorité comme différence de prix, mais depuis 1871 la plupart des matières premières nécessaires à l'industrie du pétrole ont augmenté sensiblement de valeur, tandis que le phénomène inverse se produisait en Amérique.

En 1863, la houille, la soude, la colle, la peinture, le fer, la fonte, le cuivre, dont nous employons annuellement des millions de kilogrammes se vendaient sensiblement meilleur marché en France qu'aux États-Unis; aujourd'hui la situation est renversée et le nouveau tarif des douanes en discussion viendra encore augmenter la valeur de tous ces produits.

Enfin, les patentes et tous les impôts indirects qui chargent les industries depuis 1871 accentuent l'infériorité de la situation actuelle, quand on la compare à la situation économique de 1863.

En résumé, l'écart actuel entre le droit sur le pétrole brut et sur le raffiné est de 7 francs aux 100 kilogrammes, il a été établi comme suit en 1881 :

17 kilogrammes de droit sur le déchet à 18 francs. . . . . Fr.   3 06
Droit protecteur. 3 60
Perte d'intérêts sur le droit. . . . .   » 34
Écart actuel. . . . . Fr.   7 »

Le Comité consultatif ayant admis le rendement de 90 0/0, cet écart, comme nous le disions plus haut, devrait être réduit de 1 fr. 06 c. et deviendrait en chiffres ronds à 6 francs les 100 kilogrammes, mais nous croyons avoir démontré plus haut que la protection de 3 fr. 60 c. adoptée n'est plus possible aujourd'hui. Toute réduction sur l'écart de 7 francs correspondrait à une véritable prime à l'importation du pétrole raffiné. — Pour s'en convaincre, nous ne pouvons trouver de meilleur exemple que celui de l'Algérie. — Notre colonie est soumise pour les huiles de pétrole au même régime douanier que la métropole, et, malgré cela, les usines de Cette et de Marseille ne peuvent arriver à lutter avec les importateurs américains qui sont les maîtres du marché algérien. — Le fret de Marseille en Algérie est d'environ 10 francs de la tonne, soit 1 franc aux 100 kilogrammes. Il suffit donc d'une différence de 1 franc sur l'écart actuel de 7 francs pour livrer le marché français aux raffineurs étrangers.

RÉPONSE AU DISCOURS DU MINISTRE DU COMMERCE

SUR LA QUESTION DES PÉTROLES

Prononcé au Sénat, le 8 décembre.

ARGUMENTS DU MINISTRE

1° Nature des Bénéfices.

Mais les bénéfices qu'une industrie, quelle qu'elle soit, peut réaliser, non pas en tant qu'industrie ou en tant que commerce, mais à l'abri d'une législation déterminée et par le jeu de l'impôt, c'est tout autre chose.

L'industrie qui consiste à exploiter dans un intérêt personnel le régime fiscal créé par les besoins du Trésor n'est pas une industrie qui doive être encouragée. Les bénéfices de cette nature, quelle que soit l'industrie où nous les rencontrons, ne méritent la bienveillance, ni du Sénat, ni de la Chambre, ni du gouvernement.

La question est donc de savoir si, dans l'industrie du pétrole, prise en particulier, puisqu'il s'agit d'elle, il y a non seulement des bénéfices industriels et commerciaux, mais encore une part de bénéfices que j'appellerai, si vous le voulez bien, des bénéfices budgétaires. Si nous trouvons cette espèce de bénéfices, très certainement il faudra les éliminer, parce qu'il n'est permis à personne, en France, de réaliser des bénéfices sur le Trésor.

C'est toute la question.

RÉFUTATIONS

Les raffineurs n'ont pas la prétention de faire des bénéfices sur le Trésor.

Il s'agit simplement d'examiner si l'écart de 7 francs, décomposé dans ses éléments, est légitime :

A. Le droit compensateur de 3 fr. 60 c. n'est pas contesté; il était même insuffisant en 1870, comme le prouve la statistique. *Si, en 1874, les droits n'avaient pas été modifiés, la quantité du pétrole raffiné importée en France eût été sans cesse en augmentant,* ainsi que l'indique le tableau suivant.

IMPORTANCE EN FRANCE DU PÉTROLE BRUT ET DU PÉTROLE RAFFINÉ SOUS LA LÉGISLATION DE LA FRANCHISE DU BRUT ET DE 3 FR. 60 C. DE DROIT SUR LE RAFFINÉ.

	PÉTROLE BRUT	PÉTROLE RAFFINÉ
1863 . . .	65.345 barils	22.695 barils
1864 . .	166.582	66.172
1865 . . .	97.595	50.088
1866 . . .	185.222	95.332
1867 . . .	87.626	131.096
1868 . . .	132.549	205.345
1869 . . .	132.457	100.947
1870 . . .	142.723	107.473
1871 . . .	102.326	154.361

Si nous divisions cette période en deux parties égales, nous trouvons les moyennes actuelles suivantes :

	PÉTROLE BRUT	PÉTROLE RAFFINÉ
1re période de 4 années et demie. Moyenne actuelle .	124.121 barils	66.620 barils
2e période de 4 années et demie. Moyenne actuelle .	123.481	140.827

B. Intérêts et pertes d'argent 0,34 ne représente que strictement l'intérêt des sommes considérables que les raffineurs sont obligés d'avancer pour leurs achats et le payement des droits.

27

ARGUMENTS DU MINISTRE	RÉFUTATIONS

C. Remboursement du droit perçu sur les déchets

Le législateur de 1881 avait sagement pensé qu'il fallait laisser aux raffineurs une certaine marge à cet égard, et c'est en connaissance de cause qu'il avait fixé le rendement légal à 85 0/0 tout en sachant qu'il pouvait atteindre 90 0/0, et, dans des cas exceptionnels, 92 0/0. Il se rendait compte qu'en tablant sur un rendement maximum on gênerait, sûrement on paralysait dans certains cas l'industrie du raffinage.

Si l'on abandonne ces considérations tutélaires pour établir le droit d'après le rendement maximum, au moins faut-il en accepter les conséquences qui se traduisent par le calcul suivant :

Droit compensateur . . . . Fr. 3 60
Avances . . . . » 34
Remboursement des déchets 11 × 0,18 . 1 98
Fr. 5 92

2° Opérations du Raffinage.

Cette opération industrielle est d'ailleurs la plus simple du monde. C'est une des distillations les plus élémentaires.

Cette assertion, reproduction du discours de M. Laur (15 juillet 1891), qui l'a lui-même prise dans les factums des représentants de l'importation, est absolument inexacte.

L'essence qui passe la première est non seulement obtenue par une première distillation, mais elle est ensuite traitée à l'acide et à la soude, puis redistillée à la vapeur.

Les huiles de premier jet subissent le même traitement chimique et sont vaporisées pour être amenées au degré d'inflammabilité voulue.

Les huiles de second jet, qui sont obtenues par une décomposition et non par une distillation, sont redistillées, puis traitées chimiquement, puis enfin vaporisées.

Certains raffineurs traitent, par surplus, les huiles lampantes par le froid, afin de les débarrasser de leur paraffine.

3° Rapport des chimistes de la douane, accusant 97 0/0 de rendement sur 1000 fûts.

Soit, mais voici, par exemple, un rapport officiel constatant que 1000 fûts de pétrole brut ont été introduits en France. Après examen par les chimistes de la douane, il a été constaté que ce pétrole brut renfermait 97 0/0 de produits, dont 11 0/0 d'essence.

D'où viennent ces 1000 fûts? Par qui ont-ils été importés? Le ministre ne le dit pas, mais il est sûr que l'opération mentionnée à leur égard ne tient compte d'aucune des conditions inhérentes à l'industrie, qu'elle a consisté en une simple distillation et qu'elle a produit un liquide qui n'a rien de commun avec du pétrole d'éclairage.

L'exposé fait ci-dessus des opérations nécessaires au raffinage, fait comprendre quelles pertes théoriques il occasionne par suite des lavages à l'acide et à la soude, qui entraînent beaucoup de goudron,

ARGUMENTS DU MINISTRE	RÉFUTATIONS

des distillations et décompositions, qui dégagent des gaz non condensables et laissent un coke d'une valeur relativement nulle.

En dehors de ces pertes chimiques, le raffineur subit des pertes mécaniques considérables.

Coulage des fûts du port à son usine;

Évaporation au dépotage;

Coulage et évaporation dans ses réservoirs;

Fuites dans ses chaudières de distillation;

Fuites par les nombreux robinets et par toutes les pompes qui manœuvrent les liquides;

Incendies.

Les raffineurs protestent énergiquement contre cette assertion de 97 0/0, qui est du reste en contradiction absolue avec les déclarations du Comité consultatif déjà si rigoureux vis-à-vis d'eux.

4° Opinion du Comité consultatif sur le droit compensateur

Il en résulte que l'écart de 7 francs admis par la loi du 7 mai 1881 peut être diminué tout en conservant à la raffinerie française une protection efficace.

Et le Comité conclut ainsi : Le Comité estime que le droit pourrait être diminué de manière que l'écart entre l'impôt du pétrole brut et du pétrole raffiné soit réduit à 5 francs.

Le Comité consultatif, dont la compétence scientifique n'est pas mise en discussion, a qualité pour donner des conseils techniques; il n'en a pas pour apprécier la protection à accorder aux industriels. C'est l'affaire :

1° Du Conseil supérieur du commerce à titre consultatif;

2° Du Parlement.

5° Les bases adoptées par M. le Ministre lui-même conduisant à un écart de 5,92.

Prenons comme chiffre du déchet le maximum de 10 0/0 que j'indiquais tout à l'heure et faisons le calcul. En réunissant le droit protecteur et le déchet, on arrive à peu près au chiffre de 5 francs.

En disant que le rendement de 90 0/0 procure un déchet de 10 0/0, on ne s'explique pas clairement; il faut dire qu'avec un rendement de 90 0/0, 111 kilogrammes de brut sont nécessaires pour produire 100 kilogrammes de raffiné.

Enfin, il est à remarquer que M. le Ministre ne fait nullement le calcul dont il parle, pour cette bonne raison qu'avec les bases qu'il est obligé de prendre, ce calcul ne donne pas 5 francs, mais 5 fr. 92 c.

6° Les courtiers de l'importation.

Je dois même dire que ce chiffre de 5 francs, bien loin d'être considéré comme trop faible, est regardé par beaucoup de gens très compétents, comme trop fort. A leur sens, un droit de 4 francs eût été largement suffisant.

Quels sont les gens compétents dont parle M. le Ministre, qui trouvent que l'écart de 5 francs est encore trop élevé? Qui peut être compétent sur cette question?

La diminution de l'écart n'a été, en réalité, demandée que par les représentants de l'importation étrangère; c'est-à-dire par des gens qui ne sont ni compétents, ni désintéressés.

ARGUMENTS DU MINISTRE	RÉFUTATIONS

7° Cours du raffiné aux États-Unis.

On a vu même plus d'une fois l'écart diminuer, disparaître, et on a même constaté assez fréquemment que le prix du brut dépassait celui du raffiné.

Les arguments de M. le Ministre sont complètement à l'encontre de sa thèse. Si, en certains moments, il vaut en Amérique meilleur marché que le brut, c'est la preuve évidente que les cours du raffiné d'exportation ne sont pas normaux ; et la confirmation de ce que tout le monde sait, du reste, que la *Standard Oil C°*, dont les ressources sont colossales et les moyens gigantesques, pratique en Europe, pour le raffiné, des prix de guerre.

Aux États-Unis, elle vend le raffiné destiné à la consommation de 4 à 6 francs de plus que le brut aux 100 kilogrammes.

8° Importance des usines.

On a dit que l'industrie du pétrole employait un très grand nombre d'ouvriers, 3.000 environ, et distribue 4 millions de salaires; c'est une grande manutention, je ne le nie pas; c'est un spectacle qui présente son intérêt d'aller visiter une des quatre grandes usines qui monopolisent cette industrie du pétrole; il en existe bien un plus grand nombre, mais les quatre dont je parle sont tellement puissantes que les autres vivent à leur ombre et sous leur protection. Si vous visitez une de ces quatre grandes raffineries, vous verrez, en effet, une certaine activité, un certain nombre d'ouvriers, mais que font-ils ?

Supposons, pour un instant, que les 3.000 ouvriers dont on vous parlait tout à l'heure soient tous réunis dans ces seules usines, que font-ils ? Est-ce qu'ils raffinent ? Est-ce qu'ils distillent ? Pas du tout. La plupart font des opérations de transport, de transvasement de tonneau à tonneau, des opérations matérielles qui seraient presque identiquement les mêmes si, au lieu d'être importateurs et vendeurs de pétrole, arrivant brut et sortant raffiné, les industriels dont je parle étaient purement et simplement des importateurs sans être des raffineurs.

Les opérations qui nécessitent la plus grande partie de la main-d'œuvre sont donc des opérations de manutention. Elles sont absolument les mêmes, demanderaient les mêmes bras et procureraient les mêmes salaires si au lieu de raffiner le pétrole les négociants dont je parle se contentaient de le faire venir tout raffiné et de le vendre ensuite. Cela se passe ainsi dans certains pays où l'industrie du raffinage n'existe pas, mais où le transport des pétroles raffinés d'Amérique donne lieu à des entreprises très prospères.

Tout ce passage, qui est une réminiscence des *factums* des représentants de l'importation, est rempli d'erreurs.

Tout d'abord ce n'est pas quatre grandes usines qu'il y a en France; il en existe une au Havre, deux à Rouen, une à Bordeaux, une à Blaye, une à Saint-Loubès, une à Bonnières, quatre dans les environs de Paris, une à Douai, une à Cette, une à Marseille, sans tenir compte des moyennes.

En second lieu, si le pétrole arrivait tout raffiné des États-Unis, la moitié au moins serait importé en barils et livré sans dépotage; par conséquent, toutes les opérations de tonnellerie seraient diminuées de moitié.

Enfin, ces travaux accessoires ne représentent qu'une très faible partie de la main-d'œuvre des raffineries: dans telle usine moyenne, en effet, une feuille de paie fournit les renseignements suivants :

Mois de novembre, 2ᵉ quinzaine.

Nombre total d'ouvriers . . .	92
Total de la paye . . . . . . Fr.	6.771 60
Nombre de tonneliers et charretiers	16
Une somme de	1.160 80
C'est-à-dire 1/8.	

M. le Ministre passe prudemment sous silence l'énumération et l'importance des matières premières employées dans l'industrie du raffinage : houille, produits chimiques, etc., ainsi que du matériel qui lui est fourni par la métallurgie : chaudières en tôle et en fonte, réservoirs multiples et immenses, tuyauterie, robinetterie, etc.

ARGUMENTS DU MINISTRE	RÉFUTATIONS

9° Prédictions des raffineurs en 1881.

Les plaintes qu'on fait entendre aujourd'hui, les prédictions fâcheuses sur les industries qui vont être frappées à mort si on diminue l'écart dont elles jouissent, ceux d'entre vous qui faisaient partie du Parlement en 1881 les ont entendues lorsqu'il s'est agi de réduire l'écart de 12 francs à 7 francs.

Ce qu'on vous dit aujourd'hui, on le disait déjà mot pour mot à cette époque. Je vais vous le montrer en citant une phrase des discours prononcés à cette époque :

« Avec le droit proposé de 35 francs disait l'un des opposants... », c'est-à-dire l'écart de 7 francs qui a été établi alors.

M. Richard Waddington. — Le prix des pétroles bruts était alors beaucoup plus élevé.

M. le Ministre. — Je l'ai dit, puisque je parle d'un écart de 10 à 12 francs « ... il n'est pas possible (avec un écart de 7 francs) qu'une seule des 29 raffineries existantes soit encore debout dans un an ».

Ainsi, vous entendez bien la prédiction faite en 1881 : si on vote 7 francs d'écart au lieu de 12 francs, dans un an, c'est-à-dire en 1882, les 29 raffineries qui existent seront mortes.

1882 est arrivé, et 1883, et les années suivantes, et 1890; quelle est la courbe de l'industrie dont nous nous occupons ? Et quel a été le résultat de la réduction de l'écart de 12 francs à 7 francs ? Quelqu'une des raffineries est-elle morte ? Écoutez :

En 1881, l'introduction en France de pétrole brut destiné au raffinage avait été de 86 millions de kilogrammes et l'introduction de pétrole raffiné de 22 millions de kilogrammes. Vous voyez le développement prodigieux que l'industrie de la raffinerie du pétrole a pris en France.

M. le Ministre oublie qu'en 1881, si les raffineurs protestaient contre une diminution de l'écart de 10 francs et se prétendaient incapables de lutter avec un écart de 7 francs, il s'agissait d'un droit de 35 francs sur le brut. Or, en décomposant le droit de 10 francs d'une façon certainement familière à M. le Ministre, on trouve :

Déchet 17 kilogrammes à 0 fr. 35 c. Fr.	5 95
Droit compensateur	3 60
Avances d'argent.	» 45
	10 »

Ce qui prouve qu'un écart de 10 francs avec le droit de 35 francs est absolument l'équivalent de l'écart de 7 francs par rapport au droit de 18.

Donc, les raffineurs ne disaient pas en 1881 autre chose que ce qu'ils disent maintenant; et il est inexact de dire que malgré une diminution de protection ils ont prospéré, puisque la protection après 1881 était équivalente à la précédente.

M. le Ministre est seul.

Dans la question actuelle je suis tout seul. Aucune industrie ne bénéficiera de la réduction que je propose. C'est donc au nom de l'intérêt général, au nom des contribuables, que je parle à cette tribune.

En reconnaissant qu'il est seul, M. le Ministre démontre qu'il n'y a aucune industrie française intéressée à l'abaissement de l'écart. D'industrie intéressée il n'y en a qu'une, c'est celle de la raffinerie étrangère.

Ne voulant pas prêter cette arrière-pensée au Ministre du Commerce jouissant de la confiance du Parlement protectionniste, on doit penser qu'il défendait l'intérêt des consommateurs.

Or, le raisonnement qu'à ce propos, il applique au pétrole pourrait s'appliquer à tous les produits protégés, sans exception.

ARGUMENTS DU MINISTRE

RÉFUTATIONS

Il est évident que les consommateurs seraient dégrevés dans une certaine mesure, si on laissait entrer sans entraves, tous les produits fabriqués à l'étranger; mais il s'agit de savoir si l'ensemble de la nation en profiterait.

Or, le Parlement est d'un avis tout opposé et il ne voudra pas se déjuger à propos de la question du pétrole.

Ce serait une contradiction et une injustice.

Ce serait une faute, puisque l'on condamnerait une industrie toute fondée, alors qu'on se donne tant de peine pour en soutenir d'existantes ou en créer de nouvelles; et qu'aucun intérêt français quelconque ne le réclame, ni dans le domaine commercial, ni dans le domaine politique, ni dans le domaine international.

Ce serait un danger puisque l'on travaillerait à consolider le monopole de la Standard Oil Company.

RÉCEPTION AU MINISTÈRE DU COMMERCE

16 décembre 1891.

Délégation des raffineurs de France, présentée par M. Merlin, sénateur, vice-président du Sénat, accompagnée de :

MM. WADDINGTON, sénateur ;
DESMONTS, député ;
PRÉVET, —
TRANIN, —
LEBON, —
DUCHEMIN, Président de la Chambre de Commerce de Rouen ;
TANDONNET, représentant de la Chambre de Commerce de Bordeaux ;
POMMIER, — — Cette ;
DESMONTS, — — Nîmes ;
DELMAS, — — La Rochelle ;
ROBBE, — — Dieppe ;
TRANNIN, — — Douai ;
TRYSTAM, ancien député.

Paris, le 18 décembre 1891.

Monsieur le Ministre du Commerce et de l'Industrie,

MONSIEUR LE MINISTRE,

Nous avons l'honneur de vous remettre ci-joint, le texte de la note que nous vous avons lue ce matin dans l'audience que vous avez bien voulu nous accorder.

Nous vous remercions de la promesse que vous nous avez faite de bien vouloir entendre notre voix dans l'élaboration de la nouvelle loi sur le pétrole.

Si, comme nous le supposons, vous nommez à cet effet une Commission administrative extra parlementaire, nous espérons que vous désignerez un certain nombre de délégués de notre industrie, pour faire partie de cette Commission.

Veuillez agréer, Monsieur le Ministre, l'hommage de notre profond respect.

LES RAFFINEURS DE PÉTROLE.

NOTE

Présentée à Monsieur le Ministre du Commerce et de l'Industrie,
à l'audience du 16 décembre 1891,
par les Raffineurs de Pétrole.

Monsieur le Ministre,

Au moment où la discussion sur le pétrole va revenir devant la Chambre des députés, nous venons tenter auprès de vous un effort suprême pour tâcher d'ébranler la conviction que vous vous êtes faite. Connaissant votre désir absolu de sauvegarder les intérêts de l'industrie en général, nous vous supplions d'apporter à notre égard un peu de votre bienveillance habituelle. Pour nous seconder dans cette mission, plusieurs Chambres de commerce des plus importantes, plusieurs membres du Parlement se sont joints à nous pour vous témoigner l'intérêt qu'ils portent à notre industrie.

Le vote récent du Sénat, qui a décidé que l'écart entre le brut et le raffiné ne serait pas supérieur à 6 francs a déjà compromis l'existence des plus petits d'entre nous ; nous serions tous menacés d'une façon irrémédiable si cet écart était abaissé à 5 francs comme vous le demandez.

Nous venons, Monsieur le Ministre, vous supplier de ne pas persister dans votre dessein pour les motifs suivants :

1° Il ne nous a jamais été donné de nous expliquer d'une façon contradictoire devant une Commission spéciale. Si cette faveur nous était accordée, nous sommes persuadés que l'opinion de votre département serait profondément modifiée sur beaucoup de points qui nous concernent ;

2° Tout indique que, dans un très court délai, la législation sur les pétroles sera considérablement modifiée. Les études que nécessitera cette modification, nous fourniront l'occasion d'éclaircir d'une façon absolument définitive les points sur lesquels nous sommes en désaccord avec vous.

Dans ces conditions, nous autorisant de l'appui des Chambres de commerce qui se sont si fréquemment prononcées en notre faveur, et qui en ce moment nous donnent une preuve de l'intérêt qu'elles attachent à notre industrie, nous vous supplions, Monsieur le Ministre, de vouloir bien vous rallier au vote du Sénat, au vote de la Commission des douanes de la Chambre fixant l'écart à 6 francs.

LES RAFFINEURS DE PÉTROLE.

Les Raffineurs Français à Messieurs les Députés

La Chambre des députés va être appelée à se prononcer définitivement sur l'écart compensateur qu'il convient d'accorder à la raffinerie de pétrole en France.

L'écart actuel qui comprend, d'une part, le remboursement des droits sur le déchet, et, d'autre part, la compensation accordée depuis 1863 à cette industrie, est de 7 francs.

Le pétrole brut paye 18 francs par 100 kilogrammes.

Et le pétrole raffiné paye 25 francs par 100 kilogrammes.

Lors de la discussion de la nouvelle loi de douane à la Chambre, un écart de 5 francs seulement a été voté (18 francs et 23 francs), malgré l'avis de la Commission des douanes, qui demandait 6 francs (18 francs et 24 francs).

Le Sénat, d'accord avec sa Commission des douanes, a voté l'écart de 6 francs.

La Commission des douanes de la Chambre, saisie à nouveau de la question, a maintenu son premier écart de 6 francs, et par là même s'est mise d'accord avec le Sénat.

La diminution d'écart de 1 franc qui frapperait la raffinerie de pétrole (au contraire de toutes les industries travaillant des matières premières étrangères, qui ont vu leurs compensations augmentées dans la revision des tarifs) est considérable et va permettre à la concurrence étrangère, à la société colossale qui monopolise le pétrole raffiné aux Etats-Unis, la *Standard Oil C°*, de venir lutter, pour une partie de notre consommation, avec l'industrie nationale.

Déjà, avec l'écart actuel de 7 francs par 100 kilogrammes, les raffineries de Marseille et de Cette sont incapables de fournir la moindre quantité de pétrole raffiné à l'Algérie, et cependant le transport de nos ports de la Méditerranée sur l'Algérie ne coûte pas plus de 1 franc par 100 kilogrammes.

Le vote de l'écart de 5 francs demandé par M. le Ministre du Commerce aurait pour effet immédiat de faire fermer les raffineries françaises, en livrant toute la consommation intérieure aux mains du monopole écrasant de la *Standard Oil Company*.

Déjà en Angleterre, en Allemagne, en Belgique, en Italie, où l'industrie du pétrole n'existe pas, la *Standard Oil C°* a réussi à accaparer tout le commerce du pétrole et à rendre toute concurrence impossible.

La question du pétrole, déjà très complexe, se trouve encore modifiée par le vote de l'amendement de M. Viette.

Les raffineurs de pétrole, qui auraient plutôt un certain intérêt dans l'abaissement du tarif actuel, s'intéressent avant tout à l'écart entre les deux droits et demandent qu'un écart compensateur suffisant soit maintenu à leur industrie, quel que soit le droit voté sur le pétrole raffiné.

L'écart compensateur de 6 francs voté par le Sénat et accepté par la Commission des douanes de la Chambre a été établi d'après les données suivantes :

En 1881, lors du vote de l'écart de 7 francs, il avait été admis que le pétrole brut, malgré certains rendements exceptionnels de 90 à 92 0/0, devait être considéré comme donnant un rendement moyen commercial de 85 0/0.

Il fallait donc, pour produire 100 kilogrammes de raffiné, 117 kilogrammes de pétrole brut.

Remboursement du droit sur 17 kilogrammes à 18 francs . . . Fr. 3.06
Ecart compensateur. 3.94

TOTAL. . . . . Fr. 7 »

Aujourd'hui le Comité consultatif des Arts et Manufactures est d'avis que le rendement doit être porté à 90 0/0, sans tenir compte que ce maximum de rendement impose aux raffineurs le choix d'huiles brutes spéciales d'un coût élevé et de plus grands frais de fabrication.

Avec un rendement de 90 0/0, il ne faut plus que 111 kilogrammes 110 au lieu de 117 kilogrammes pour produire 100 kilogrammes de raffiné.

La différence de 5kg,890 à 18 francs produit une réduction d'écart de 1 fr. 06 c.

C'est en se basant sur ce calcul que les Commissions des douanes du Sénat et de la Chambre avaient voté l'écart nouveau de 6 francs.

D'accord avec ses résolutions antérieures, la Commission des douanes de la Chambre vient de voter, à la suite de l'amendement de M. Viette, le droit de 12 francs sur l'huile raffinée et de 7 francs sur l'huile brute.

La raffinerie de pétrole, déjà gravement atteinte par la diminution d'écart de 1 franc, serait infailliblement remplacée par le monopole américain, si la Chambre votait une réduction plus importante.

Paris, le 26 décembre 1891.

LES RAFFINEURS DE PÉTROLE.

RÉPONSE AU DISCOURS DU MINISTRE DU COMMERCE

Prononcé au Sénat, le 30 décembre 1891.

ARGUMENTS DU MINISTRE

1º Écart entre 7 et 12 beaucoup plus considérable qu'entre 18 et 24 ; .

RÉFUTATIONS

Ces deux écarts sont équivalents à 99 centimes près : en effet, au droit de 18 francs, le déchet 11 kilogrammes paie . . . . Fr. 1.98 de droit de douane.

Au droit de 7 francs, il paierait. . . . . » 77

DIFFÉRENCE. . . . Fr. 1.21

Or, l'écart a été réduit de 1 franc. C'est donc 0 fr. 20 c. qui sont ajoutés à la protection accordée par 18 et 24, mais c'est encore 0 fr. 80 c. de moins que la protection actuelle donnée par 18 et 25, protection à peine suffisante, puisqu'elle ne permet pas de lutter en Algérie avec les raffinés américains et que plusieurs usines se sont fermées sous ce régime.

2º L'abaissement ne donnerait que 0 fr. 10 c. par rapport à 0 fr. 65 c., prix du litre de pétrole ;

C'est vrai uniquement pour Paris où les droits d'octroi sont de 25 centimes, mais en dehors de Paris et dans la vente générale des pétroles en France, ce serait 0 fr. 10 c. par rapport à 0 fr. 35 c. environ (prix du pétrole en gros), soit plus de 25 0/0.

3º Le raffineur seul bénéficierait de la différence ayant des marchés de 6 mois.

On ne fait plus de marchés à livrer depuis très longtemps ; on ne vend qu'en disponible. Et même s'il y en avait il va de soi que le raffineur devrait tenir compte à son client de l'abaissement du droit de douane.

S'il se refusait à le faire, l'acheteur se refuserait à bon droit à prendre livraison et achèterait du raffiné américain, ce qui serait plus facile et non pas plus difficile qu'aujourd'hui, puisque avec 7 et 12 le raffineur a 0 fr. 80 c. de moins de protection qu'aujourd'hui avec 18 et 25. A cela viendrait s'ajouter pour l'importateur la facilité provenant de ce qu'il n'aurait plus à payer que le droit de 12 francs alors que le raffineur maintiendrait ses prix basés sur le droit de 25 francs. Comment peut-on supposer l'existence d'une pareille situation ?

RÉPONSE AU DISCOURS DU MINISTRE DU COMMERCE

Prononcé à la Chambre des Députés, le 31 décembre 1891.

ARGUMENTS DU MINISTRE

1º Plus on augmente la protection accordée aux raffineurs, plus on leur assure la maîtrise du marché.

RÉFUTATIONS

Au contraire, si on laisse une protection suffisante pour que l'industrie lutte avec la concurrence étrangère, il se créera de nouvelles usines qui viendront concurrencer les anciennes et la lutte provenant de la surproduction donnera un abaissement de prix profitable au consommateur ; c'est la loi générale de toute industrie.

Au contraire, si l'on réduit par trop la protection, non seulement il ne se créera pas de nouvelles usines (on ne risque pas volontiers des capitaux considérables pour manger de l'argent), mais toutes les petites et moyennes usines (modératrices des grandes) fermeront ou seront absorbées par ces dernières dans un monopole qui fera lui-même place au monopole du Standard Oil si la protection accordée ne lui permet pas de lutter contre lui.

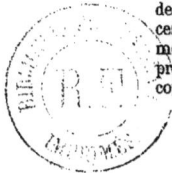

TABLE DES MATIÈRES

IMPRIMERIE CHAIX, RUE BERGÈRE, 20, PARIS. — 10146-4-92.

www.ingramcontent.com/pod-product-compliance
Lightning Source LLC
Chambersburg PA
CBHW070504200326
41519CB00013B/2709

www.ingramcontent.com/pod-product-compliance
Lightning Source LLC
Chambersburg PA
CBHW070504200326
41519CB00013B/2711